KB175013

一葦 禹快濟 敎授 停年紀念

동아시아의 공간관

동아시아고대학회 편

景仁文化社

목 차

1부

2부

3부

1부

東亞細亞의 理想鄕 武陵桃源*

김 상 홍**

1. 序 論

武陵桃源은 그 존재여부를 떠나 동아시아인들의 思惟에 큰 영향을 끼쳤다. 무릉도원은 虐政에 지친 民草들이 갈구했던 逃避空間이자, 불로장생을 꿈꾸는 이들이 동경하는 仙界空間이며, 시인묵객들에게는 예술적 재능을 발휘할 수 있는 藝術空間이기도 하다. 다시 말하면 桃花源은 일찍부터 漢文文化圈인 동아시아인들의 가슴을 뜨겁게 한 공간이자 꿈과 희망을 갖게 한 공간이었다.

陶淵明의「桃花源記幷詩」이후로 무릉도원은 동아시아인들의 思惟에는 "인간세상에서의 가장 이상적인 공간"으로 깊이 각인되었다. 그래서 무릉도원을 직접 찾아 나서기도 하고, 길을 떠나지 못한 이들은 詩文과 그림으로 이를 형상화하면서 동경하였다. 한편으로 무릉도원을 찾

---

* 이 논문은 2006年度 東아시아古代學會 第28回 국제학술발표대회(8월 3일 日本國 對馬島 大亞HOTEL)에서 발표한 것이다.

** 단국대학교 교수.

아 中國으로 갈 수 없었던 韓國과 日本의 古人들은 차선책으로 自國內에서 도화원과 유사한 이상향을 찾고자 하였다. 즉 '靑鶴洞'과 '蓬萊山'과 '牛腹洞'과 '小洞天'을 제2의 무릉도원으로 인식하고 찾아 나서기도 하였으며 시문에 이를 운위하였다. 청학동과 봉래산과 우복동과 소동천은 도화원의 次善策은 될 수 있었으나, 궁극적으로 지향했던 이상향은 역시 무릉도원이었다. 동아시아의 역대 시인묵객들이 한번쯤 운위하지 않은 이가 없을 정도로 도화원은 문학과 그림의 좋은 소재가 되어왔다.

본고에서 中國과 韓國과 日本의 역대 漢詩에서 무릉도원을 소재로 한 시들을 고찰하여 동아시아인들의 이상적인 空間觀에 대하여 조명하기로 한다.

2. 陶淵明의 「桃花源記」

일찍이 曹丕(186~226)가 "蓋文章은 經國之大業이요 不朽之盛事라"[1] 한 것을 실증할 수 있는 것이, 바로 陶淵明(365~427)의 「桃花源記幷詩」일 것이다. 무릉도원이 동아시아인의 의식 속에 선망과 동경의 공간으로 자리 잡게 된 것은 도연명이 58세 때인 422년(宋, 永初 3년, 壬戌)에 「도화원기병시」를 세상에 발표한 이후부터이다.[2] 「도화원기병시」의 자수는 비록 記가 319字이고 詩가 160字로 모두 479자에 불과하지만, 동아시아인들에게 "武陵桃源 = 理想鄕"이라는 등식을 깊이 각인시켰으니, 曹丕가 말한 문학의 힘을 새삼 실감할 수 있다.

---

1) 曹丕, 「典論論文」, 昭明太子, 『文選』 卷52, 文選硏究會 影印, 1983, 720쪽.

2) 陶淵明이 「桃花源記」의 지은 年度에 대한 諸說이 있으나, 李成鎬의 「도연명 연보」 『陶淵明全集』, 文字香, 2001, 344쪽을 따랐음.

그러나 도연명 자신은 물론 南陽에 사는 고결한 선비 劉子驥도 도화원을 찾지 못하였다. 오직 그곳을 가본 사람은 晋나라 孝武帝 시절인 太元(376~396) 년간에 武陵에 살던 어부 단 한 사람뿐이었다. 「도화원기」의 내용을 요약하면 다음과 같다.

> 동진 효무제 태원 년간에 무릉에 사는 한 어부가 고기잡이 나갔다가 뱃길을 잃고 헤매다가 우연히 복숭아꽃이 만발한 어느 마을에 이르렀는데, 그곳 사람들은 화평하고 행복하게 살고 있었다. 어부가 깜짝 놀라 사연을 물었다. 그들은 秦나라 때 난을 피해 처자식을 이끌고 이곳에 와 세상과 담을 쌓고 사는 사람들이었다. 어부가 秦나라가 망하고 漢나라 되었으나 역시 망하고 지금은 晉나라라고 하니, 그들은 한편으로 놀라고 한편으로는 탄식하였다. 어부는 후한 대접을 받고 그곳을 떠나오면서 곳곳에 표시를 해두었다. 고을 원님께 그 사실을 고하니, 사람을 시켜 찾았으나 끝내 찾을 수 없었다. 유자기는 고결한 선비로 도화원을 찾아가고자 하였으나 뜻을 이루지 못하고 병들어 죽었다. 그 후로는 도원으로 가는 나루터를 묻는 자가 없었다.[3)]

도연명은 위의 내용을 장편의 시로 다음과 같이 노래하여, 동아시아인

---

3) 陶淵明, 「桃花源記並序」, 楊家駱 主編, 『陶靖節集注』, 世界書局印行, 中華民國 63년, 81~83쪽. "晉太原中, 武陵人, 捕魚爲業, 緣溪行, 忘路之遠近. 忽逢桃花林, 夾岸數百步, 中無雜樹, 芳草鮮美, 落英繽紛. 漁人甚異之, 復前行, 欲窮其林, 林盡水源, 便得一山. 山有小口, 髣髴若有光. 便捨船從口入, 初極狹, 纔通人, 復行數十步, 豁然開朗. 土地平曠, 舍屋儼然, 有良田美池桑竹之屬, 阡陌交通, 雞犬相聞. 其中往來種作, 男女衣著, 悉如外人, 黃髮垂髫, 並怡然自樂. 見漁人, 乃大驚, 問所從來, 具答之. 便要還家, 設酒殺雞作食. 村中聞有此人, 咸來問訊, 自云先世避秦時亂, 率妻子邑人來此絶境, 不復出焉, 遂與外人間隔. 問今是何世, 乃不知有漢, 無論魏晉. 此人一一爲具言所聞, 皆歎惋. 餘人各延至其家, 皆出酒食. 停數日辭去, 此中人語云, 不足爲外人道也. 旣出, 得其船便扶向路, 處處誌之. 及郡下, 詣太守說如此, 太守卽遣人隨其往, 尋向所誌, 遂迷不復得路. 南陽劉子驥, 高尙士也, 聞之欣然規往, 未果尋病終. 後遂無問津者."

들의 뇌리에 "武陵桃源 = 理想鄕"이라는 等式을 각인시키는데 성공하였다.

> 1 영씨(진시황)가 天道를 어지럽히자/ 현자들이 세상을 피해 숨어버렸네/ 네 명의 은자들 상산으로 갔고/ 백성들도 역시 떠났다네/ 은신해 갔던 발자국 묻혀 지워졌고/ 이곳 오던 길 황폐해 묻혀버렸네// 2 서로가 도와 농사짓고/ 해가 지면 편안하게 쉬었네/ 뽕나무 대나무 무성해 그늘이 짙고/ 콩과 기장 때맞춰 심었네/ 봄누에 쳐서 비단실 수확하고/ 가을 추수해도 세금 바치질 않네// 3 황폐한 길이 희미하게 트였고/ 닭과 개가 서로 우짖네/ 제사도 옛 진나라 법대로 지내고/ 의복 모양 새롭게 만들지 않았네/ 어린애들 길에서 멋대로 노래하고/ 백발노인들 즐겁게 왕래하네/ 풀이 자라니 따듯한 봄철인줄 알고/ 낙엽이 지자 바람찬 겨울임을 아네/ 비록 달력 같은 기록이 없어도/ 사계절 변화로 일 년을 아네/ 기쁨이 충만하여 즐겁게 살고/ 애써서 꾀나 재간을 부리지 않네// 4 흔적 없이 숨겨진지 오백년 만에/ 하루아침에 신비의 세계가 드러났네/ 순박한 도화원과 야박한 속세는 맞지 않아/ 다시 선경을 깊이 감췄다네/ 묻노니 속세에 사는 이들이/ 어찌 속세 밖의 무릉도원을 알겠는가/ 원컨대 사뿐히 바람을 타고/ 높이 올라 내 뜻에 맞는 곳 찾으리라(嬴氏亂天紀 賢者避其世. 黃綺之商山 伊人亦云逝. 往迹浸復湮 來逕遂蕪廢. 相命肆農耕 日入從所憩. 桑竹垂餘蔭 菽稷隨時藝. 春蠶收長絲 秋熟靡王稅. 荒路曖交通 雞犬互鳴吠. 俎豆猶古法 衣裳無新製. 童孺縱行歌 斑白歡游詣. 草榮識節和 木衰知風厲. 雖無紀曆志 四時自成歲. 怡然有餘樂 于何勞智慧. 奇蹤隱五百 一朝敞神界. 淳薄既異源 旋復還幽蔽. 借問游方士 焉測塵囂外. 願言躡輕風 高擧尋吾契).[4]

도연명은 秦始皇의 虐政으로 인하여 인간의 존엄성을 지키며 살아갈 수 없었던 秦나라 백성들이 처자식을 이끌고 인적이 닿지 않은 심심산골로 들어간 곳을 무릉도원이라고 보았다. 흔적 없이 숨겨진 도화원이 武陵의 한 어부로 인하여 오백년 만에 하루아침에 신비의 세계가 드러

4) 陶淵明, 「桃花源記並詩」, 楊家駱 主編, 『陶靖節集注』, 世界書局印行, 中華民國 63년, 82~83쪽.

났으나, 순박한 도화원과 야박한 속세는 맞지 않아 다시 선경을 깊이 감췄다는 것이다. 이어서 "묻노니 속세에 사는 이들이/ 어찌 속세 밖의 무릉도원을 알겠는가"라고 하여, 속세의 인간들은 도화원을 찾을 수 없다고 못을 박았다. 그러나 후세인들은 이를 看破하지 못하고 공연히 도화원을 찾느라 헛수고를 하였다.

도연명은 劉裕가 帝位를 찬탈하고 420년에 宋나라를 건국, 皇帝에 등극함에 따라 정치·사회적으로 혼란과 비극을 겪어야만 하였다. 그러나 그는 毁節하지 않고 조국 東晋에 대한 절의와 지조를 올곧게 지켰다. 조국이 망하고 새 왕조가 들어서는 역사의 세찬 파고와 격랑을 체험했던 그는 ① 虐政과 혼란이 없는 새로운 세계로 탈출·도피처로서의 이상적인 공간이 필요함을 절감하여, ② 가공의 어부를 등장시켜 가상의 지상천국을 만들어서(마치 屈原이 「漁父辭」에서 가공의 어부와의 대화를 통하여 자신의 뜻을 세상에 밝힌 것처럼), ③ 위정자에게 虐政에 대한 교훈을 주고 ④ 질곡의 삶을 사는 민초들에게는 심리적으로 위안을 주고 樂土에 대한 꿈을 심어주기 위하여 해방의 공간, 지상의 낙원인 무릉도원을 창안해 낸 것이다. 결과적으로 도연명의 「도화원기」는 한자문화권인 동아시아인들의 뇌리에 "武陵桃源 = 理想鄕"이라는 等式을 깊이 각인시켰다.5)

3. 中國 詩의 武陵桃源

도연명의 「도화원기」는 동아시아 문학사는 물론 정신사에 큰 영향을

5) 필자는 茶山 詩를 중심으로 中國과 韓國의 桃花源詩의 일부를 고찰한 바 있다(金相洪, 「茶山 詩의 유토피아 세계」『漢文學論集』 제20집, 槿域漢文學會, 2002 참조).

끼쳤다. 바로 무릉도원은 이상향의 대명사였다. 治者의 가혹한 정치로 인하여 艱苦한 삶을 살아야 했던 민초들은 자연적으로 이상적인 공간을 동경하게 되었다. 그러나 문제는 이상적인 공간인 무릉도원은 천하의 그 누구도 찾을 수 없다는 데 있다. 찾을 수 없는 공간이기에 더욱 동경하게 되고, 동경하는 심정이 간절하다보니 저절로 시가 되고 그림이 되어 세상에 전해지다 보니, 무릉도원은 時間이 무거워져 가자 傳說이 되고 神話가 되어 더욱더 神秘의 공간이 되어 시인묵객들이 지속적으로 이를 운위하게 되었다. 唐나라 王維(701~761)가 19세에 지은「桃源行」을 보기로 한다.

> [1] 고깃배 타고 물 따라 봄 산 경치 사랑하나니/ 양쪽 언덕 복사꽃이 옛 나루를 뒤엎었네/ 앉아서 복사꽃 보노라니 멀리 온 줄 몰랐더니/ 맑은 시내 다 지나도 사람들이 보이지 않네/ 산 입구 몸 굽혀 가니 좁고 으슥하고 깊더니만/ 산이 열리며 확 트여 평야가 펼쳐져 있네/ 멀리 보니 한 곳에 구름에 막혀 나무가 숨었는데/ 다가가니 많은 가옥 있고 꽃과 대숲이 흩어져 있네/ 나무꾼은 처음 漢나라 성명 알리는데/ 도원 사람들은 아직도 秦나라 옷을 입었구나// [2] 그들은 무릉도원에서 함께 살면서/ 도리어 세상 밖 이곳에 전원을 일으켰네/ 달 밝은 소나무 아래 창들은 고요하고/ 해 뜨는 구름 속에 닭과 개들 시끄럽네/ 속세 사람 왔단 소리 듣고 놀라 몰려와서는/ 다투어 집으로 데리고 가 고향을 물어보네/ 새벽엔 골목마다 꽃잎 쓸며 대문을 열고/ 해질 녘 고기 잡고 나무해서 물 따라 돌아오네/ 처음에는 난을 피해 인간세상 떠났다가/ 이제는 신선되어 돌아가지 않는다네/ 이 골짜기에 인간의 일 있는 줄 누가 알리/ 저 멀리 세상을 바라보니 부질없는 구름과 산뿐// [3] 신령스런 경치보고 듣는 것 어려운 줄 알건마는/ 속세의 정 끊지 못해 고향을 생각하네/ 도원을 나서도 격리된 이곳 산수를 말 않으리니/ 다음에 집 떠나 여기 와서 오래 노닐리라/ 지나온 그 길을 오랫동안 잃지 않겠다고 했건만/ 어찌 알리오 산골짝이 이제는 변한 것을// [4] 당시 다만 깊은 산 속에 들어간 것만 기억할 뿐/ 몇 굽이 푸른 시내 돌아야 구름숲에 이르리까/ 봄이 와서 복사꽃이 두루 물에 흘러가니/ 신선 사는 곳을 모르거니 어느 곳에서 찾으리(漁舟逐水愛山春 兩岸桃花夾去津. 坐看紅樹不知遠 行盡青溪不見人. 山口潛行

始隈隩 山開曠望旋平陸. 遙看一處攢雲樹 近入千家散花竹. 樵客初傳漢姓名 居人未改秦衣服. 居人共住武陵源 還從物外起田園. 月明松下房櫳靜 日出雲中雞犬喧. 驚聞俗客爭來集 競人還家問都邑. 平明閭巷掃花開 薄暮漁樵乘水入. 初因避地去人間 及至成仙遂不還. 峽裏誰知有人事 世中遙望空雲山. 不疑靈境難聞見 塵心未盡思鄕縣. 出洞無論隔山水 辭家終擬長游衍. 自謂經過舊不迷 安知峯壑今來變. 當時只記入山深 靑溪幾曲到雲林. 春來遍是桃花水 不辨仙源何處尋).6)

王維는 무릉도원을 신선이 사는 '靈境'과 '仙源'으로 격상시켰다. 즉 도연명의 무릉도원은 秦의 학정을 피하여 세상과 격리된 은둔의 땅이었으나 이제는 신선이 되었다고 하였다. 왕유는 도화원을 '靈境'과 '仙源'으로 보고, 자신이 추구했던 이상사회를 시로 형상화한 것이다. 그 역시 "도원을 나서도 격리된 이곳 산수를 말 않으리니/ 다음에 집 떠나 여기 와서 오래 노닐리라"고 다짐하였건만, "봄이 와서 복사꽃이 두루 물에 흘러가니/ 신선 사는 곳을 모르거니 어느 곳에서 찾으리오"라고 한탄하며 동경하였다.

唐나라 盧綸(748~800)이 친구인 吉中孚와 함께 무릉도원의 꿈을 꾸고 지은 시(「同吉中孚夢桃源」 2수)를 보자.

봄비는 밤에도 그치지 않고/ 꿈속이라 산 또한 음침하네/ 구름 속에 푸른 못 물 흐르고/ 붉은 꽃 숲에 길이 어둡네/ 꽃과 물은 스스로 깊고 얕거니/ 도화원을 예나 지금이나 아는 이 없네(春雨夜不散 夢中亦山陰. 雲中碧潭水 路暗紅花林. 花水自深淺 無人知古今).

밤은 고요하고 봄꿈은 긴데/ 꿈속에서 仙山의 나그네가 되었네/ 원림에는 영지와 삽주가 가득하고/ 닭과 개들이 울타리 가에서 놀고 있네/ 몇 곳에서 복사꽃 아래 사람들 있는데/ 아이들 보며 머리 하얀 노인들이 웃고 있네(夜靜春夢長 夢逐仙山客. 園林滿芝朮 鷄犬傍籬柵. 幾處花下人 看子笑頭白).7)

---

6) 王維, 「桃源行」(時年十九) 『全唐詩』 上, 上海古籍出版社(縮印), 1986, 289쪽.

노륜은 1首에서, 꿈속에서 도화원을 찾아 나섰으나 예나 지금이나 그곳을 아는 사람이 없다고 한탄하였다. 2首에서는 꿈속에서 도화원을 찾아갔다. 도화원의 園林에는 仙藥인 靈芝와 삽주(山薊)가 가득하고 울타리 주변에 닭과 개들이 한가롭게 놀고 있고, 머리 허연 노인들은 어린 손자들이 즐겁게 노는 모습을 보고 웃고 있는 행복한 정경을 노래하여, 도화원을 낙원으로 형상화하였다. 꿈속에서 도화원을 찾은 것이 어찌 시인 노륜뿐이었겠는가. 도화원은 동아시아인들에게 꿈의 공간이자 선망과 동경과 희망의 공간이었다.

唐나라 韓愈(768~824)의 「桃源圖」시는, 그가 49세 때(816)에[8] 무릉태수가 禮部郎中 某氏에게 보낸 무릉도원 그림을 보고 지은 것이다. 이 시에서 南宮은 禮部省을, 남궁선생은 예부랑중 모씨를 뜻한다.

> 1 신선의 有無가 어찌 묘망하지 않으리/ 무릉도원의 이야기는 진실로 황당하다네/ 물은 산을 휘돌아 백 굽이를 흐르는 도원이/ 비단 여러 폭에 그려져 중당에 걸려 있네/ 무릉태수는 호사가로/ 도화원 그림 봉하여 멀리 남궁에게 보냈는데/ 남궁선생 그림을 얻고 기뻐하여/ 붓을 들어 파도 같은 형세로 문장을 지었노라/ 문장과 그림 모두 훌륭하여 극치를 이루었기에/ 황홀한 신선의 세계를 그림에 옮겨놓았네// 2 바위에 다리 놓고 골짜기에 집들을 만들었으니/ 집과 담장이 서로 연접한 지 천만 일이 지났네/ 秦나라와 한나라가 망했는데도 듣지 못하고/ 魏와 晉의 난이 있었어도 근심할 곳 없네/ 복숭아를 심어 곳곳마다 꽃이 피니/ 시내와 언덕과 원근이 모두가 붉은 꽃노을/ 처음 이곳에 왔을 땐 고향을 생각했으나/ 세월이 오래되니 이 땅이 도리어 집이 되었네// 3 어부가 배를 타고 어찌하다 여기에 와서/ 이런 정경을 시샘하여 거듭거듭 물었네/ 漢 高祖가 큰 뱀을 죽여 秦王이 죽었고/ 元帝가 새로 강남에서 東晋을 개국했다네/ 이를 듣고 나서 말없이 함께 슬퍼하며/ 여기 온지 육백년이 지났다 말하고는/ 당시의 모든 일들이 다 눈에 보이는데/ 그동안 얼마나 세상이 변했

---

7) 盧綸, 「同吉中孚夢桃源」 『全唐詩』 上, 上海古籍出版社, 1986, 700쪽.
8) 久保天隨 註解, 「韓昌黎詩年譜」 『韓退之全詩集』 下, 日本圖書, 昭和 53, 20쪽.

는지 모르네/ 그들이 다투어 술과 음식을 대접하는데/ 예법이 지금과 같지 않고 음식과 그릇 달랐네// ④ 밝은 달을 짝하여 자는데 선경은 허심하고/ 뼈는 시리고 정신은 맑아 꿈을 꿀 수 없네/ 한 밤중에 金鷄가 꽃 사이에 우니/ 태양이 나는 듯 뜨니 나그네 마음 깜짝 놀랐네/ 인간은 허물이 있어 머물 수가 없기에/ 의연히 이별하기 어려웠네/ 배타고 노 저어 나와 한번 그곳을 돌아보니/ 보이지 않고 만리창파 물안개에 해가 저물어가네/ 속세에선 도화원이 거짓인지 진실인지 어찌 알리오/ 지금은 무릉태수가 보낸 도원도만 전할뿐이네(神僊有無何渺茫 桃源之說誠荒唐. 流水盤廻山百轉 生綃數幅垂中堂. 武陵太守好事者 題封遠寄南宮下. 南宮先生忻得之 波濤入筆驅文辭. 文工畵妙各臻極 異境恍惚移於斯. 架巖鑿谷開宮室 接屋連墻千萬日. 嬴轉劉蹶了不聞 地坼天分非所恤. 種桃處處惟開花 川原近遠蒸紅霞. 初來猶自念鄕邑 歲久此地還成家. 漁舟之子來何所 物色相猜更問語. 大蛇中斷喪前王 群馬南渡開新主. 聽終辭絶共悽然 自說經今六百年. 當時萬事皆眼見 不知幾許猶流傳. 爭持酒食來相饋 禮數不同樽俎異. 月明伴宿玉堂空 骨冷魂淸無夢寐. 夜半金雞啁哳鳴 火輪飛出客心驚. 人間有累不可住 依然離別難爲情. 船開權進一廻顧 萬里蒼蒼煙水暮. 世俗寧知僞與眞 至今傳者武陵人).[9]

한유는 “신선의 有無가 어찌 묘망하지 않으리/ 무릉도원의 이야기는 진실로 황당하다(神僊有無何渺茫 桃源之說誠荒唐)”고 하였다. 秦의 학정을 피해 숨어살던 사람들로 보았으면서도, 도화원 사람들이 “여기 온지 육백년이 지났다고 말했다(自說經今六百年)”는 것은 仙源임을 인정하였다. 즉 인간의 수명은 6백년을 살 수 없기 때문에 신선으로 본 것이다. 또한 “인간은 허물이 있어 머물 수가 없기에/ 의연히 이별하기 어려웠네(人間有累不可住 依然離別難爲情)”라 하여 인간이 머물 수 없는 仙界로 보았다. 그러나 結聯에서 “속세에선 도화원이 거짓인지 진실인지 어찌 알리오/ 지금은 무릉태수가 보낸 도원도만 전할뿐이네”라고 하여, 도화원의 眞僞에 대한 판단을 유보하였다.

이어서 宋나라 王安石(1021~1086)의 시「桃源行」을 보자.

---

9) 韓愈,「桃源圖」『全唐詩』上, 上海古籍出版社(縮印), 835쪽.

> ① 망이궁에서 사슴을 말이라 우기니/ 진나라 사람들 반이나 만리장성 아래서 죽어갔네/ 난을 피해 숨은 이들 상산의 네 노인뿐만 아니고/ 도원에서 복숭아 심었던 이들도 있었네/ 여기에 와 복숭아 심은 후 세월이 얼마나 지났던가/ 꽃을 따고 열매를 먹고 가지로 땔감을 하였네/ 자손들 태어났으나 세상과 격리되어/ 부자지간만 알고 임금과 신하가 있는 줄 몰랐네// ② 어부가 배타고 갔다 길을 잃고 헤매다/ 꽃 사이로 서로 보고 놀라 물었다네/ 세상이 어찌 옛 秦나라만 있는 줄 알고/ 산중에 사니 지금이 晋나라인줄 어찌 알았으리/ 장안에 전쟁이 나 먼지 자욱하단 말 듣고/ 봄바람 부는 곳 머리 돌려 눈물이 수건을 적셨네// ③ 순임금이 한 번 가시니 어찌 다시 만날 수 있으리/ 천하가 혼란하여 몇 번이나 秦나라가 지나갔던고(望夷宮中鹿爲馬 秦人半死長城下. 避世不獨商山翁 亦有桃源種桃者. 此來種桃經幾春 採花食實枝爲薪. 兒孫生長與世隔 知有父子無君臣. 漁郎漾舟迷遠近 花間相見驚相問. 世上那知古有秦 山中豈料今爲晉. 聞道長安吹戰塵 春風回首一霑巾. 重華一去寧復得 天下紛紛經幾秦).[10]

왕안석은 무릉도원의 역사적 배경과 그 속에 살고 있는 이들의 일상생활을 그렸다. 도화원은 신선들이 사는 선계가 아니라 난을 피해 산 속으로 숨어든 秦나라 사람들의 후손이 사는 곳이라고 이해한 것은 전자들의 시각과 같다. "자손들 태어났으나 세상과 격리되어/ 부자지간만 알고 임금과 신하가 있는 줄 몰랐네(兒孫生長與世隔 知有父子無君臣)"는 지상낙원이다. "知有父子無君臣"의 사회는 왕안석 뿐만 아니라 인간이 가장 동경하는 이상적인 사회이기도 하다. 도화원 사람들은 홍망이 유수하여 왕조가 몇 번 바뀌었어도 알지 못한 채 살고 있는 은둔의 낙원이었다. 結聯은 시의 주제이다. 왕안석이 추구한 세계이자 순임금과 같은 성군이 다시 태어나 태평성세가 도래하기를 기원한 것이다.

東坡 蘇軾(1036~1101)은 「和桃花源詩」幷序에서, 무릉도원은 "그 실상보다 과장된 것이 많다"고 전제하고, 무릉의 어부가 만나 본 사람들은 秦나라 학정을 피해온 이들의 자손일 뿐 죽지 않은 秦나라 사람들이

10) 王安石, 「桃源行」『王臨川全集』, 世界書局印行, 中華民國 66, 21쪽.

아니라고 하였다. "닭을 잡고 밥을 지었다"고 하였는데 어찌 신선이 살생할 수 있겠느냐고(又云殺鷄作食, 豈有仙而殺者乎) 반문하여 仙界가 아님을 천명하였다. 남양의 菊花水가 있는 장수촌과, 촉의 청성산 노인촌을 예로 들어 도화원은 이와 같은 곳을 비유한 것으로 보았다. 또한 도화원이 있다면 그곳은 이미 爭奪의 장소가 된지 오래되었을 것이라 하고, 천지간에는 이런 곳이 많다고 하였다. 그리고 武都의 氐族의 옛 땅인 仇池는 복된 땅으로 작은 선경이 있는데, 일찍이 두보가 「秦州雜詩」(13)에서 이를 노래했다는 趙令時의 말과, 99개의 샘이 있고 만개의 산이 둘러싸여 있어 도화원과 같이 난세를 피할 만 곳이라고 한 王欽臣의 말을 인용하여 도화원의 존재를 부인하였다.[11] 이와 같이 仙界로서의 무릉도원을 인정하지 않았다. 蘇軾의 「和桃花源詩」를 보자.

> ① 범인과 성인이 사는 것 다름이 없고/ 맑은 이나 탁한 이나 이 세상을 함께 사네/ 心閑하면 우연히 절로 선경이 보이고/ 속된 생각 일어나면 문득 선경은 사라진다네/ 진실로 한 곳의 선경을 알고 싶으면/ 인간의 욕망을 버리는 것이 필요하네// ② 무릉도원은 진실로 멀지 않아/ 명아주

---

11) 蘇軾, 「和桃花源詩」. 楊家駱 主編, 『蘇東波全集』下, 世界書局引行, 中華民國 74, 86쪽. "世傳桃源事, 多過其實. 攷淵明所記, 只言先世避秦亂來此. 則漁人所見, 似是其子孫, 非秦人不死者也. 又云殺鷄作食, 豈有仙而殺者乎. 舊說南陽有菊水, 水甘而芳, 民居三十餘家, 飮其水皆壽, 或至百二三十歲. 蜀青城山老人村, 有見五世孫者, 道極險遠, 生不識鹽醯. 而溪中多枸杞, 根如龍蛇, 飮其水故壽. 近世道稍通, 漸能致五味, 而壽亦益衰, 桃源蓋此比也歟. 使武陵太守, 得而至焉, 則已化爲爭奪之場久矣. 嘗意天壤之間, 若此者甚衆, 不獨桃源. 余在穎州, 夢至一官府, 人物與俗間無異, 而山川淸遠, 有足樂者, 顧是堂上, 榜曰仇池. 覺而念之, 仇池武都氐故地, 楊亂當所保, 余何爲居之. 明日以問客, 客有趙令時德麟者曰, 公何爲問此. 此乃福地, 小有洞天之附庸也. 杜子美盖云, 萬古仇池穴, 潛通小有天. 神魚人不見, 福地語眞傳. 近接西南境, 長懷十九泉. 何時一茅屋. 送老白雲邊. 他日工部侍郎王欽臣仲至, 謂余曰, 吾嘗奉使過仇池, 有九十九泉, 萬山環之, 可以避世如桃源也."

지팡이 짚고 가서 쉴 수가 있네/ 도원에선 몸소 농사를 지으나 지력에 맡기고/ 학문을 절연하고 천부의 재예를 포용한다네/ 왼팔이 닭이라면 시간 맞춰 울고/ 꽁무니가 수레라면 멈추지 않고 갈 수 있네/ 연꽃 잎 위에 사는 거북처럼 새벽 공기 마시고/ 천년을 사는 杞狗가 밤에 짖네/ 김매고 나무해서 달고 향기로운 음식을 얻고/ 생식을 하지 굽거나 볶아먹지 않네// ③ 유자기는 도원을 찾지 못하고 죽었고/ 도연명은 이미 마음속으로 그곳을 찾았네/ 산이 높다고 넘기가 어려운 것이 아니고/ 물이 얕다고 어찌 발을 벗지 않으랴/ 도원은 내가 꿈에 본 구지와 같지 않지만/ 높이 날아가 본지 다시 몇 해나 되었는가/ 이전부터 삶과 죽음은 하나라는 것을 알았고/ 근자엔 어리석음과 지혜로움이 같음을 알았네// ④ 도화원은 安期生이 살던 廣州의 菖蒲澗와/ 葛稚川이 선약 달인 나부산과 같다네/ 꿈속에서 가서 놀고 싶어/ 정신상의 교통 나를 막았으나 떠났네/ 복숭아꽃이 뜰에 가득하고/ 흐르는 물이 집 밖에 있네/ 우습다 난을 피해 도망간 진나라 사람들/ 두려움이 있었으니 진정 선계가 아니라네(凡聖無異居 淸濁共此世. 心閑偶自見 念起忽已逝. 欲知眞一處 要使六用廢. 桃源信不遠 杖藜可小憩. 躬耕任地力 絶學抱天藝. 臂雞有時鳴 尻駕無可稅.[12] 苓龜亦晨吸 杞狗或夜吠. 耘樵得甘芳 齕齧謝炮製. 子驥雖形隔 淵明已心詣. 高山不難越 淺水何足厲. 不如我仇池 高擧復幾歲. 從來一生死 近又等癡慧. 蒲澗安期境 羅浮稚川界. 夢往從之游 神交發吾蔽. 桃花滿庭下 流水在戶外. 却笑逃秦人 有畏非眞契).[13]

위의 시는 도연명의 「도화원시」에 和韻하였다. 蘇軾은 凡人과 聖人, 淸과 濁이 함께 이 세상을 사는데, 마음이 한가하고 편안하면 선경이 보이고, 속된 생각이 있으면 선경이 사라지는 만큼 선경을 알려면 욕망을 버리라고 하였다. 진정한 仙源은 "생식을 하지 굽거나 볶아먹지

12) "臂雞有時鳴, 尻駕無可稅"구는 『莊子』의 「大宗師」에서 용사한 것임. "俄而子輿有病, 子祀往問之, … 曰. 嗟乎, 夫造物者, 又將以予爲此拘拘也. 子祀曰, 女惡之乎, 曰, 亡, 予何惡. 浸假而化予之左臂以爲雞, 予因以求時夜. 浸假而化予之右臂以爲彈, 予因以求鴞炙. 浸假而化予之尻以爲輪, 以神爲馬, 予因而乘之 豈更駕哉."

13) 蘇軾, 「和桃花源詩」, 楊家駱 主編, 『蘇東波全集』 下, 世界書局引行, 中華民國 74, 87쪽.

않네(訖譽謝炮製)"라고 하여 도화원을 선경으로 인정하지 않았다. 유자기는 도원을 찾지 못하고 죽었으나 "도연명은 이미 마음속으로 그곳을 찾았네"라고 하여 도화원은 마음속에 있다고 하였다. 그곳은 별천지가 아니라 安期生이 살았던 廣州의 菖蒲澗와 葛稚川이 선약 달인 나부산과 같다고 하였다. 結聯의 "우습구나 난을 피해 도망간 진나라 사람들/ 두려움이 있었으니 진정 선계가 아니라네(却笑逃秦人 有畏非眞契)"는 도화원은 선계가 아니라고 부정한 것으로, 무릉도원에 대한 소식의 시각을 단적으로 보여주는 警句가 아닐 수 없다.

4. 韓國 詩의 武陵桃源

무릉도원은 중국인들 못지않게 한국인들의 의식 속에 깊숙이 자리 잡고 있었다. 詩人墨客들의 개인적인 취향에서 운위한 것을 넘어서 君王과 臣下가 도화원을 소재로 하여 시를 짓고 심지어 朝臣들의 月課에 시제로 출제되었다. 다시 말하면 君王은 물론 지도층 人士들마저 무릉도원을 동경하고 이를 云謂하였다.

한국인의 祖先들은 도화원만이 절대적인 이상적 공간으로 생각하지 않았다. 자신이 살고 있는 이 땅에도 도화원과 같은 이상적인 空間이 있다고 믿고 찾았다. 바로 智異山 어느 골짜기에 푸른 학이 살고 있다는 '靑鶴洞'과, 東海上에 있다는 '蓬萊山'과, 俗離山 동쪽 어딘가에 있다는 '牛腹洞'을 지상낙원으로 생각하였다. 물론 먼 중국의 무릉도원을 찾아갈 수 없기에 차선책으로 청학동과 우복동을 지상낙원으로 설정하였는지 몰라도 桃花源의 꿈을 잃지 않고 자신이 사는 나라에서 찾고자 한 것은 卓見이 아닐 수 없다.

高麗의 李仁老(1152~1220)는 崔讜(1135~1211) 등과 함께 옛적부

터 전해오는 지리산 靑鶴洞을 송아지를 타고 찾아 나섰다. 華嚴寺를 지나 花開縣에 이르러 新興寺에서 투숙하였는데 "지나는 곳마다 仙境이 아닌 곳이 없었다. 모든 바위들은 빼어남을 다투고 모든 골짜기 물들은 다투어 흐르고 대나무 울타리와 초가집이 복숭아꽃에 어른거리어 정말 인간이 사는 세상이 아닌 듯 했으나" 청학동은 끝내 찾지 못하고 바위에 시 한 수만 남기고 돌아왔다.

> 두류산은 높고 저녁 구름 낮으니/ 만학천암의 절경이 회계산과 같네/ 지팡이 집고 청학동을 찾았으나/ 숲 저편 흰 원숭이 울음만 부질없이 들었네/ 누대는 아득하고 삼산은 먼데/ 雙溪石門 네 글자는 이끼 끼어 희미하네/ 묻나니 선원은 어디에 있느뇨/ 낙화가 물에 흘러가 사람을 혼미하게 하네(頭留山逈暮雲低 萬壑千巖似會稽. 策杖欲尋靑鶴洞 隔林空聽白猿啼. 樓臺縹緲三山遠 苔鮮微茫四字題. 試問仙源何處是 落花流水使人迷).

이인로는 청학동을 찾았으나 찾지 못한 채 원숭이 울음소리만 들었다. 신선들이 살던 樓臺는 아득하고 삼산(蓬萊山, 方丈山, 瀛洲山)은 먼데, 쌍계사 어귀 바위에 "雙溪石門" 4자가 이끼가 끼어 희미할 뿐이었다. 복사꽃잎이 골짜기 물에 무심히 흘러가는 것을 보고 신선이 사는 仙源이 어딘가에 있지 않겠느냐고 탄식하였다. 그는 집에 돌아와 도연명의 「도화원기」를 반복해서 읽은 결과, 무릉도원은 秦나라 사람들이 학정을 피하여 처자를 데리고 깊은 골짜기 험벽한 곳을 찾아가 산이 둘러 있고 물이 겹겹이 흘러 나무꾼도 올 수 없는 곳에서 살았는데, 太元 年間에 한 어부가 요행으로 그곳을 찾아갔으나 가는 길을 잃어버려 다시는 찾지 못한 것으로 보았다. 그럼에도 불구하고 후세인들이 그림으로 그리고 노래와 시로 전하여져 도화원을 羽車와 飇輪을 타고 長生不死하는 신선이 사는 곳으로 인식하였으나 "이는 「도화원기」를 잘못 읽었기 때문"으로, 실은 "청학동과 다름이 없는 곳"이라고 단정하였다. 그러면서도 어떻게 하면 劉子驥와 같은 고결한 선비를 만나서 그곳을 한번 찾아가 볼 수 있을까 하고 桃花源에 대한 미련을 버리지 못하였다.14)

李仁老가 무릉도원이 仙源이 아닌데도 낙원으로 오해한 것은 「도화원기」를 잘못 읽었기 때문이라 하였는데 이런 卓見을 제시하였으면서도 끝내 도화원에 대한 미련을 버리지 않았다. 그는 도화원이 仙界라는 것을 부정하였다. 그의 지리산 청학동 답사기는 후대에 많은 영향을 끼쳤다.

李奎報(1168~1241)와 함께 문학으로 이름이 높았던 梅湖 陳澕는 「桃源歌」에서 '東海바다에 있는 南山'이 무릉도원과 같다고 하였다.

> ① 童男 童女 가득한/ 동해의 푸른 안개 낀 곳/ 빛나는 자주 빛 영지가 자라나는/ 남산의 푸른 정상은/ 당시에 진나라 난을 피했던 곳과 같아/ 도원은 신선 사는 좋은 곳으로 불리네// ② 시냇물 다한 곳 산 입구가 있고/ 땅이 기름지고 좋은 물과 좋은 전답이 많네/ 붉은 삽살개 구름보고 짖고 해는 저무는데/ 땅에 가득 떨어진 복사꽃이 춘풍에 흩날리네/ 복숭

---

14) 李仁老, 『破閑集』 上, 14(『韓國詩話選』, 太學社, 1981), 30~32쪽. "智異山或名頭留, 始自北朝白頭山而起, 花峯萼谷, 緜緜聯聯, 至帶方郡, 蟠結數千里, 環而居者十餘州, 歷旬月可窮其際畔. 故老相傳云, 其間有靑鶴洞, 路甚狹纔通人行, 俯伏經數里許, 乃得虛曠之境. 四隅皆良田玉壤, 宜播植, 有靑鶴棲息其中, 故以名焉. 蓋古之遁世者所居, 頹垣壞塹猶在荊棘之墟. 昔僕佘堂兄崔相國, 有拂衣長往之意, 乃相約尋此洞, 將以竹籠盛牛犢兩三以入, 則可以與世俗不相聞矣. 遂自華嚴寺至花開縣, 便宿新興寺, 所過非無仙境. 千巖競秀, 萬壑爭流, 竹籬茅舍, 桃杏掩映, 殆非人間世也, 而所謂靑鶴洞者, 卒不得尋焉. 因留詩巖石云, 頭留山逈暮雲低, 萬壑千巖似會稽. 策杖欲尋靑鶴洞, 隔林空聽白猿啼. 樓臺縹緲三山遠, 苔鮮微茫四字題. 試問仙源何處是, 落花流水使人迷. 昨在書樓, 偶閱五柳先生集, 有桃源記, 反復視之. 蓋秦人厭亂, 携妻子覓幽深險僻之境, 山廻水複樵蘇所不可得到者以居之. 晉及太元中, 漁者幸一至, 輒忘其途不得復尋耳. 後世丹靑以圖之, 歌詠以傳之, 莫不以桃源爲仙界, 羽車飈輪長生久視者所都, 蓋讀其記未熟耳, 實與靑鶴洞無異. 安得有高尙之士如劉子驥者, 一往尋焉."

아 심은 뒤 고향 생각 끊어버리고/ 세상사는 다만 분서갱유 이전만 말한다네/ 앉아서 초목 보고 계절의 변화를 알고/ 아이들 재롱에 웃다가 나이를 잊고 사네/ 어부가 도원을 보고 곧 노를 돌리니/ 물안개가 자욱 만고에 부질없이 푸르네// ③ 그대는 강남의 마을을 보지 못했나/ 대나무로 집 짓고 꽃 심어 울타리 삼았네/ 맑은 시내 졸졸 찬 달빛은 흐드러지고/ 푸른 나무 고요한데 산새들만 지저귀네/ 한스러운 것은 백성들 생활이 날로 피폐한데/ 고을 아전 稅米 걷으러 사립문을 두드리네/ 다만 외부에서 관리가 와서 핍박함만 없다면/ 산마을 곳곳마다 무릉도원이 된다네/ 이 시에 의미 있으니 그대는 버리지 말고/ 고을 책에 베껴 적어 아이들에게 전해다오(丱角森森 東海之蒼烟. 紫芝曄曄 南山之翠巓. 等是當時避秦處 桃源最號爲神仙. 溪流盡處山作口 土膏水軟多良田. 紅尨吠雲白日晩 落花滿地春風顚. 鄕心斗斷種桃後 世事只說焚書前. 坐看草樹知寒暑 笑領童孩忘後先. 漁人一見卽回棹 煙波萬古空蒼然, 君不見江南村 竹作戶花作藩. 淸流涓涓寒月漫 碧樹寂寂幽禽喧. 所恨居民產業日零落 縣吏索米將敲門. 但無外事來相逼 山村處處皆桃源. 此詩有味君莫棄 寫入郡譜傳兒孫).[15]

陳澕는 무릉도원을 가까운 곳에서 찾았다. 멀리 중국 땅이 아니라 童男童女가 가득한 동해 바다의 푸른 안개 낀 곳에 靈芝가 자라나는 南山의 푸른 정상 부근에는 도화원과 같은 곳이 있어 신선이 산다고 하였다. 2단의 선계에서의 삶은 도연명의 「도화원기」와 같다. 3단에서 백성들이 궁핍한데 세금을 독촉하는 아전들이 없다면, “산마을 곳곳마다 무릉도원이 된다”는 것이다. 陳澕가 동경하는 도화원은 중국의 무릉 땅도 동해에 있는 남산도 아니다. 가혹한 세금만 없다면 바로 우리가 사는 속세가 도화원이 될 수 있는 만큼 자신의 시에 의미 있으니 이를 아이들에게 전해달라고 하였다. 治者의 가혹한 정치로 인하여 잃어버린 도화원을 되찾아야 한다는 진화의 이러한 사유세계는 중국인들의 도화원에 대한 동경과는 현격한 차이가 있다. 현실에서 도화원을 찾으려는 진화의 시는 以詩匡正의 전범이 된다.

15) 陳澕, 「桃源歌」 『梅湖遺稿』(韓國文集叢刊 2, 민족문화추진회), 284쪽.

동아시아인의 思惟에는 또 하나의 이상적 공간은 신선이 살고 있다는 三神山(蓬萊山－方丈山－瀛洲山)이다. 麗末鮮初의 대문호 牧隱 李穡(1328~1396)이 蓬萊山을 동경한 시 「海上」을 보자.

> ① 바다 위 삼한은 오래된 나라/ 강남은 만 리 길 멀기만 하네/ 하늘에 이를 방법이 없는 데/ 오랫동안 하늘 수레 보지 못했네/ 구름 가자 청산은 깨끗한데/ 바람 부니 푸른 나무 흔들리네/ 내 돌아갈 날은 언제련가/ 뱃사공은 괴로이 찾아 헤매네// ② 바다 위 봉래산 멀지 않은 데/ 어느 때나 학을 타고 노닐거나/ 흰 구름 곳곳에서 일어나더니/ 푸른 파도 하늘가에 떠 있네/ 반짝반짝 명멸하는 주궁의 새벽/ 서늘한 패궐의 가을/ 옛적부터 찾았으나 찾지 못하고/ 이제 나도 역시 머리만 긁네// ③ 바다 위에서 참외만한 대추(火棗)를/ 안기생은 멀리서 주려하는 데/ 어렴풋이 서로 닿을 듯한데/ 슬퍼라 내 따르지 못한다네/ 내 병을 고칠 수 있을 뿐만 아니라/ 나의 이 쇠약한 몸을 고칠 수 있는데/ 어찌 도골이 아닌 줄을 알았으리/ 또 다시 때를 기다릴 수 밖에(海上三韓古 江南萬里遙. 無由達天陛 久不見星軺. 雲去青山淨 風來綠樹搖. 吾行何日是 舟子苦招招. 海上蓬萊近 何時駕鶴游. 白雲隨處起 碧浪際天浮. 明滅珠宮曉 凄清貝闕秋. 古來尋不見 今我又搔頭. 海上如瓜棗 安期將遠貽. 依俙若相接 惆悵莫相隨. 不獨療吾病 庶幾扶我衰. 那知非道骨 且復待來時).16)

'蓬萊山'은 무릉도원과 함께 동아시아인들의 동경하는 또 하나의 이상적 공간이다. 李穡은 東海上에 있다는 봉래산을 찾고자하였다. 그러나 일찍이 古人들이 찾았으나 찾지 못하였듯이 자신도 찾을 수 없어 머리만 긁는다고 한탄하였다. 도화원은 地上의 이상적인 공간이지만 봉래산은 海上에 있는 이상적 공간이다.

朝鮮朝에 이르러서도 도화원에 대한 동경은 변함이 없다. 시간이 흘러도 青鶴이 산다는 青鶴洞에 대한 동경은 지속되었다. 鮮初의 泰齋 柳方善(1388~1443)의 「青鶴洞」을 보자.

---

16) 李穡, 「海上」 『牧隱藁』, 詩藁 卷23(韓國文集叢刊 4, 민족문화추진회), 319쪽.

> [1] 지리산 높이 솟은 모습 바라보니/ 구름 안개 첩첩하여 항상 아득하네/ 백 여리에 서려 있어 형세가 절로 빼어나/ 모든 골짝이 감히 자웅을 겨룰 수 없네/ 층층 쌓인 산 깎은 절벽 기운이 뒤섞여서/ 성근 솔 푸른 잣나무 시원하게 우거졌네/ 시내 돌아 골짝을 넘어 별천지가 있나니/ 한 구역 좋은 경치 참으로 호리병 속 같네/ 사람 죽고 세상 변해도 물만 흘러가고/ 가시덤불 가려서 동서를 분간할 수 없네/ 지금도 청학이 홀로 사는데/ 언덕 끼고 한 길만이 겨우 통할 수 있네/ 좋은 전답 기름진 땅 평평하기 床과 같고/ 무너진 담 헐린 길은 쑥대 속에 묻혀 있네/ 숲이 깊어 닭과 개가 다녀도 볼 수 없고/ 해 지자 다만 잔나비 울음소리만 들리네// [2] 옛적에 은자가 살던 곳인가/ 살던 이가 신선 되어 산마저 빈 것일까/ 신선이 있고 없고 따질 수 없어/ 다만 高士는 티끌세상 피함을 사랑할 뿐/ 나도 집을 지어 이곳에 숨어살아야지/ 해마다 요초 캐며 삶을 달게 마치려 하네/ 천태의 옛일이 모두 황당하고 괴상하며/ 무릉도원 남은 자취 오히려 아득하네/ 대장부 나고 듦을 어찌 구차히 하랴/ 결신 난륜 진실로 뜻대로 되지 않네/ 내 이제 노래지으니 마음은 끝이 없어라/ 우습다 당시에 시를 남긴 노인이여(瞻彼知異山穹窿 雲烟萬疊常溟濛. 根盤百里勢自絶 衆壑不敢爲雌雄. 層巒峭壁氣參錯 疎松翠栢寒蒨葱. 溪回谷轉別有地 一區形勝眞壺中. 人亡歲變水空流 榛莽掩翳迷西東. 至今青鶴獨棲息 緣崖一路纔相通. 良田沃壤平如案 頹垣毁逕埋蒿蓬. 林深不見雞犬行 日落但聞啼猿狘.. 疑是昔時隱者居 人或羽化山仍空. 神僊有無未可論 只愛高士逃塵籠. 我欲卜築於焉藏 歲拾瑤草甘長終. 天台往事儘荒怪 武陵遺跡還朦朧. 丈夫出處豈可苟 潔身亂倫誠悾悾. 我今作歌意無極 笑殺當日留詩翁).[17)]

위의 1단은 李仁老의 名隨筆 청학동 답사기를 그대로 시로 형상화하였다. 이를 보면 이인로의 청학동은 조선인들에게 큰 영향을 끼친 것이다. 2단은 청학동에 대한 시각이다. 신선의 有無는 논할 필요가 없고 "다만 高士가 티끌세상 피함을 사랑할 뿐"이라 한 후, 자신도 세속과 절연하고 숨어살며 요초를 캐면서 삶을 마치려고 하였다. 신선이 산다는

---

17) 柳方善,「青鶴洞」『泰齋集』(韓國文集叢刊 8, 민족문화추진회), 582쪽. 유방선은 이 시의 주에 이규보가 청학동을 찾았으나 찾지 못하고 시 1수를 남겼다고 하였으나, 이인로를 이규보로 착각한 것이다(知異山洞名, 諺傳僊境, 李相國奎報尋之不得, 留題一首, 移寓逃世之志).

天台山 이야기와 어부가 가본 무릉도원은 황당하고 괴상하며 아득하여 지상에서 찾을 수 없는 것으로 인식하였다. 그러나 장부로서 출처진퇴를 구차하게 하지 않으려 하나 潔身 亂倫이 뜻대로 되지 않음을 한탄하였다. 유방선이 청학동을 찾아갔다가 시만 남기고 돌아온 이인로를 우습다고 한 것은, 현실을 버리고 다른 곳에서 낙원을 찾았기 때문이다. 遁世의 땅 청학동에 대한 유방선의 새로운 해석이 아닐 수 없다.

이어서 許白堂 成俔(1439~1504)의 「桃源行」을 보자.

> 1 돌다리 동쪽을 지나니 푸른 바다 넓고/ 북으로 만리장성 쌓아 遼와 碣을 지켰네/ 아방궁을 짓느라 수만 명 사내들 죽어가니/ 고기가 물을 찾듯 백성들 살 곳을 찾아 갔네// 2 함곡관 아득한 곳 속세와 멀리 떨어져 사니/ 진나라 사람들 변하여 華胥 나라 백성이 되었네/ 오직 동산과 밭두렁에 복숭아 심을 줄만 알았기에/ 봄 되니 수 만 그루에 복사꽃이 만발하였네// 3 무릉의 어느 곳에 사는 늙은 어부가/ 복사꽃 사이로 우연히 밭 가는 사람들 만나니/ 진나라 망하고 시황이 죽은 것 한스러워 않고/ 각기 사람들이 내가 찾아온 것을 두려워하였네// 4 당시에 진위를 알 수가 없었는데/ 도연명이 윤색하여 도화원기를 지었다네/ 이제 천년이 지났는데 그 길로 들어간 이 없는데/ 공상으로 신선 사는 모습들을 그리고 있다네(石橋東跨滄海濶 北築長城抱遼碣. 阿房殫盡萬夫力 頳魴覓水偸生活. 函關茫茫隔幾塵 秦人變作華胥民. 惟知種桃作丘畛 花開萬樹回靑春. 武陵何處漁舟叟 花間邂逅逢耕耦. 不恨秦亡祖龍死 各恐凡人亂我趣. 當時眞僞不可知 淵明作記潤色之. 如今千載無路入 畫圖空想神仙姿).[18]

이 시에서 華胥는 곧 黃帝가 낮잠을 자다가 꿈속에서 백성들이 安樂平和하게 사는 것을 보았다는 유토피아이고 祖龍은 진시황을 뜻한다. 成俔은 秦나라 백성들이 虐政을 피해 속세와 격리된 곳으로 운둔하여 살았다는 것 그 자체조차 진위를 알 수 없는데, 이 이야기를 도연명

---

18) 成俔, 「桃源行」 『虛白堂集』(韓國文集叢刊 14, 민족문화추진회), 『風雅錄』 卷1, 4b-5a, 388~389쪽.

이 윤색하여 「桃花源記」를 지었기 때문에 이상적인 공간으로 변색되었다는 것이다. 그럼에도 불구하고 무릉도원에 그 누구도 가본 사람이 없는데 시인묵객들은 부질없이 신선이 산다는 무릉도원을 그리고 있다고 비판하였다.

이어서 河西 金麟厚(1510~1560)가 꿈속에서 찾아갔던 청학동을 노래한 시(「夢遊靑鶴洞」)를 보자.

> ① 술 취해 띠 집에 누웠는데 해는 저물고/ 우연히 저절로 한 꿈을 꾸었네/ 우뚝이 솟은 한 산이 눈앞에 보이더니/ 아지랑이 푸른 안개 한없이 이어져 있네/ 천지를 압도할 장관은 비할 데 없어/ 늘어선 뭇 산들 항아리를 엎어놓은 듯/ 그 중에 한 골짜기 구름사이 열리는데/ 화양과 小有天은 비할 바가 아니었네// ② 기이하고 빼어나며 높고도 그윽해라/ 어지러이 온갖 경치 앞 다퉈 펼쳐 있네/ 학 한 마리 훨훨 푸른 구름 위로 나니/ 속세 떠난 흥취 구름 사이를 움직이네/ 천 길 나는 폭포 깊은 연못에 떨어지니/ 부딪치며 돌을 쳐서 바위가 패였구나/ 초연히 홀로 걸으니 두 다리 사뿐하고/ 정신 맑고 뼈도 서늘 마음은 제멋대로일세// ③ 한 사람 날 따르며 단사를 주면서/ 이것을 먹으면 하늘을 난다 하네/ 바람타고 구만리를 높이 떨쳐 날아서/ 속세를 굽어보니 연기만 자욱하네/ 고개 돌려 인간의 천만년을 바라보다가/ 꿈 깨니 세상사가 어찌 이리도 괴롭히는가(醉臥茅齋天日晩 偶然蘧蘧成一夢. 嵬然一山當眼前 烝嵐翠霧相澒洞. 排天壓地壯無比 纍纍衆山如罌甕. 中有一洞雲間開 華陽小有無與共. 奇淸爽秀高而幽 紛紛萬景爭來供. 翩然孤鶴上靑雲 逸興便向雲間動. 千丈飛流下深淵 硼崖擊石相磨礱. 超然獨步雙脚輕 神淸骨冷心自縱. 一人隨我贈丹砂 謂言服此凌天狨. 乘風振奮九萬里 下視九土煙塵瞢. 回首人間千萬年 覺來世事何倥傯).19)

김인후가 꿈속에 찾아갔던 청학동은 전형적인 仙源이다. 1단에서 청학동은 仙人들이 사는 華陽과 道家에서 전하는 신선이 사는 小有天과 비교할 수 없는 선경이라고 하였다. 2단에서는 선경을 묘사하고 "초

---

19) 金麟厚, 「夢遊靑鶴洞」 『河書全集』(한국문집총간 33, 민족문화추진회), 63쪽.

연히 홀로 걸으니 두 다리 사뿐하고/ 정신 맑고 뼈도 서늘 마음은 제멋대로일세"라고 하여 선계에 온 것을 실감하였다. 3단에서는 선인이 주는 단사를 먹고 羽化登仙하여 九萬里長天을 높이 날아 인간 속세를 굽어보니 연기만 자욱할 뿐이라고 노래하였다. 그러나 고개를 돌려 인간사의 천만년을 바라보다가 문득 꿈을 깨고 현실로 돌아와 보니, 세상사는 변함없이 여전히 자신을 괴롭히고 있음을 탄식하였다. 김인후의 청학동은 꿈속에서만 갈 수 있는 선계이자 현실도피처인 가상의 仙界이다.

조선후기 實學을 집대성한 茶山 丁若鏞(1762~1836)은 「題姜豹菴桃花源圖」에서, 무릉도원은 중국이 아닌 南越의 한 郡으로, 零陵·桂陽과 인접한 南蠻의 猺峒 지역으로 보았다. 도연명이 南渡의 後人이라서 그 지방에 대하여 알았을 것이고, 증조부 陶侃이 廣州刺史를 지내 광주 남쪽 민간의 설화를 전해들은 것이 있어 寓言만은 아닐 것이라고 하였다. 또한 옛적 南越王 尉佗는 秦의 학정을 피해 남월로 갔다는데 "무릉도원의 백성"은 위타와 같은 사람일 지도 모른다고 유추하였다. 猺獠는 "重嶺疊嶂 千回萬曲"의 땅인 만큼 그 속에 도화원이 있다고 한들 이상한 일은 아니라 하여 존재를 인정하였다. 선계로서의 도화원이 아니라 秦의 학정을 피해 첩첩산중으로 숨어 들어간 사람들이 살고 있는 곳으로 보았다.[20] 정약용은 도연명의 「도화원기」는 "① 寓意가 분명 있으니, ② 그것은 또한 孔子가 九夷에 살고자한 뜻이었을 것"이라고 하였다. ①의 "우의가 분명 있으니"는 도연명이 추구하던 이

20) 丁若鏞, 「題姜豹菴桃花源圖」 『與猶堂全書』(一), 경인문화사 影印, 1970. Ⅰ-14, 42a, 305쪽. "武陵, 南越之一郡, 與零陵桂陽相接. 則桃花源, 在南蠻猺峒之地, 非中國之地也. 陶元亮, 是南渡後人, 故所謂習於南土, 且陶侃, 嘗爲廣州刺史, 廣南民間之說, 必有所傳聞者, 非全爲寓言也. 昔南越王尉佗, 本亦眞定世族, 避秦之南越, 遂爲南越人, 卽桃源之民, 安知非尉佗者流乎. 猺獠之地, 重嶺疊嶂, 千回萬曲, 其中有桃花源, 非異事也. 元亮之記, 寓意則存, 其亦孔子欲居九夷之意也歟."

상향을 「도화원기」에 형상화한 것이지 神仙이 사는 선계가 아니라는 의미이다. ②의 "공자가 九夷에 살고자한 뜻이었을 것"과 같다는 것은, 공자가 구이에 가서 살면 그곳이 교화된다는 뜻이지[21] 선계를 지향한 것이 아니다.

정약용은 「寄園記」에서, "도화원 사람들이 나서 자라 시집 장가들어 살면서도 그들의 선조가 秦나라를 피하여 왔다는 사실을 모르는 것 같다"고 하였다. 도화원이 결코 선계로서의 지상낙원이 아니라 단지 진의 학정을 피해 숨어든 遺民들의 寄食處로 보았다.[22] 다산은 34세(1795)에 쓴 「古詩二十四首」(7)에서, 천하에 무릉도원은 없다고 부정하였다.

> 땅이 넓어 동서남북을 정했고/ 세상이 오래되니 인구가 늘어나/ 깊은 산골까지도 호적이 있으나/ 하늘 아래 무릉도원은 없다네/ 슬프다 정절공 도연명은/ 이 무릉도원을 꿈에 그리어/ 애써 찾았으나 마침내 얻지 못하자/ 붓을 잡아 도화원기를 썼다네/ 그 마음을 조용히 생각해보면/ 천년이 지났건만 형제와 같네(地闊廣輪定 世降生齒繁. 深谷皆編戶 天下無桃源. 嗟哉靖節公 夢想此田園. 苦求竟未獲 捉筆寫寓言. 靜言思其心 千載如弟昆).[23]

정약용은 "깊은 산골까지도 호적이 있으나/ 하늘 아래 무릉도원은 없

21) 『논어』, 「子罕篇」, "子, 欲居九夷. 或曰, 陋, 如之何. 子曰, 君子居之, 何陋之有"(공자가 구이에 살려고 하니, 혹자가 말하기를 "누추하니 어떻게 하시렵니까?" 공자가 말하기를 "군자가 거주한다면 무슨 누추함이 있겠는가). 註, "東方之夷, 有九種, 欲居之者, 亦乘桴浮海之意. 君子所居則化, 何陋之有"(동방에 夷族에는 아홉 종족이 있다. 공자가 구이에 사려고 한 것은 뗏목을 타고 바다를 항해하려고 한 것이다. 군자가 사는 곳에는 교화가 되니 무슨 누추함이 있겠는가).

22) 丁若鏞, 「寄園記」 『與猶堂全書』(一), Ⅰ-14, 4b, 286쪽. "使彝叙得授中國之室, 以自養於崇搆廣廈之上, 獨不得以寄自命也乎. 今天下之人, 無非寄也. 衆人蚩蚩, 安居而樂生, 譬如桃園之人, 生長嫁娶, 不知其先爲避秦而來也. 惟達者, 知世之不足以自安, 而生之有涯也."

23) 丁若鏞, 「古詩二十四首」(7) 『與猶堂全書』(一), Ⅰ-2, 24b, 33쪽.

다(深谷皆編戶 天下無桃源)"고 하여 선계로서의 도화원을 부정하였다. 도연명은 "이 무릉도원을 꿈에 그리어"애써 찾았으나 찾지 못하자 붓을 잡아 그 꿈을 「도화원기」에 형상화한 것으로 보았다. 도연명의 마음을 조용히 생각해보면 천년이 지났건만 자신의 뜻과 일치된다는 것은 선계로서의 도화원이 아니라 虐政이 없는 현실 속에서의 이상향을 지향한 것이다. 도연명의 "夢想"이 만든 도화원은 곧 정약용이 꿈꾸는 지상의 이상향과 같은 것이다.

정약용이 유토피아를 거부한 현실주의적 세계관이 가장 잘 나타나 있는 시의 하나가 바로 「牛腹洞歌」인데, 유배된 지 8년째인 1808년(49세) 여름 다산초당에서 지었다.

> [1] 속리산 동쪽에 항아리 같은 산이 있는데/ 옛부터 그 속에 우복동이 있다고 하네/ 산봉우리 시냇물이 천 겹 백 겹 둘러싸서/ 여민 옷섶 겹친 주름 터진 곳이 없는 듯하고/ 날아 흐르는 폭포가 성난 듯이 떠들어대며/ 다래덩굴 가시나무가 얼기설기 막고 있다네/ 출입문 하나인데 작기가 대롱만 하여/ 송아지가 배를 깔아야 겨우 들어간다네// [2] 들어가자마자 가파른 절벽이 깜깜해도/ 점점 깊이 들어가면 해와 달이 빛이 나고/ 평평한 시냇물에 산자락 그림자 아른거리며/ 기름진 땅 솟는 샘물 농사짓기 알맞아서/ 얕고 좁은 중국의 仇池와 어찌 비교하리/ 어부가 아무리 배회해도 찾아낼 수 없다네/ 머리 검은 영감이 백발이 된 자식 꾸짖는/ 화락한 불노장생의 땅이라네// [3] 어리석은 선비가 듣고 마음속으로 기뻐하여/ 어서 가서 전답 두어 이랑 차지하려고/ 죽장망혜 차림으로 표연히 떠나/ 산을 백 바퀴나 돌다 지치고 쓰러졌다네/ 하늘은 맑은데 비바람 소리 들리는 듯/ 세상은 편안한데 전쟁이 난 것처럼/ 다투어 무주 산골짜기를 찾아가서/ 다행히 우복동과 연결되었다 여기네// [4] 삼한이 개국한 지 아 이미 오래되었는데/ 종이에 누에가 깔린 것과 같이 인구가 많아/ 나무하고 밭 일구고 발 안 닿는 곳 없는데/ 어찌 묵어 있는 빈 땅이 있겠는가/ 적이 쳐들어와도 나라 위해 죽어야지/ 너희들 처자식 이끌고 어디로 가려는가/ 아내를 독려해 방아 찧어 세금 내게 해야지/ 아 우복동이 세상이 어찌 있겠는가(俗離之東山似甕 古稱中藏牛腹洞. 峯回磵抱千百曲 衽交褶疊無綻縫. 飛泉怒瀑恣喧豗 壽藤亂刺相牽控. 洞門一竇小如管 牛子腹地纔

> 入峒. 始入峭壁猶昏黑 稍深日月舒光色. 平川斷麓互映帶 沃土甘泉宜稼穡. 仇池淺狹那足比 漁子徊徨尋不得. 玄髮翁嗔白髮兒 熙熙不老眞壽域. 迂儒一聞心欣然 徑欲往置二頃田. 竹杖芒屩飄然去 繞山百帀僵且顚. 天晴疑聞風雨響 世晏如見干戈纏. 爭投茂朱覓山谷 幸與此洞相接連. 三韓開國嗟已久 如蠶布紙蕃生口. 樵蘇菑墾足跡交 詎有空山尙鹵莽. 藉使寇來宜死長 汝曹豈得挈妻子. 且督妻舂納王稅 嗚呼牛腹之洞世豈有).[24]

이 시는 起段에서 선계로서의 유토피아를 우복동으로 寓意하였고, 承段에서 중국의 또 하나의 도화원인 "仇池"와 비교할 수 없는 천혜의 공간인 유토피아를 우리나라 우복동에서 찾았다. 轉段은 反轉으로서 俗儒들의 헛된 욕망과 我田引水的 합리화에 대한 풍자이며, 結段은 俗儒들이 求道的 삶을 버리고 遯世의 공간에서 일신의 福樂만을 추구하는 자세를 비판하였다. 우복동의 존재마저 부인한 후 국가에 충성하며 현실의 삶에서 유토피아를 구현하려한 자신의 현실주의적 세계관이 내재되었다.

정약용은 자신의 이상향을 寓意한 「우복동가」는 俗儒들이 현실을 외면하고 遯世의 공간에서 일신의 福樂만을 추구하는 자세를 비판하고 현실의 삶 속에서 유토피아를 구현하라 하였고, 유배지의 제자들에게는 우복동을 찾으려 하지 말고 과거에 응시하라고 하였다. 이는 현실의 삶을 중시한 현실주의이다.[25]

한편 柳夢寅(1559～1623)의 『於于野談』을 보면 도화원이 君臣間에 시의 소재가 되었음을 알 수 있다.[26] 도화원을 아무나 云謂할 수는

---

24) 丁若鏞, 「牛腹洞歌」 『與猶堂全書』(一), Ⅰ-5, 27b-28a, 92쪽.

25) 金相洪, 「茶山 詩의 유토피아 世界」 『茶山 文學의 再照明』, 檀國大 出版部. 2003, 192～249쪽 참조.

26) 柳夢寅, 『於于野談』(洪萬宗, 『詩話叢林』秋, 太學社, 1980, 612쪽) "昔先王朝, 有桃花馬, 使群臣賦之. 鄭士龍詩曰, 望夷宮裏失天眞, 走入桃源避虐秦. 背上落花仍不掃, 至今猶帶武陵春. 士龍, 自選私藁, 三選其詩而三删之. 故湖陰集中, 無是詩. 其賦桃花, 可謂巧矣, 而於其中, 終無

있다. 그러나 운위하는 자의 신분과 이를 읽는 대상과 장소에 따라 표현에 신중을 기하지 않으면 안 될 정도로 도화원은 우리 祖先들의 사유 속에 깊숙이 자리하고 있었음을 단적으로 보여주고 있다. 鄭士龍(1491~1570)이 "望夷宮"과 "虐政" 운운한 것은 임금의 명으로 지은 시로서는 적합하지 않다는 유몽인의 지적은 자칫 이를 읽는 임금의 失政을 풍자한 것으로 오해받을 소지가 있기 때문이었다. 이런 이유로 정사룡이 이 시를 자신의 문집에 세 번 넣었다가 결국 삭제한 것은 옳았다고 한 것이다. 도화원은 누구나 노래할 수 있다. 그러나 군왕 앞에서는 일정한 禁忌가 있었던 것이다.

南龍翼(1628~1692)의 『壺谷詩話』을 보면, 무릉도원이 月課의 시험문제로 출제되었다.[27] 비록 학문 장려책의 일환으로 朝臣들에게 시행된 월과였으나, 엄연한 국가에서 시행하는 시험에 출제된 것을 보면 도화원은 君臣 모두에게 깊이 각인되었던 것이다.

이 두 편의 삽화는 도화원의 존재에 대한 진위 여부를 떠나 우리 祖先들의 의식 속에 폭넓게 자리 잡고 있었음을 의미한다.

5. 日本 詩의 武陵桃源

日本人의 의식 속에 내재된 이상향 무릉도원에 대한 시각은 中國詩와 韓國詩에 내재된 세계와 크게 다르지 않다. 이를 몇 편의 漢詩를

歸指, 望夷虐秦之語, 豈合於應敎之製乎. 宜夫終見削也."

27) 南龍翼, 『壺谷詩話』(洪萬宗, 『詩話叢林』冬, 太學社, 1980, 744~745쪽). "月課有桃源之題, 余有一聯曰. 深深洞府依然是, 處處桃花記取難. 柳公道三, 亦偶同此韻曰, 非關洞壑經心少, 自是神仙入手難. 兩句皆批點, 入優等. 余愛柳句, 以爲勝. 李相錫爾, 以余句氣象, 勝於柳云. 然柳之工妙, 終勝余."

통하여 입증하기로 한다. 먼저 에도(江戶) 시대의 友野霞舟(토모노카슈우, 1791~1849, 이름 瑍, 자 子玉, 통칭 雄助, 호 霞舟)의 「題桃花源圖」를 보자.

> 복사꽃 핀 여울 바람 따듯하고 낙화가 어지러운데/ 땅에 비친 붉은 노을 골짝 어귀에 끼어 있네/ 농사일 하면서 진나라 세월에 익었나니/ 그 땅은 아직 한나라 영토에 들어가지 않았도다/ 개짓고 닭 우는 소리 어느 곳인가/ 열 이랑의 뽕밭 삼밭 따로 마을 있구나/ 어부가 한번 노를 멈춘 뒤로는/ 오래도록 속세인들에게 仙源을 말하게 했구나(桃溪風暖落花繁 照地紅霞擁洞門. 耕稼猶諳秦歲月 版圖未入漢乾坤. 數聲鷄犬知何處 十畝桑麻別有邨. 一自漁郎停棹後 長敎塵世說僊源).[28]

友野霞舟는 무릉도원은 秦나라 백성이 虐政을 피해 은신한 곳으로서 오랜 세월이 흘렀건만, 지금이 漢나라인 것을 그들은 알지 못한다고 하였다. 무릉의 어부 이후 속세에서는 그곳을 "仙源", 즉 신선이 사는 곳이라고 하였다.

다음은 中島米華(나카지마베이카, 1801~1834, 이름 大賚, 자 子玉, 통칭 增太, 호 米華 또는 海堂窠)의 「題桃源圖」를 보자.

> 함양의 아방궁 이미 재가 되었으니/ 徐福의 다락배는 언제 돌아갈 것인가/ 지척의 무릉도원 찾을 수 없는데
> 우습구나 저 고생하며 봉래산을 묻다니(咸陽宮殿已爲灰 徐福樓船何日回. 咫尺桃源求不得 笑他辛苦問蓬萊).[29]

中島米華도 에도시대 문인이다. 그는 진시황의 阿房宮이 이미 불에

28) 友野霞舟, 「題桃花源圖」(猪口篤志 著, 沈慶昊·韓睿媛 譯, 『日本漢文學史』, 소명출판사, 2000, 530쪽 再引).
29) 中島米華, 「題桃源圖」(猪口篤志 著, 沈慶昊·韓睿媛 譯, 『日本漢文學史』, 소명출판사, 2000, 474쪽 再引).

타서 재가 되었는데 不老草를 구하러 온 徐福의 배는 돌아갈 줄 모른다고 하여, 시간이 정지된 곳으로 무릉도원을 형상화 하였다. 또한 지척에 있는 도화원도 찾을 수 없는데도, 신선이 살고 있다는 海上에 있는 蓬萊山을 찾으려는 인간의 어리석음을 풍자하였다.

그리고 에도(江戶)시대 문장으로 이름을 날린 積艮齋(아사카곤사이, 1791~1860, 이름 信, 자 思順, 통칭 裕助, 호 艮齋 또는 見山樓)는 이상향으로 '小洞天'을 제시하였다. 그의 「小洞天記」를 보면 신선과 桃花源에 대한 언급이 있다.

> 곡당고하 선생이 일찍이 스스로 호를 頑仙이라 하고 이어 또 그 편액을 小洞天이라 짓고 社友들에게 記를 짓게 하였다. 어떤 사람은 神仙의 설은 괴상하고 망탄하여 올바르지 않기에 성현이 말하지 않았는데, 이른바 洞天福地는 더욱 근거가 없는데도 선생이 취하였으니 옳지 않은 듯하다고 하였다. 나는 그렇지 않다고 생각한다. 몸은 宮闕에 있지만 마음은 江湖에 노닐며 利慾에 얽매이지 않고 세상의 일에 연연해하지 않으며 시원스레 風塵의 밖에서 홀로 서서 조물주와 더불어 벗을 한다면 이 또한 신선이다. 어찌 반드시 풀로 옷을 만들어 입고 나무열매를 먹으며 바위골에 살면서 시냇물을 마신 뒤에야 신선의 무리가 될 수 있는 것인가? 지금 선생은 우뚝하고 고매하여 세상일을 털어버리는 뜻이 있으며 명성이나 재물에 물듦이 없으니 아마도 신선중의 호걸일 것이다. 〈中略〉 먼지를 털어내고 책상에 기대어 우아한 선비들과 둘러앉아 학술의 본말을 분석하고 고금의 성패를 변론하여 구름이 이는 듯이 말하고 문채가 화려하였으니, 그러면 "이는 나의 선계에서의 즐거운 모임이다"라고 하였다. 흥이 이르면 붓을 당겨 글을 쓰는데 말은 화려하고 필치는 오묘하여 눈부시게 아름다워 붓 끝에 천기를 누설하고 한 폭의 종이에 만상을 옮겨놓았으니, 그러면 "이는 나의 산수 취미이다"라고 하였다. 작은 집은 넓이가 십 홀도 되지 않는데 봉래산과 도화원의 취미를 모두 갖추었다. 진실로 문사가 있는 자가 아니면 그 문호를 엿볼 수 없다. 그렇다면 洞天이라고 일컷는 것이 어찌 불가하겠는가?(穀堂古賀先生, 嘗自號頑仙, 因又扁其室曰小洞天, 俾社友爲之記.. 或者疑之以爲神仙之說, 愧誕不經, 聖賢所不道, 其所謂洞天福地, 尤屬無稽, 而先生有取焉, 恐非所宜也. 予謂不然. 身在魏闕, 而心

遊江湖, 不囿於利欲, 不嬰於世故, 岙然獨立於風塵之表, 而與造物者爲友, 是亦仙也. 何必卉衣木食, 巖棲澗飮, 然後爲安期羨門之徒哉. 今先生磊偉俊邁, 有揮斥八極之懷, 而於聲利無所緇焉, 殆亦仙中之豪矣. 〈中略〉 揮塵憑几, 勝流環坐, 析學術之源委, 辨古今之成敗, 言談雲起, 文采葩流, 乃曰, 此我之閬苑歡會也. 浩興所到, 援筆揮灑, 詞華墨妙, 絢爛粲蔚, 泄天機於毫端, 縮萬象於尺幅, 乃曰, 此我之煙霞風雲也. 蕞然斗室, 延袤不盈十笏, 而蓬萊桃源之趣悉具焉. 苟非有文辭者, 不得闖其戶, 則謂之洞天, 奚不可者)30)

積艮齋의 시각은 앞에서 본 2수의 시와 차이가 있다. 積艮齋는 신선은 지상에서도 있을 수 있다고 하였다. 비록 속세에 살아도 "몸은 宮闕에 있지만 마음은 江湖에 노닐며 利慾에 얽매이지 않고 세상의 일에 연연해하지 않으며 시원스레 風塵의 밖에서 홀로 서서 조물주와 더불어 벗을 한다면 이 또한 신선"이라는 것이다. 또한 풀로 옷을 만들어 입고 나무열매를 먹으며 바위 골에 살면서 시냇물을 마신 뒤에야 신선이 될 수 있는 것이냐고 반문하였다. 선비들과 학문을 토론하고, 흥이 나면 시와 그림으로 胸懷를 토해내는 등 비록 작은 집이지만 봉래산과 도화원의 雅趣가 있다면 이것이 바로 신선이 사는 洞天福地라고 하였다. 즉 積艮齋는 세속에 연연하지 않고 風流韻事를 즐기면 바로 도화원과 봉래산에 사는 것과 다름이 없다하여 무릉도원을 仙界로 보았다.

6. 結　語

武陵桃源은 그 존재여부를 떠나 동아시아 옛사람들의 삶과 思惟에 큰 영향을 끼쳤다. 桃花源은 일찍부터 한문문화권에 속한 사람들의 가

30) 積艮齋, 「小洞天記」(猪口篤志 著, 沈慶昊・韓睿嫄 譯, 『日本漢文學史』, 소명출판사, 2000, 490쪽 再引).

合을 뜨겁게 한 꿈의 공간이자 희망의 공간이었다. 이상에서 中國·韓國·日本의 옛사람들의 이상향이었던 무릉도원에 대한 시각을 살펴보았다. 이를 요약하여 結語로 삼는다.

첫째, 曹丕가 "蓋文章은 經國之大業이요 不朽之盛事라"한 것을 실증할 수 있는 것이 陶淵明의 「桃花源記幷詩」이다. 이 천하의 명문인 「도화원기병시」는 記가 319字이고 詩가 160字로 모두 479자에 불과하지만, 동아시아인들에게 "武陵桃源 = 理想鄕"이라는 等式을 깊이 각인시켜, 새삼 문학의 힘을 실감할 수 있다.

조국 東晋이 망하고 宋 왕조가 들어서는 역사의 세찬 波高와 激浪을 체험했던 도연명은 ① 虐政과 혼란이 없는 새로운 세계로 탈출·도피처로서의 이상적인 공간이 필요함을 절감하여, ② 가공의 어부를 등장시켜 가상의 지상천국을 만들어서(마치 屈原이 「漁父辭」에서 가공의 어부와의 대화를 통하여 자신의 뜻을 세상에 밝힌 것처럼), ③ 위정자에게 虐政에 대한 敎訓을 주고 ④ 질곡의 삶을 사는 민초들에게는 심리적으로 위안을 주고 樂土에 대한 꿈을 심어주기 위하여 해방의 공간, 지상의 낙원인 무릉도원을 創案해 낸 것이다.

둘째, 中國 詩에서의 무릉도원에 대한 시각이다. ① 唐의 王維는 도화원을 "靈境"과 "仙源"으로 격상시켰고 이곳을 찾지 못하여 한탄하였다. ② 盧綸은 古今人들이 도화원을 아는 사람이 없다고 한탄했으나 꿈속에서 찾아간 도화원을 지상의 낙원으로 보았다. ③ 韓愈는 도화원의 이야기는 황당한 것이라 하여 일단 부정했으나 秦의 학정을 피해 遯世한 이들의 거처로 인정하면서도, 그 존재에 대한 眞僞 여부를 알 수 없다고 하였다. ④ 王安石은 도화원은 학정을 피해 온 진나라 사람들의 후손이 살던 곳이라고 하여, 仙源의 존재를 부인하고, 舜임금 시대의 태평성대가 다시 도래하기를 기원하였다. ⑤ 蘇軾은 도화원에서 "닭을 잡고 밥을 지었다"고 하였는데 어찌 神仙이 살생할 수 있겠느냐고 반문하고, 亂을 피해 도망간 秦나라 사람들은 두려움이 있었으므로 도화원은 선계가 아니라고 하였다. 이처럼 중국 시에서 도화원에 대한 시각과 해석이 각기 다르나, 理想的 空間이라는 인식은 같다.

셋째, 韓國 詩에서의 무릉도원의 인식이다. 한국의 옛 사람들은 도화원을 절대적인 이상향으로 보지 않고, 自國 안에서 도화원과 유사한 靑鶴洞과 牛腹洞을 찾았다. ① 高麗의 李仁老는 智異山 속 어딘가에 있다는 이상향인 청학동을 찾지 못하고 시 한수만 남기고 돌아왔다. 그는 무릉도원이 仙源이 아닌데도 낙원으로 오해한 것은 「도화원기」를 잘못 읽었기 때문이라는 卓見을 제시하였으면서도 끝내 도화원에 대한 미련을 버리지 않았다. 그의 지리산 청학동 답사기는 후대에 많은 영향을 끼쳤다. ② 陳澕는 도화원을 동해 바다 남산의 푸른 정상 부근에서 찾았다. 백성들이 궁핍한데 세금을 독촉하는 아전들이 없다면 산마을 곳곳마다 무릉도원이라고 하여, 가혹한 정치로 인하여 잃어버린 도화원을 되찾아야 한다는 의지를 노래하였다. ③ 李穡은 무릉도원이 아니라 東海上의 蓬萊山을 찾고자하였다. 그러나 古人들이 찾지 못하였듯이 자신도 찾을 수 없어 머리만 긁는다고 한탄하였다. 무릉도원은 地上의 이상적인 공간이지만 봉래산은 海上에 있는 이상적 공간으로 존재한다. ④ 조선 초 柳方善은 신선의 有無는 논할 필요가 없고 다만 高士가 티끌세상 피함을 사랑할 뿐이라고 하였다. 그가 청학동을 찾아갔다가 시만 남기고 돌아온 이인로를 우습다고 한 것은 현실을 버리고 다른 곳에서 낙원을 찾았기 때문이다. ⑤ 成俔은 秦나라 백성들이 虐政을 피해 깊은 산속으로 운둔하였다는 것 그 자체조차 眞僞를 알 수 없는데, 이를 도연명이 潤色하여 「桃花源記」를 지었기 때문에 이상적 공간이 되었다는 것이다. 누구도 가본 사람이 없는데 시인묵객들은 부질없이 신선이 산다는 도화원을 그리고 있다고 비판하였다. ⑥ 金麟厚가 꿈속에 찾아갔던 청학동은 전형적인 仙源이다. 꿈속에서 仙人이 주는 단사를 먹고

羽化登仙하여 九萬里長天을 높이 날아 인간 속세를 굽어보니 연기만 자욱할 뿐이라고 하였다. 그러나 고개를 돌려 인간사의 천만년을 바라보다가 문득 꿈을 깨고 현실로 돌아와 보니, 세상사는 변함없이 여전히 자신을 괴롭히고 있다고 탄식하였다. 김인후의 청학동은 꿈속에서만 갈 수 있는 선계이자 현실도피처인 仙界이다. ⑦ 丁若鏞은 깊은 산골까지도 호적이 있으나 하늘 아래 무릉도원은 없다고 하여 선계로서의 도화원을 부정하였다. 그는 이상향을 속리산의 "牛腹洞"에다 寓意하였다. 「牛腹洞歌」에서 俗儒들이 현실을 외면하고 遯世의 공간에서 일신의 福樂만을 추구하는 자세를 비판하고, 속세의 삶 속에서 이상향를 구현하려는 현실주의적 세계관을 형상화하였다. 선계로서의 무릉도원을 부정하고, 제자들에게 우복동을 찾지 말고 과거에 응시하라고 한 것 역시 현실주의이다. 한편 조선조에서는 君臣이 도화원을 시의 소재로 삼았고 심지어 朝臣들의 月課에 출제되었을 만큼 동경의 대상이 되었다.

넷째, 日本 詩에서의 도화원에 대한 인식이다. 에도(江戶) 시대의 ① 友野霞舟는 무릉도원은 秦나라 백성이 虐政을 피해 은신한 곳으로서 오랜 세월이 흘렀건만, 지금이 漢나라인 것을 그들은 알지 못한다고 하였다. 무릉의 어부 이후 속세에서는 그곳을 신선이 사는 仙源이라고 하였다. ② 中島米華는 진시황의 아방궁은 이미 불에 타서 재가 되었는데 不老草를 구하러 온 徐福의 船舶은 돌아갈 줄 모른다고 하여 시간의 정지된 곳으로 무릉도원을 형상화 하였다. 또한 지척에 있는 도화원도 찾을 수 없는데도, 신선이 살고 있다는 海上의 蓬萊山을 찾으려는 인간의 어리석음을 풍자하였다. ③ 積艮齋는 풀로 옷을 만들어 입고 나무열매를 먹으며 바위 골에 살면서 시냇물을 마신 뒤에야 신선이 될 수 있는 것이냐고 반문하였다. 선비들과 학문을 토론하고, 흥이 나면 시와 그림으로 胸懷를 토해내는 등 비록 작은 집이지만 봉래산과 도화원의 雅趣가 있다면 이것이 바로 신선이 사는 洞天福地라고 하였다. 즉 積

艮齋는 세속에 연연하지 않고 風流韻事를 즐기면 바로 도화원과 봉래산에 사는 것과 다름이 없다하여 도화원을 仙界로 보았다.

위와 같이 도연명의 「도화원기」는 中國은 물론 韓國과 日本의 옛사람들의 뇌리에 "武陵桃源 = 理想鄕"이라는 等式이 깊숙이 자리 잡게 하였다. 그래서 도화원이 어딘가에 존재하는 지상낙원으로 인식하고 노래와 시와 그림으로 전하면서 동경하였다.

한편 무릉도원을 찾아 中國으로 갈 수 없었던 韓國과 日本의 옛사람들은 차선책으로 자신의 나라 안에서 도화원과 유사한 이상향을 찾았다. 바로 高麗와 朝鮮과 日本의 문인들이 운위한 '靑鶴洞'과 '蓬萊山'과 '牛腹同'과 '小洞天'을 제2의 무릉도원으로 인식하였다. 靑鶴洞과 蓬萊山과 牛腹洞과 '小洞天'은 도화원의 차선책은 될 수 있었으나, 궁극적으로 지향했던 이상적 공간은 역시 무릉도원이었다.

무릉도원이 시공을 초월하여 동아시아에서 이상향으로 존재하게 된 원인과 결과는 다음과 같다. ① 우리 인간은 살아생전에는 天國에 갈 수 없으므로, ② 차선책으로 살아서 갈 수 있는 지상천국을 무릉도원으로 인식하고, ③ 시공을 초월하여 도화원을 찾았으나 그 누구도 찾지 못하였다. ④ 그러나 꿈을 버리지 않고 시문과 그림으로 남겨 무릉도원이 동아시아인들의 가슴 속에 이상향으로 자리 잡게 되었다. 다시 말하면 고난에 찬 삶을 살아야 했던 동아시아 民草들은 ① 자신들의 운명을 바꿀 힘은 없었고, ② 그렇다고 죽을 수도 없어, ③ 이상향인 무릉도원을 동경하면서 삶의 위안을 삼았던 것이다.

도연명이 「桃花源記幷詩」에서, 지상에서 가장 이상적인 공간이라고 제시하였던 무릉도원은 실체적 공간이 아니라 꿈의 공간이었다. 비록 실체가 없는 가공의 공간이었지만 동아시아 옛사람들의 삶과 思惟에 큰 위안과 희망을 준 이상적인 공간이었다.

參 考 文 獻

『論語』.
『全唐詩』 上, 上海古籍出版社(縮印), 1986.
楊家駱 主編, 『陶靖節集注』, 世界書局印行, 中華民國 63.
楊家駱 主編, 『蘇東波全集』 下, 世界書局引行, 中華民國 74.
王安石, 『王臨川全集』, 世界書局印行, 中華民國 66.
金麟厚, 『河書全集』(韓國文集叢刊 33), 民族文化推進會.
南龍翼, 『壺谷詩話』(洪萬宗, 『詩話叢林』), 太學社, 1980.
成 俔, 『虛白堂集』(韓國文集叢刊 14), 民族文化推進會.
柳夢寅, 『於于野談』(洪萬宗, 『詩話叢林』), 太學社, 1980.
柳方善, 『泰齋集』(韓國文集叢刊 8), 民族文化推進會. 1988.
李 穡, 『牧隱藁』(韓國文集叢刊 4), 民族文化推進會. 1988.
李仁老, 『破閑集』(『韓國詩話選』, 太學社, 1981.
陳 澕, 『梅湖遺稿』(韓國文集叢刊 2), 民族文化推進會. 1988.
丁若鏞, 『與猶堂全書』, 景仁文化社 影印, 1970.

金相洪, 「茶山 詩의 유토피아 세계」 『漢文學論集』 제20집, 槿域漢文學會, 2002.
______, 『茶山 文學의 再照明』, 檀國大 出版部. 2003.
李成鎬 譯, 『陶淵明全集』, 文字香, 2001,
久保天隨 註解, 『韓退之全詩集』 下, 日本圖書, 昭和 53.
猪口篤志 著, 沈慶昊・韓睿嫄 譯, 『日本漢文學史』, 소명출판사, 2000.

東아시아의 海洋空間에 관한 再認識과 活用

-동아지중해 모델을 중심으로-

윤 명 철*

1. 서 언

역사란 공간을 시간적으로 연구하는 학문이다. 따라서 공간을 정확하게 이해한다는 것은 기본이다. 더욱이 역사의 공간을 물리적인 공간, 혹은 기하학적인 공간으로 국한시켜서는 곤란하다. 그동안의 연구경향을 분석해보면 동아시아역사 및 우리의 역사를 이해하는데 공간에 대한 오해가 많았음을 부인할 수 없다. 그 가운데 하나가 해양을 역사의 영역으로 수용하지 못한 것이다. 이 글은 동아시아 및 우리의 역사를 이해하는데 해양이 필요함을 주장하는 한편 또 동아시아 역사가 이루어져 가는데 해양이라는 공간이 어떠한 역할을 담당하였을까를 살펴보고, 아울러 동아시아역사에서 행한 우리민족의 역할론을 보다 선명하게 드러내고자

---

* 동국대학교 조교수.

한다.

그리고 이러한 목적을 위해 연역적으로 논리를 전개하고자 한다. 역사학은 본질적으로 미래학이다. 연구행위를 통해서 현재 혹은 다가오는 미래에까지 행위를 함으로써 평가는 물론 기록에도 영향을 끼친다. 또한 현재뿐만 아니라 과거의 이해 및 사실에도 영향을 끼치고, 심지어는 간섭을 하기 까지 한다. 일종의 '피이드백 현상'이다. 그래서 역사학은 기록자이면서 평가자일 뿐 만 아니라, 동시에 행위자(creater)의 역할을 겸하고 있다. 따라서 역사학의 역할은 과거에 발생했던 사실을 단순하게 규명하고 복원해야 하는 무엇(what)의 문제를 뛰어넘어 사실을 현재의 구체적인 상태와 연결을 짓고 비교를 하는 해석의 작업을 할 수밖에 없다, 즉 왜(why)의 문제에 매달리는 자세가 필요하다. 역사학이 학문을 위한 학문을 넘어서 그 이상의 것이며 역사학이 진실로 필요한 이유이기도 하다. 나아가 역사학은 역사적 통찰력과 집약된 경험을 통해서 집단의 나아갈 방향을 제시해주어야 한다. 역사가 궁극적으로 지향하는 것이 인간의 해방과 사회의 진보인 만큼 역사학의 궁극적인 목적은 역사 활동 주체들로 하여금 가능한 한 완벽한 의미의 역사를 영위하도록 방법론(how)의 제시기능 까지도 하는 것이다.

이 글에서는 역사에서 공간을 바라보는 관점을 제시하고, 이를 시행할 수 있는 해석 틀인 '동아지중해(EastAsian-mediterrean-sea)'모델을 적용해서 역사상을 살펴본 이후에 정말 그 해양공간을 매개로 그러한 틀에 접근해가고 있는 가를 검증해보고 아울러 이 동아지중해 모델이 미래에도 효용성이 있는가도 모색해보는 방식이다. 이글은 시대로는 기원을 전후한 시대까지로 한정하였고, 내용상으로는 동아지중해권이 발아해서 기본틀을 갖춘 상황으로 한정하였다.

2. 역사에서 空間의 의미와 터(場, field) 이론

역사란 인간과 마찬가지로 생성과 변화와 운동을 한다. 그러나 이 운동은 시작과 끝이 분명한 직선운동이 아니고, 매듭은 없지만 역할과 상황에 따라 모여든 목이 몇 개 있는 圓운동이다[1] 운동을 일으키기 위해선 혹은 운동 속에는 주체와 시간 공간, 그리고 구체적인 선들이 있다. 그 외에 자연(기후 지리 등), 기호(몸짓 글자 언어 상징 등), 인식(사상 종교 신화 등), 경제양식 등 모든 관계의 방식들이 네트워크를 이루고 있다.

그 중에서도 역사는 인간인 주체를 놓고 시간과 공간이 만나서, 혹은 주체가 시간과 공간을 취사선택해서 완성을 이루는 과정이다. 시간과 공간은 출발부터 분리된 별개의 것이 아니라 합일의 존재였으나 다만 인식에 의해 삶이 질서화 되면서 개념상의 구분이 생겼고, 생존을 위해 사건의 현장에서 자기의 위치설정이 필요했으므로 주로 공간속에서 자신과 사건을 파악했다. 그러나 경험이 축적되면서 삶의 본질을 보다 분명하게 파악하면서 사건 속에서 時間의 存在를 인식하기 시작했다. 그래서 수세대의 걸쳐 인간들은 시간의 흐름에 의미를 부여하고 반복되는 과정과 인과관계 속에서 자신들만의 '單位時間'을 만들어내고, 그 유기체 같은 것의 한 분자가 되었다.[2] 시간은 역사와 문명의 성격을 규정하는데 중요

1) 보는 관점에 따라 태극도나 의상의 법계도, 고구려 고분벽화에 그려진 주작도나 현무도 등에서 표현하는 나선구조와 유사한 의미이다. 안 밖이 없지만 상황에 따라 모습과 역할이 구분되는 뫼비우스띠 같은 구조이다.

2) 인간의 양심 또한 시간에 얽매여 있으며 시간만을 통해서 존재한다. 타르코프스키, 『봉인된 시간』, 72쪽. "한 인간이 살아가는 시간 속에서 인간은 자기 자신을 도덕적인 존재로서, 진리탐구가 가능한 존재로서 인식할 수 있는 가능성을

한 역할을 한다. 그런데 공간은 때로는 시간의 흐름보다 더 중요하고 의미가 클 수 있다. 인간들은 안정된 공간에서 안정된 결과를 목적으로 수동적으로 시간의 변화 혹은 시간이 가져온 변화를 맞는다. 공간을 중요시한다.

그런데 상황, 즉 시간도 마찬가지이지만 공간을 정확하고, 쉽게 위해하기 위해서는 微視的인 분석 작업도 필요하지만 동시에 巨視的으로 凡空間的으로 큰 단위로 해석하는 틀 즉 해석모델, 이론모델이 필요하다. 유형화의 필요성이 있는 것이다. 근대 역사학이 시작된 직후부터 동아시아 공간을 하나의 범주로 만들고 해석하려는 시도들은 있었다. 일본은 조선을 침략하기 전, 이미 조선을 병합해야하는 당위성을 역사 연구를 통해 찾아서 그들만의 논리를 만들었다. 다루이 토호키치(樽井藤吉)는 '興亞論'을 내세웠고, '大東國'을 세워 청에 대응해야 한다고 주장했다. 이어 '半島史觀'이라는 식민주의사관의 핵심논리를 만들었는데, 이는 대륙에 붙어있는 부수적인 존재로서 타율성이 강한 停滯性의 특징을 지닐 수밖에 없다는 공간적 숙명론 이다. 실제로 이는 지리공간의 단순한 축소가 아니라 역사 자체의 축소를 가져왔다. 일본은 이어 만주를 침략하기 직전인 1931년에는 만선사관을 만들어냈는데 이는 일본과 만주가 블록을 결성해야 한다는 '日滿 블록'을 합리화시키고 만주지배를 정당화시키려는 공간적 유형화 시도였다. 일본은 마침내 1940년에 "大東亞共榮圈"을 주장했다.

西村眞次는 그의 『南方民族誌』(1942년)에서 남방문화권의 범주를 서로는 아프리카 동안의 마다가스카르 섬 이동으로부터, 그리고 동쪽으로는 폴리네시아의 제도까지 이르는 광범위한 것이었다. 태평양의 해양문화와의 관련성은 최근에도 언어학이나 항해학 분야의 학자들(武在寅

지닌다."

南 등) 사이에서 꾸준히 제기되고 있다. 이러한 일련의 시도들은 한 국가의 현재적인 필요에 따른 과거 역사공간의 재해석과 범주화의 전형적인 예이다.

이러한 사고들은 그 후에도 계속 이어져 동아시아라는 용어와 개념으로 1970년대부터 본격적으로 사용하고 있으나 그 범위, 개념, 역할 등에 대해서 통설은 없다. 井上秀雄은 고대의 동아시아는 중국왕조의 정치권력이 미치는 지역 혹은 중국문화의 영향을 받았던 지역 등을 가리키는 용어로 추측된다고 하였다.[3] 특히 12쪽에서는 지도를 그려서 동아시아의 범주를 분명하게 표현하고 있다. 이 분류는 아시아의 동쪽을 동북아시아, 동아시아, 동남아시아의 3부분으로 되어있다. 西嶋定生은 대륙의 역사, 특히 중국왕조를 중심으로 하는 역사를 동아시아 역사로 보고 있다.[4] 宮崎市定은 秦漢帝國의 출현은 동아시아세계의 출현단서를 열어 놓았다고 하고 西아시아, 中央아시아 등과 구별하고 있다.[5] 佐伯有淸(『古代の東アジアと日本』, 1987)은 동아시아라는 범주를 막연히 설정하고 한반도 세력 일본열도, 그리고 중국대륙을 동아시아로 보고 있다.[6] 武田幸男 역시 명확한 개념설정이 없이 廣開土大王陵碑를 중심으로 다루고 있다.[7]

최근의 일본학계에서는 照葉樹林 文化圈을 주장하여 중국의 雲南省 青海省 등과의 연관성을 강하게 주장하기도 한다.[8] 그리고 安田喜憲은 鳥居龍藏의 『東部シベリアの以前』에서 인용하고 있다. 즉 일

---

3) 西嶋定生, 『變動期の東アジアと日本』, 日本書籍, 1983.
4) 『日本歷史の國際環境』, 東京大出版社, 1985, 2～3쪽.
5) 宮崎市定, 『中國の歷史』 2, 『秦漢帝國』, 講談社, 1974, 3~4쪽.
6) 佐伯有淸, 『古代の東アジアと日本』, 1987.
7) 武田幸男, 『高句麗史と東アジア』, 岩波書店, 1989.
8) 佐佐木高明, 『照葉樹林文化』 『續 照葉樹林文化』 등. 그 외에도 江上波夫 등이 양자강유역과의 관련성을 주장하고 있다.

본인의 본거지, 일본문화의 고향으로 보여 지는 것은 동부 시베리아에서 흑룡강 유역 연해주, 그리고 만주에 이어지는 日本海의 對岸이다. 그리고 이것에 조선을 잇고, 樺太(사할린) 북해도, 그리고 사도, 노토 등 일본해일대의 지방을 일괄해서볼 필요가 있다. 그는 이러한 논리 속에서 졸참나무숲 문화권을 소개하였는데, 이 또한 공간을 유형화 시키려는 의도의 소산이다. 그는 일본해문화권이라는 또 다른 공간의 유형화가 필요하다는 제기를 한다.[9)]

한편 古廐忠夫는 環日本海라는 개념은 일본이라고 하는 바다를 중심으로 하는 지향도 갖고 있지만, 그 외연은 어느 지역까지 포함하고 있느냐에 대해서는 각각의 의견이 있다. 현재 일본해로 출구가 없는 중국은 과거역사에 대한 비판 때문에 '환일본해'라는 호칭은 그다지 사용하고 않고, 다만 '동북아시아'라는 호칭을 사용하고 있다. 일본해라는 호칭은 1602년 마테오릿치가 작성한 『坤輿萬國地圖』에서 포괄적으로 사용되었다. 그런데 일본해로 통일된 것은 근대 일본의 부국강병 제국주의화 아시아 침략의 과정과 궤를 같이하고 있는 것은 확실하다하고, 일본해를 지중해세계나 동아시아 세계로 부르는 것 같은 정치적 경제적 내지는 문화적으로 하나의 자기완결적인 지역을 상정하는 것은 곤란하다는 의견을 개진하고, 같은 책 8쪽에서 동아시아 세계와 외연으로서 동북아시아라는 시점에서, 즉 동아시아의 서브시스템으로서 環日本海 지역을 보고 있다.[10)]

그리고 중국은 근래에 들어서 동북공정을 통해서 과감하게도 만주라는 역사적 공간에 대한 현재적 해석을 하면서 중화의 역사공간으로 재해석하고 있다. 물론 이러한 움직임에 대하여 한국에서는 크게 반응하지

9) 安田喜憲, 「日本海 めぐる 歷史の胎動」 『季刊考古學』 15호, 雄山閣出版社, 1986, 14～16쪽.
10) 古廐忠夫 編, 『東北アジアの再發見』, 有信社, 1994, 5~8쪽.

못하고 있다. 기본적으로 역사의 시간과 공간을 총체적으로 이해하는 시각이 부족할뿐더러 우리 역사를 동아시아 전체와 연관시켜가면서 해석하려는 의지가 부족했다. 全海宗은(「東亞古代文化의 中心과 周邊에 대한 試論」, 3쪽에서) 東亞의 지리적 범주를 기본적으로 중국 한반도 일본열도를 지적하는 것이라고 보고, 중국은 주로 중국본부, 일본열도는 本州와 四國, 九州와 그 부속의 島嶼로 한정하고 있다. 그리고 雲南이나 兩廣지방을 주변으로 보고 있다.

그동안 연구되고 주장된 견해들을 종합하면 동아시아의 개념과 범주에는 지역이나 주체 혹은 가치관이나 현실적인 목표에 따라 조금씩 다르지만 대체로 일치하는 경향을 보이고 있다. 즉 중국이 있는 대륙, 그리고 북방으로 연결되는 대륙의 일부와 한반도, 일본열도로 구성이 되어 있고, 바이칼 이남, 흑룡강 이북, 연해주 북부 사할린 등이다. 그런데 이들 이론들이 가진 한계 가운데 하나는 해양을 역할을 경시했거나 혹은 해양의 관점에서만 보았다는 것이다.

동아시아의 터를 크게 부분하면 대륙과 바다가 만나는 지역이다. 다양한 자연환경을 갖추고 있다. 많은 강들, 연해주 지역과 홍안령의 대삼림, 요동의 넓은 평원, 초원, 호수 등을 골고루 소유하였으며, 남쪽의 일부지역에는 비옥한 농토도 있었다. 그리고 육지와 거의 비슷한 넓이의 해양이 있다. 그러므로 동아시아의 공간은 一民族史的인 관점, 一地域的인 관점을 포함하면서 一文明史的인 관점에서 파악하려는 시도도 필요하다. 예를 들면 소지역문명 혹은 국가문화 등도 凡아시아라는 관점에서 파악해야 한다. 불교교류, 실크로드교섭, 스텝로드교섭, 마린로드교섭 등은 '凡아시아'라는 큰 터(場, field) 속에서 이루어진 행위로 인식해야 한다. 그리고 나서 동아시아라는 보다 작은 혹은 공간적인 특성이 압축된 터로 축소해서 유형화시키고, 그 속에서 파악해야 한다. 거기에 해양이 중요한 위치로 부상할 수밖에 없다. 즉 필자가 앞 문장에서 언급한 해류의 통일된 개념, 각개 요소들의 유기적인 시스템으로 보는 것이 합리적이다.

역사에서 공간이란 기하학적인 공간 혹은 자연적인 공간, 또 평면을 의미하지는 않는다. 자연지리의 개념과 틀을 뛰어넘는 역사와 문명의 개념으로 보아야 한다. 그러려면 몇 가지 조건이 갖추어져야 한다. 우선 공간은 단순한 교류를 넘어서 긴밀한 접촉이 이루어져야 한다. 우발적, 일회적, 불연속적인 만남으로 끝나서는 안 되고, 목적의식을 지닌 채 연속적으로 만남을 지속해야 한다. 또한 만남의 양식이 단순하거나 편향적이어서는 불충분하다. 상호교차적인 單線的인 만남을 넘어서 複線的이어야 하며, 그 복선들은 입체적으로 구성된 몇 개의 거점 혹은 허브(hub)를 중심으로 多重的이어야 한다. 그래야 비로소 역사의 공간으로 변모할 수 있다.

또한 동일한 공간 속에서도 중심부와 주변부를 구분하고, 동일한 공간이라 해도 시대와 역할에 따라 모습이 달라져야 한다. 또한 동일한 공간, 유사한 공간, 관련성 깊은 공간은 하나의 역사공간으로 인식해야 한다. 비록 혈통이 다르고 언어와 문화가 달라도, 또 중심부간의 거리가 멀거나 국부적인 자연환경에 차이가 있고, 정치체제의 차이가 있어도 느슨한 하나의 '統一體' 혹은 '歷史有機體' '문명공동체'였다.

또 역사공간은 단순한 영토나 영역, 장소의 문제가 아니라 만남과 연결 방식을 총체적인 연결망, 즉 네트워크의 개념으로 접근할 필요가 있다. 역사공간의 네트워크는 전체이면서 부분인 터(場, field)와 또 부분이면서 전체이기도 한 3개의 中核과 주변의 몇몇 行星들, 그들을 싸고도는 衛星들이 있고(multi-core), 중첩적인 선(line)들로 이어졌다. 선이란 교통로를 말한다.

이것이 필자가 주장하는 '터(field)이론'의 大綱이다.

1) 터(場, field)

'터'는 자연 지리 기후 등으로 채워지고 표현되는 단순한 공간은 아니다. 생태계 역사 등등이 다 포함된 총체적인 환경이다. 다만 작용하는 중요도나 인식상으로 보아 자연환경이 중요한 요소이다.11) 인간의 역사는 자연과의 갈등극복과정으로 채워져 있다. 특히 이것은 과거로 소급해 올라가면 올라갈수록 그 정도가 심하다. 인간에게 주어진 갈등 가운데서 그 힘이 가장 크고 극복에 어려움을 느끼며 가장 장기간의 지속성을 가지고 있는 것은 자연이다. 다시 말해서 인간의 역사에서 가장 역할이 크고 영향력이 큰 것이 자연이다.12)

역사를 이룩하는데 자연은 단순한 지리 기후의 공간만은 아니다. 地理政治的(geo-politic)인 영토이며 地理經濟的(geo-economy)으로, 地理文化的(geo-culture)으로도 큰 의미가 있다. 생산물의 종류가 틀리며, 생산방식이 틀리다. 뿐만 아니라 소속된 주민들과 함께 문화 역시 흡수된다. 당연히 문화의 성격과 질의 변화가 온다. 뿐만 아니라 세계와 사물을 바라보는 관점, 인간과 집단의 가치관이 달라진다. 즉 신앙의 형태가 달라질 수밖에 없다.

동아시아 역사의 터는 내부에 3개의 中核인 恒星과 작은 핵들인 주변 行星들, 그리고 독자성이 미약한 衛星들로 이루어졌다. 그리고 멀리

---

11) 토니 너틀은 "세포의 위치나 놓여진 장소가 세포에 지령을 내리고 세포를 형성해 나가는 것으로 보인다. 즉 세포의 모임이 생물의 조직을 만드는 것이 아니라, 전혀 반대로 조직전체의 패턴이 세포의 특성을 결정하는 것이다"라는 소위 생물장 이론을 주장하였다. 이는 개개의 요소들도 중요하지만 그들이 놓여지고 만나 관계를 맺는 field가 더욱 중요하다는 개념이다.

12) 앨프리드 w 크로스비 저, 안효상 정범진 공역, 『생태제국주의』, 지식의 풍경, 2002은 생태가 인간의 역사와 서구 제국주의의 팽창과정과 얼마나 깊은 관계에 있는 가를 보여주고 있다.

떨어진 또 다른 터인 인도도 간접적으로 연결되었다. 이들 요소들은 확연하게 구분할 수는 없지만, 총체적으로 연결해서 만드는 네트워크에 따라는 역할이 변동할 수 있다.

2) 多核(multi-core)

이러한 역사의 터 가운데에서도 중요한 기운이 뭉치고, 연결하는 여러 선들이 교차하는 곳이 핵(core)이다. 일종의 길목이지만 直線이나 나무(tree)형이 아니라 放射狀으로 퍼지는 일종의 허브(hub)형이다. 이러한 핵은 관리와 조정기능을 하고 집합과 배분기능도 함께 하고 있다. 마치 인체의 穴(경혈)처럼 경락들을 이어주는 역할을 한다. 자체적으로도 존재이유가 있고, 또 필요에 따라 다른 상태로 전화가 가능하다. 문명에서는 독자적으로 유형화 시킬 수 있는 주요한 특성이 집약된 곳의 역할을 한다. 비교적 그 단위의 정체성에 충실한 곳이다. 주변에 공급하는 능력도 있다.

3핵 가운데 가장 대표적이며, 정치적으로 제국을 발전시켜온 핵은 中國空間 혹은 중화문명이다. 초기에는 화북지방과 산동의 해안가가 중심이었다. 점차 동서남북으로 팽창하여, 때로는 북방종족들의 침략을 피해 남쪽으로 도주하는 경우도 있었지만, 거대한 핵을 이루었다. 핵심은 한족들이 이룩했으나 모든 종족들과 문명들이 합해진 결정체이다. 최근에 중국은 황하문명을 넘어서는 문명권의 존재가 드러나면서 多地域 文明說을 주장하고 중하문명의 범주를 오히려 확대하고 있다. 만주지역의 紅山문화, 夏家店 문화 등은 중원과는 다르며, 오히려 동방문명의 토대가 되는 문화이다. 이들 지역은 해양과 적지 않은 관련이 있다.

북방문명은 현재 홍안령 주변의 북만주 일대와 내외몽골 지역전체를 발판으로 활동한 유목종족들이 이룩한 문명이다. 匈奴 柔然 突厥 등 유목종족들은 문명을 창조한 중심핵으로 뚜렷하게 나타나지 않는다. 초원을 활동공간으로 삼고, 범위는 넓지만 공간의 집약도도 낮을 뿐 아니라 활용도는 지극히 미미했다. 이동성(mobility)문화로 인하여 정착을 전제로 한 문화를 창조하거나 논리적인 사상체계를 만들지 못했다. 다만 막강한 군사력을 바탕으로 화북지역으로 이동하여 胡漢體制를 만들어 중화문명에 업혀 정체성을 유지하는 방식을 취했으나 번번이 힘을 상실하고 붕괴되어 버렸다. 터의 총체적인 이동이 아니라 공간만의 이동에 그친 탓이다.

東方文明은 현재의 한반도와 만주일대에서 시작되어 꽃을 피운 문명이다. 조선과 고구려 발해는 만주와 한반도, 바다를, 즉 해륙을 하나의 통일된 영역으로 인식하였고, 활동하였다. 특히 고구려는 더욱 그러한 특성이 나타나며 백제 신라 가야 왜와의 관계를 중국지역과 북방의 국가들과는 다른 관계로 여겼다. 중국 혹은 북방과는 또 다른 독특한 공간이었다. 현재 남만주를 포함하는 지역에서 명멸하였던 종족들의 역사도 이 동방문명의 공동창조자이었다. 특히 우리와 일본은 7세기 이전에는 구분되는 부분이 적었다. 더욱이 동아시아 문명의 관점에서는 중국 및 우리의 문화와 共質性이 강했다. 일부에서는 일본문명이 독자적으로 존재했다고 하지만[13] 하나의 역사공간이었다.

行星들은 각 중핵지역의 주변에 위치한 지역들이다. 동방문명의 터 속에는 북만주 일부, 일본열도, 연해주 전체가 행성들이고, 중국문명에는 현재 실크로드인 서역, 티벳트인 토번, 광동성인 越, 동남아 북부의 일부이며, 북방문명에는 캄챠카 바이칼 동시베리아 알타이 파미르 지역들이

13) 최근에 샤뮤엘 헌팅톤은 『문명의 충돌(The Crash of Civilizations)』에서 중국과 일본을 별개의 문명으로 설정하였다. 이는 동아시아를 분리시키려는 서구인들의 기본인식을 반영한다.

해당된다. 衛星들은 각각의 행성 내부에 있는 소규모의 국가 내지 문화권이다. 고대 동방문명의 경우에는 백제 신라 가야 왜 등을 말한다. 그 외에 동아시아 문명과 밀접한 관계를 맺고 있으면서도 다른 필드인, 즉 다른 계의 항성격인 인도와 그 주변의 행성격인 기타 지역들도 동아시아 문명에 간접적으로 영향을 끼쳤다.

3) 線(line)

선은 주요한 역할을 담당한 핵들과 핵들을 이어 주는 역할을 하면서, 동시에 그 자체도 독립성을 지니면서 문명의 일부분을 창조하는 역할을 한다. 이 선 가운데 하나는 교통로(road 혹은 route)인데 결국 陸路 水路 海路 등의 도로인데, 이 성격을 이해할 때 유념해야할 일은 선들의 움직임과 구성은 일종의 '多重放射狀 形態'라는 것이다. 큰 선은 독자적인 동아시아문명과 외부의 독자적인 문명을 연결하는 교통로이다. 일종의 문화접변을 일으키는 수단이다. 초원의 길(steppe road), 오아시스길(oasis road), 바다길(marine road)이 있다. 작은 선은 동아시아 문명의 내부 사이에서 이어지는 길이다. 주로 핵과 핵사이의 길이 있고, 핵과 행성 사이의 길을 말한다. 한국과 일본열도, 한국과 중국(화북 강남), 한국과 연해주, 한국과 바이칼지역, 한국과 몽골, 한국과 서역, 한국과 동남아, 일본과 연해주, 일본과 동남아, 일본과 남태평양, 중국과 일본, 중국과 서역, 중국과 월남, 중국과 티벳, 북방과 시베리아 및 바이칼, 북방과 알타이 및 파미르, 북방과 캄챠카 등이 있다. 또 샛길은 항성들, 행성들, 위성들의 내부에서 이루어지는 만남의 형식들이다.

동아시아의 역사공간인 터는 핵 행성 위성 라인을 다 포함하면서 자신도 끊임없이 변화하는 공간이다.

그런데 동아시아의 역사공간에서 소홀히 다룰 수 없으며, 더욱 의미를 부여하고 큰 역할을 담당할 부분이 바로 해양이다. 해양은 북방문명과 마찬가지로 이동성과 不保存性으로 인하여 역사의 터였다는 구체적인 증거가 불충분하지만, 자연환경만 고려한다 해도 동아시아문명에 엄청난 영향을 끼쳤을 것은 틀림없다. 동아시아는 바다를 가운데 두고 바다 주변의 주민과 문화는 상호간에 영향을 주고받는 일종의 '環流시스템'을 이루고 있었다.14)

3. 동아지중해 모델

역사공간을 이해하려면 자연적 공간에 대한 정확한 이해가 필요하다. 그것을 토대로 역사적 성격을 규명하고, 구체적인 사건들과 관련하여 해석하는 접근양식이 필요하다. 역사에서는 시간의 흐름을 중요시하고 있지만, 현실적으로, 특히 소규모단위에게는 오히려 공간이 더 중요하고 의미가 클 수 있다. 앞에서 언급한 '터' 방식으로 이해하면 고대 동아시아 역사공간을 다른 각도에서 이해할 수 있다. 우선 이질적이고, 분절되었던 각 지역, 각국 혹은 종족들의 문명 내지는 문화를 직접적이고 간접적으로 연결된 관계 속에서 파악한다. 즉 동아시아를 統一的으로 이해

14) 강한 문화력(culture power)을 가진 A의 문화는 주변인 B에게 일정한 문화를 전수한다. 그런데 시대와 상황에 따라 지향하는 문화가 다르다. B의 문화 또한 A에게 전수된다. 이 관계는 主와 副가 있고, 일종의 상호작용이라고 볼 수 있다. 그런데 A문화가 B로 갔다가 B의 영향으로 변형을 한 다음에 다시 A에게 와서 영향을 주는 경우가 적지 않다. 마찬가지로 B의 문화가 A에게 전해져서 가공과 변형을 거친 다음에 다시 A의 형태와 포장으로 전해질 수 있다. 그러므로 선의 위치와 역할을 정확하게 파악하고 이해하는 일이 필요하다. 이것은 필자가 동아시아의 역사와 문화를 해석하는 틀로서 동아지중해 이론을 설정하고, 그것을 보완하는 부차이론으로서 설정한 '環流시스템이론'의 大綱이다.

할 뿐 아니라, 동아시아문명을 자체의 완결성과 복원력을 지니고 끝없이 부활하는 존재 혹은 有機體(超有機體, 혹은 生命體로 사용할 수 있으나 아직 결정하지 못함)로서 파악 할 수 있다. 또한 각각 고유한 민족의 역사 혹은 민족문화 등을 설정하면서 동아시아 문명이라는 더 큰 범주 내에서 '系統化 作業'을 원활하게 추진할 수 있다. 그렇다면 내부문명들과 문화에 자연스럽게 적합한 역할을 부여할 수도 있다.

東아시아는 중국이 있는 大陸, 그리고 北方으로 연결되는 대륙의 일부와 한반도, 日本列島로 구성이 되어있다. 때문에 북방과 중국에서 뻗쳐오는 대륙적 질서(유목문화, 수렵삼림 문화를 공유하고 있다)와 남방에서 치고 올라가는 해양적 질서가 만나는 곳이다. 해양적 질서란 해양을 매개로 영위되는 生活과 文化이고, 전파나 경로 역시 해양과 밀접한 관계를 갖고 있다. 따라서 한민족과 漢族, 그리고 일본열도의 교섭은 물론 북방족과의 교섭도 모두 이 지역의 해양을 통해서 교류를 하였다. 일본학자들은 근대 역사학의 초창기부터 이러한 인식을 지니고 있었고, 지금도 그러하다.[15] 하지만 보다 적극적으로 동아시아의 역사공간을 육지와 해양이란 두 가지 관점에서 동시에 접근해 들어가는, 특히 소외되었던 해양의 위치와 역할을 재인식하는 '海陸史觀'이 필요하다. 그리고 해석의 틀로서 동아지중해(EastAsian-mediterrean-sea)란 모델을 제시한다.

---

15) 安田喜憲은 鳥居龍藏의 『東部シベリアの以前』을 인용하고 있다. 즉 일본인의 본거지, 일본문화의 고향으로 보여 지는 것은 동부 시베리아에서 흑룡강 유역 연해주, 그리고 만주에 이어지는 일본해의 대안이다. 그리고 이것에 조선을 잇고, 樺太(사할린) 북해도, 그리고 사도, 노토 등 일본해일대의 지방을 일괄해 서볼 필요가 있다. 그는 이러한 논리 속에서 졸참나무숲문화권을 소개하고, 사사기 고메이의 남방문화론, 에가미 나미오의 기마민족설까지 소개하면서 소위 일본해문화권에 대한 다각적인 연구의 필요성을 제기하고 있다. 安田喜憲, 「日本海 めぐる歴史の胎動」 『季刊考古學』 15號, 雄山閣出版社, 1986, 14~16쪽.

한반도를 중심축으로 일본열도의 사이에는 동해와 남해가 있고, 중국과의 사이에는 황해라는 內海(inland sea)가 있다. 한반도의 남부와 일본열도의 서부, 그리고 중국의 남부지역(長江 이남을 통상 남부지역으로 한다)은 이른바 동중국해를 매개로 연결되고 있다. 그리고 현재 연해주 및 북방, 캄차카 등도 동해연안을 통해서 우리와 연결되고 있으며, 타타르해협을 통해서 두만강 유역 및 북부지역과 사할린 홋카이도 또한 연결되고 있다.

동아시아는 완전한 의미의 지중해는 아니지만 이른바 多國間 地中海海(multinational-mediterranean-sea)의 형태로서 모든 나라들을 연결시키고 있다.[16] 이러한 자연공간 속에서 大陸的 성격과 함께 海洋的 특성을 가지고 있었고, 역사가 발전하는 데에 큰 역할을 하였다.

이 지역에는 동아시아의 대다수 종족이 모여 있다. 한민족과 漢族 그리고 일본열도의 교섭은 물론 북방족과의 교섭도 모두 이 지역의 해양을 통해서 교류를 하였다. 이 지역은 문화적으로도 지중해적 성격을 띠었다. 연해주와 시베리아에서 연결되는 수렵삼림문화, 몽골과 알타이에서 내려온 유목문화, 화북의 농경문화, 그리고 남방에서 올라오는 해양문화 등 지구상에서 가장 극단적인 자연현상과 다양한 문화가 만나 상호교류하고 혼재하면서 발전하였다. 다양한 자연환경 속에서는 필연적으로 경제형태나 교역방식 역시 다양할 수밖에 없었다. 이러한 것들은 해양을 통해서 교류되어 왔으며, 여기서 형성되는 문화는 다양성이라는 지중해 문화의 전형적 특성을 가질 수밖에 없었다. 전형적인 정착성(stability)문화와 이동성(mobility)문화가 이곳에서 만나 상호 보완한 것이다. 특히 황해

16) 동아지중해의 자연환경에 대한 검토는 윤명철, 「海洋條件을 통해서 본 古代韓日 關係史의 理解」『日本學』 14, 동국대 일본학연구소, 1995 및 「黃海의 地中海的 性格硏究」『韓中文化交流와 南方海路』, 국학자료원, 1997 외 기타 논문 참고.

는 中國과 韓半島의 西部海岸 전체, 그리고 滿洲南部의 遼東地方을 하나로 연결하고 인접한 각국 들이 공동으로 활동을 하는 場의 역할을 하고 있다. 때문에 일찍부터 인간과 문화의 교류가 빈번했고 그러한 공통성을 토대로 문화권이 형성되었다.

이러한 인식과 사실을 바탕으로 필자는 '동아지중해(EastAsian-mediterranean-sea)'란 모델을 설정하여 제시하였다. 일본에서는 1970년대 동아시아론에 대한 논쟁이 벌어지더니 점차 해양과 동해(일본해)에 관심을 갖고 지중해라고 부르고 있었다. 물론 일본열도에 있는 바다는 지중해와는 달리 교통로가 아니었고, 대륙으로부터 떨어져 있게 한 장벽이었다는 견해도 있다.[17] 그러다가 1990년대 말에 와서 새삼 동아시아의 지중해적인 성격에 주목하고, 국가전략의 입장에서 바라보는 정치학자들뿐 아니라 일반 역사학자들도 이에 대한 연구를 시작했다.[18]

또한 우리 역사, 특히 고대사의 기본성격도 마찬가지로 이러한 해륙사관 동아지중해 모델 속에서 이해하는 것이 바람직하다. 우리는 소위 '半島史觀'의 굴레를 완벽하게 탈피하지 못한 면이 있다. 일본인들이 적용한 식민주의사관의 핵심논리로서 현재까지도 인식에 영향을 끼치고 있다. 이는 역사공간의 단순한 축소가 아니라 역사 자체의 축소를 가져왔

---

17) 와쓰지 데스로오 저, 박건주역, 『풍토와 인간』, 장승, 1993.

18) 千田稔, 『海の古代史－東アジア地中海考－』, 角川書店, 2002. 그는 서문에서 1996～1998년까지 국제일본문화연구센터가 "동아시아지중해세계에 있어서의 문화권의 성립과정에 대해서"라는 연구를 수행하고 그 보고서로서 이 책을 출판한다고 쓰고 있다. 그리고 그들의 동아지중해는 남지나해, 동지나해, 일본해, 황해, 발해를 가리키는 용어라고 규정하고 있다. 또한 이미 오래전부터 남방해양문화에 관하여 연구를 해 온 國分直一의 예로 들면서 그는 동아지중해를 4개의 지중해로 구성한다고 하면서 오호츠크해, 일본해, 동지나해, 남지나해라고 하였다. 동아시아를 동아지중해라고 부르고 연구를 진행하는 또 다른 학자는 독일 뮌헨대학의 중국사전공자인 Angela Schottenhammer교수이다. 그는 동중국해, 황해, 일본해를 "동아시아 지중해"라고 설정하고 있다. 2005년 1월 하순 국립민속박물관에서 발표할 때 토론을 맡았다.

다. 즉 대륙에 붙어있는 부수적인 존재로서 타율성이 강한 停滯性의 특징을 지닐 수밖에 없다는 일종의 숙명론이다. 최근에 중국이 벌이고 있는 동북공정에서 해석하고 지향하는 내용도 이와 유사하다.

한반도는 지리적인 용어일 뿐, 그것도 부정확한, 역사적인 개념이 아니다. 언어가 개념을 규정하고, 개념이 인식과 실천을 규정할 수 있다. 우리가 인식하는 '한반도'라는 부적절한 용어와 적용하는 역사인식 속에는 반도 가운데에서도 폐쇄적이고 소극적인 기준을 적용하고 있다는 것이다. 적어도 한국고대사에 관한 한 우리의 역사 활동 영역은 한반도와 만주일대를 포함하는 대륙, 그리고 바다였다. (原)조선, 부여, 고구려, 발해가 성립하고 성장한 중심은 대륙 가운데에서도 남만주 일대였다. 그리고 이 모델을 적용하여 우리의 역사공간을 해석하면 다음과 같이 긍정적으로 해석할 수 있다.

또한 이 모델을 적용하면 동아시아의 정치 경제적 성격을 규명할 경우에는 다음과 같은 장점이 있다.

첫째, 동아시아에서 中心部와 周邊部를 명확하게 구분할 수 있다. 뿐만 아니라 그 중심부를 대륙과 반도와 섬, 즉 중국과 한국 일본으로 따로 따로 파악하는 것이 아니라 해양질서와 육지질서를 서로가 공유하고, 어떤 지역에서든 연결된 하나의 圈域으로 본다. 불평등과 차별의 관계가 아니라 전체가 중심부가 되어 평등하고 수평적으로 네트워크화한 관계이다. 지역의 특성이 분명해지고, 그에 따라 국가 간, 지역 간의 역할분담이라는 도식이 명확하게 드러남으로써 동아시아 역학관계의 본질을 분명히 이해할 수 있다.

둘째, 동아지중해 개념은 구성국들 간의 共質性을 구체적으로 확인시켜 준다. 동아시아 3국은 서로에 대한 정서적 이해와 공감이 필수적이다. 지도를 보면 사실 이 지역은 수 천 년 동안 地政學的(Geo-politics)으로 협력과 경쟁, 갈등과 정복 등의 상호작용을 통해 공동의 역사활동권을 이루어왔다. 또한 地經學的(Geo-economic)으로는 경제교류나 교역 등을 하면서 상호 필요한 존재로 인식하여 왔다. 농경문화권에서는 삼림 문화나 유목문화, 해양문화권의 생산물이 필요했고, 상대적으로 유목이나 삼림문화권에서는 농경문화의 생산물들이 절대적으로 필요했다. 그러므로 전략적 제휴관계를 맺어 적대국이 아닌 경우에는 교통의 어려움을 무릅쓰고라도 교역을 하였다. 그리고 매우 중요한 것이지만 地文化的(geo-cultural)으로도 이 지역의 국가들은 의외로 문화의 공유범위가 넓었다. 세계관의 기본을 이루는 유교 불교 등 종교현상뿐 만 아니라 정치제도 경제양식 한자 생활습관 등 유사한 부분이 많았다. 전쟁, 기아, 교류 등으로 인하여 주민들의 자발적 비자발적인 이동이 빈번했으므로 사실은 종족과 언어의 유사성도 적지 않았다. 특히 고대 한국지역과 일본지역의 관계는 주민 문화 언어 모든 면에서 관계가 깊었다.

4. 海洋空間의 활용과 동아지중해권의 發芽

동아지중해 모델을 설정할 정도로 동아시아의 역사공간에서는 해양활동이 활발하고 하나의 터를 이룰 정도였을까?

동아시아 지역은 이미 先史시대에도 바다를 삶의 터전으로 삼고 생활하였다. 이러한 흔적은 바다와 이어진 곳곳에 분포된 패총유적에서 알 수 있다. 해안가 뿐 만 아니라 바다를 건너다니면서 각 지역 간에도 교섭이 있었다.

1) 한국역사공간

먼저 한국 역사 속에서 해양이 어떻게 삶의 공간으로 활용되었는지, 그리고 주변지역들과의 관계를 맺으면서 터를 확장하는 과정을 살펴보자.

신석기 시대 후기의 토기인 변형 빗살무늬토기가 제주도에서 발견된다. 이미 신석기시대부터 육지에서 가장 먼 거리인 제주도와 해양교류를 했다. 북촌리 바위그늘 집자리 유적은 대표적인 유적이다. 남제주군 대정읍 상모리의 청동기시대 유적에서 발견된 무문토기 등은 육지와 교섭이 깊었음을 알려준다. 북제주군의 三陽洞에서는 청동기 말에서 초기 철기시대에 해당하는 원형의 주거형태가 발견되었다. 중국제 玉環 한 점도 발견되었다.

선사시대부터 대한해협을 건너서 일본열도에 진출하였고, 또한 일본열도에서도 주민가 문화가 들어왔다. 부산 동삼동 패총에서 출토된 덧무늬(隆起文) 토기는 쓰시마 및 큐슈 지역에서 발견되었다. 쓰시마 고시다카(越高) 유적지에서 출토된 융기문 토기는 연대가 6860+120 B.P, 6590+160 B.P로 밝혀졌는데, 그릇의 형태나 문양 등을 보면 한국의 융기문토기 계통임을 알 수 있다. 한편 빗살무늬 토기의 영향을 받은 토기는 큐슈 서부의 고또(五島)열도에서 까지 발견된다. 토기 외에도 낚시바늘(結合式 釣針) 등 고기잡이 도구는 서북 큐슈 것이 강원도 오산리의 것과 동일하다.

반면에 동삼동 패총에서는 죠오몽시대 전기의 융기문토기 계통인 도도로키식(轟式) 토기와 빗살무늬 계통의 소바다식(曾畑式) 토기, 큐슈의 이마리(伊万里)산 흑요석제 석기가 출토되었고, 계속해서 조도 패총이나 울산 서생포 등에서도 죠오몽 토기가 발견되었다. 해양공간을 활용해서 교류가 활성화되었음을 알 수 있다.

황해를 사이에 두고 중국지역과 한반도 지역의 교류는 쌀농사의 전파 과정에서 나타난다. 또 고인돌은 황해연안을 따라서 環狀形으로 분포된 것으로 나타나 해양 교류관계를 주장하는 주장도 있다. 서해안의 청동기 문화권, 특히 금강유역의 청동기 문화권은 해양과 관련이 깊다고 한다. 특히 화북계 청동기문화는 중국의 中原지역과 금강 유역이 교류했다는 상황을 보여준다.

한민족의 해양문화가 발달했었던 만치 항해술은 물론이지만 조선술도 발달했을 것이다. 하지만 해양문화의 흔적은 불보존성의 특성이 있는 만치 다른 지역과 마찬가지로 별로 많지 못하다. 신석기 시대의 것으로는 함경북도 서포항유적지에서 발굴한 고래뼈로 만든 노가 있다. 다음시대의 것으로는 경남 울산군 태화강 상류에 있는 盤龜臺 암벽에 線刻畵로 남아있는 고래잡이 배들이다. 선미와 선수가 분명하고 특히 선수가 높이 올라가고 선미에는 키겸용으로 사용하던 노의 흔적이 뚜렷하다. 川前里의 것은 더욱 발달한 형태로서 帆, 즉 돛의 흔적도 있다. 그렇다면 일종의 구조선이라고 볼 수 있다.

역사시대에 들어오면서 해양공간은 본격적인 역할을 하기 시작한다. 고조선의 영토는 대체로 요동반도에서 서한만을 거쳐 남으로 내려와 대동강 유역까지 이르고 있어 해양과 관계가 깊었으며, 유적은 대체로 해안지방과 큰 강 주변에 분포되어 있다. 대표적인 무덤인 旅大市 甘井子區 后牧城驛 근처에 있는 강상무덤은 기원전 1,000년 기 전반기의 대표적인 무덤이다.[19] 이 무덤의 피장자들은 해양능력을 바탕으로 정치력과 경제력을 갖춘 해양세력들과 깊은 관계가 있었을 것이다. 최근 평

19) 조중공동고고학발굴대, 「강상」 『중국동북지방의 유적발굴보고』, 1966. 고조선의 왕검성을 遼陽부근의 蓋平으로 보고 있는 이지린은 「고조선의 위치에 대하여」 『고조선에 관한 토론 론문집』, 1963, 77쪽 및 『고조선연구』, 1963 등에서 이 강상무덤이 있는 요동반도 남단을 고조선의 중심지가 아니라 변방이라고 보고 있다.

양에서 발견된 2,000년 전 경으로 추정되는 나무곽 무덤에서 방위관측기로 추정되는 유물이 발견됐는데, 천체의 별자리를 이용하는 도구였다.[20)]

『管子』에는 조선이 명산물인 文皮를 산동에 위치한 제나라에 보내고 있음을 기록하고 있다. 『三國志』 東夷傳 韓傳에는 準王과 관련된 기사가 나온다. "… 將其左右宮人走入海 居韓也 自號 韓王 …"이라는 기사에 따르면 고조선의 마지막왕인 準王이 남쪽으로 이주하여 韓王이 된 것은 그 전 부터 황해연안항로, 혹은 근해항로를 통해서 人文의 이동이 활발했었다는 사실을 훌륭히 반영한다. 해양세력의 토대가 없어서는 불가능한 일이다. 그런데 그 무렵 중국의 황해안 지역인 山東, 江蘇, 浙江, 특히 淮河 지역과 山東지역은 동이계 주민이 살았다. 이들은 해양문화가 발달했다. 그런데 그들로 하여금 인위적으로 해양을 통해서 이주하게 하는 국제적인 상황이 전개됐다.

『삼국지』 위서 동이전 한조에는 「魏略」을 인용하여 진시황제가 6국을 병합하였을 때, 그리고 준왕이 섰을 때 燕, 齊, 趙 등의 民이 바다를 건너와서 조선으로 도망을 쳐 준왕에게 망명했다는 기록(二十餘年陳項起, 天下亂燕齊趙民愁苦, 稍稍亡往準, 準乃置之於西方) 이 나온다. 『후한서』 동이전 한조에는 동이인의 이동과 관련하여 '辰韓, 耆老自言秦之亡人, 避苦役…' 이라는 기사가 나온다. 이로보아 동이인들은 황해 연변 지역에서 발생한 정치적인 환란으로 인하여 바다를 건너 동쪽으로 이주했다. 그들에 의해 해양문화가 황해연안 전체, 나아가 동북아 전체에 확산되었고, 만약 뛰어난 해양활동 능력을 갖춘 동이인들이 전시대부터 環黃海 交易圈을 형성하는데 큰 역할을 하였다고 한다면 그 영향력과 파급효과는 더 컸으리라고 여겨진다.[21)]

---

20) 세계일보 1993. 5. 19에 의하면 이 방위 관측기는 가운데 북두칠성이 그려져 있고 둘레에 12개월과 28개의 별자리를 표기한 원형판을 방형판 위에 올려 이를 회전시키도록 구성되어 있다.

조선을 대신해서 일어난 위만조선 또한 해양문화가 발달했고, 특히 황해라는 해양공간을 국가발전에 활용하였다. 일본열도에서 중국의 漢이나 魏 등과 교섭을 하고자 할 때는 서해연안을 항해하여 遼東灣을 거쳐 들어가는 길을 시용했을 것이다. 물론 중국지역과 직접 교섭했다는 주장도 있지만 당시의 항해술 수준을 고려한다면 매우 위험부담이 크다.[22] 비록 약간 후대의 일이지만 魏書 倭人傳에 기록된 당시 왜로 가는 항로를 보면 한반도의 서해안을 경유하는 것을 볼 수 있다.[23] 따라서 倭 혹은 한반도 남부와 중국지역이 교섭하는데 한반도의 서해안은 중요한 길목의 역할을 하였다. 위만조선은 남만주 일대와 한반도 북부를 차지하고 있는 지정학적인 위치를 활용하여 당연히 양 공간, 양지역간의 교섭에 해양교량 역할을 했을 것이다. 명도전 오수전 등의 화폐가 위만조선의 영토 안에 분포한 것은 위만조선이 중계무역과 원거리 무역을 하였음을 가능성을 알려준다. 그것은 일정한 해양력의 뒷받침이 없고서는 불가능하다. 결국 위만조선과 한나라는 종주권과 교역권의 이익을 둘러싸고 갈등이 생겼다. 소위 朝漢 전쟁은 1년에 걸친 동아시아의 질서의 대결이었고, 한민족세력과 한족세력이 벌인 군사적 대결이었다. 또한 이 전쟁은 황해의 교역권이라는 경제적 이익을 둘러싸고 벌어진 본격적인 국제전의 성격을 띄웠다.

---

21) 江上波夫는 「앞 논문」, 57쪽에서 吳 越 등 長江 유역의 벼농사인들을 非漢人系라는 용어를 사용하고 이들이 4세기 이후 동중국해 황해 발해 방면에서 화북의 한인제국들을 상대로 항해교역을 하였다고 하여 오히려 4세기경의 교역주체를 이들로 보고 있다.

22) 이 부분에 대해서는 졸고, 「西海岸 一帶의 海洋歷史的 環境에 대한 檢討」 참고.

23) 『三國志』 魏志 東夷 倭人傳에는 韓半島 西海岸을 떠나 南海岸을 거쳐 日本列島에 닿아 야마다이國까지 가는 길과 거리수, 그리고 거쳐야 되는 小國들을 명시해 놓았다. 왜인전에 나타난 行程에 대해서는 松永章生, 「魏志倭人傳 行程」 『東アジアの古代文化』, 大和書房, 1987.

한편 한반도 북부지역과 만주일대, 그리고 황해해상에서 이러한 사건들이 일어나는 상황에서 한반도 남부에서는 진국(삼한소국들)이 해양활동을 본격적으로 하고 있었다. 삼한은 기원을 전후한 시대에 한반도 중남부 지방에 있었던 馬韓・辰韓・弁韓을 말한다. 청동기와 무문토기 문화를 사용한 소국가였다. 마한 지역의 소국들은 서기전 3～2세기 이래 고조선과 관련된 세형동검 등 청동기유물이 집중 출토되고 있다. 소국들은 대체로 해안가 가까이나 강 하류의 구릉지대에 집단 거주지를 만들었다. 일종의 '나루국가(津浦國家)'이다. 김해 부원동유적, 서울 풍납동토성, 김해패총・양산패총・웅천패총・고성패총・마산성산패총, 사천의 륵도유적 등은 관련이 깊다. 기존의 거주민들과 남하한 조선의 유민들, 그리고 중국지역에서 황해를 건너온 유이민들로 구성되었다. 그들 가운데 해양교류의 경험을 가진 사람들은 항로를 숙지하였고, 당연히 해양을 매개로한 교류에 앞장섰을 것이다.

곳곳에서 漢系의 유물들이 다량으로 발견되어 민간인들이 사무역을 벌였을 가능성을 보여준다. 『후한서』, 『삼국지』 등의 책에 이와 관련된 여러 기록들이 있다. 論을 통해서 "통상을 하게 되고 上國과 교역하더니 풍속도 나빠졌다"고 하여 해양교역이 활발했음을 반증한다. 辰韓은 철을 화폐로 사용하는 무역을 하였으며, 소금을 매매하였다. 『삼국지』 한전에 따르면 삼한은 철을 매매하였으며 교역의 범위는 바다 건너 주호와 왜에 이르렀다. 삼한 소국의 주민들은 교역과 이주를 위해 해류나 조류 바람의 영향을 고려하여 바다를 건넜다. 큐슈의 전 지역을 필두로, 이즈모(出雲), 쓰루가(敦賀) 지역을 개척하고, 그리고 점차 뱃길과 육로를 따라 서부일본 전역으로 확산이 되어갔다.

우리역사에서는 기원을 전후한 이 시대에 이르러 황해와 남해, 그리고 동해의 일부 등을 포함한 해양을 역사의 중요하고 영향력을 지닌 공간으로 탈바꿈하였다. 해양과 관련하여 정치세력이 흥망을 거듭하는 일은 물론이고, 바다건너 주변지역과 무역을 벌이고, 주민들 간에도 접촉이 활발해졌다. 특히 이러한 교류는 아직도 간접적이었으므로 중간거점 역할을 본격적으로 하기 시작했고, 심지어는 그로 인해 위만 조선이 멸망하는데 이르기까지 하였다.

2) 中國 역사공간

그러면 동아시아, 동아지중해의 가장 큰 핵인 중국지역은 어느 정도로 해양공간을 활용하였으며, 이를 국가정책에 반영시켰을까?

浙江省 余姚의 하모도 유적지서 발견된 통나무배의 노는 B.P.7,960 ±100으로서 추정된다. 山東半島의 大浩村 출토의 龍山文化 유지(4,000여 년 전)에서는 船尾의 흔적들을 발견하였다. 또 근처의 北慶유지에서는 石網墜 등을 발견하였다. 6,000년 내지 7,000년 전, 신석기 중기에는 산동반도와 요동반도연해를 오고가는 항해가 있었다는 견해들도 있다.[24)]

역사시대에 들어와 『左傳』, 『論語』, 『竹書紀年』 등에는 夏人들이 해양활동을 했음을 보여주는 내용들이 기록되어 있다.[25)] 殷시대의 갑골문에는 선박과 관련된 글자들이 나타나고 있으며 鼎에는 帆을 상징하는 글자들이 있다.[26)] 이미 해양활동이 활발했고 범선 등 배의 종류가 다양해졌다는 것을 반증한다.[27)] 西周시대의 『國語 齊語』에는 '越裳獻雉

24) 汶江, 『古代中國與亞非地區的海上交通』, 四川省 社會科學院 出版社, 1989, 6쪽. 內藤雋輔 역시 濱田박사의 고고학적인 해석을 수용하여 남만주와 요동반도 사이에 항로가 있었다고 주장을 하고 있다(『朝鮮史研究』, 東洋史研究會 刊, 1962, 378~378쪽에서).
25) 『위의 책』 외에 汶江의 『앞의 책』; 許進雄(洪熹 譯), 『中國古代社會』, 동문선, 1991 참조.
26) 許進雄, 『위의 책』, 336~354쪽 참조.

倭人貢暢' 이란 기록이 나온다. 越裳은 현재 베트남으로, 倭는 일본으로 추정하면서[28] 이미 그들 지역과 항로가 있었다고도 한다. 춘추전국시대에 오면 원격지 무역이 발달했다.[29]

『월절서』에 따르면 越人들은 베트남북부 지방까지 이동하면서 교역을 하였다. 산동의 齊도 해상활동이 활발했으며, 海內北經에는 燕이 발해를 나가 왜와 해상왕래한 것이 기록되어 있다.[30] 燕의 명도전이 동아시아 지역에서 광범위하게 분포된 사실을 가지고 燕의 경제권으로 설명하는 견해도 있다.[31]

秦 시대에는 대규모 조선공장을 만들고, 樓船官을 설치하여 선박의 일을 관장했다. 秦始皇은 33년(기원전 214)에 桂林, 象郡, 南海의 三郡을 설치했다.[32] 남해는 지금 廣東省으로서 그곳의 番禺는 옛날부터 서남해상무역의 거점이었다.[33] 犀角, 象齒, 翡翠 , 珠璣 등의 상품을 수입하였으며, 인도양까지 항해가 이루어졌다. 진시황은 4차에 걸쳐 연해지역을 순시를 했다. 『사기』의 진시황본기에 기록된 서복의 이야기는 정치적인 목적과 교역이라는 동방개척의 일환일 가능성이 크다.

---

27) 殷墟에서 발굴된 청동기의 원료인 銅 錫 등은 중원에서 채굴된 것만은 아니고 華南 인도지나 원산도 있다. 그리고 화폐로서 사용된 自安貝 역시 남방이 원산이다. 이러한 사실들은 황해연안을 따라서 항해가 이루어진 것을 입증한다. 國分直一, 「古代東海の海上交通と船」『東アジアの古代文化』 29號, 大和書房, 1981, 39쪽 참조.

28) 戰國策 史記 山海經 등 왜에 대한 기록이 있다.
江上波夫 등 일인학자들 중에는 이 왜를 현재의 일본이 아니라고 한다. 「古代日本の對外關係」『古代日本の國際化』, 朝日新聞社, 1990, 58~62쪽 참조.

29) 李春植, 『위의 책』, 82쪽.

30) 李永采 · 王春良 · 盖莉 · 魏峰 著, 『위의 책』, 52~57쪽 참조.

31) 江上波夫, 『앞의 책』, 58쪽.

32) 『史記』 卷6 始皇本紀.

33) 藤田豊八 · 池內宏編, 「支那港灣小史」『東西交涉史の研究, 南海編』, 萩原星文館, 1943, 636쪽.

漢나라에 들어와 사회경제가 매우 발달하여 상공업 등 민영수공업이 발달하였다. 『史記』食貨列傳에는 외국 각 지역의 특산물이 기술되어 관심이 깊었음을 반영하고 있다.[34)]『漢書』地理志에는 남해와 교역한 기록이 있다. 漢은 인도·동남아 등과 해로를 통한 다양한 교역을 하였으며[35)] 방직제품 등을 로마에까지 수출하였다. 『漢書』藝文志에는 海中星占驗 12권, 海中五星經雜事 22권, 海中日月彗虹雜占 18권 등의 책이름이 있다. 천문항법을 활용해서 원양항해도 가능해졌음을 의미한다.

漢나라는 필연적으로 동방지역에 관심을 기울이고 또 교역을 했다. 조선이나 삼한의 각국들 간에는 물론이고, 왜에 대한 기록과 일본열도에서 발견된 한나라계열의 유물들은 양 지역의 교섭을 간접적으로 입증한다. 五銖錢 布錢 등의 화폐는 멀리 제주도에서까지 발견이 되고 있어 범위가 확산됨을 볼 수 있다.[36)] 앞에서 언급한바 있는 소위 조한전쟁이 끝나고 나서 황해는 승리자인 한의 內海的인 성격이 강해졌고, 주변의 각국들은 한나라에 의해 정치적 경제적으로 교섭하는 일에 간섭을 받게 되었다. 그리고 교역을 매개로 비조직적으로 맺어졌던 황해문화권이 이제는 본격적으로 군사력을 동반한 정치적인 성격으로 확대되었다.

3) 日本 역사공간

일본은 섬나라이므로 처음부터 해양이 역사의 중요한 공간이었다. 주

---

34) 李春植, 『앞의 책』, 141쪽.
35) 藤田豊八 著 池內宏 編, 『東西交涉史の硏究』 남해편 ; 大林太良, 앞의 책, 83~88쪽 참조. 특히 당시의 무역 루트 및 정치상의 據點과 貿易振興에 대해서 논하고 있다.
36) 崔夢龍, 「上古史의 西海交涉史 硏究」 『國史館 論叢』 3집, 1989, 13쪽.

민 및 문화의 기원과 절대적인 관련이 있다. 황해와 대한해협을 건너 북방 대륙계 문화가 들어왔는데, 대체로 한반도를 경유해서 남해와 동해를 건너오거나 시베리아 지역에서 타타르해를 건너 사할린 등을 거쳐 홋카이도(北海道), 혼슈우(本州)로 들어오기도 하였다. 근래에 들어와 동북아시아의 石刀문화, 특히 細石器文化가 홋카이도, 혼슈우 등으로 전래하여 일정한 영향을 끼쳤다는 주장들을 하고 있지만,[37] 해양환경만을 고려한다면 주류는 역시 한반도남부에서 온 것임을 부정할 수는 없다.

남중국의 방면에서 황해 혹은 東中國海를 건너서 서부일본으로 들어오는 길[38]과 동남아에서 쿠로시오(黑潮)를 타고 계절풍을 활용하면서 대만 등을 거쳐 오끼나와 제도를 징검다리로 하면서 상륙하는 길 그리고 사이판 등의 섬이 있는 남태평양의 열도에서 오가사와라 제도를 거쳐서 일본열도의 중부까지 항해를 통한 인종과 문화의 유입이 가능하다.[39]

앞에서 말했듯이 이미 선사시대부터 한반도의 남부와 깊은 관련을 맺었다. 하지만 일본열도에서 적극적으로 한반도로 온 경우도 있었다. 東三洞 패총 유적에서 繩文시대의 塞の神式, 轟式, 曾烟式 토기들과 伊万里산 흑요석으로 만든 석기들이 검출되었다. 朝島패총에서도 흑요석으로 만든 石鋸, 石刀 등이 출토되었다.[40] 김원룡은 후기에는 흑요석

37) 「古代日本の對外關係」『古代日本の國際化』, 江上波夫(국제심포지움), 朝日新聞社, 1990, 52쪽.

38) 여기서 말하는 남중국이란 양자강 이남의 지역을 말한다. 양자강 이남의 문화 혹은 그 지역을 통과해서 일본열도로 들어오는 문화의 흔적은 적지 않다. 특히 역사시대 이후 발달된 항해술을 사용하면서는 남중국과의 문화교류가 더욱 활발하다.

39) 이 경우는 가능성을 상정할 뿐이지 일본문화 형성에 영향을 준 것에 관해서는 현실적으로 크게 설득력이 있는 것은 아니다. 더구나 문화 형성이나 인종구성에 영향을 줄 정도의 대규모 이입은 거의 불가능했다고 여겨진다. 그러나 일본문화를 폴리네시아의 한 부분과 관련시켜 주장하는 견해가 나타나고 있다. 茂在寅男 등의 주장.

40) 林墩, 「朝島貝塚 出土遺物 小考」『해양대 논문집』 13집, 1978, 한국해양대

자체를 이키섬 같은 데서 貿來해 왔을 가능성이 있다고 하며 이를 무역으로 표현한다.[41] 그 후 B.C.3C~A.D.3C에 이르는 약 600년 동안을 彌生시대라고 한다. 벼농사가 시작되었고, 질 좋은 야요이 토기가 만들어졌다. 이 문화를 일으킨 이주민들은 가장 근접하고 항해가 비교적 용이한 한반도 남부에서 건너온 사람들이다. 후쿠오까현의 바다와 가까운 이다츠께(板付) 유적지, 우키군뎅(宇木汲田) 패총 등은 한반도의 벼농사와 관련이 깊다. 그 외에 경질토기, 세형동검, 동경, 옹관묘, 상자식석관, 토광묘, 고인돌 등 도 한반도 남부와 깊은 관련이 있다.

후기에는 철 같은 금속기를 사용하여 효율성이 높은 농기구와 강력한 무기를 제작하는 소국가들이 나타났다. 『漢書』 지리지에는 "…夫樂浪海中有倭人分爲百餘國 以歲時來獻見云…" 『후한서』 제기편에는 "…東夷倭奴國王遣使奉獻(倭在帶方東南大海中 依山島爲國)…"라고 기록되어 있다. 이 100여 개의 나라가 있었는데, 이 소국들은 한반도 남부를 통해 중국과 간접교역 혹은 직접교역도 하였고, 때로는 바다를 건너와 신라 등을 공격하기도 하였다.

박혁거세 거서간 38년(기원 전 20년)에는 瓠公에 대한 기사가 실려 있다.[42] 이것은 왜국 출신의 사람이 신라에 들어와 정치세력을 구축할 수 있었다는 정치적 상황을 알려준다. 석탈해는 출생지인 다파나국(多婆那國)은 왜국 동북 1천리에 있다(三國遺事는 龍城國, 琓夏國으로 표기). 기원전 14년인 남해 차차웅 11년에 왜병이 병선 100여 척을 동원하여 침략한 기록도 있다. 그런데 『삼국지』 왜인전[43]에는 3세기 무렵에 왜국과 중국계의 정치세력이 교섭하는 사실을 확인할 수 있다. 『후한서』

학, 224쪽.

41) 金元龍, 「新石器 文化」 『한국사』 1, 국사편찬위원회, 1984, 49쪽.
동삼동 3기의 석기는 흑요석제가 많이 있다(金元龍의 위 논문, 143쪽).

42) 『三國史記』 券1 「新羅本紀」 第 1.

43) "舊百餘國, 漢時有朝見者, 今使譯所通三十餘國…"

동이전에 따르면[44] 한반도의 서해안을 경유하여 가는 것을 추정할 수 있다. 『삼국지』 위지 동이전 변진전(弁, 卞辰傳)의 기록[45) 『通典』의 기록 에도 "진한에는 철이 생산이 되어 한・예・왜가 모두 와서 취해간다"고 되어 있다. 왜가 교역을 위해 온 것을 알 수 있다. 그런데 한편 吳鏡 등 고고학적인 유물과 풍습 등을 근거로 삼아 당시 왜 소국들이 황해 남부 사단항로를 사용하여 오늘날 강남에 있는 吳나라와도 교섭을 하였다는 주장들이 있으나 이 해양공간의 특성을 고려한다면 소규모임이 틀림없다.

야요이 시대의 선박은 노를 사용한 準構造船이었다. 오사까부의 하쓰다(蓮田)유적에서 발견된 과주는 초기의 것으로 전장이 18m에 棒(느릅나무)나무로 만들었는데, 약 30인승 정도이다. 돗도리(鳥取)현의 스미다(角田) 유적지에서 발견된 항아리의 표면에는 배를 선각한 그림이 있다.

살펴본 바와 같이 동아시아는 선사시대부터 해양문화가 발달했으며, 이른바 역사시대로 계승되면서 한국지역, 중국지역, 일본지역의 해양문화는 더욱 발전하였고, 상호 밀접한 교류를 통해서 하나의 역사권을 만드는 작업을 어느 정도 성취할 수 있었다. 물론 조직적이지 못하고 자연발생적이 측면이 강하며, 정치군사적이기보다는 문화경제적인 측면이 강하고, 직접교섭의 단계에는 미치지 못했지만, 적어도 하나의 터임을 인식하고, 기본틀을 만드는 단계에 이르렀다. 그 과정에서 황해북부의 해양질서와 관련되어 벌어진 소위 조선과 한나라 간에 벌어진 전쟁은 동아시아 역사의 무대를 큰 틀로 인식하고, 활동무대를 동아시아의 해륙으로

44) "…倭在韓東南大海中, 依山島爲居凡百餘國, 自武帝滅朝鮮, 使譯通於漢者三十許國, 國皆稱王 世世傳統, 其大倭王居邪馬臺國…"

45) "나라에서 철을 생산하니 한 예 왜가 와서 취한다"(國出鐵, 韓濊倭皆從取之).

확장시키는 결정적인 계기가 되었다. 이후 동아시아는 점차 더 지중해적인 성격을 가지면서 틀을 갖추게 되었다. 기술적인 측면에서 항해술 조선술을 발전시키고, 해양력을 정치 군사 외교는 물론이고 경제나 문화에도 적용시켰다. 해양적 능력을 어떻게 발휘하느냐에 따라 지역의 발전이 영향을 받을 정도였다.

5. 맺음말

서론에서 언급한대로 역사상을 보다 구체적이고 정확하게 이해하려면 공간에 대한 이해가 선결되어야 한다. 물론 역사에서의 공간이란 기하학이나 자연과학 속에서의 공간이 아니라 구체적이고 주체인 인간과 시간, 경험이 개입되어 재창조된 공간이다. 필자는 동아시아 의 역사공간에 대한 지리적 사실 확인을 기초로 삼아 그동안 주장해온 '터(field) 이론'을 적용하여 동아시아의 역사공간에 대한 이해를 시도하였다.

동아시아는 수 천 년 동안 지정학적으로 협력과 경쟁, 갈등과 정복 등의 상호작용을 통해 공동의 역사 활동권을 이루어왔다. 예를 들면 한 국가나 왕조의 흥망은 그 당사 국가들만의 문제가 아니라 이 지역의 국제질서 재편과 맞물려 일어났다. 동아시아의 역사공간은 대륙만이거나 해양만을 토대로 해석할 수도 없다. 땅과 초원바다를 함께 고려하여 모두를 포괄하는 해륙적 공간으로서 당연히 그에 입각하여 해륙적인 역사인식을 갖고 해석하고 이해해야 한다. 필자는 특히 이 공간을 동아지중해라고 명명하면서 성격을 규명하고 각각 지역 종족 문명의 역할을 규명하였다. 동아지중해는 황해와 남해 동해 동중국해 타타르해아 함께 그들 둘러싼 육지로 구성되었다. 동아시아의 핵심 공간이기 때문에 동아시아의 대다수의 종족들이 모여 산다. 한민족과 한족(漢族), 그리고 일본열도 사이에 이루어진 교섭들은 물론 해양을 통해서 이루어졌다. 북방의 여러 종족들과 교섭하는 일도 적지 않은 부분은 해양을 통해서였다. 따라서 육지와는 다른 독특한 해양메카니즘이 역사에서 실질적으로 작용한다.

황해를 둘러싸고 한민족과 한족은 갈등과 협력의 변증법 속에서 공유하였다. 반면에 동아지중해의 비교적 외곽인 남해와 동해는 중국과 관련이 없는 탓에 한민족의 바다였다. 정치력과 해양력을 바탕으로 남해와 동해를 건너 문화의 수준이 비교적 낮고 정치도 발전하지 못한 일본열도를 개척하였고, 곳곳에서 식민활동을 하면서 소국들을 세웠다.

한편 동아지중해는 터는 그리 넓지 않지만 가장 극단적인 자연현상과 다양한 문화가 만나면서 상호교류하고 혼재하면서 발전한 곳이다. 농경의 定着性(stability) 문화와 유목 해양의 移動性(mobility) 문화가 만나 상호 보완되면서 독특한 성격을 탄생시켰다.[46] 다만 시대에 따라 정착성과 이동성의 배합비율이 달라졌을 뿐이다. 이 공간은 지리경제학적으로는 경제교류나 교역 등을 하면서 서로 필요한 존재였다. 왜냐하면 자연환경이 다르므로 생산물의 종류가 색달랐기 때문이었다. 심지어는 필요의 원칙에 따라 정치력과는 무관하게 적대관계에 있더라도 교역을 할 수밖에 없었다. 따라서 동아시아인들은 해륙공간이라는 특성과 구조 속에서 이를 이해하고 이를 이해하고 활용하면서 각 지역의 이익에 걸맞게 역사를 진행 시켜왔다.

특히 우리의 역사공간은 대륙과 해양을 공히 활용하며, 동해, 남해, 황해, 동중국해 전체를 연결시켜줄 수 있는 동아지중해의 中核(core)에 위치하고 있다. 모든 지역과 국가를 전체적으로 연결하는 해양 네트워크는 우리만이 가지고 있다. 따라서 대륙에 부수적인 반도적 존재가 아니며

---

46) 윤명철, 「高句麗人의 時代精神에 대한 探究」 『韓國思想史學』 7집, 한국사상사학회, 1996.

역사발전도 주변부가 아닌 중핵에서 자율적으로 진행시켜왔다.[47]

參考文獻

『근해항로지』, 대한민국 水路局, 1973.
조희승, 『초기조일관계사』 하, 사회과학출판사, 1989.
尹明喆, 『東亞地中海와 古代日本』, 청노루, 1996.
______, 『韓民族의 해양활동과 東亞地中海』, 학연문화사, 2002.
______, 『韓國 海洋史』, 학연문화사, 2003.
藤田豊八·池內宏 編, 「支那港灣小史」『東西交涉史の硏究,南海編』, 萩原星文館, 1943.
內藤雋輔, 『朝鮮史硏究』, 東洋史硏究會 刊, 1962.
茂在寅南, 『古代日本の航海術』, 小學館, 1981.
樺山紘一 編著, 『長江文明と日本』, 福武書店, 1987.
佐佐木高明, 『照葉樹林文化の道』, 日本放送出版協會, 1988.
『古代能登と東アジア』, 蝦夷穴古墳國際シ ポジウム實行委員會, 1992.
와쓰지 데스로오 저(박건주 역), 『풍토와 인간』, 장승, 1993.
古廐忠夫 編, 『東北アジアの再發見』, 有信社, 1994.
菊池俊彥 著, 『北東 アジアの古代文化の硏究』, 北海道大學 圖書刊行會, 1995.
千田稔, 『海の古代史』－東アジア地中海考, 角川書店, 2002.
汶 江, 『古代中國與亞非地區的海上交通』, 四川省 社會科學院 出版社, 1989.
李永采, 『海洋開拓 爭覇簡史』, 海洋出版社, 1990.
움베르토 에코 저(서우석 역), 『기호학 이론』, 문학과 지성사, 1987.

47) 윤명철, 『高句麗 海洋史 硏究』, 사계절, 2003 ; 윤명철, 『高句麗는 우리의 未來다』, 고래실, 2004 ; 윤명철, 『高句麗의 精神과 政策』, 학연문화사, 2004.

프리초프 카푸라 저, 김용정 김동광 역, 『생명의 그물』(THE WEB OF LIFE), 범양사, 1998.
이시 히로유끼 · 야스다 요시노리 · 유아사 가께오 저(이하준 옮김), 『환경은 세계사를 어떻게 바꾸었는가』, 경당, 2003.
히라노 겐이치로(장인성 · 김동명 공역), 『국제문화론』, 풀빛, 2004.
김창민 편역, 『세계화시대의 문화논리』, 한울 아카데미, 2005.

임효재, 「新石器時代의 韓日交流」 『韓國史論』 16, 1986.
崔夢龍, 「上古史의 西海交涉史 硏究」 『國史館 論叢』 3집, 1989.
尹明喆, 「黃海의 地中海的 性格硏究」 『韓中文化交流와 南方海路』, 국학자료원, 1997.
______, 「黃海文化圈의 形成과 海洋活動에 대한 연구」 『先史와 古代』, 한국고대학회, 1998.
______, 「동아시아의 相生과 동아지중해모델」 『21세기 문명의 전환과 생명문화』, 세계생명문화포럼, 2003.
______, 「海洋史觀으로 본 한국 고대사의 발전과 종언」 『한국사연구』 123호, 한국사연구회, 2003.
______, 「한국의 고대문화 형성과 해양남방문화－소위 해양실크로드와의 관계를 중심으로」 『국사관 논총』 106집, 2004.
______, 「한국사 이해를 위한 몇 가지 제언」 『한국사학사학회보』 9집, 한국사학사학회, 2005.
______, 「동해문화권의 설정 검토」 『동아시아 역사상과 우리문화의 형성』, 한국학중앙연구원 동북아고대사연구소, 2005.
______, 「동아시아 고대문명 네트워크의 현대적부활을 위하여」 『동아시아 문예부흥과 생명평화』, 세계생명문화포름, 2005.
村山七郞, 「言語學から見た古代環東シナ海文化圈」 『東アジアの古代文化』 14號, 大和書房, 1978.
國分直一, 「古代東海の海上交通と船」 『東アジアの古代文化』 29號, 大和書房, 1981.
荒竹淸光, 「古代 環東シナ海 文化圈 と對馬海流」 『東アジアの 古代文化』 29호, 大和書房, 1981.

松山利夫, 「ナラ林の文化」『季刊考古學』 15號, 雄山閣出版社, 1986.
江上波夫, 「古代日本の對外關係」『古代日本の國際化』, 朝日新聞社國際심포지움, 1990.
加藤晋平, 「東北アジアの自然と人類史」『東北アジアの民族と歷史』(三上次男・神田信夫 編), 山川出版社, 1992.
荻原眞子, 「民族と文化の系譜」『東北アジアの民族と歷史』(三上次男・神田信夫 編), 山川出版社, 1992.
松山利夫, 「ナラ林の文化」(古廐忠夫 編, 『東北アジアの再發見』), 有信社, 1994.
毛昭晰, 「선진시대 중국강남지역과 한반도의 해상교통」『한중문화교류와 남방해로』, 국학자료원, 1997.

일원적 세계관과 다원적 세계관, 그리고 서양
－17～19세기 동아시아 삼국이 가진 세계관의 단면－

배 우 성*

1. 머리말

아편전쟁이후 동아시아는 자본주의 세계체제와 비로소 맞닥뜨리게 되었다. 지도 안에 있던 유럽은 지도 바깥으로 뛰쳐나와 동양사회에 개방을 요구했다. 동아시아의 지식인들은 서구국가체제, 그리고 만국공법에 기초한 세계관을 현실로 받아들이지 않으면 안 되었다.

아편전쟁 이전까지 동아시아 삼국은 中華秩序와 朝貢册封體制를 매개로 안정적인 상태를 유지하고 있었다. 조선과 청나라, 에도시대 일본은 이런 국제질서의 안팎에, 혹은 그 경계에 자기 자리를 정한 채, 주변을 바라보았다. 조선과 청나라가 일원적 세계관을 유지했다면, 일본은

* 서울시립대 교수.

다원적 세계관을 가지고 있었다. 물론 같은 일원적 세계관이라도 그 일원성을 바라보는 시선은 전혀 달랐다.

이 글은 17~19세기 국제질서 속에서 동아시아 삼국의 공간관과 세계관을 이해하고, 또 전통적 세계관이 서양과 만났을 때 어떻게 변형될 수 있는지를 검토하려 한다. 이를 위해 두 개의 사례를 채택했다. 19세기 조선의 지방 지식인 위백규는 일원적 세계관을, 에도시대의 승려인 浪華子는 일본의 다원적 세계관을 전형적으로 잘 보여줄 수 있을 것이다. 물론 이 사례들이 당시의 모든 것을 보여준다고 할 수는 없다. 그러나 일원적 세계관과 다원적 세계관이 가진 정형성, 이질적인 세계를 이해하는 개성있는 방식을 엿보는 데 크게 부족하지는 않을 것이다.

2. 동북아 국제질서와 동아시아 삼국의 세계관

전근대 동북아시아 국제질서의 핵심에는 중화질서의 논리가 있었다. 중화질서는 조공-책봉관계라는 정치외교상의 질서와, 유교적 德化를 내용으로 하는 도덕적, 화이론적인 질서가 내포된 개념이다. 정치・외교적으로는 중국 중심적이며, 사상적으로는 유교적인 개념인 것이다.

華夷思想은 중국에서 기원한 자기중심주의를 가리킨다. 문화와 지역을 기준으로 자기의 우월성을 주장하는 것은 고대 여러 지역에서 흔한 일이었다. 그러나 중국의 화이사상에는 유교의 王道思想을 내용으로 하는 정치적 도덕적 요소가 포함되어 있다는 점에서 고유한 측면이 있다. 天子는 天命에 의해 그 당위성을 보증받는다. 천자가 덕화를 미쳐야 할 범위에는 夷가 포함된다. 화와 이가 망라된 그곳은 하나의 세계, 즉 천하가 된다.

화이사상은 한족이 다른 민족에 대해 선험적인 우월성을 주장하는 정신적인 원리로서, 혈연적, 지리적, 문화적 관념이 혼재된 것이었다. 화이사상은 또 한족의 정치적 상황에 따라 전혀 이질적인 논리가 된다. 한족이 강성할 때에는 華夷一家를 기치로 한 무차별적인 원리로 작용하지만, 한족이 이민족에 의해 압박당할 때에는 중화민족주의라고 해야 할 강렬한 차별적 원리로 작용한다.

중원대륙의 변방에서 성장하던 누루하치 세력은 급기야 멸망한 명나라를 대신해 중원대륙을 장악했다. 청나라가 대륙의 새로운 패자로 등장하면서 동북아 국제질서는 새로운 국면에 접어들었다. 그러나 17세기적인 상황에서 청나라가 중화국가임을 자부할 수 있는 조건들은 갖추어지지 못했다. 명청교체기를 살았던 한족 지식인들은 만주족을 극단적으로 천시했다. 중화와 오랑캐는 결코 양립할 수 없다는 것이다.

청나라가 한족의 화이사상을 넘어서지 않고서 안정적으로 중국을 지배하는 것은 원천적으로 불가능한 일이었다. 청나라의 황제들은 비록 이적 출신이라도 중국문화를 계승하면 그를 중화로 인정할 수 있다는 한족의 논리에 그들 자신을 맞추기로 했다. 중국문화에 동화되는 것만이 화이사상의 장벽을 뛰어넘을 수 있는 유일한 방법이었기 때문이다.[1)]

청나라는 대외적으로 조공책봉관계를 재건함으로써 현실에서 중화질서를 관철시키려 했다. 청나라는 조선에 형제관계와 군신관계를 연달아 강요했다. 그러나 청나라에 의해 재건된 책봉체제는 무력을 바탕으로 강요된 관계였다. 그런 의미에서 새로운 책봉체제는 주변국가들로부터 과거와는 질적으로 다른 것으로 받아들여질 소지를 안고 있었다. 주변국가와 주종관계를 관철시키려는 의도는 무역의 형식으로도 표현되었다. 청나라는 명나라에 이어 자국민의 임의적인 해외 출항과 대외 접촉을 제한

1) 金谷治 외 지음, 조성을 옮김, 『중국사상사』, 이론과실천사, 서울, 1986.

했다. 해상의 반란 세력을 진압한 청나라는 교역을 목적으로 항구에 들어오는 외국 선박에 대해 조공무역 형식을 강요했다.

조공관계는 중국과 조공국의 관계만이 아니라, 位階制度의 대응을 통해 조공국 상호간을 연결했다는 점에서도 중요하다. 그 결과 동아시아에는 小中華 혹은 衛星的 화이질서, 華와 夷의 전환을 둘러싼 움직임 등이 나타나게 되었다. 하마시타에 따르면, 청나라가 구축한 조공책봉체제는 다음 그림과 같이 구성된다 한다.[2)]

명청교체를 가장 심각하게 받아들인 것은 조선이었다. 조선지식인들은 명청교체를 명실상부한 중화 세계의 붕괴로 여겼다. 청나라는 자신이 명의 멸망과 무관하다고 공언했지만, 조선의 눈에 비친 청나라는 도덕적 중화질서의 파괴자일 뿐이었다. 그뿐만이 아니었다. 청나라는 두 차례의 胡亂을 통해 조선에 형제관계와 군신관계를 강요함으로써 조선에 씻을 수 없는 상처를 안겼다. 조선은 도덕적 국제질서가 존재하지 않는 현실 속에서 청나라와 조공책봉관계를 맺지 않을 수 없었다. 그러나 夷를 대상으로 조공해야 하는 조선의 입장에서 조공책봉관계는 더 이상 중화질서는 아니었다. 조선의 눈에 비친 당대의 중원대륙에 중화문명은 없었다.

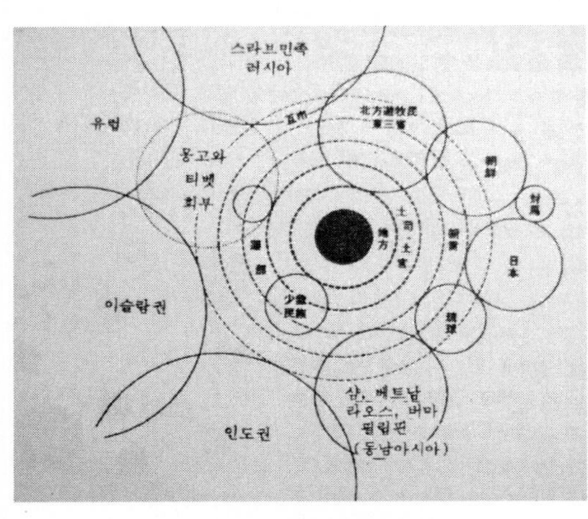

[그림 1] 청대의 화이질서

명이 멸망하자 조선

2) 하마시타 다케시, 김석근 옮김, 「동아시아 역사에 나타난 화이(화이)질서」, 서울, 사회역사학회, 『담론』 201, 1998.

은 자신만이 유일한 문화적 중화의 적자임을 자부하기 시작했다. 朝鮮中華主義가 그것이었다. 호란을 거치면서 조선사회에는 北伐論과 尊周論이 팽배했다. 전자는 중화질서의 파괴자인 청나라에 복수하자는 것이며, 후자는 중화문화의 상징적 존재인 周室을 높이자는 것이었다. 명청교체는 주실로서의 명이 소멸했음을 의미했으며 이런 상황에서 조선이 자신을 주실로 설정하는 것은 자연스러운 일이었다. 숙종 때 설치된 大報壇은 조선중화주의적 문화의식을 드러내주는 일종의 상징물이었다.[3)]

전통적인 중화관에 따르면 조선은 지리적인 중화가 될 수 없었다. 그러나 조선 지식인들은 문화적 중화를 보존하고 있는 곳이야말로 지리적 중화가 될 수 있다고 생각했다. 이런 관념에 따르면 영토의 크기, 물리력 등은 아무 의미가 없었다. 대표적 조선중화주의자였던 宋時烈은 조선이 영토적으로는 소국이지만, 문화적으로는 대국이라는 점을 강조했다.

한 세기 이상을 풍미했던 조선중화주의는 동북아 국제질서에 대한 인식에도 중요한 영향을 미쳤다. 조선 = 주실 논리의 심화는 그것과 표리를 이루던 대청복수론의 실현 가능성이 희박했던 것과도 짝하는 현상이었다. 효종은 북벌의 대의를 소리높여 말했지만 청나라의 물리력을 무력화시키고 동북아 국제질서를 조선의 힘으로 재편하는 것은 처음부터 불가능한 일이었기 때문이다.

그러나 조선은 도덕적 국제질서가 자연스럽게 회복될 것을 믿어 의심치 않았다. 그것은 화이론적 시각에서 청나라의 장래를 전망하는 것으로 표현되었다. "胡無百年". 오랑캐국가는 숙명적으로 백년을 지탱하지 못할 것이라는 이 희망 섞인 전망들은 조선중화주의가 맹위를 떨치던 기간 동안 조선 사회에 널리 퍼져 있었다.[4)]

---

3) 정옥자, 『조선후기 조선중화사상 연구』, 일지사, 서울, 1998.
4) 배우성, 『조선후기 국토관과 천하관의 변화』, 일지사, 서울, 1998.

역사가 조선의 희망대로 흘러간다면 당대의 국제질서는 지극히 유동적인 것이 된다. 그러나 문제는 조선이 그 상황을 즐기고만 있을 수 없다는 데 있었다. 청나라가 중원대륙에서 쫓겨나 그들의 본거지인 만주로 돌아가는 과정에서 조선을 경유하게 될 것이고, 그럴 경우 또 한 차례의 전면전이 예상되었다. 조선후기의 군사적인 대비책 가운데 상당부분은 이런 종류의 북방 위기의식과 관련되어 있었다.

국제질서의 유동성에 대한 인식은 사실상 전 방위적 위기의식과 표리관계에 있었다. 임진왜란 이후 조선은 에도 막부와 국교를 다시 열었다. 조선이 통신사를 파견한 것은 일차적으로는 남쪽 변방의 안정이 필요했기 때문이었다. 북방의 유동성에 대비하기 위해서는 남방의 안정이 필수적으로 요청되었던 것이다.[5] 남방의 안정은 궁극적으로 교화를 통해 달성되어야 할 문제로 여겨졌다. 막부의 서식 개정 요구에 대한 조선은 "문화적 대국으로서 오랑캐(蠻夷)와 작은 이익을 다투어서는 안 된다"는 입장을 견지했다. 조선의 관념에 따르면 그런 대응이야말로 진정한 제왕의 도리이며, 남방을 안정시킬 수 있는 근본적인 대책이었다.[6]

칠년에 걸친 조선과의 전쟁이 마무리되자 도쿠가와 이에야스는 명나라 중심의 국제질서에 스스로를 편입시키려 했다. 그러나 왜구, 조선과의 전쟁 등을 도덕적 중화질서를 어지럽히는 사건으로 여기던 명나라는 막부의 요청을 거절했다. 막부의 희망을 좌절시켰던 명나라는 오래지 않아 쇠퇴하고 청나라가 새로운 대륙의 패자로 등장했다. 막부는 변화된 국제질서에 대응하면서 새로운 외교질서를 모색해 나가기 시작했다. 동북아 국제질서의 또 다른 중심이 될 수 있다고 생각한 막부는 자국 중심의 華夷秩序를 추구해 나갔다.

막부는 일본인의 해외 도항을 금지시키고, 기독교를 탄압했으며, 외국

---

5) 손승철, 『조선시대한일관계사연구』, 지성의 샘, 서울, 1994.
6) 『비변사등록』 숙종37년 신묘 6월 23일.

무역을 제한했다. 그러나 그것은 문호를 완전히 걸어 잠근 것과는 달랐다. 막부는 쓰시마, 사쓰마, 마쓰마에, 나가사키 등 네 개의 창을 열어 놓고 그곳을 통해 조선, 유구, 하이, 네덜란드와 경제적・외교적 관계를 가졌다.

막부는 대등외교의 형식을 띤 通信 관계로 조선과 국교를 맺었다. 사실상 막부가 행한 외교 및 무역관계는 일본을 중심으로 성립된 것은 아니었다. 그러나 막부는 그것을 일본중심의 화이질서로 자의적으로 해석했으며, 일본을 중심으로 한 화이질서가 가능한 것임을 대내적으로 보여주려 했다.

막부가 추구한 일본 중심의 새로운 국제질서는 새로운 대외의식을 낳았다. 먼저 일본을 독자적인 세계의 한 중심축으로 보는 다원적 세계관이 강화되었다.[7] 이 시기 일본의 다원적 세계관은 일본의 정치적 문화적 정체성을 탐구하려는 노력 속에서 형성되었다. 다원적 세계의 세 축은 서양, 중국, 일본으로 설정되었다. 이 들 세 축은 각각 독자적인 문화를 가진 자율적인 세계의 중심이며, 그 주변의 여러 나라들은 각각 그 자율세계에 부속된 국가로 간주되었다. 일본의 다원적 세계관은 하나의 중심만을 가정하지 않았다는 점에서 조선과 청나라가 가진 중화주의적 인식과는 달랐다. 그러나 일본을 세 세계의 한 축으로 설정했던 데에서 자국중심주의가 드러난다.

새로운 세계관은 자아의식으로도 표현되었다. 西川如見은 『華夷通商考』에서 당시의 세계를 일본과 중국이 타원의 중심을 이루는 한자문화권과, 그 바깥으로 전개되는 비한자문화권으로 구분했다.[8] 西川의 세

---

7) 일본에서 불교에 기원을 둔 다원적 세계관이 처음 나타난 것은 10세기를 전후한 시기였다. 이와 관련해서는 권정, 고지도에 나타나는 일본의 세계관(『일본문화학보』 13, 202) 참조.

8) 荒野泰典, 「18世紀東アジアと日本」(日本, 東京大學出版會, 『講座日本歷史』 近世 2, 1985).

계관은 일본을 夷로 보는 중화적 세계관을 극복한 것이며, 그것을 가능하게 한 것은 자국중심주의였다. 당시 일본 사회 일각에서 통신사를 조공사절로 간주하려했던 것도 이런 유형의 자아의식과 관련된다.

청에 의해 조공책봉체제가 구축되었지만, 동아시아 삼국은 저마다의 기준을 가지고 공간, 나아가 자아와 세계를 바라보려 했다. 조선과 청나라는 중화를 기준으로 한 일원적 세계관을 유지했다. 그러나 청나라는 정치적 · 외교적인 차원에서 조공책봉체제를 실현하는 데 관심을 둔 반면, 조선은 문화적 중화관을 유지하려 했다는 점에서 차이가 있다. 조선이 가진 문화적 중화관과 일원적 세계관의 근저에는 성리학이 있었다. 반면 일본형 화이의식의 밑바탕에는 전통적인 삼세계관이 있었다. 이 전통적인 삼세계관의 뿌리는 불교에 있다. 성리학적 세계관과 불교적 세계관, 일원적 세계관과 다원적 세계관은 서양의 세계지도와 만나면서 새로운 변화의 계기를 맞았다.

3. 魏伯珪와 西洋

1) 魏伯珪와 『寰瀛誌』

1795년(조선 정조 20), 불세출의 학자군주 정조가 칠순을 바라보는 시골 선비 한사람을 발탁해 올리라고 명했다. 그 이름은 위백규(魏伯珪, 1727~1798)였다. 위백규의 字는 子華, 號는 存齋이다. 그는 여섯 살 때 소학을 읽고 아홉 살 때 大學을 읽었으며, 尹鳳九의 문하에서 수학했다. 총명함이 남달랐으며, 학문적 역량도 누구에 비해 뒤지지 않았던 그였다. 그러나 그는 서울 명문가 출신이 아니었으며, 높은 관직을 역임

하지도 않았다. 정조가 그런 그를 특별히 거론한 것은 그가 지은 『寰瀛誌』라는 책 때문이었다.[9] 시간과 공간, 나아가 세계에 대한 그의 시선은 환영지의 서문에서 포괄적으로 나타나 있다. 그는 이렇게 말했다.

> 천지가 있어 광대함이 무한하고 시간이 있어 유원함이 무한하니, 광대함과 유원함을 합하여 세상이 서게 되었다. 쉼 없는 음양의 조화와 고르지 않은 사물의 상수가 그 사이에 가득 찼으니, 그것을 모두 일컬어 萬萬이라 한다. 그 만물 가운데 지극한 것들은 공교하여 이루 다 헤아릴 수 없다. 만물 가운데 오직 인간만이 능히 7척의 몸으로 살필 수 있고 왕래할 수 있으며 그 결과를 마음속에 담아 둘 수 있다. 이런 이유 때문에 인간을 가장 영험한 존재라 말하는 것이니, 그 말이 빈말이 아니다. 그러나 태어나면서 모든 것을 아는 성인이 아니라면, 반드시 黃帝에게 하늘을 묻고 伯益에게 산과 바다를 물어 자세한 내용을 모으고, 酉陽에서 열쇠를 빼고 漢觀에서 가죽을 자르듯 세세한 것들을 모은 뒤에라야, 비로소 그 만의 하나를 기록할 수 있는 것이다. 아 그 또한 어렵지 아니한가.
>
> 하물며 天地의 동쪽 끝, 溟海의 구석진 모퉁이에서 태어난 내가 천지의 규모와 고금의 유원함에 대해서 무엇을 알겠는가. 좁은 산길과 들의 물길은 子長이 노닐만한 곳이 아니며, 비루한 책들은 倚相이 읽을 만한 것이 못된다. 술지게미가 있으면 벌레들이나마 배불리 먹을 수 있고, 북과 먹이 있으면 새와 벌레의 소리를 기록할 수는 있으리라. (그러나) 처마 밑 담장 아래에서 한 몸으로 천지를 논하고, 아침에 깨고 저녁에 일어나면서 백년으로 고금을 논한다면 이른바 가장 영험하다는 것을 욕되게 할 것이니, 그 어렵다는 '기록하는 일'은 더욱 논할 겨를이 없을 것이다.
>
> (내가) 시골에서 한가로이 지내다 우연히 〈九九州圖〉를 얻어 보게 되었다. 마침내 내가 스스로 웃음을 이기지 못하고 말하기를, '〈九九州圖〉의 세계가 존재하는지는 알 수 없다. 그러나 만일 작은 귀와 좁은 눈을 가진 이 사람이 억지로 그 사실 여부를 의심한다면, 혹 넓은 세상을 다녀보았을 바다 자라에게 웃음거리가 될까 두렵다'라 하고, 드디어 책에다 베껴 두고, 인하여 〈中州十三省地圖〉 및 〈朝鮮八道地圖〉도 책에 실었다. 또 천지와 고금 사이에 차고 쌓여서 얽힌 실타래 처럼 알아보기 어려운 것들은 분류해 그림으로 그려 두었다. 이것들을 합하여 『寰瀛誌』라 이름하였다.

9) 『日省錄』, 정조 19년 11월 27일.

그 아래 붙인 여러 그림들은 비록 지도 종류는 아니지만, 이것들이 없으면 우주가 虛套하게 될 것이며, 지도 또한 그 쓰임에 맞는 바가 없게 될 것이다. 그런 고로 寰瀛이라 칭하여 그것을 통일하였다.

오호라. 만개라도 모든 내용을 다 할 수는 없겠지만 지도는 단 십여 장에 불과할 뿐이니, 만일 이 지도만을 보고 '천지가 이렇다, 고금이 이렇다' 고 한다면 진실로 어리석을 것이다. 그러나 지혜로운 자가 조용히 익혀서 알고 종류에 따라 구한다면, 이 하찮은 기록이 역사가의 저술에 도움이 될지 누가 알겠는가.[10)]

2) 『寰瀛誌』와 西洋

위백규는 『환영지』에서 세계와 역사에 관한 당대의 여러 정보들을 수집 정리하고, 나름대로 분석했다. 위 서문은 그의 문제의식을 잘 보여준다. 위백규는 성리학으로 인간과 세계를 보는, 일원적 세계관을 가졌던 평범한 조선 선비였다. 공간과 세계에 관한 그의 판단은 보통의 조선 선비들과 크게 다르지 않았을 것이다.

가장 먼저 눈에 띄는 것은 시간과 공간의 관계에 관한 것이다. 위백규는 서문의 첫머리에서 천지의 광대함과 시간의 유원함을 거론하면서, 그 광대함과 유원함이 세상을 만들어 냈다고 말했다. 위백규에게 세상은 처음부터 공간으로서만 존재한 것이 아니라, 시간과 결합한 형태로 존재했다. 따라서 공간과 세계에 대해서 기록하는 것은 시간과, 그 시간이 만들어낸 역사에 대해서 기록한 것과 다른 일이 아니다. 19세기의 조선 유학자 李趾秀는 조선의 성리학자들이 왜 공간을 시간과 결합시켜 이해했는지를 잘 보여준다.

내가 일찍이 記가 있는 〈天下地圖〉를 보았다. (거기에는) 首陽山의 伯

10) 魏伯珪, 存齋集, 卷21, 序, 新編標題纂圖寰瀛誌序.

> 夷, 闕里의 孔子, 山西省의 장군과 山東省의 재상, 忠臣·孝子·高士·幽人 등 존경할 만한 인물들의 이름이 모두 그 고향 아래에 쓰여져 있었다. 내가 이를 보고 감탄하여 이르기를 '이것은 가히 爲善者에게 권할 만하겠다'라고 하였다. 지금 내 종숙인 李應龜가 우리나라 지도를 摸出하여 병풍을 만들었는데, 그 州縣의 숫자가 적혀 있고 山川의 크기와 鎭堡가 또한 실려 있으니 진실로 考閱하는 데 편하다고 할 만 하겠다. 그러나 우리나라는 小中華로서, 그 地靈으로부터 人才가 나오는 것이 여러 대를 이어 흥하여 中華와 비교하여도 뒤지지 않았으나 유독 이것만이 빠져서 기록되어 있지 않았으니, 진실로 한탄스럽다 할 만하다.[11]

공간은 그 공간 위에서 전개된 시간, 그리고 그 시간이 만들어낸 문화를 통해서 그 의미가 파생되었다. 이지수에게 '천하'는 중국의 역대 충신과 인물의 출신지, 그리고 그 내력을 적은 것이었다. 그런 천하야말로 그에게는 세계였다.

환영지의 서문에서 위백규가 가진 중화주의자로서의 면모는 분명치 않아 보인다. 그러나 위백규가 공간을 시간과의 관계 속에서 이해하고 있었다는 사실이야말로 그가 조선 선비들이 가진 일반적인 공간관을 공유하고 있었다는 것을 반증해 준다. 그는 환영지 본문에서 중국 전도와 각 성별지도를 그렸지만, 그가 이해한 중원대륙은 어디까지나 명나라 때의 땅이다. 그는 청나라가 전성기를 구가하는 시대를 살고 있었지만, 그에게 중국 땅은 한번도 청나라 때의 것인 적이 없었다. 17세기에 金壽弘이 <天下古今大摠便覽圖>를 편찬했을 때에도 청나라 때의 중원대륙은 도면에서 찾아볼 수 없다. 이런 현상이야말로 그들이 중화주의적 시선으로 중원대륙을 바라보았음을 말해준다. 위백규가 『환영지』에서 중국지도를 <皇明十三省總圖>라고 부른 것도 그런 이유 때문이었다.[12]

---

11) 李趾秀, 『重山齋集』 卷4, 跋, 「海東地圖障跋」.
12) 魏伯珪, 寰瀛誌, 新編寰瀛誌圖 : 皇明劃野 近而可徵 歷代豪俊 寔維地

서문에 따르면 위백규는 서구식 세계지도를 본 뒤 『환영지』 편찬에 본격적으로 착수했다 한다. 당시 서울에서는 북경에서 들어오는 서양과학 서적이 지식인 네트워크를 통해 유포되고 있었다. 그 과정에서 '서양과학은 성현들이 오래 전에 말했던 내용'이라는 주장이 자연스럽게 생겨났다. 그것은 엄밀한 의미에서 일종의 견강부회였다. 그러나 성리학과 성현의 권위가 엄연한 현실이었음을 감안해 본다면, 그것은 경우에 따라서는 서양과학을 연착륙시킬 수 있는 효과적인 논리이기도 했다. 이런 상황 속에서 중국 중심의 전통적 세계와 서구식 세계지도가 보여주는 더 넓은 세계 사이의 관계 설정이 문제가 되지 않을 수 없었다. 그 여파는 전라도 장흥에 살던 지방 선비 위백규에게까지 미쳤다.

위백규가 공간을 시간과 그 시간이 만들어 낸 의미들 속에서 이해했다는 점을 고려해보면, 서구식 세계지도의 내용을 그대로 승인하기 어려웠을 것임은 쉽게 짐작할 수 있다. 지도 안에 적힌 수많은 '새로운' 공간들은 그에게 시간과 결합되지 않은 것들이었으며, 따라서 역사와 문화가 확인되지 않는 공간이었기 때문이다.

눈에 띄는 것은 그가 중화세계 바깥쪽의 넓은 세계에 대해 확신하지 못하면서도 기록을 남기려 했다는 점이다. 그런데 그는 왜 이 지도를 <九九州圖>라고 부르게 되었을까. 『환영지』의 서문에 따르면, 이 지도가 <구구주도>인 것은, 裨海 · 九州와 관계되어 있기 때문이라 한다. 裨海와 九州는 중국 고대 추연의 세계관과 무관하지 않다.[13] 위백규는 서구식 세계지도를 중국 고대 추연의 세계관에 빗대어 이해하고 있었던 것이다.

위백규와 같은 시대를 살았던 소론계 학자 李鍾徽도 서구식 세계지

靈 皇明十三省第五.

13) 魏伯珪, 寰瀛誌, 新編寰瀛誌圖 : 裨海九州 外又九九 齊儒之說 焉所是受 九九州第四.

도를 추연의 세계관에 빗대어 이해했다. 이종휘는 마테오리치의 지도를 본 뒤 이렇게 말했다.

> 일찍이 鄒衍이 말하기를 神州赤縣이 1州가 되며 그밖에 또 신주적현과 같은 것이 아홉이 있어서 이를 九州라 이름한다 하였다. 각기 裨海가 둘러싸고 있으며 또 大瀛海가 그 바깥을 둘러싸고 있으니, (그곳은) 天地가 만나는 곳이라 했다. 마테오리치의 지도는 모두 이와 같은 것으로 그 요지를 요약하자면 반드시 仁義節儉에 이르게 될 것이다. 지금 이 지도에서 小洋海라고 하는 곳이 곧 裨海이며 大洋海라고 하는 곳이 곧 瀛海이다. 아세아로부터 6대주를 그렸으나 (추연의 기준에 비추자면) 3대주가 없으니, 이는 어찌 마테오리치가 그 3대주를 보지 못해서이었겠는가. 추연이 죽고 그 학문이 전해지지 않은지가 2천년이나 되었다. (그러나) 마테오리치의 10편을 보니, 그 기술이 또한 인의절검에 근본하고 있으니, 이 어찌 그 유풍을 듣고 말했다고 하지 않겠는가.[14)]

조선에서 『山海經』이나 추연의 세계관은 이단서적으로 취급되어 오고 있었다. 중화세계관과 너무나 달랐기 때문이다. 그런 점에서 추연의 세계관이 부활한 것은 온전히 서구식 세계지도의 영향이라고 하지 않을 수 없다. 조선 지식인들은 서구식 세계지도가 보여주는 이미지를 동양적인 前例에 따라 이해하려 했으며, 그것이 이종휘와 같은 사유방식을 낳게 된 것이다.

위백규는 또 알레니의 『職方外紀』를 보고 <西洋諸國圖>를 그린 뒤, 亞細亞, 歐羅巴, 利未亞, 亞墨利加, 墨瓦蘭亞 등 오대주에 관한 설명을 요약해 실었다.

---

14) 李種徽, 『修山集』 卷4, 記 「利瑪竇南北極圖記」.

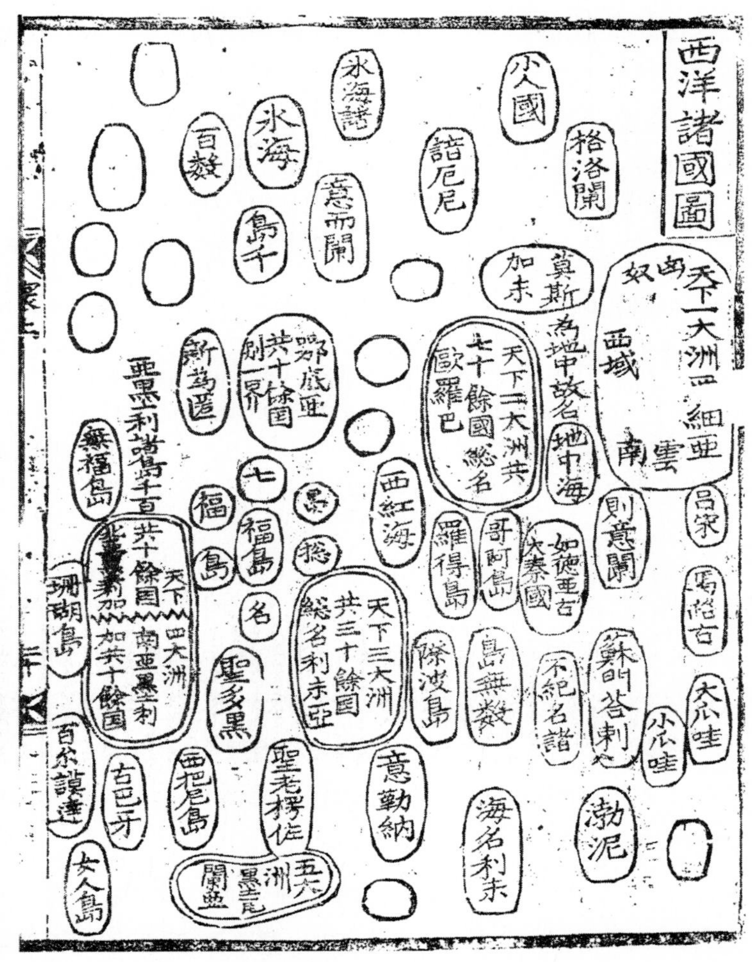

[지도 1] 〈西洋諸國圖〉

『직방외기』를 보았던 위백규가 그 안에 실려 있는 <萬國全圖>를 보지 못했을 리는 없다. <만국전도>는 단원형 세계지도이다. 그런데, 이 <서양제국도>는 단원형 세계지도와는 크게 다른 모습을 하고 있다. 단원형 세계지도가 전제로 하고 있는 地球球體說은 <서양제국도>에서 전혀 찾아볼 수 없다. 오대주를 비롯한 각 지명들은 신대륙과 구대륙으로 나뉜 것이 아니라, 바다에 떠 있는 수많은 섬처럼 묘사되어 있다. 이 넓은 바다와 수많은 섬들은 九州와 裨海, 나아가 瀛海의 이미지에 가깝다. 서구식 세계지도는 중화를 중심으로 한 일원적 세계관을 대체하지는 못했다. 그들에게 중화세계는 단순한 공간이 아니라 시간, 그리고 시간이 만들어낸 역사와 결합된 공간이었기 때문이다.

엄밀한 의미에서 서구식 세계와 전통적 세계는 취사선택의 문제는 아니었다. 서구식 세계지도가 보여준 넓은 공간은 동양적 어법으로 새롭게 표현되고, 다시 자리매김되었다. 조선 지식인들은 중화를 중심으로 한 일원적 세계관을 유지하면서도, 그 무한히 넓은 새로운 외연을 不可思議의 세계로 남겨두는 방식을 택했다. 그것은 불가사의이기 때문에 '버린다'는 태도와는 달랐다. 서구식 세계지도는 일원적 세계관의 새로운 일부로서 그 흔적을 남길 수 있었다. 위백규는 그런 조선 지식인의 대응 양상을 잘 보여준다.

4. 浪華子와 西洋

1) 浪華子와 〈南贍部洲萬國掌菓之圖〉

서구식 세계지도는 조선뿐만 아니라 일본에도 영향을 미쳤다. 조선 지식인들의 전통적 세계관에 가장 큰 기반이 된 것이 성리학이었다면, 에도시대 일본 지식에게 그것은 불교였다. 따라서 서구식 세계지도가 일본에 미친 영향을 살펴보기 위해서는 불교적 세계관을 검토하지 않으면 안 될 것이다.

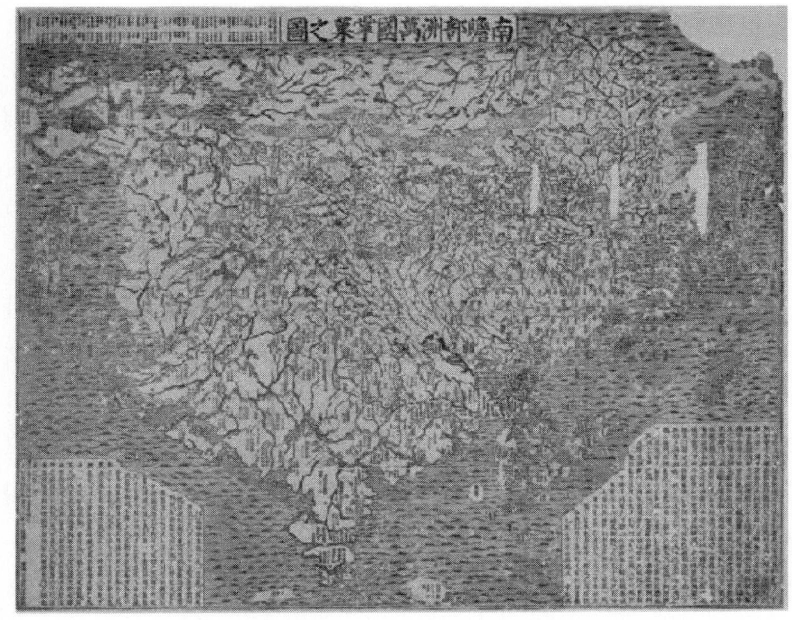

[지도 2] 〈南贍部洲萬國掌菓之圖〉[1]

僧濬(필명은 浪華子)은 에도시대 일본 화엄종을 중흥시킨 승려로서 뿐만 아니라, <南贍部洲萬國掌菓之圖>를 만든 지도제작자로도 유명하다. 그가 이 지도를 편찬한 것은 1710년이었다. 그는 일본의 불교식 세계관을 토대로 당시의 여러 정보들을 수집, 분석한 뒤 이 지도를 편찬했다. 浪華子는 이 지도의 서문에서 이렇게 말했다.

> 무릇 사람의 업이 끝이 없으므로, 세계도 또한 그 끝이 없으나, 성혜한 눈으로 보면 비록 광대 무변한 세계라고 해도 손바닥 안의 암마라 나무열매처럼 분명하다. 가령 백억이나 되는 수 많은 세계가 서로 서로 얽혀 있다 해도, 이 염부(남섬부주, 인간세계)는 그 형태가 사람얼굴과 같아서 오히려 큰 창고에 한 알의 곡식과 같을 따름이다. 그러나 범부가 보는 것은 그 작은 일부에 불과하다. 오호라. 우물 안 개구리가 바다를 논의할 수는 없으리라.

옛 현자들이 몸소 세상을 다녔으나, 장윤이 거쳐간 곳, 과부가 죽은 곳을 모두 다녀볼 수는 없었다. 서역을 진무했던 班超도 가보지 못했으며, 서역에 파견되었던 張騫도 미치지 못했다. 생각컨대 우리 불교계의 法顯스님과 玄奘 스님이 몸소 험한 땅에 들어가 멀리 이르고 두루 살피시며, 모두 아우르고 널리 미쳤으니 그 地境을 다 했다 할만하다. 그러나 그 기술한 바 五天·胡羌·蔥嶺·雪嶠의 경계는 전에 듣지 못했던 것들을 모두 갖추었지만, 오히려 海外에 대해서는 미진한 바가 있다. 朝鮮·日本·琉球·暹羅·呱哇國 등 낱알처럼 흩어진 나라들을 그 어찌 가 볼 수 있었겠는가. 하물며 그 역대의 연혁에 관한 내용은 梵語와 華語의 譯語가 다르니 한 지방의 경계를 궁구하려 해도 그 지리와 풍속을 모두 갖추기 어렵다. 이 때문에 史記에 지경에 관한 내용이 있지만 어지러운 부분이 많아서 헛되이 독자들을 미혹시키는 것이다. 삼재도회, 도서편, 대명일통지 등을 보건대, 혹 화음과 범음을 알지 못해서 (같은 나라를) 다른 나라로 적는가 하면, 혹 南洋과 北漠의 땅을 열거하면서도 그 지역을 밝히지 못했으며, 혹은 나라 이름만 적을 뿐 그 방위를 기록하지 못하는가 하면, 大洲를 小鄕이라 하고 狹區를 廣土로 오해하기도 하였다.

志磐은 『佛祖統紀』에서 世界名體志라는 항목을 두었는데, 그 안에 〈西土五印度〉라는 지도가 있다. 내가 우연히 그것을 자세히 살펴보았는데, 覩貨羅·蔔健·鐵帝·訖栗·阿利尼 등 및 謎羅川이 모두 蔥嶺의 東北쪽에 나열되어 있었다. 이것을 징험하여 그 소홀함을 알았으니, (志磐이) 玄奘의 『大唐西域記』에 의존하였을 뿐 道宣의 『釋迦方誌』와 慧立의 『大慈恩寺三藏法師傳』을 보지 않았기 때문이다. 또 (志磐은) 4河를 변별하지 못했으며, 九邊을 모두 빠뜨렸다. 布怛洛을 師子國의 東쪽에 두고 楞伽山을 빠뜨린 것도 모두가 오류이다.

전부터 우리나라의 유명 사찰에 소장되어 온 五印度 地圖가 있어서 그것을 살펴보았으나, 바야흐로 『佛祖統紀』보다도 못하다는 사실을 알았다. 당나라 昌涯의 補陀山을 남해의 바닷가에 두었으니, 그 차이가 1만리이다. 支竺에 汨亂하고, 각처가 모두 마땅함을 잃었으며, 오천의 경계가 배분이 잘못되었으니, 족히 취할 만하지 못하다. 이것을 가지고 사람들에게 참고하게 하면 망막하여 따를 수 없다. (중략)

최근에 내가 일찍이 수집한 것들이 있어서 무릇 瞻部의 塵國을 통합하여 한 장에 줄여 넣고 〈萬國掌菓圖〉라는 이름을 붙였다. 이것을 가지고 한눈에 보면, 그 가보지 못한 곳들이지만 뜰앞을 나서지 않아도 모두 잘 알 수 있으니, 마치 맑은 밤에 의지해 별을 바라보는 것과 같다. 수고러움

> 없이도 널리 찾을 수 있고 밝게 빛나서 가히 볼만 하니, 어찌 편하다 하지 않겠는가. (중략)
>
> 무릇 이 지도를 만드매, 천축과 총령이동지역은 모두 둘레 천 리를 1촌으로 하였으며, 넓이와 높이도 같게 하여 恒式으로 삼았다. 그 밖에 支那·高麗·日域·琉球·交趾·占城 등은 대부분 각기 그 舊來로 잘 살펴온 것에 의거하였으므로 (이 지도에서는) 버리거나 취할 수 없었다. 그 밖에 제번의 변색은 자음이 서로 통하지 않는 경우가 많으므로, 어쩔 수 없이 그 주현과 거리의 명수만을 기록하였을 뿐이다. 그 分界에 이르러서는 바둑판처럼 또 별처럼 늘어서 있어서, (그것들을) 연접하고 예합한 즉 왕왕 지획한 것에 약간의 차이가 없을 수 없으니, 바라건대 오류라고 말하지 않았으면 한다. (중략)
>
> 山川·江海·殊壤·異垓를 모두 모아놓으면 총 9만여리에 달한다. 속세의 儒者들은 땅을 말하매 다만 만리에 그치니, 능히 믿을 수 없다. (그것은) 우물안 개구리의 소견이며 앎이 부족하다. (그들은) 또 오천축의 殷盛함을 알지 못하는 고로 주변을 중국이라고 고집하는 것이다. 하물며 須彌·大千, 내지 善財童子가 찾는 연화장세계, 제석천의 인드라망과 같은 세계해를 알려 하겠는가. 후세의 학자들이 마땅히 알아야 할 바이다.

2) 〈南贍部洲萬國掌菓之圖〉와 阿蘭陀

浪華子는 먼저 인간이 경험할 수 있는 세계에 한계가 있다는 사실을 주목했다. 현장은 이전의 여행자들에 비해 훨씬 넓은 곳을 다녔지만, 해외에 대한 정보가 부족하기는 마찬가지라 한다. 현존하는 최초의 불교계 세계지도인 <五天竺圖>는 현장의 『대당서역기』에 기록된 지리지식을 지도화한 것이다.

경험이 한계가 있을 수밖에 없다면 문헌에 의지하지 않을 수 없을 것이다. 그러나 세계의 지리와 역사, 그리고 풍속을 기록하려 할 때 언어가 문제가 된다. 불교계 문헌에서 사용되는 산스크리트어와 중국측 문건에서 사용하는 한문이 다른데, 대개의 지지 편찬자들이 이 두 계통의 언어에 모두 능숙하지는 못하기 때문에 문제라 한다. 그 결과 수많은 오해와 왜곡이 생겼다는 것이다.

浪華子는 志磐의 『佛祖統紀』와 유교적 세계관을 모두 비판했다. 그는 자신이 수집한 자료들을 종합 정리하여 이 지도를 만들게 되었다 한다. 浪華子는 전통적인 불교계 세계지도 역시 비판했다. 그러나 <南贍部洲萬國掌菓之圖>는 형태면에서는 전통적인 불교식 세계지도와 크게 다르지 않다. 전통적인 불교식 세계지도들은 대체로 북쪽이 넓고 남쪽이 좁은 역삼각형 형태를 취하고 있다.

일본에서 제작된 이들 불교계 세계지도는 삼세계관을 기본 토대로 하고 있다. 전통적인 삼세계관은 자율적 세계의 중심으로 인도, 중국, 일본 등 세 축을 설정하는 것이 일반적이다. 이 지도에서도 인도, 중국, 일본이 여전히 강조되고 있다. 그러나 이 지도는 서구식 세계지도의 흔적을

[지도 3] 〈南贍部洲萬國掌菓之圖〉(부분)

담고 있다는 점에서 이전의 불교계 세계지도들과 결정적으로 다른 점이 있다. 서구식 세계지도의 흔적은 도면의 왼쪽 윗부분, 그리고 오른쪽 아랫 부분에서 발견된다.

유럽은 모두 섬처럼 그려져 있다. エウロバ는 유럽(Europe)을 音譯한 것이다. 그 밖에 諳厄利亞, 阿蘭陀 등의 지명이 보인다. 일본 아래쪽으로는 孛露, 金加西蠟, 伯西兒 등 남아메리카에 해당하는 漢譯 지명들이 보인다.

전체적으로 보았을 때 유럽과 신대륙은 지극히 제한된 몇 지역만이 선택적으로 기재되어 있으며, 그나마 그 형태와 방위의 왜곡이 심한 편이다. 그러나 紅毛國이라는 표시와 함께 기록된 아란타, 곧 네덜란드는 특별히 주목할 만하다. 일원적 세계관을 가진 조선이나 명청대 중국도 아란타를 유럽국가로 여기지는 않았기 때문이다.

마테오리치의 곤여만국전도에서 한역된 네덜란드의 지명은 大泥亞였지만,[15] 조선과 명청대 중국에서 네덜란드는 대부분 아란타라는 이름으로 불렸기 때문에 그곳 지식인들이 곤여만국전도를 통해 네덜란드(아란타)의 위치를 확인할 수는 없었다.

조선에서 네덜란드의 존재를 알게 된 것은 하멜 일행이 표류해오면서부터였다. 일행 가운데 일부가 일본으로 탈출하자 막부는 막부가 조선에 하멜 일행의 표류 전말을 문의해 왔다.[16] 이때부터 조선은 네덜란드가 17세기 동아시아 국제질서에 한 축을 이루는 존재임을 인식하기 시작했다.

네델란드에 대한 조선의 지식은 막부와의 교섭 과정을 통해 얻은 왜곡된 형태의 것들이 대부분이었다. 막부는 네덜란드가 일본의 屬郡이며,

15) 秋岡武次郎, 『世界地圖作成史』(河出書房新社, 1988) 161쪽.
16) 『현종실록』 卷12, 현종7년 10월 23일 庚午 ; 『현종개수실록』 卷16, 현종 7년 10월 23일 庚午.

하멜 일행에 대해서는 기독교도일 가능성이 높다는 이유로 송환을 요구했다.[17] 실록의 사관은 네덜란드에 대해서는 일본의 속군이라고 적었다. 또 기독교도에 대해서는 '서양의 별종으로 요술을 부려 어리석은 사람을 미혹시키는 부류들'이라고 평가했다.[18]

조선은 막부의 해금체제에 대한 정확한 정보를 가지지 못했으며, 포르투칼과 네덜란드를 구별할 수도 없었다. 네덜란드에 앞서 동방무역을 주도했던 포르투칼의 존재는 조선에서 거의 주목되지 않았다. 이런 상황에서 네덜란드가 유럽국가로 여겨질 가능성은 전혀 없었다.

정약용처럼 일부 예외적인 경우를 제외한다면 대부분의 조선 지식인들은 네덜란드를 동남아시아 국가로 여겼다. 네덜란드가 어느 지방 오랑캐인지를 묻는 정조에게 李書九는 "서남 지방의 蕃夷로서, 『明史』에서 賀蘭이라 했던 이 나라는 요즈음의 臺灣"이라고 답했다. 이서구는 네덜란드가 鄭成功에 앞서 대만을 지배했던 단계까지 인식하고 있었던 것이다. 옆에 있던 우의정 李秉模가 이서구의 '박학다식함'을 칭찬할 정도였다.[19] 조선이 네덜란드의 위치에 대해 큰 관심을 갖지 않은 것은 조선과 네달란드 사이에 직접 관계가 드물었기 때문이다. 더구나 네덜란드는 조선이 생각하던 문화적 중화세계 안에서 전혀 중요하지 않았다.

네덜란드의 위치에 큰 관심을 두지 않은 것은 명청대 중국도 마찬가지였다. 『명사』에서 포르투칼(佛郞機)은 滿剌加(Malacca)로, 네덜란드(화란)는 불랑기 근처, 즉 동남아시아로 파악되었다.[20] 중국인들이 네덜란드를 동남아시아 국가로 본 것은 그들이 대만을 근거지로 동아시아 해상무역에 종사하고 있었기 때문이었다. 『大淸一統志』의 편자는 명청대

17) 『현종실록』 卷12, 현종 7년 10월 23일 경오.
18) 『현종개수실록』 卷16, 현종 8년 2월 26일 辛未.
19) 『정조실록』 卷47, 정조 21년 10월 己亥.
20) 崔韶子, 『동서문화교류사연구』, 삼영사, 1987, 33~34쪽.

중국과 네덜란드의 관계에 대해 서술하면서 이렇게 말했다.

> 서남해 중에 있다. 혹은 홍이라고 말하기도하고, 속칭 홍모국이라고 한다. 그 조공해 오는 길은 복건성을 통해 북경에 이른다.[21]

명청대 중국은 그들이 어떤 국가인지에 관심을 가져야 할 절박함이 없었다. 네덜란드가 조공 형식을 통해 중국과 관계를 가져왔는지, 앞으로 그럴 것인지가 유일한 관심사였다. 그것은 중국이 조공책봉체제와 그것에 기초한 일원적 세계관으로 네덜란드를 바라본 결과이기도 하다.

네덜란드와 직접 관계가 가장 긴밀했던 일본에서 네덜란드의 위치는 상대적으로 잘 알려져 있었다. 이미 17세기에 아라이 하쿠세키(新井白石)같은 인물은 네덜란드가 유럽 국가임을 알고 있었다.[22] <南瞻部洲萬國掌菓之圖>에서 네덜란드가 불완전한 형태나마 유럽국가의 일원으로 그려질 수 있었던 것은 이런 전통 때문이었다. 아란타의 존재는 일본의 다원적 세계관의 내용이 점차 변질되어 갈 것임을 예고하는 것이기도 했다.

에도시대 일본인들은 불교식 세계지도에 연원을 둔 인도·중국·일본의 삼세계관을 가지고 있었다. 그러나 점차 인도의 위상이 낮아지고 서양의 존재가 부각되었다. 그 결과 삼세계관의 내용은 서양·중국·일본으로 바뀌어갔다. 아편전쟁 이후 중국의 위상이 낮아지면서 일본인들의 삼세계관에서 급기야 중국이 사라지기 시작했다. 삼세계관은 서양·일본을 두 축으로 하는 양세계관으로 좁혀져 갔다.

---

21) 『大清一統志』 卷423, 荷蘭 (『文淵閣四庫全書』 제483책, 704~705쪽).
22) 任守幹, 『東槎日記』, 坤, 江關筆談, 序 (국역 『해행총재(속)』 9, 235쪽).

5. 맺음말

아편전쟁 전까지만 하더라도 동아시아 삼국은 조공책봉체제의 안팎에서, 약 200년 이상 안정적인 관계를 유지했다. 이 글은 서양이 함포를 이끌고 동양을 위협하기 전, 동아시아 삼국 지식인들이 가진 공간관과 세계관의 단면을 들추어 보고자 했다. 그들은 일원적 세계관과 다원적 세계관을 강화시켜 갔다. 그들이 서양과 네덜란드의 존재를 서로 다른 방식으로 이해했던 것은 그들의 역사적 경험, 그리고 다양한 세계관과 무관하지 않다. 그러나 그들의 세계관과 서양인식은 아편전쟁 이후 변화를 피할 수 없었다.

청대 후기의 사상가 위원이 魏源이 『海國圖志』라는 책의 서문에서 이렇게 말했다. "이 책이 옛사람들의 海圖書와 무엇이 다른가. 옛사람들의 것은 모두 중국인으로써 서양을 말했던 것이지만, 이 책은 서양인으로써 서양을 말한 것이다."[23] 위원은 아편전쟁의 역사적 경험이 중국 사상가에게 어떤 영향을 미쳤는지를 잘 보여준다. 그의 이 한마디 말은 마치 '중국 지식인은 이제 더 이상 중국의 주변으로 서양을 보지 않게 되었다'는 선언과도 같다. 아편전쟁은 조공책봉체제에 기초한 청대의 일원적 세계관을 약화시켰다.

아편전쟁이 조공책봉체제에 타격을 가한 정도에 비해, 문화적 중화관에 타격을 가할 가능성은 상대적으로 높지 않았다. 물론 아편전쟁으로 인해 조선 지식인들의 위기감이 고조된 것은 사실이다. 그러나 서양의 함대가 강력한 화포로 무장하고 있다고 해서, 중화를 인류문화의 정수로

---

23) 魏源, 『海國圖志』(同治丁卯郴州陳氏重刊足本, 海國圖志原敍).
何以異於昔人海圖之書 曰彼皆以中土人譚西洋 此則以西洋人譚西洋也.

인식하던 관성에까지 타격을 가하기는 쉽지 않았다. 물론 조선에도 개화기가 되면 兪吉濬처럼 지구적 규모의 세계를 받아들이고 서구화를 문명화로 이해하는 사람들이 나타났다. 그러나 19세기 위백규의 인식과 개화기 유길준의 서유견문 사이에는 논리적 연관이 없다.

다원적 세계관이 변질된 일본의 양 세계관은 메이지유신 이후 제국주의시대에 이르기까지 역사의 여러 장면에서 노출되었다. 일본 조야의 정치가와 지식인들이 아시아주의를 제창했을 때, 조선에서 갑신정변이 실패하고 후쿠자와 유키치(福澤諭吉)가 脫亞論을 주장했을 때, 그들은 일본 자신을 서구의 압박에 대응할 수 있는 유일한 중심으로 생각했다. 일본이 러일전쟁을 일으켰을 때, 심지어 대동아공영권을 주장했을 때조차 모두 그런 의식들이 바탕에 있었다.

2부

韓國 古代 演戱에 나타난 空間 構造

김 호 연*

1. 序　言

韓國 古代 演戱에 있어 空間의 문제를 논한다는 것은 무척 어려운 일이다. 演戱는 놀이성과 현장성이 생명이기에 실제로 보지 않고 그 속에 살아있는 의미를 이해하는 건 그리 쉬운 일이 아니기 때문이다. 게다가 古代 演戱의 경우 臺本은 물론이거니와 연희 내용이 문헌으로 정확하게 전해지지 않아 온전하게 그 의미를 파악하는 데는 어려움이 따른다.

그럼에도 불구하고 하나하나 문헌에 나온 기록들을 더듬어 보면 어렴풋하게나마 한국 연희의 원형을 그려낼 수 있다. 한국 고대 연희는 어느 민족이나 그러하듯 原始綜合藝術에서 비롯된다. 이는 迎鼓, 東盟, 舞天 등 고대 국가의 祭天儀式에서 그 흔적을 찾을 수 있는데 자연의 질서에 하나가 되면서도 공동체 단결을 위한 축제의 마당으로 나타나게 된다.

* 일본 동경대학 외국인연구원.

國中大會라는 형식으로 많은 사람들이 참여하는 이러한 儀式은 일상에서 가장 중요한 狩獵, 農耕 등 自然意識에 바탕을 두어 행해진다. 특히 원시 노동사회에서 나타나는 시작과 맺음, 또 다시 시작으로 이어지는 반복되는 일상 속에서 하나의 맺음과 풀림을 위한 장치가 필요하였고, 이것이 祭天儀式을 통해 발현되었다. 이는 祭儀와 놀이라는 日常性의 상징적 도상으로 표현되었고, 음식과 술이라는 풍요로움의 기호 속에서도 그대로 드러난다. 또한 祭儀에서 드러난 목소리나 言語가 神과 人間이 함께 만나는 역동적인 장치로 작용하였다면, 인간의 몸짓을 통한 행위는 긴장된 질서를 해소시켜 어울림을 위한 공간으로 나아가는 계기를 마련한다.

그렇지만 원시종합예술의 형태는 三國時代를 중심으로 社會가 거대해지고 그것에 맞게 분화되는 것과 궤를 같이하여 변화한다. 이는 자생적 문화의 발전과 실크로드를 통해 새로운 문화가 전래되면서도 변모하게 되는데 연희의 측면에서는 散樂百戲 등 대중적 연희의 受容과 變容 속에서 드러난다. 또한 연희 공간은 제의적 측면에서 점점 벗어나 일상성으로의 轉移를 가지고 온다. 이는 앞선 시기가 자연과 인간이 하나를 이루는 意識이 중심이었던데 반해 세계 안에서 표현할 수 있는 형상소, 미메시스(mimesis)의 장소로 연희 공간이 변화되고 있음을 보여주는 것이다.[1] 이렇듯 연희 공간은 단순히 연희를 행하는 장소가 아닌 여러 상징성을 보여주며 역사성과 시대정신을 반영하는 공간으로 나타난다. 그렇기에 이런 한국 고대 연희 공간에 대한 考究는 한국 고대 연희에 대한 연구 그 자체라고 해도 과언이 아닐 정도로 그 의미가 크다.

한국 고대 연희에 대한 전반적인 연구는 선학들의 진지한 고증과 냉철한 추론을 통해 그 토대를 마련하였다. 李杜鉉의 『韓國演劇史』는 古

1) 안느 위베르스펠드, 신현숙 역, 『연극기호학』, 문학과 지성사, 1988, 145쪽.

代 演戲 硏究에 있어 典範이 되는 연구서이다.[2)] 여기서는 洞祭의 民俗과 그에 따르는 歌舞娛神의 각종 연희가 迎鼓, 東盟, 舞天 등의 고대 제의로 전해졌고, 그 歌舞가 根源演劇으로서 한국 연극의 기원이 되었음을 밝히고 있다. 또한 전경욱의 『한국의 전통연희』는 한국 전통연희의 역사적 전개 양상과 가면극, 판소리, 인형극 등 연극성을 띤 연희를 연구 대상으로 삼고 있다.[3)] 특히 이 책에서는 여러 圖上 자료를 통해 한국 고대 연희의 숨겨진 의미를 밝혀내어 새로운 방법론을 제시하기도 하였다.

이런 개괄적인 연구와 더불어 한국 고대의 연희를 좀 더 세심한 시각에서 바라본 연구들도 함께 진행되었는데, 신선희의 『한국 고대극장의 역사』는 祭天儀式에서부터 禮樂, 山臺 등의 朝鮮 宮中儀禮까지 한국 전통 연희에 나타난 공간 문제를 집중적으로 다룬 勞作이다.[4)] 여기서 저자는 한국 극장예술은 제의와 축제의 양 축이 몰입과 놀이 법칙에 의해 환상과 현실을 넘나들면서 현장성의 공간을 운영하였다고 명쾌하게 분석하고 있다. 그렇지만 이 책에서는 왕조 중심의 연희에만 관심을 두었기에 민중들의 이야기나 그 밖의 여러 문제들을 소홀히 다룬 아쉬움이 남는다.

그밖에도 갈래별로 한국 연희의 기원을 살피는 여러 연구 성과가 이루어졌는데,[5)] 본 考에서는 이런 선행 연구를 바탕으로 그동안 先學들이

---

2) 李杜鉉, 『韓國演劇史』 개정판, 學硏社, 1993.

3) 전경욱, 『한국의 전통연희』, 학고재, 2004.

4) 辛仙姬, 『한국 고대극장의 역사』, 열화당, 2006.

5) 『한국의 연희』, 반도출판사, 1993 ; 『유랑연예인과 꼭두각시놀음』, 밀알, 1994 등에서 비롯된 윤광봉의 시각은 이 전의 다른 학자들에 비해 좀 더 자유로운 시각 속에서 한국 고대 연희를 고찰하고 있다. 「한국연희와 역사적 전개－고구려 악무와 그 자취를 중심으로」 『고전희곡연구』 제1집, 한국고전희곡학회, 2000은 그 대표적인 예다. 또한 사진실의 『공연문화의 전통』, 태학사, 2002은 조선시대 궁중의례를 무대공간의 측면에서 바라보면서 한국연극을 제의에서 기원한 樂,

소홀히 다루었던 몇 가지 부분을 짚으면서 연구 방향을 잡고자 한다. 먼저 한국 고대 연희에 나타난 공간 구조를 살피면서 여기에 드러난 여러 현상들에 주목하고자 한다. 이는 단순히 공간 그 자체만을 살피는 것이 아닌 한민족이 어떻게 살아왔음을 미약하나마 밝히는 작업이 될 수 있을 것이다. 또한 거시적인 시각에서 한국 고대 연희 공간에 나타난 여러 현상들을 고찰하여 한국 고대 연희의 특수성과 보편성을 함께 생각하는 시간을 갖고자 한다. 이는 자생적 문화의 발생적 양상과 외국 문화의 수용을 통해 우리 문화의 특성을 고찰하기 위한 기초 작업이 될 것이다.

2. 祭天儀式에 나타난 연희 공간

韓國 古代 演戲의 정확한 흔적을 찾는 일은 그리 쉬운 일이 아니다. 게다가 三國時代 이전 모습은 상세하지 않은 中國 史料를 통해 유추해야 하는 어려움이 따른다. 『三國志』 魏書 東夷傳이나 그 밖의 기록에 보이듯 夫餘의 迎鼓, 高句麗의 東盟, 濊의 舞天, 馬韓의 祭天儀式 등은 원시종합예술의 모습과 더불어 한국 연희의 기원적 양상을 보여준다.

> 夫　餘 : 以臘月祭天大會連日飮食歌舞名曰迎鼓是時斷刑獄解囚徒有軍事亦祭天殺牛以蹏占其吉凶行人無晝夜好歌吟音聲不絶(『後漢書』, 東夷傳, 夫餘)

> 高句麗 : 其民喜歌舞國中邑落暮夜男女羣聚相就歌戲無大倉庫家家自有小倉名之爲桴京其人絜淸自喜善藏釀跪拜申一脚與「夫餘」異行步皆

戲, 劇의 원류를 밝히는 작업 등 여러 분야에서 깊이 있는 연구가 진행되고 있다.

走以十月祭天國中大會名曰東盟(『三國志』卷30 魏書30, 東夷傳)

濊 : 常用十月節祭天晝夜飮酒歌舞 名之爲舞天 又祭虎以爲神『三國志』卷30, 魏書30 東夷傳)

馬 韓 : 常以五月下種訖祭鬼神羣聚歌舞飮酒晝夜無休其舞數十人俱起相隨踏地低昻 手足相應 節奏有以鐸舞 十月農功畢亦復如之(『三國志』卷30 魏書30, 東夷傳)

韓國 古代史에서 찾아볼 수 있는 전통 연희는 세계 어느 곳에서나 보편적으로 나타나는 祭天儀式이 중심을 이룬다. 이는 자연의 질서에 의탁하는 자연숭배사상에서 비롯된다. 또한 대부분의 생산 활동이 自然에서 시작되기에 계절적 변화에 따라 그 의미를 되새기면서 행해진다.

夫餘는 은력 정월에 迎鼓라는 國中大會를 가졌는데 연일 飮酒歌舞가 이어졌고, 노래 소리가 그치지 않았을 정도로 모두 흥겹게 즐기는 큰 축제였다. 그런데 迎鼓는 열린 시기로 보아 풍요를 기원하는 행사라기보다는 새로운 시작을 알리는 행사이다. 은력 정월(음력 12월)이란 점도 그러하지만 이 시기가 본격적으로 사냥이 시작되는 때로 수렵 시기를 즈음하여 공동체 의식을 다지는 행사로 나타났기 때문이다.[6] 『三國志』魏書 東夷傳에 보면 夫餘는 '산과 능선이 많으며 사람들은 과격하면서도 크고, 성격은 강하고 용감하며, 삼갈 줄 알고 후덕하여 도둑질 하지 않는다'라고 기록되어 있다.[7] 그만큼 척박한 자연 속에서 강한 생존의식이 夫餘人에게 요구되었고, 이는 민족의식과 맞물려 迎鼓라는 國中大會로 자연스럽게 수용된 것이다. 추수 감사의 의미가 아닌 수렵 생활에 바탕을 둔 儀式은 농경사회 이전의 원시사회 풍습이 그대로 남아있었음

6) 이덕일, 『교양한국사』, 휴머니스트, 2003, 94쪽.

7) "多山陵廣澤 於東夷之域最平敞 土地宜五穀 不生五果 其人麤大 性彊勇謹厚 不寇鈔"(『三國志』卷30魏書30東夷傳).

을 의미하는데 高句麗에도 이러한 儀式이 전해진다. 고구려는 음력 3월 3일을 생산 활동의 시작으로 삼아 왕을 비롯한 많은 백성들이 낙랑언덕에 모여 사냥을 하고 그들이 잡은 짐승을 하늘과 산천에 제사를 지냈다.[8)]

그렇지만 대부분의 제천의식은 추수감사의 의미가 강하며 행사 규모도 좀 더 크게 확대되어진다. 高句麗는 10월에 나라 안 모든 사람들이 모여 國中大會를 갖는데 이를 東盟이라 하였고, 東濊는 十月節에 제천의식을 열고, 이를 舞天이라 불렀다. 또한 馬韓에서는 5월에 씨를 뿌리고 나서 신에 제사를 지냈고, 10월에도 이와 같은 행사를 치렀다. 비옥한 토지가 넓게 펼쳐져 있고 토착 농경 사회를 유지하던 마한이었기에 다른 지역에서 두드러지지 않은 봄의 播種과 관련된 농경행사가 나타나는 배경이 되었다.

이렇듯 한국 고대 연희의 공통적인 모습은 집단적인 祭天儀式이라는 점에 우선을 둘 수 있다. 이는 하늘과 땅에 제사를 지내는 儀式이었지만 군주의 지배를 정당화하는 상징체계라 할 수 있다. 그렇지만 이러한 진지한 제천의식은 역으로 민중들에게 해방의 공간으로 다가온다. 제천의식에 나타나는 제의적 요소는 현존하는 계층적 질서를 더욱 공고히 하며 가치와 규범을 확인하는 작업이라면 제의 뒤에 따르는 풀림의 공간은 모든 계층의 질서 관계, 특권, 규범, 금지의 파기를 통해 일시적 해방을 맞게 되는 것이다.[9)] 추수라는 시기가 그러할 것이며 단순히 제천의식이라

8) "高句麗常春三月三日 會獵 樂浪之丘 以所獲猪 鹿祭天及山川神"(『三國史記』, 卷45 열전 溫達條).

9) 미하일 바흐찐, 이덕형 · 최건영 옮김, 『프랑수아 라블레의 작품과 중세 및 르네상스의 민중문화』, 아카넷, 2001, 32쪽. 바흐찐은 중세의 공식적인 축제를 현존하는 종교적, 정치적, 도덕적 가치와 규범과 금지들을 확고히 하는 것으로 보았고, 카니발을 그것에서 벗어나는 것으로 보았는데, 이는 제천의식에 보이는 제의적 요소와 놀이적 요소로 나누어 대입시켜 보아도 큰 무리가 없을 듯하다.

는 연희 시간만을 따로 분리하여 보아도 긴장에 대한 이완의 시간으로 나타나기 때문이다. 이는 놀이뿐만 아니라 夫餘에서처럼 죄를 지은 사람들을 풀어준다는 행위에서도 상징적으로 연결되어진다.

또한 연일 음주가무가 이어졌다는 이야기는 여러 문헌에서 공통적으로 등장하는데, 그만큼 한국 고대 제천의식에서 가장 강렬하게 노출되고 他者에게 가장 인상적으로 기억되는 부분이다. 이는 맺힘과 풀림의 조화 속에서 거칠게 충돌하지만 일정한 질서를 유지하여 역동적으로 움직이는 한민족의 원형적 모습을 여기에서 찾아 볼 수 있는 부분이다. 또한 열린 공간을 지향하여 경계가 없는 연희 공간을 만들어 내는 한국 전통극의 흐름과도 맞물리는 요소이다.

그런데 대부분의 儀式은 제사를 주관하는 제사장에 대한 언급은 드러나지만 참가자 즉 민중에 대한 언급은 뚜렷하지 않다. 이는 제천의식이 국가의식을 상징하는 체계이기에 민중의 이야기는 국가 속에 함몰되기 때문이다. 그럼에도 불구하고 민중들은 제천행사의 주체이며 생산자이며 수용자로 밑바탕이 된다. 그래서 일반 민중들도 관객이면서 행위자로 의식에 적극적으로 참여한다.

馬韓에서는 5월 씨뿌리기에서 춤을 출 때 수 십 명이 일어나 뒤를 따르며 땅을 밟고, 몸을 구부렸다 들면서 손과 발로 장단을 맞추었는데, 이는 鐸舞와 흡사한 모습을 띠었다고 기록되어 있다. 탁무는 漢나라 때 창작된 중국 雜舞인데 이것이 직접 수용되었기 보다는 농경생활과 관련되어 자생적으로 발생된 연희 형태로 보인다. 이는 두레와 두레의 舞樂인 農樂의 기원으로 생각할 수 있는데 제의에서 예술로의 전이를 보여주는 한 예이다.[10] 그렇지만 좀 더 넓은 의미로 바라본다면 이러한 몸짓은 洞祭굿과 지신밟기와 같은 민속굿의 한 형태라 할 수 있다. 탁무에

10) 이두현, 앞의 책, 9쪽.

대한 언급 뒤에 이어지는 『三國志』 魏書 東夷傳 文句에서도 '귀신을 믿으며 수도에 천신에 제사하는 사람이 있어 천군이라 한다'라고 하여 祭政이 분리되어 굿을 담당하는 무당이 있었음을 보여주었고 소도의 방울에 대한 이야기 등으로 미루어 이는 洞祭와 관련성이 있는 모습일 것이다.[11] 또한 이러한 씨뿌리기 때의 몸짓은 농사일의 피로함이나 지루함을 달래는 勞動舞의 한 형태라 할 수 있는데 자생적인 민속놀이의 기원적 모습으로 바라볼 수 있다.

이러한 여러 제천행사는 어느 곳에서나 보편적으로 나타나는 自然意識에 근거 한다. 또한 모든 사람들이 함께 참여하며 즐기는 공동체 의식에 기반을 둔다. 이는 제천의식에 나타나는 행위가 전문적인 놀이 행위가 아님을 의미한다. 그렇지만 민간에서 놀이 요소가 강한 연희가 전혀 없었던 것은 아니다. 이는 개개인의 연희의 수준이 어느 정도 올라있더라도 이런 연희를 수용할만한 공간이 없었기에 뚜렷하게 분화하지 못하였다. 공간이 부족하였다는 것은 생산자나 소비자 층이 아직 형성될 수 없는 사회체제였음에 기인한다. 게다가 그 수준이 전문놀이집단을 양산할 만큼에 이르지 못하였기에 민간에서의 연희 공간은 두드러지지 못하였다.

비슷한 시기 中國은 서역 문화의 수용과 변용을 거듭하고 자생적인 문화의 토대 위에 연희가 발달하였고, 이에 전문 놀이꾼이 이른 시기부터 존재하였다. 春秋時代 優라고 하여 歌舞, 우스운 이야기, 음악, 雜技 등의 오락을 궁중에서 담당하는 전문 놀이꾼이 있었고, 漢에는 궁정 雅樂과 변별되는 민간놀이의 총칭인 角抵戱가 등장하게 된다. 이는 민

---

11) "十月農功畢 亦復如之 信鬼神 國邑各立一人主祭天神 名之天君 又諸國各有別邑 名之爲蘇塗 立大木 縣鈴鼓 事鬼神 諸亡逃至其中 皆不還之 好作賊 其立蘇塗之義 有似浮屠 而所行善惡有異"(『三國志』卷30魏書30東夷傳).

간놀이이지만 궁정에서 정제된 모습으로 연희되어 중국 고대의 가장 중요한 연희로 자리 잡게 된다. 이러한 연희는 한반도에도 상호교류를 통해 접촉이 이루어지는데 順帝 영화 원년(136년)에 夫餘王이 오자 角抵戲를 공연하게 된다.[12] 이는 이런 연희가 연회에서 베풀어질 만큼 정제되어 있음을 보여주는 것이며 변용의 한 양상으로 나타나게 되는 것이다. 각저희는 가무, 잡기, 기예 등 여러 가지 연희들을 통칭한 것으로 후에 散樂, 百戲로 불리게 된 볼거리이다. 그런데 이런 놀이는 한민족에 들어오면서 자연스럽게 수용되어지며 인접 문화・문명과 비교하였을 때 두드러지지 않던 전문적인 연희 문화를 좀 더 다양하게 만드는 계기가 되었다. 이는 자생적으로 일상 속에 머물던 연희문화가 좀 더 깊이 있게 나아가게 되었는데 이런 과정은 그저 한쪽 방향에 치우친 것이 아닌 상호텍스트성이란 범주에서 수용・변용을 거치게 되어 표출된다.

3. 三國時代의 연희 공간

1) 高句麗의 연희 공간

始祖 朱蒙이 紀元前 37년 高句麗를 건국하고, 몇 세기에 걸쳐 주변의 여러 세력들을 통합하면서 고구려는 동아시아의 거대 국가로 성장하게 된다. 이러한 과정에서 고구려는 많은 나라들과 외교적 관계를 맺게 되고, 다양한 문화 교류를 형성한다. 이러한 흔적은 문헌에 기록되어 전하지만 고구려 고분벽화에도 여러 모습들이 표징 되어 나타난다.

---

12) 順帝 永和 元年 其王來朝京師 帝作黃門鼓吹角抵戲以遣之(『後漢書』, 東夷傳, 夫餘).

특히 벽화에 나타난 연희의 모습은 이전 원시종합예술에서 벗어나 새로운 연희 형태가 생성되고 있음을 드러낸다. 그 중 여러 가지 기이한 재주를 부리거나 노래, 춤, 연기 등이 어우러진 산악백희가 두드러지게 나타나는데 고구려 연희문화가 좀 더 대중적인 측면으로 다가섬을 알 수 있다. 산악백희는 언어 중심의 연극이 아닌 누구나 쉽게 재미를 느낄 수 있는 기예였기에 국경을 넘어 쉽게 전파 되었고 수용되었다. 실크로드를 통해 여러 문물을 수용한 중국도 散樂 혹은 百戱라는 이름으로 여러 볼거리가 연희된다. 한나라 때 張衡이 쓴 「西京賦」에 백희에 대한 묘사가 나와 있는데, 불 뿜기, 공과 칼 던지기, 줄타기 등 다양한 기예가 있었고, 특히 '東海黃公'은 黃公이란 인물과 白虎가 힘을 겨룬 각저희인데 이야기 구조를 가진다는 점에서 연극사적 의미에서도 이해될 수 있는 작품이다.

이런 산악백희는 단순함이 생명이지만 이 단순함에서 특별함을 찾아내어 관객들의 흥미를 끌기에 자연스럽게 여러 나라에서 변용 수용되는데 高句麗도 그러하다. 八淸里 古墳壁畵의 행렬도는 민간에서 행해지던 여러 놀이를 집약하여 보여주는데, 말을 타고 갖가지 재주를 부리는 馬上才, 칼 부리기, 곤봉과 공을 던져 주고받는 재주(弄丸), 竹馬를 타고 재주를 부리는 것 등 산악백희가 다양하게 이루어졌음을 볼 수 있다. 이런 놀이들은 자생적으로 생겨날 수 있는 놀이들이다. 그렇지만 외부에서 들어온 형식이 자생적인 것보다 좀 더 정제되었고 연희로써 고도의 훈련이 필요한 것들이었기에 이러한 놀이들이 발전적으로 수용된다.

장천 1호분 벽화는 조금 더 상징적인 모습을 보여준다. 벽화 중앙에는 나무를 중심으로 여러 연희들이 나타나는데, 여기에 보이는 나무는 하늘과 땅을 잇는 통로로서의 宇宙樹이며 창조와 재생의 상징인 生命樹로 인식될 수 있다.[13] 그런데 이렇게 신성시되는 나무들은 장천 1호분 벽화를 비롯하여 몇몇 벽화에서 중심에 나타나지만 이것이 연희의 공간의 중심으로 깊은 의미를 지녔는지에 대해서는 의문이다. 오히려 이 나무를 중심으로 벌어지는 원숭이 놀이는 그저 일상적 대중 연희의 한 단면으로 비추어진다. 이는 동물을 가지고 재주를 부리는 것은 시대를 초월하여 가장 원초적이며 재미있는 구경거리라는 점에서 이해 될 수 있다. 그렇지만 주목할 수 있는 점은 벽화에서 주인공으로 보이는 인물을 중심으로 시종, 손님들이 연결되어 연희 공간을 이루고 있다는 점이다. 이는 이런 연희를 즐길 수 있는 향유층이 고구려에서 이미 생성되었음을 의미하며 수요와 공급에 의한 연희 구조가 형성되었음을 나타낸다는 점이다.

수산리 고분벽화에서도 놀이꾼과 관객이 하나의 연희 공간을 연출하고 있다. 연희를 바라보고 있는 높은 지위의 남녀, 시중을 드는 하인들 그리고 그들은 중심으로 봉과 공을 엇갈려 던지는 弄丸과 竹馬를 타며 묘기를 부리는 모습, 작은 수레바퀴를 돌리는 기예 등을 펼치는 놀이꾼 등 좀 더 다양한 무대를 이루고 있다. 이런 연희 형태로 보아 일정한 연희 공간이 있었던 것은 아니고 놀이꾼들이 수용자를 위한 찾아다니며 놀았음을 알 수 있다. 이는 산악백희의 단순성에 기인하는데 굳이 어떠한 연희 공간을 만들어 내지 않고 놀이가 주체가 되어 행해진 모습이다.

그렇지만 산악백희가 뚜렷한 공간이 필요치 않고, 즉흥성만 띤 것은 아니다. 말 타기 재주나 씨름, 수박희 등은 일정한 연희 공간이 필요하였음을 보여주는 단적인 예다. 팔정리 고분에서는 말을 타고 나팔을 불면서 갖가지 묘기를 부리는가하면, 약수리 고분 벽화에서는 말 잔등에 앉아 물체를 던지고 받는 동작 등이 나타나는데 이는 거리공연에서 불가능한 연희이다. 이는 武藝라기보다는 技藝에 가까운 것이었기에 행위자가 중심이 아닌 관객 중심의 대중적 연희로 수용되어진 형태이다.

씨름이나 수박희도 마찬가지이다. 중국에서도 角抵戲는 넓은 의미의

13) 전호태, 『고구려 고분벽화 연구』, 사계절, 2000, 36쪽.

산악백희를 의미하지만 좁게는 씨름만을 칭한다. 이런 것에 비추어 볼 때 씨름을 전후로 사람들을 모으거나 지루함을 달래어 볼거리를 제공하기 위해 여러 연희들이 자연발생적으로 생성되었을 것이다. 이러한 단순한 출발은 오히려 관객들에게 신선하게 다가와 새로운 연희 형태를 가져오게 된다. 그렇기에 각저희와 직접적으로 연결되는 연희들이 있어 분절되지 않고 연속성을 가지고 공연되었다는 점은 일상 속에서 일정한 연희 공간이 존재하였음을 추론할 수 있는 대목이다.

이렇듯 벽화 속에서 다양한 연희 모습이 비추어지는 걸 보면 이런 연희들이 고구려 일상에서 가장 특징되어지는 모습의 한 부분일 것이다. 이는 고구려의 연희 형태가 원시공동체의 참여문화에서 벗어나 여러 사회 구조의 분화에 따라 다양화되어 가는 양상이다. 자연의식에서 벗어나 개인의 일상이 중요한 의미를 지닌다는 것은 여러 측면에서 의식의 전환이 이루어지고 있기 때문이다. 게다가 무용총을 비롯한 여러 고분벽화에서 보면 다른 문화와 변별되는 여러 연희와 무용, 음악 연주의 모습이 보이는데 이는 독특한 고구려 문화의 상징이다. 이는 高句麗樂이 6~7세기 전성기를 맞으며 隨에 七部伎와 九部伎에 다른 여러 음악과 견주게 되는 것도 이러한 바탕에 놓인다.[14] 이러한 배경은 결국 고구려의 국력이 강대했음을 보여주는 증거이다. 고분벽화에 등장하는 西域人으로 추정되는 인물의 등장이나 동시대 중국을 비롯한 여러 나라에서 유행했던 산악백희가 다양하게 나타난다는 점은 이러한 예증이다.

散樂百戲는 보편적이면서도 오락성이 강한 연희이다. 이러한 연희가 유지될 수 있는 배경은 풍요로움과 이를 유지시킬 수 있는 사회적 구조에 근거한다. 이는 고구려가 정치적인 국력뿐만 아니라 문화적으로도 문명과 문화가 균형 있게 발전되었음을 보여주는 것으로 이후 통일신라시

---

14) 이혜구, 『한국음악연구』, 국민음악연구회, 1957, 222~224쪽.

대에 산악백희가 정제되어 나타나는 점도 그러한 모습이다.

또한 고구려는 여러 주변 국가와 문화적 영향 관계에서 중심에 놓이는데 이는 이들의 수준이 컸음을 보여주는 것이다. 고구려의 인형극은 『通典』, 『악서』, 『문헌통고』 등에서 중국의 인형극을 이야기하며 비교 언급되는데 이는 고구려에서 독자적인 인형극이 존재하였음은 물론이거니와 독특한 의미를 보여주기 때문이다.[15] 이는 인형극을 펼칠 수 있는 연희공간과 이를 행하는 놀이패들이 널리 퍼져있음을 보여주는 것이며 산악백희 중에서 고구려의 인형극이 큰 의미가 있었음을 보여주는 상징적 모습이다.

2) 百濟의 연희 공간

百濟는 夫餘와 馬韓 사람을 기반으로 세워진 나라로 해양과 대륙을 넘나들며 중간자적 입장에서 커다랗게 자리매김한 국가이다. 이러한 점은 中國 南朝와 상호 교류를 통해 많은 문화를 수용하면서도 倭의 여러 문화를 변화시키는 등 그들만의 독특한 문화를 형성시킨 점에서 엿볼 수 있다. 또한 종교이면서 새로운 철학인 佛敎나 儒敎를 그들 나름대로 수용하였고, 漢字文化를 비롯한 여러 문화를 倭에 전달하여 일본 문화의 모태가 되었다는 점은 이미 널리 알려진 사실이다.

백제는 554년에 百濟樂, 612년 百濟人 味摩之가 伎樂을 왜에 전하는데 이는 원시연극에 머물던 일본 연희에 커다란 변화를 가져다주었고, 연극성을 지닌 연희로 나아가는 근본이 되었다. 그렇지만 이 기악이 어떠한 내용이며 형식이었는지에 대한 근거는 한국에서 쉽게 찾아보기 힘들다. 이는 역으로 13세기 일본 문헌 『敎訓抄』에 언급된 내용으로

15) 서연호, 『꼭두각시놀음의 역사와 원리』, 연극과 인간, 2001, 39～41쪽.

미약하게나마 그 모습을 추정해 볼 수 있다. 伎樂은 寺院에서 행해진 默劇으로 뒤에 나타나는 舞樂, 散樂에 발전적 흡수되었지만 극적 구성을 지닌 假面舞踊劇의 바탕이 되었다는 점에서 日本 藝能의 첫걸음으로 평가되는 연희이다.16) 『교훈초』에 전하는 기악의 내용을 보면 먼저 獅子춤을 추고, 吳公, 迦樓羅, 金剛, 婆羅門, 崑崙, 力士가 춤을 추며 한껏 재주를 부리고, 大孤가 예불을 드리는 종교적 행위를 보이고, 마지막으로 醉胡, 武德樂으로 맺음을 하는 연희이다.

그러나 이런 내용과 형식이 그대로 백제에서도 연희되었을까 하는 점은 의문이다. 1233년 狛近眞이 쓴 『教訓抄』에는 기악에 대한 여러 기록이 전하는데 이는 이미 정제된 이후에 대한 이야기이다. 여기에는 由來나 발전 과정보다는 나라(奈良)의 東大寺에서 행해진 공연을 중심으로 演出이나 내용에 관한 것을 기술하고 있기에 味摩之가 전한 기악의 내용은 정확하게 알 수 없는 부분이다. 게다가 일본의 기악이 정립된 즈음에는 高句麗樂, 新羅樂, 百濟樂을 비롯하여 唐, 인디아의 樂舞까지 섭렵하였고, 고구려악은 가면무악의 기본으로 자리 잡고 있었다.17) 이는 味摩之가 왜에 전한 기악과 정제된 모습의 기악과는 분명히 차이가 있음을 의미한다. 그렇기에 백제의 기악이 어떠하였으며 게다가 연희 공간구조를 밝히는 일은 至難한 일이다.

그렇지만 백제의 불교문화가 발달되었고, 『隋書』와 『北史』에 '백제의 연희로 百濟伎에는 投壺, 圍碁, 樗蒲, 握槊, 弄珠之戲가 있었으며 악기로는 鼓, 角, 箜篌, 箏, 竽, 篪, 笛이 연주되었다'라는 언급으로 보아 이미 기악뿐만 아니라 여러 형태의 연희가 행해졌음을 막연한 게나마 유추할 수 있다.18) 여기에서 弄珠之戲는 고구려 벽화에서 나타나는

16) 河竹繁俊, 『日本演劇全史』, 岩波書店, 1966, 38쪽.
17) 이혜구, 앞의 책, 219～220쪽.
18) 又知醫藥蓍龜 與相術陰陽五行法 有僧尼 多寺塔, 而無道士. 有鼓角

弄丸과 같이 방울을 가지고 논 연희이다. 그렇지만 투호, 바둑, 樗蒲(윷놀이의 일종), 握槊(주사위놀이)과 같이 민속놀이가 특징되어 지는 것은 다른 나라와 변별되는 점이다. 그렇지만 몇 가지 단순한 놀이만으로 백제의 연희를 논하기에는 많은 무리가 따른다.

3) 新羅의 연희 공간

新羅는 지정학적 위치에서 알 수 있듯 高句麗나 百濟에 비해 다른 문화의 受容과 變容이 조금 더디게 나타난다. 그렇지만 여러 나라를 통합하는 과정에서 자생적인 문화를 바탕으로 다양한 문화를 수용하여 발전을 거듭하였고, 끝내 삼국통일을 통해 한반도의 중심으로 거듭 나게 된다.

신라의 연희도 동시대 여느 나라와 마찬가지로 산악백희가 중요한 흐름으로 나타난다.

> 王既定六部 中分爲二 使王女二人 各率部內女子 分朋造黨 自秋七月既望 每日早集大部之庭績麻 乙夜而罷 至八月十五日 考其功之多小 負者置酒食 以謝勝者 於是歌舞百戲皆作, 謂之嘉俳(『三國史記』卷1, 新羅本紀1, 儒理尼師今9년조)

王이 六部를 정하고 이를 두 편으로 나누어 길쌈을 하여 진 쪽이 이긴 쪽에 음식과 술로 사례를 하면서 이때 歌舞百戲를 즐겼고 이를 嘉俳라 일컬었다는 이야기이다. 여기서 가무백희라는 명칭이 등장을 하는데 이는 전문적인 연희를 행하였다기보다는 여기에 참가한 사람들이 여

箜篌箏竽篪笛之樂 投壺樗蒲弄珠握槊等雜戲. 尤尙奕棊(北史卷94列傳第82百濟).

러 가지 연희를 연출하였음을 의미한다. 공동체의 단결을 공고히 하는 행사였기에 집단적인 모습만이 기록되어 있는데 다른 국가들의 형성 초기 모습과 비슷한 현상이다.

이런 집단적인 歌舞百戲는 500여년이 지난 진흥왕대에 와서 八關會를 통해 더욱 조직적으로 이루어진다. 신라는 국가의 규모가 점점 팽창하면서 이를 하나로 묶을 수 있는 장치가 필요했는데, 팔관회는 불교라는 사상적 배경 아래 국가 의식을 결집시키는 역할을 담당하게 된다. 이는 유교나 불교에 의해 문화의식이 높아지면서 自主와 護國意識이 주창되었고, 國利民福을 전제한 佛敎界가 護國佛敎로서 王의 권의를 절대화하는 王土思想을 강조하여 仁王百高座講會 · 八關會가 호국의 표현적 儀式으로 나타나게 된 것이다.[19)]

팔관회의 모습은 '두 개의 綵棚을 설치하고 百戲歌舞를 하고 福을 빌었다'는 문헌의 기록에서 보듯 일정한 무대가 있었음을 알 수 있다.[20)] 그렇지만 여기에서 행해진 百戲歌舞는 동시대 놀이 요소가 강한 산악백희와는 다른 연희였을 것이다. 國中大會 성격을 지니며 불교를 통한 護國행사였기에 행해진 연희들도 그것에 걸 맞는 것들이 연출되었음은 쉽게 짐작할 수 있다. 이는 제천의식의 맺힘과 풀림의 의미나 민간에서 행해진 산악, 백희와는 성격을 달리한다. 진흥왕 33년 겨울에 죽은 군사들을 위해 '팔관 연회'를 베풀었다는 기록이 있는데 이는 축제적 성격보다는 국가의식을 강조한 행사였음을 보여주는 예다.[21)]

---

19) 李昊榮, 「新羅의 統一意識과 '一統三韓' 意識의 成長」『東洋學』第26輯, 檀國大學校 東洋學硏究所, 1996, 130쪽.

20) 眞興王時設八關會 其法每歲仲冬會僧徒於闕廷 置輪燈一座列香燈四芳 又結兩綵棚呈百戲歌舞以祈福(『增補文獻備考』卷107 樂考18 산악조).

21) 冬十月二十日 爲戰死士卒 設八關筵會於外寺 七日罷(『三國史記』卷4, 신라본기4, 진흥왕).

이러한 집단적인 행사가 민중을 하나로 만들며 국가의식을 강화하는 계기가 되었다면 몇몇 설화에 바탕을 둔 연희는 개인의 이야기가 국가의식으로 발전되어 나타난다. 그 대표적인 예로 '處容舞'와 '黃昌舞'를 들 수 있다. 지금까지 한국 고대 연희 중에서 處容舞만큼 배경설화와 그 행위가 원형을 유지하며 전해지는 것도 드물다. 그래서인지 그동안 處容이야기는 다양한 관점에서 여러 가지 해석을 낳게 하였다. 그 중에서 연희의 시각에서 깊이 있게 바라볼 수 있는 것은 辟邪意識과 관련된 문제이다. 이는 설화에서 벗어나 이 처용무가 어떻게 연희로 수용되었는가와 관련이 있다.

처용설화에서는 護國神舞, 祭儀舞, 辟邪舞가 중요한 가무로 등장한다. 이는 종합적으로 바라볼 때 나라의 액운을 물리치고자하는 상징을 처용에 투영되어 나타남을 보여준다. 처용이란 인물이 어떠한 존재라는 문제를 떠나 『三國遺事』 處容郎 望海寺條에 나오는 처용과 疫神의 문제나 헌강왕과 南山神, 北岳神, 地神의 등장은 나쁜 일을 물리치는 벽사의례와 관련이 크다. 이는 무당으로서의 처용과 민간에서 처용이 가정의 수호신으로 門神으로 변용되는 무속적 측면이 설득력 있게 다가오는 부분이다.[22] 이는 자연스럽게 나라의 근심을 떨치는 커다란 儀禮로 나라굿의 의미로 수용되었으며 고려시대에도 이러한 의미를 이어받아 연희의 성격이 강한 궁중나례를 연희 공간이 발전된 것이다. 그렇지만

신선희의 『한국 고대극장 연구』(열화당, 2006)에서는 이레 동안 열린 점을 들어 팔관 연회가 사찰 밖 도성에도 확대되었다고 보았는데 이 부분은 앞으로 종합적인 연구가 필요할 듯 하다.

22) 徐大錫, 「處容歌 巫俗的 考察」 『韓國學論集』 第2輯, 啓明大 韓國學研究所, 1975, 280쪽.
조동일의 『탈춤의 역사와 원리』(홍성사, 1981)이나 『한국문학통사』 1(지식산업사, 2005)에서도 처용의 존재에 대해서는 다른 견해를 가지고 있지만 처용극을 나라굿이란 측면으로 바라본 것은 비슷한 관점이라 할 수 있다.

나쁜 기운을 물리친다는 의미에서 민간에도 전해지지만 그 배경설화 등에 나타나는 국가라는 의미와 왕과 처용, 여러 신들의 관계에 따른 내재적 기억 때문에 연희로서의 의미는 점점 축소되고 門神으로 상징성만이 남게 된다.

이런 개인의 이야기가 확대 재생산된 黃昌舞도 같은 시각에서 바라볼 수 있다. 『增補文獻備考』와 『東京雜記』 등의 문헌에 전하는 황창무는 가면을 쓰고 칼 재주를 부린 연희이다. 黃昌郞이란 일곱 살 소년이 검무를 추다 백제왕을 죽이고 백제인들에 피살된 것에 유래된 이 춤은 관창설화를 연상시킨다. 이러한 비슷한 유형의 칼춤은 자연발생적인 것인데 중국이나 고구려 등의 산악백희에서 이미 있어 온 것이지만 황창무는 다분히 신라적 분위기가 강하다. 劍舞는 중국의 여러 문화의 수용 과정에서 변별되어 변용되었다.[23] 그렇지만 황창무가 다른 칼춤과 달리하여 조선 후기까지 그 연속성을 지닐 수 있었던 것도 이런 배경 설화에 기인한다.

이렇듯 신라시대에 두드러지게 나타나는 연희들의 성격은 다분히 대중적 연희보다는 국가적 성격이 크게 나타난다. 물론 민간에서도 여러 연희들이 존재하였지만 이런 국가의식이 훨씬 강한 지배소로 자리 잡고 있었다.

그렇지만 통일신라시대의 연희 성격이나 공간은 민간에서 또 다른 의미를 찾을 수 있다. 특히 고구려 벽화 등에서 기호로 표현된 연희의 흔적들은 좀 더 정제되고, 구체화되어 표현된다. 『三國史記』에 실려 있는 「鄕樂雜咏五首」는 최치원이 여러 연희를 보고 느낀 所懷를 시로 읊은 것이다. 여기서는 金丸, 月顚, 大面, 束毒, 狻猊 이렇게 다섯 가지 연희에 대한 이야기가 나오는데 그 윤곽을 하나하나 더듬어 보면 당시의

---

23) 이두현, 앞의 책, 29쪽.

연희 모습을 그려 볼 수 있다.

> 廻身掉臂弄金丸 月轉星浮滿眼看 縱有宜僚那勝此 定知鯨海息波瀾(金丸)
> 肩高項縮髮崔嵬 攘臂群儒鬪酒杯 聽得歌聲人盡笑 夜頭旗幟曉頭催(月顚)
> 黃金面色是其人 手抱珠鞭疫鬼神 疾步徐趨呈雅舞 宛如丹鳳舞堯春(大面)
> 蓬頭藍面異人間 押隊來庭學舞鸞 打鼓冬冬風瑟瑟 南奔北躍也無端(束毒)
> 遠涉流沙萬里來 毛衣破盡看塵埃 搖頭掉尾馴仁德 雄氣寧同百獸才(狻猊)

간단히 그 내용을 살펴보면 金丸은 금빛 공을 돌리며 재주를 부리는 놀이이다. 이미 고구려 벽화에서 표현된 弄丸이나 백제의 弄珠之戱 등에서 보이듯 산악백희 중에서 가장 보편적인 놀이이다. 이는 놀이를 이끌고 주위의 시선을 집중시키는 들머리 노릇을 한다. 月顚은 '흉내 내기'의 일종으로 우스갯소리를 하면서도 뼈있는 말을 주고받는 滑稽戱이다. 이런 흉내 내기는 散樂에서 흔히 나타나는 특징인데 이 월전에서는 이런 면모와 함께 극적 요소도 존재하여 다섯 가지 중에서 가장 재미있는 연희이다.[24] 또한 월전을 묘사한 詩句에서는 '노랫소리 들으며 사람들이 웃고, 밤하늘에 꽂은 깃발은 새벽을 재촉 한다'라고 하여 최치원이 딛고 서있는 공간에 대한 짧은 묘사가 나타난다. 大面은 그 이름에서 보이 듯 큰 황금색 가면을 쓴 인물이 등장하여 구슬 채찍을 들고 한바탕 춤을 추는 모양새다. 束毒은 쑥대머리 파란 얼굴의 이상한 사람들이 무리를 지어 춤을 추며 남으로 북으로 뛰어다니는 모습을 묘사한다. 여기서는 속독이란 명칭이나 쑥대머리에 파란 얼굴을 한 등장인물 등 알 수 없는 것으로 가득 차 있다. 마지막에 나오는 狻猊는 사자춤에 대한 이야기이다. '멀고 먼 사막을 건너'왔다는 표현에서 사자춤의 원류를 서역으

24) 河竹繁俊는 『日本演劇全史』(岩波書店, 1966)에서 散樂을 흉내 내기, 歌舞, 곡예 등 가벼운 놀이, 奇術 · 환술 등으로 나누어 설명하는데 'ものまね'(物眞似) 즉 흉내 내기는 滑稽戱가 중심을 이룬다고 기술한다. 또한 能狂言의 원류이며 歌舞伎의 女形藝術 형태 등으로 이어진다고 보았다.

로 바라보는 논거가 된다.

이상과 같이 최치원은 다섯 가지 연희를 이야기하고 있는데 이는 그날 공연에서 가장 인상 깊게 본 연희 다섯을 정리한 것으로 볼 수 있다. 그렇기에 여러 연희들이 성격을 달리하지만 그것이 따로 따로 공연되었다고는 보기 힘들다. 또한 이 다섯 가지의 연희에 대한 소회는 하룻밤에 있었던 일을 정리한 것이다. '노랫소리 들으며 … 새벽을 재촉 한다'는 詩句는 그날의 연희 공간의 분위기나 연희 시간을 알려주는 하나의 기표이다. 그러면서도 이는 이 전체 시를 하나로 아우르는 연결고리이다. 전체적 시간 구성으로 보아 金丸으로 사람들의 관심을 모으게 하고 月顚으로 분위기를 끌어올리고, 大面과 속독을 통해 연희의 재미와 새로움을 느끼며 끝날 즈음이 되어 사자춤으로 마무리하는 구성은 떨어져 있지만 하나로 연결되는 서사적 구조를 지니고 있다.

그런데 이러한 구성은 탈춤의 근원적 모습을 볼 수 있어 흥미롭다. 월전은 양반 과장에 드러나는 양반 비판에 대한 모티프가 그대로 드러난다. 어깨는 솟고 목을 움츠린 모습은 인간의 모습을 희화한 모습이다. 게다가 군유들이 팔을 걷어붙이며 술잔을 다툰다는 모습은 그들에 대한 조롱이 함축되어 보인다. 이는 대면을 통해서도 유추할 수 있는데 이 가면이 나례 형식에 영향 받은바 크겠지만 이는 양반과장에 등장하는 말뚝이를 연상케 하는 부분이다. 이는 방상시 가면에서 유래될 수 있겠지만 영남지방 중심의 야류나 오광대에 등장하는 말뚝이의 탈이 유난히 큰 점도 이러한 영향 관계에 있을 것이다.[25] 또한 마지막에 사자춤이 연행되는 모습은 야류나 오광대와 흡사한 구성이다. 이러한 구성은 오광대놀이의 원형으로 바라볼 수 있다.[26] 19세기 草溪 밤마리 장터에서 죽방울놀이로 시작하여 사자춤으로 끝을 맺는 구성은 이런 여러 모습에서 영향을

---

25) 전경욱, 앞의 책, 148쪽.
26) 이두현, 앞의 책, 49～50쪽.

받아 나아갔음은 충분한 근거가 된다.

통일신라 시기의 다섯 가지 연희 모습은 아직 충분히 완성도를 이루지 않아 단순한 흥미 위주의 연희에 머물렀을 것이다. 그럼에도 불구하고 이러한 모습은 최치원이 하나로 집약하여 이야기할 만큼 독특한 것이었고, 민간에도 흥미 위주의 대중적인 공연 형태가 정착되고 있음을 알려준다. 더 나아가 이는 단순한 연희 형태에서 극으로 발전하는 이행 과정에 놓인다. 훨씬 뒤에 이어지는 영남 지방 탈춤의 원형이 이 다섯 가지의 모습에서 발견되기 때문이다.

「鄕樂雜咏五首」로 통일신라 전체를 바라본다는 것이 무리일 수 있지만 여기서 나타나는 연희공간은 호방한 즐거움이 묻어난다. 이는 신라시대의 철저한 국가의식과 연희가 결부되는 것과 대비되는 모습이다. 그렇지만 반대로 이런 모습의 뒷면에는 저물어가는 통일신라시대의 모습이 엿보는 이는 듯하다.

4. 結　語

祭天儀式에서부터 통일신라시대에 이르기까지 한국 고대에 나타난 현상들 특히 연희 공간의 여러 의미 구조에 대해 간략하게 살펴보았다. 제천의식은 세계 어느 곳에서나 마찬가지지만 하늘과 땅과 사람이 하나가 되는 생각에서 출발한다. 이러한 행위는 생활의 터전인 자연 속에서 나타나며 대부분 계절적인 의식과 관련이 깊다. 또한 이러한 의식은 군주의 지배를 정당화하는 상징체계로 진지하게 다가오지만 반대로 뒤풀이로 이어지는 놀이 공간은 모든 계층의 질서 관계, 특권, 규범의 파기를 통해 일시적 해방을 맞게 된다. 이런 긴장과 풀림의 공간은 '연일 음주가무로 이어졌다는' 행위로 상징되는데, 이는 他者에게 가장 인상적으로 남은 이미지로 문헌에 기록되어 전해진다. 그만큼 이러한 모습은 문헌에 한 줄로 표현된 것이지만 韓民族을 아우를 수 있는 보편적 정서로 나타나며 긴장과 풀림의 역동적 구조는 한민족을 원형적 모습으로 남아있다.

고구려, 백제, 신라에 나타나는 여러 연희는 제천의식에서 벗어나 자생적 문화의 발생적 양상과 외국 문화의 수용을 통해 우리 문화의 특성을 살필 수 있다. 이때의 연희들은 완전히 중국이나 서역의 것이 그대로 이입된 것이라기보다는 자생적 토대 위에서 변용 발전한 형태이다. 고구려 벽화에 전하는 다양한 산악백희의 모습은 고구려의 풍요로움과 함께 호방한 고구려의 기상을 느낄 수 있다. 특히 馬上才, 씨름, 수박희는 고구려에서 두드러지게 볼 수 있는 독특한 형식이며 인형극은 중국에 강한 인상을 남긴다. 이는 고구려가 정치적으로만이 아니라 문명과 문화가 균형 있게 발전되었음을 보여준다.

백제는 中國 南朝와 상호 교류를 통해 많은 문화를 수용하면서도 倭의 여러 문화를 변화시키는 등 그들만의 독특한 문화를 형성시킨다. 그렇지만 제대로 된 흔적을 찾을 수 없어 그들의 연희 공간을 깊이 있게 다룰 수 없는 한계가 지닌다.

신라는 고구려나 백제에 비해 국가 세력은 미약하게 출발하였지만 그 세력이 점점 강대해지면서 나라를 하나로 묶을 수 있는 장치가 필요했는데, 팔관회가 그러한 역할을 담당하게 된다. 또한 민간에서도 여러 연희들이 존재하였지만 처용무나 강창무와 같이 국가의식이 강한 연희들이 중심으로 자리 잡는다. 통일신라시대는 「鄕樂雜咏五首」에서 드러나듯 민중들이 흥겹게 즐길 수 있는 연희 형태가 정착되고, 탈춤이나 남사당놀이 등을 비롯한 여러 연희의 원형적 모습을 찾을 수 있다.

이렇듯 한국 고대 연희는 단순히 연희를 행하고 즐기는 것이겠지만 그 의미 구조를 살피면 한민족의 원형을 찾을 수 있다. 결국 이런 놀이 공간은 결국 민중들의 삶을 응축한 형상소이며 한민족을 움직이는 힘이란 점에서 그 의미가 깊을 것이다.

參 考 文 獻

사진실, 『공연문화의 전통』, 태학사, 1993.
서대석, 「처용가 무속적 고찰」 『한국학논집』 제2집, 계명대 한국학연구소, 1975.
서연호, 『꼭두각시놀음의 역사와 원리』, 연극과 인간, 2001.
신선희, 『한국고대극장의 역사』, 열화당, 2006.
윤광봉, 『한국의 연희』, 반도출판사, 1993.
______, 『유랑연예인과 꼭두각시놀음』, 밀알, 1994.
______, 「한국연희와 역사적 전개－고구려 악무와 그 자취를 중심으로」 『고전희곡연구』 제1집, 한국고전희곡학회, 2000.
이덕일, 『교양 한국사』 1, 휴머니스트, 2003.
이두현, 『한국연극사』 개정판, 학연사, 1993.
이호영, 「신라의 통일의식과 '일통삼한' 의식의 성장」 『동양학』 제26집, 단국대학교 동양학연구소, 1996.
이혜구, 『한국음악연구』, 국민음악연구회, 1957.
전경욱, 『한국의 전통연희』, 학고재, 2004.
전호태, 『고구려 고분벽화 연구』, 사계절, 2000.
조동일, 『탈춤의 역사와 원리』, 홍성사, 1981.
______, 『한국문학통사』 제4판, 지식산업사, 2005.

미하일 바흐찐, 이덕형·최건영 옮김, 『프랑수아 라블레의 작품과 중세 및 르네상스의 민중문화』, 아카넷, 2001.
안느 위베르스펠드, 신현숙 역, 『연극기호학』, 문학과 지성사, 1988.
河竹繁俊, 『日本演劇全史』, 岩波書店, 1966.
藝能史硏究會, 『日本藝能史』, 法政大學 出版局, 1983.

詩歌에 나타난 生死의 空間觀 考察

－고대가요, 향가, 서사무가를 중심으로－

김 영 수*

1. 서 언

철학자들은 흔히 인간은 태어나는 순간부터 죽음을 향해 나아가는 존재라고 이야기한다. 더 나아가 유한하고 일회적인 인간은 삶과 죽음이라는 대명제 아래 사랑과 이별을 반복하는 존재라 해도 과언은 아니다. 삶과 죽음(生死)은 통과의례 중에서 인생의 시작과 끝을 의미하는 중요한 용어이다. 누구나 경험하는 것인 동시에 인생의 성패를 가늠할 수 있는 용어이기도 하다. 생사를 영위하는 방법은 종교인은 교리에 따라 행하고, 무신론자는 자신의 가치관과 신념체계에 따라 행동할 뿐이다. 이 같은 관점에서 모든 종교의 본질이나 그 기본 바탕은 삶의 유한성과 죽음의 공포를 다스리거나 극복 해소하는 문제와 깊이 관련되어 있다.[1]

---

* 단국대학교 교수.

1) 李在銑, 「한국문학의 사생관」 『우리문학은 어디에서 왔는가』, 소설문학사, 1986, 251쪽.

예부터 우리 민족은 하늘이 준 수명(天命)을 다하고 죽으면 영혼이 저승길로 가지만, 비정상적인 죽음(非命)의 경우는 그 영혼이 산 사람의 주변에 머물면서 九泉을 떠돈다고 믿었다. 이 같은 억울한 죽음을 巫俗에서는 매듭에 비유한다. 비명에 죽은 경우는 삶의 모습이 매듭지고 꺾이고 뒤틀렸기 때문에 이 같은 상황을 원래의 모습으로 되돌리는 것을 흔히 매듭을 푸는 행위, 즉 굿으로 풀었다. 즉, 薦度를 통해 본래 가야할 길로 인도했던 것이다.

동양에서는 오래전부터 인간의 보편적인 삶의 행태를 다음과 같이 말해 왔다. 젊어서는 논리적이고, 출세지향적인 儒家的인 삶을 지향하고, 장년에 이르면 용서와 자비를 베풀며 관용적인 佛教的인 삶을 이상적으로 여기며, 노년에 이르면 좀 더 안락한 삶을 추구하고, 이승에서의 삶을 저승으로 연장하고자 하는 道家的인 경향을 보인다는 것이다.

이 같은 삶의 변화는 자연스런 것으로 볼 수 있다. 그만큼 인간은 시행착오를 거치면서 점차 인간다워지며, 다듬어지기 때문이다. 애니미즘(Animism : 精靈崇拜)이나 토테미즘(Totemism)과 같은 경우도 따지고 보면 가장 소박한 종교심성이라고 볼 수 있다. 우리네 어머니들의 정성어린 '정한수'도 그런 의미에서 원초적인 종교심성이라고 볼 수 있는 것이다. 우리 민족은 가장 종교적인 심성을 지닌 민족이라고 일컬어 왔다. 세계 각국의 종교가 이 땅에 들어와 수용되고 전파되는 이면에는 우리 민족의 종교적인 심성이 돈독하게 자리하고 있기 때문이다. 특히 유교(유학)나 불교는 오늘날 그 발상지보다도 더 교조적으로 유지되고 실행되고 있다는 점에서도 확인할 수 있다.외국인들은 이 같은 우리네 종교적 심성의 특성을 '重層多元性'이라고 언급하고 있다.[2)]

2) 김종서는 『서양인의 한국종교 연구』(서울대출판부, 2006)에서 외국인들은 우리네 가족간의 종교불일치 현상과 민속(관습)을 수용하는 현상을 이같이 설명한다고 했다. 그는 동서양 종교의 융합이라는 점에서는 우리가 종교적 선진국이며,

인간은 누구나 좌절을 겪고 나면 자신의 삶을 돌아볼 수 있는 기회를 갖게 마련이다. 더욱이 죽음을 눈앞에 두고 있는 사람이나 죽음을 의식하고 있는 경우는 더욱 절박하다. 예기치 않은 죽음은 산 자와 죽은 자 모두에게 삶에 대한 진지한 성찰의 기회를 제공한다. 病死나 노인들의 죽음의 경우에도 죽음은 삶의 의지를 포기할 때 찾아오는 것이기도 하다. 한국인의 일상생활에서 죽음에 대한 심리적 매카니즘은 때로는 분명한 것 같으면서도 불명확하며('죽겠다', '죽도록', '죽고 싶다'라는 말의 남발), 죽음의 관념이 삶과 생활 감정 속에 깊이 내재하거나 밀착되어 있다고 말하기도 한다.[3] 그만큼 한국인들에게 죽음은 두렵기 때문에 친숙하게 여기고 싶었던 것이라고 말할 수 있다.

필자는 우리의 고대시가 가운데 사랑하는 사람의 죽음과 이별의 아픔을 읊은 公無渡河歌와 꽃봉오리처럼 피다 진 누이의 죽음을 애도한 향가 祭亡妹歌, 극락세계에 다시 태어나기를 희구하며 삶을 의미 있게 장식한 願往生歌, 그리고 서사무가 바리공주를 통해 고대인의 삶과 죽음에 관한 공간인식에 대하여 살피고자 한다.

해결책으로 종파주의 보다는 일치운동이 보완책이 될 것이라고 보았다. 「조선일보」, 2006. 7. 20.

3) 李在銑, 「한국문학의 사생관」 『우리문학은 어디에서 왔는가』, 소설문학사, 1986, 252~256쪽. 이재선은 한국인의 죽음의식에 대해 ① 죽음은 인간개체의 절멸이나 소멸이라기보다는 다른 세계에로의 이행과정이고, ② 삶과 죽음 및 이승과 저승의 거리 및 갈림길은 매우 근접하며, ③ 자연의 순환적인 시간의 질서와 인간의 삶의 일회성 내지는 흐름의 不可逆性과의 어긋남을 드러내며(자연의 세계와 인간의 세계는 대립과 모순의 관계), ④ 葬送歌는 사자의 이승으로의 재귀 불가능 상태에 대해서 고정된 비유적 사고를 갖고 있으며, ⑤ 상두가는 생자와 사자가 공존하는 전달의 체계라고 한 바 있다.

2. 古代人의 生死觀

1) 順命意識

동양사상을 집약한 용어는 十端思想이다. 十端은 三才, 陰陽, 五行思想을 말한다. 天地人의 항구 불변한 도리를 하늘과 땅과 인간의 규범으로 제시한 것이 삼재의 원리이다. 즉, 인간은 하늘의 질서를 이 땅에 구현하는 중간자적인 존재이다. 이 10단사상의 정점에 天命思想이 있다. 이 하늘의 뜻에 순종하는 삶이 고대인의 보편적인 모습이었다. 하늘은 인간의 삶을 결정하고 이끌며, 때로는 벌을 주는 주체로 인식해 온 것이 우리 조상들의 인식이었다. 春秋繁露에는 만물의 생성과 천자의 덕성, 그리고 사물의 질서원리를 다음과 제시하고 있다.

> 아버지는 자식의 하늘이고, 하늘은 아버지의 하늘이다. 하늘이 없이 만물이 생겨나는 것은 없으니, 하늘은 만물의 조상이며, 만물은 하늘이 아니면 생겨나지 못하는 것이다. 陰은 홀로 만물을 낳지 못하고, 陽도 홀로 만물을 낳지 못하는 것이니, 음과 양이 천지와 서로 참여한 뒤에 만물이 생겨나는 것이다. 그러므로 이르기를, 만물은 하늘의 아들이며, 높일 만하고, 어머니의 아들은 낮게 여길 만하니, 높은 것은 높은 명호를 취하는 것이고, 낮은 것은 낮은 명호를 취하는 것이다. 때문에 덕이 천지를 짝하는 것을 황천이 보우하여 자식으로 삼아서 그 이름을 천자라 일컬으며, 그 버금은 5등의 작을 두어 높여서 모두 나라와 읍으로서 명호를 삼으며, 천지사이에 덕이 없는 자는 주와 국과 인과 민으로 하고, 덕이 없는 것이 심한 자는 나라와 읍호에 연계시키지 못해서, 모두 같은 족속이지마는 골육의 관계를 단절하고, 인륜을 끊어서, 혼<문지기>이나 도적이라고 일컬을 뿐이니, 명성과 호씨가 천지간에 없는 자는 지극히 천하고 천한 자이다. 그 높은 자는 덕이 지극히 높아서 더할 수가 없고, 그 낮은 자는 지극히 천하여 어둡고 낮아서 더 아래 됨이 없는 것이다.[4]

순명의식은 인간이 하늘의 뜻(天命)을 받들어 그 가르침대로 살되, 하늘의 뜻을 어기면 벌을 받는다고 여겼던 것이다. "順天者存 逆天者亡"이라는 명제는 선조들의 뇌리에 박힌 가장 큰 교훈이었다. 그 하늘의 뜻을 받드는 자를 天子라 하고, 사람들은 천자의 덕을 본받아 지상에 하늘의 뜻을 건설하는 것을 이상적인 삶으로 여겼던 것이다. 이어서 천지자연의 질서와 이를 수용한 인간의 질서에 대하여 다음과 같이 언급하고 있다.

〈부모가〉 자식을 낳기는 하되, 사람을 능히 만들지는 못하니, 사람을 만드는 것은 하늘이다. 사람의 사람 된 것은 하늘에 근본하고, 하늘 또한 사람의 선조가 되니, 이것이 곧 사람이 위로 하늘과 같은 류가 된 까닭이다. 사람의 형체는 하늘의 정해진 수에 변화되어 이루어졌고, 사람의 혈기는 하늘의 뜻에 변화되어 순조롭게 움직이고, 사람의 덕행은 하늘의 다스림에 변화되어서 의롭게 되고, 사람의 호오는 하늘의 온난하고 청량한 데에 변화되었고, 사람의 기쁘고 노하는 바는 하늘의 추위와 더위에 변화되었고, 사람이 명〈수명〉을 받은 것은 하늘의 사시에 변화되었으니, 인생에 희로애락의 대응이 있는 것은 사시의 춘추동하와 같은 것이다. 기쁜 것은 봄에 대응되는 것이고, 노한 것은 가을에 대응되는 것이고, 즐거움은 여름에 대응되는 것이고, 슬픈 것은 겨울에 대응되는 것이니, 하늘의 부본이 사람에게 있고, 사람의 성정이 하늘에 말미암은 것이다. 그러므로 이르기를, 받았다는 것은 하늘로부터 유래했다고 이르는 것이다. 임금된 자는 정치하는 도가 자기 몸 안에 하늘이 있다는 것을 살펴서, 하늘이 사람을 낸 것과 같이 하는 것보다 더 분명한 것이 없으니, 그 내는 교령을 하늘이 사시를 내는 것에 응해서 반드시 그 받은 것을 진실 되게 하면 요

---

4) 『春秋繁露』 卷15 順命 第七十, "父者 子之天也 天者 父之天也 無天而生 未之有也 天者 萬物之祖 萬物 非天不生 獨陰不生 獨陽不生 陰陽與天地參然後生 故曰 天之子也 可尊 母之子也 可卑 尊者取尊號 卑者取卑號 故德侔天地者 皇天右而子之 號稱天子 其次 有五等之爵以尊之 皆以國邑爲號 其無德於天地之間者 州國人民 甚者 不得繫國邑 皆絶骨肉之屬 離人倫 謂之閽盜而已 無名姓號氏於天地之間 至賤乎賤者也 其尊至德 巍巍乎不可以加矣 其卑至賤 冥冥其無下矣."

임금과 순임금의 다스림보다 더할 것이 없으니, 이것은 백성을 살릴 수도 있고 죽일 수도 있어서, 백성들로 하여금 어지럽게 하지 못하도록 한 것이다.[5)]

위와 같은 논리아래 개인의 심성을 다스리면서 성명을 보존하는 것이 순명의식인 것이다. 孟子는 盡心 상편에서 "맹자가 말하기를, <그 인의예지의 사단의> 마음을 다하는 사람은 그 본성을 아는 것이니, 그 본성을 안다면 천명을 아는 것이다. 그 마음을 보존하여 그 본성을 기름은 하늘을 섬기는 까닭이고, 일찍 죽음과 오래 삶에 의심하지 아니하여 몸을 닦고서 이 殀壽를 기다림은 천명을 세우는 까닭이다"[6)]라고 했는데 이는 천명에 따라 하늘에 순종하면서 사는 인간의 모습을 언급한 것이다.

결국 생을 마감할 때에 '이승에서의 삶의 결과로서 하늘의 집(天堂)에 오르느냐, 아니면, 지하의 감옥(地獄)에 떨어지느냐'가 인류가 오랜 세월 두려움에 떨었던 죽음에 대한 심판의 용어였던 것이다.

2) 往生의 추구

佛家에서는 사물에 집착하는 것을 迷妄이라고 하여 경계했다. 現象

5) 『春秋繁露』 卷11 爲人者天 第四十一, "爲生 不能爲人 爲人者 天也 人之爲人本於天 天亦人之曾祖父也 此人之所以乃上類天也 人之形體 化天數而成 人之血氣 化天志而仁 人之德行 化天理而義 人之好惡 化天之暖淸 人之喜怒 化天之寒暑 人之受命 化天之四時 人生 有喜怒哀樂之答 春秋冬夏之類也 喜 春之答也 怒 秋之答也 樂 夏之答也 哀 冬之答也 天之副在乎人 人之情性 有由天者矣 故曰 受 由天之號也 爲人主者 道莫明於省身之天 如天出之也 使其出也 答天之出四時 而必忠其受也 則堯舜之治 無以加 是可生可殺 而不可使爲亂."

6) 『孟子』, 盡心 上, "孟子曰 盡其心者 知其性也 知其性 則知天矣 存其心 養其性 所以事天也 殀壽不貳 修身以俟之 所以立命也."

을 깨우치고 本質에 나아가기 위해서는 貪着에서 벗어나야 한다는 것이다. 존재의 근원인 생명조차도 버릴 수 있을 때 비로소 자유로워진다는 논리이다. 즉, 버림으로써 진정 얻을 수 있다는 역설적인 논리이다. 모든 종교가 그렇듯이 불교 또한 가난하고, 미천한 사람들의 정성어린 헌신을 소중히 여긴다. 흔히 말하는 '貧者의 一燈'이란 말도 이 같은 경우를 지칭하는 용어이기도 하다.

가난하거나, 천한 신분의 사람들에게는 현실적인 桎梏을 벗어나고자 하는 욕망이 저변에 깔려 있다. 그러나 부처를 모시는 자세는 부귀빈천에 말미암는 것이 아니라, 각자의 처지에 따라 마음밭을 일구는 정성에 달려 있는 것이다. 불교가 이 땅에 들어와서 민중들에게 크게 환영받을 수 있었던 것은 현실세계의 신분적인 차별에 큰 의미를 두지 않았다는 점에 있다. 엄격한 신분제도아래서 고통을 받던 민중들에게 비록 死後에서나마 극락세계에 환생할 수 있다는 믿음은 그들에게 크나 큰 위안이었을 것이다.

경덕왕대 郁面婢의 이야기는 이 같은 모습을 전해주는 설화이다.[7] 귀진 아간의 계집종이었던 욱면은 주인의 미움을 받으면서도 정성으로 염불을 하였다. 당시에도 여종의 신분으로 절에 다니는 것은 여의치 않았던 것으로 보인다.[8] 신분적인 제한은 없었지만 여전히 귀족적인 분위기가 불교에도 상당히 영향을 미치고 있었다는 것을 암시한다. 그러한 이유인지는 몰라도 욱면은 뜰에서 중을 따라 염불을 외우는 정도의 참예가 고작이었다. 그녀의 지극한 정성이 하늘에 닿자, 그녀는 '욱면 낭자는 법당에 들어가 염불하라'는 천상의 소리를 듣게 된다. 법당에 들어가 예

7) 『三國遺事』 卷5, 제7 感通篇, 郁面婢 念佛西昇條.

8) 『三國遺事』 卷5, 감통 제7 욱면비염불서승조, 주인이 욱면비가 염불에 참예하는 것을 미워하여 매일 곡식 두 섬씩을 주며 하루저녁에 그것을 다 찧게 했기에 속담에 "내일 바빠 한댁 방아(己事之忙 大家之舂促)"라는 말이 욱면비로부터 비롯되었다.

에 따라 정진하자 하늘의 음악이 들려오더니, 욱면은 몸을 솟구쳐 지붕을 뚫고 승천하여 부처로 변하는 것이었다.

이 같은 설화는 분명 신분의 한계를 뛰어넘은 것인데, 그 큰 이유는 욱면비의 지극한 신앙심에 말미암은 것이었다. 왕실을 중심한 귀족들에게 현세의 부귀영화를 유지할 수 있는 방편으로 불교가 수용되었다면, 일반 민중들의 경우에는 현실적인 신분의 질곡을 내세에서나마 벗어날 수 있는 방편으로 수용된 것이기도 하다.

사람은 누구나 부모의 육신을 물려받고 이 세상에 태어난다. 그래서 흔히 닮는다고 말한다. '나'라는 존재를 대를 이어 살아가게 할 뿐만 아니라 나를 닮은 존재를 이 세상에 존재하게 하는 것이기에 더욱 그렇다. 생물학적으로 말한다면 개체의 종족번식을 통해 삶을 반복하는 것이다. 인간이 태어날 때에는 부모의 육신뿐만 아니라 천지자연의 정기도 함께 물려받아 태어난다고 생각했다. 그런 의미에서 인간은 만물의 정령이 육신에 모여 이룩된 소우주이기도 하다.

일찍이 董仲舒는 春秋繁露에서 인간과 하늘의 부응관계를 다음과 같이 언급한 바 있다.

> 천지의 부신과 음양의 부본을 언제나 사람의 신체에 베풀어 놓았으니, 몸은 하늘과 같다. 그 수목〈하늘의 수와 사람의 조목〉이 하늘과 땅이 더불어 합하니, 그러므로, 그 명이 천명과 더불어 서로 잇닿아 있는 것이다. 하늘이 한 해를 마감하는 숫자로서 사람의 몸을 이루어 놓았다. 그러므로 작은 마디가 360으로 나누어진 것은 한 해의 날 수에 부합하는 것이고, 큰 마디가 12로 나누어진 것은 달 수에 부합하는 것이며, 내장에 오장이 있는 것은 오행의 수에 부합하는 것이고, 외면에 사지가 있는 것은 네 계절의 수에 부합하는 것이고, 잠깐 눈을 떴다가 잠깐 눈을 감는 것은 낮과 밤에 부합하는 것이고, 성질이 강했다가 부드럽기도 하는 것은 겨울과 여름의 기후에 부합하는 것이고, 슬퍼하다가 즐거워하는 것은 음양에 부합하는 것이고, 마음에 계산하고 생각함이 있는 것은 천지의 도수에 부합하는 것이고, 행실에 윤리〈존비, 차례〉가 있는 것은 천지에 부합하는 것이다.

> 이는 모두 암암리에 몸에 붙어서 사람과 더불어 살아서 그 유에 따라 짝이 되어서 합치되니, 그 숫자에 있어서 헤아릴 수 있는 것은 수목에 부합되고, 수목으로 계산할 수 없는 것은 그 유에 서로 합해서 모두 똑같이 하늘의 천도와 부합하는 것은 동일하다. 그러므로 그 형체 있는 것을 진열해서 그 형체 없는 것〈사상, 감정〉을 드러내고, 그 셀 수 있는 것을 가지고 그 헤아릴 수 없는 것을 드러내는 것이니, 이것은 천인의 호응하는 도가 또한 마땅하며, 같은 유로써 서로 호응하는 것이 그 형체로 호응하는 것과 같아서 수목이 서로 합한다는 것을 말하는 것이다.[9]

위의 언급에 의하면 인간의 몸은 천체의 축소판으로 이루어졌고, 이는 동양의 전형적인 자연관인 天人相感論으로 이어진다. 여기까지는 모든 사람에게 두루 적용되는 이치이기도 하다. 그러나 고대사회는 신분에 의한 계급사회로 이루어졌다. 따라서 어떤 신분으로 태어나는가는 매우 중요하다. 그 이유는 죽음에 대한 의미와 인생에 대한 의미가 신분과 처지에 따라서 달리 해석될 수 있기 때문이다.

고대인들의 죽음에 대한 인식은 다음과 같다.

> 그러나 상고시대에 사람들은 삶과 죽음 사이의 생리현상에 대하여 별로 이해를 하지 못하고 있었다. 영혼불멸을 믿었기에 사망은 항시 새로운 생명의 시작으로 여겨졌다(Hoebel, 인류학 : 387). 삶과 죽음은 한 고리의 양 끝과 같이 끊임없이 순환한다고 여겨졌으므로 특별히 슬퍼할 만한 어떤 가치도 없었다. 심지어 때로는 기뻐해야 할 상황으로 여겨지기도 하였다. 삶과 죽음의 현상은 옛사람들이 이해할 방법이 없었던 아주 많은 일

---

9) 『春秋繁露』, 卷13 第56 人副天數, "天地之符 陰陽之副 常設於身 身猶天也 數與之相參 故命與之相連也 天以終歲之數 成人之身 故小節三百六十分 副日數也 大節十二分 副月數也 內有五藏 副五行數也 外有四肢 副四時數也 乍視乍瞑 副晝夜也 乍剛乍柔 副冬夏也 乍哀乍樂 副陰陽也 心有計慮 副度數也 行有倫理 副天地也 此皆暗膚著身 與人俱生 比而偶之弇合 於其可數也 副數 不可數者 副類而副天 一也 是故 陳其有形 以著其無形者 拘其可數 以著其不可數者 此 言道之亦宜以類相應 猶其形也 以數相中也."

> 중의 하나였다. 동시에 그들은 모든 물질마다 영혼이 있고, 사후의 영혼 또한 어떤 모양의 생활태도를 갖고 있어 결코 영구한 사멸은 아니라고 믿었다.[10]

위에서 확인할 수 있는 것은 生과 死를 순환현상으로 여겼다는 점이다. 순환론은 직선적이고 단선적인 서양의 인식과는 달리 영혼불멸의 사상과 궤를 같이 하는 동양의 사상이었다. 인간의 육체가 수명을 다하면 魂魄이 분리되는 것이 죽음이라고 인식한 것이 동양의 생사관이었다.

3. 公無渡河歌·祭亡妹歌·願往生歌·敍事巫歌의 경우

1) 公無渡河歌

공무도하가가 우리나라에 알려진 것은 崔豹의 古今注의 기록에서부터이다. 우리나라 최초의 노래로서 우리 문학사의 앞부분에 거론되는 작품이기도 하다. 이에 앞선 기록으로 蔡邕과 孔衍의 琴操가 있으나, 노래가사가 없고, 배경설화가 간략하며 현재 온전히 전해지지 않고 산재되어 있기 때문이다.[11] 최표의 고금주에 실려 있는 해당 기록을 인용해 본다.

> 공후인은 조선나루의 역졸인 곽리자고의 아내 여옥이 지은 것이다. 자

10) 許進雄 저, 洪憙 역, 『중국고대사회』, 동문선, 1991, 366쪽.

11) 尹浩鎭, 『임이여! 하수를 건너지 마오』, 보고사, 2005, 16쪽. 윤호진은 이 책에서 명나라 天中記의 기록(古今注及孔衍琴操)에 의거하여 공연의 금조로 추정하고 있다.

고가 새벽에 일어나 배를 끌고 노를 저어 나아갈 때, 머리가 하얀 사내가 산발하고 병을 쥔 채 물길을 거슬러 건너고 있었다. 그의 아내가 쫓아오며 멈추라고 했으나, 미치지 못하고 마침내 강물에 빠져 죽었다. 이에 공후를 당겨 곡조를 타면서 공무도하의 노래를 지었는데, 그 소리가 매우 처창했다. 곡을 마치자 그녀도 강물에 투신하여 죽었다. 곽리자고가 돌아와 그 소리로 아내 여옥에게 말하니, 옥이 슬피 여겨 이에 공후를 끌어당겨 그 소리를 흉내 내니, 듣는 자가 눈물을 흘리고 울지 않는 자가 없었다. 여옥이 그 소리로 이웃 여자 여용에게 전하니 이름 하여 공후인이라 했다.12)

郭茂倩의 樂府詩集에는 최표의 고금주를 인용해 기술하면서 "公無渡河 公竟渡河 墮河而死 當奈公何"의 가사를 기록했지만 정작 고금주의 기록에는 가사는 없는 채, 배경설화만 기록되어 있다. 이 노래의 극적인 배경은 물(水)이다. 물은 삶을 영위하는 공간이면서 동시에 죽음을 의미하는 공간이기도 하다. 또한 생사를 가르는 이별의 공간이면서 동시에 재생의 공간이기도 하다. 그녀가 투신함으로써 죽은 남편과의 천상의 재회를 이룬 곳이기에 더욱 의미가 깊은 공간이다. 백수광부의 죽음은 아내의 죽음을 이끌어냈다는 점에서 계기적인 죽음의 의미를 지닌다. 이른바 殉愛譜的인 죽음인 것이다.

公無渡河　　님이여, 강을 건너지 마세요
公竟渡河　　그대는 끝내 건넜구료
墮河而死　　물에 빠져 돌아가셨으니
當奈公何　　장차 그대를 어찌할이거나

---

12) 崔豹,『古今注』卷中 音樂 第三, "箜篌引 朝鮮津卒霍里子高妻麗玉所作也 子高晨起刺船而櫂 有一白首狂夫 被髮提壺 亂流而渡 其妻隨呼止之 不及 遂墮河水死 於是 援箜篌而鼓之 作公無渡河之歌 聲甚悽愴 曲終 自投河而死 霍里子高還 以其聲 語妻麗玉 玉傷之 乃引箜篌而寫其聲 聞者 莫不墮淚飮泣焉 麗玉以其聲 傳隣女麗容 名曰箜篌引焉" (欽定四庫全書).

노래의 내용은 죽은 남편에 대한 절절한 애정을 읊고 있다. 여기서 강은 물론 生死의 공간을 의미한다. 물(水,Water)은 고래로부터 물길들, 즉 호수, 강, 운하 등 주로 교통수단으로 이용되었다.[13] 또한 물(Eau)은 ① 世代(물은 시간을 나타냄), ② 재생(물에 잠그거나 물을 끼얹는 세례, 물에 의한 정화), ③ 물과 죽음(깊고 검게 고여 있는 물)[14] 을 의미하기도 한다. 또한 물이 가지고 있는 상징적인 의미는 각 방면에 걸쳐서 매우 광범위하고 포괄적이기도 하다.[15]

이 노래의 배경설화는 여러 단계의 오래고 복잡한 과정이 압축되어 있으며, 민간설화로서의 유동성과 적층성을 지니고 있다.[16] 특히, 기록자는 유독 事件의 悲劇性을 강조함에 특색이 있는데, 이른바 契機的인 죽음(아내의 투신)을 가져 온 殉愛譜的인 사랑을 다룬 노래라는 점에서 교훈적이고 숭고한 의미를 지니고 있다. 이재선은 아내의 죽음이 더 비극적이라고 하면서 다음과 같이 언급한 바 있다.

---

13) C.A.S 윌리암스 저, 이용찬 외 공역, 『중국문화 중국정신』, 대원사, 1989, 149쪽.

14) 아지자, 올리비에라, 스크트릭 공저, 장영수 역, 『문학의 상징, 주제사전』, 청하, 1989, 148~158쪽.

15) 『한국문화상징사전』, 동아출판사, 1992, 284~288쪽. 물 : 신화 = 창조의 원천, 풍요, 생명력// 무속, 민속 = 생산력, 생명력// 풍습 = 정화력, 생산력// 종교 = 유교 = 신의 공물(현수, 정화수)/ 불교 = 정화/ 천도교 = 청정, 치병// 동양문화 = 중국 = 신의 처소, 청렴/ 일본 = 정화, 요괴의 거처// 역사, 문학 = 신성, 생명력/ 자연의 정수/ 여자, 욕정// 현대, 서양 = 無常/ 생명의 근원/ 부드러움, 난폭함// 도상 = 청정.

16) 이 노래에 대하여 제1구는 남편이 물에 뛰어들기 전의 상황이고, 제2구는 죽음 순간의 상황이며, 제3구는 남편이 물에 빠져 죽은 상황이고, 제4구는 남편의 익사 직후 아내의 탄식으로 본 견해가 있다. 박춘우, 『한국 이별시가의 전통』, 역락, 2004, 39쪽. 이는 기존의 연구자들이 보편적으로 저지른 오류의 하나로서 아내의 만류와 남편의 익사, 아내의 통곡, 장례절차, 죽은 자에 대한 추모, 후대의 재연을 통한 기원의식 등이 복합적으로 압축(적층)되어 서술된 구비형태인 점을 간과한 해석이다.

> 남편의 죽음이 광기나 또는 음주의 도취상태와 관련된 우발적이고 예측 못할 죽음임에 비해서, 그 아내의 죽음은 남편의 죽음을 원인으로 하는 비감과 죽음을 초월하는 사랑이 결행시킨 자의적인 죽음이기 때문이다. 강물을 매개로 그 강물을 '건너(渡)'다 마침내 '빠져(떨어져 : 墮)' 죽는 죽음에 비해서, 몸을 '던져(投)' 죽는 죽음은 그만큼 능동적이고 비장한 죽음이기 때문이다.[17]

둘 사이에 가로놓여진 강물에 의해 남편이 먼저 죽음을 맞이했지만, 이어 아내가 그 강물에 투신함으로써 남편과 저승에서 재회하는 공간으로 거듭 태어난 것이다. 넋두리에 가까운 이 노래는 현실적인 죽음을 인정하면서도 아내의 투신에 의해 죽음이 극복되는 역설적인 상황이 전개된다. 즉, 이승에서의 부부의 삶이 저승으로 연장되는 것이다. 산 자의 의지에 따라서는 이별의 공간(강)도 극복될 수 있는 곳임을 보여주는 노래인 것이다. 더욱이 이 이야기는 세인의 입에 오르내리면서 영원히 지워지지 않는 두 남녀의 애틋한 사랑 이야기로 세인의 가슴에 자리 잡은 것이다.

2) 祭亡妹歌

제망매가는 죽음의식을 다룬 향가 가운데 매우 수준 높은 비유와 수사를 구사하고 있다. 죽음에 임하는 태도와 극복하는 자세가 차분할 뿐더러 슬픔극복의 의지가 전편을 압도한다. 배경설화와 노래는 다음과 같다.

> 월명은 또 일찍이 죽은 누이동생을 위하여 재를 올리고 향가를 지어 제사를 지냈더니, 문득 회오리바람이 일어나 지전을 날려 서쪽 방향으로

17) 李在銑, 「한국문학의 사생관」 『우리문학은 어디에서 왔는가』, 소설문학사, 1986, 262쪽.

사라져 버렸다. 노래는 다음과 같다. -〈노래 생략〉- 월명은 항상 사천왕사에 살면서 피리를 잘 불었다. 일찍이 달밤에 피리를 불면서 대문 앞 큰 길을 지나가니 달이 그로 인해 걸음을 멈췄다. 이로 인해 그 길을 월명리라고 하고 스님도 이 때문에 유명해졌다. 스님은 능준대사의 문인이었다. 신라 사람들이 향가를 숭상한 지는 오래되었다. 대개 시송과 비슷한 것이었던가 한다. 그러므로 때로는 천지귀신을 감동시킨 것이 한두 가지가 아니었다.18)

生死路ᄂᆞᆫ
예 이샤매 저히고
나ᄂᆞᆫ 가ᄂᆞ다 말ㅅ도
몯다 닏고 가ᄂᆞ닛고
어느 ᄀᆞ술 이른 ᄇᆞᄅᆞ매
이에 저에 뼈딜 닙다이
ᄒᆞᄃᆞᆫ 가재 나고
가논곧 모ᄃᆞ온뎌
아으 彌陁刹애 맛보올
내 道닷가 기드리고다 (양주동 해독)

제망매가에서 '生死路는 여기 있다'라고 했다. 삶과 죽음의 분기점은 항상 우리의 현실 앞에 직면해 있다는 것을 가리킨 말이다. 다만 그 죽음의 문턱에서는 항상 두려움을 느끼는 것이 인간의 본래 모습일 뿐이다. 생사로를 현실에서 직면한다는 말은 생사를 초월한 개념이다. 삶과 죽음을 별개의 것으로 보지 않고 동일 개념으로 파악하는 것은 인생을 달관한 사람의 술회이기도 하다. 이는 마치 元曉가 계율을 어기고 薛聰을 낳은 후 큰 박을 얻어 無导舞를 추면서 敎化歌舞에 나설 때 명분으로 내세웠던 "일체의 무애인은 한결같이 생사를 벗어난다"는 화엄경의 경지와 같은 것이다.19)

---

18) 『三國遺事』 卷第五 感通 第七 月明師 兜率歌條.

19) 『三國遺事』 卷4 義解 第5, 元曉不羈條, "曉既失戒生聰 已後易服色 自號小姓居士 偶得優人舞弄大瓠 其狀瑰奇 因其形製爲道具 以華嚴

제망매가에서 죽음은 어느 날 갑자기 찾아오는 것으로 나타나 있다. "어느 가을 이른 바람"이 그것이다. 대개의 죽음은 그 前兆가 예고되는 것이 보통이다. 불교에서는 중생들이 輪廻轉生하는 1期를 넷(四有)으로 나눈다. 이 가운데 生有, 本有, 死有를 現生이라 한다. 生有는 금생에 탁태하던 맨 처음의 몸이고, 本有는 나서부터 죽을 때까지의 몸이며, 死有는 금생의 맨 나중 몸으로서 목숨이 끊어지는 찰나를 의미한다. 中有(中陰)는 전생과 금생, 혹은 금생과 내생의 중간에 있는 몸으로서 後陰을 받지 못하고 中陰으로 있는 것(七七日 = 49齋)을 말한다. 지극히 악하거나 선한 사람은 죽으면 곧 다음 생을 받기 때문에 中陰이 없으나 보통 사람은 이 중음으로 있을 동안에 다음 생의 果報가 결정된다는 것이다. 본래 49재는 死者의 연속성이 네 가지 영역(연옥계, 동물계, 페타(petas) 혹은 프레타계(pretas : 불완전하고 중간적인 상태의 존재), 아수라계)중의 한 곳에 자리를 잡는 데는 49일이 걸린다는 印度的 신앙을 받아들인 것이다. 즉, 죽은 지 49일째 되는 날에 적절한 제사를 드리면 고인이 더 나은 존재로 환생함을 도울 수 있다는 것인데, 죽은 자를 위한 최선의 방법은 자손들이 모든 의무를 다하여 이른바, '招度亡魂'을 통해 사자의 영혼구제를 한다고 여긴 것이다.[20]

中有는 다음과 같은 의미를 지니고 있다.

> 또 이르기를, 중유는 이생에 죽어서 저 중간에서 받은 바의 음형이다. 음이란 것은 오음의 음이다(신역에서는 오온이라 한다). 구사종은 일정한 중음이 있다고 생각하고, 성실종은 없다고 생각하며, 대승종은 유무가 일정하지 않다고 생각한다. 극히 선하거나 극히 악한 사람은 중음이 없이 곧바로 이를 곳에 이르고, 나머지 모두에게는 중음이 있다.[21]

經一切無导人 一道出生死 命名曰無导 仍作歌流于世."

20) 존 바우커 저, 박규태, 유기쁨 역, 『세계종교로 보는 죽음의 의미』, 청년사, 2005, 346~347쪽.

그러나 이같은 경우는 정상적인 죽음(天壽)의 경우이며, 非命에 죽는 경우는 다르다. 제망매가의 경우는 누이동생의 비명을 안타까워하고 있다. '간다'(죽는다)고 말도 못하고 죽는 안타까움을 '어느 가을 이른 바람'으로 묘사하고 있다. 월명사가 승려의 입장을 떠나 골육지정을 노래하고 있다는 점이 돋보인다.[22] 뿐만 아니라 누이의 죽음을 '낙엽'에 비유함으로써 자연의 섭리에 순응하는 자세를 보여주고 있다.

월명사는 죽음의 그림자를 '이른 바람'에 비유함으로써 누이의 죽음을 예기치 않은 것으로 묘사하고 있다. 비유가 세련되었을 뿐 아니라 생사의 이치를 하나로 꿰뚫는 자세를 보여주고 있다. 혈육의 의미를 '한 가지에 난 존재'에 비유함으로써 슬픔이 전해지는 거리마저 가깝게 드러내고 있다. 생사의 갈림을 인식하는 동시에 다시 만날 것을 기약하는 '生者必滅 會者定離'의 자세가 전편을 일관하고 있다. 죽은 자의 명복을 빌어 극락으로 인도하려는 동기간의 애틋한 자세가 돋보이는 모습이다. 죽음을 '새로운 삶의 시작'으로 보고 죽음을 통한 죽음의 극복이라는 역설적 메시지가 동양적 순환구조의 논리 속에 불교의 미타신앙이 자리 잡고 있는 것으로 본 견해도 있다.[23]

제망매가는 남매가 어느 날 서로 다른 세계에 존재하게 되었지만, 사별 자체보다는 누이의 미래가 결정되지 않았다는 점이 불안하게 여겨졌고, 이로 인해 서정주체는 누이의 미래를 결정해주고 싶다는 방향에서

---

21) 『佛學大辭典』, 中陰條, "又云中有 死此生彼中間 所受之陰形也 陰者五陰之陰(新譯云五蘊) 俱舍宗以爲 有一定之中陰 成實宗以爲無之 大乘宗以爲有無不定 謂極善極惡之人 無中陰 直至所至 餘皆有之."

22) 박태상, 『한국문학과 죽음』, 문학과 지성사, 1993, 223~226쪽. 박태상은 제망매가에 나타나는 죽음의식의 흐름으로 1) 죽음을 두려워하지 않는다는 점, 2) 서술어의 변화를 통해 불교적 변증법의 논리와 죽음의식을 발견할 수 있고, 3) 죽음은 '새로운 삶의 시작'을 의미하며 죽음을 통한 죽음의 극복이라는 역설적 논리를 표현하고 있다고 했다.

23) 배영기 편술, 『죽음에 대한 문화적 이해』, 한국학술정보, 2006, 82쪽.

표현되었으며, 저 세계에서의 재생을 확신하고 있다는 점에서 다시 만날 수 있는 가능성을 열어준 것이라 할 수 있다.[24)]

결국 생과 사의 공간은 분리되어 존재하는 것이 아니라, 현실에서는 뿌리에 이어져 있는 가지만큼 가까웠으며, 죽어서도 별도의 공간(미타찰)을 향한 기원으로 이어져 있다는 점에서 분리된 것이 아니라 연결 가능한 거리로 확신하고 있다. 생을 대하는 자세에 따라 공존의 공간과 분리의 공간이 될 수 있음을 보여주는 것이라고 할 수 있다.

3) 願往生歌

원왕생가의 작자문제는 한때 논쟁이 있었으나, 廣德으로 봄이 온당한 듯하고,[25)] 그의 아내 역시 觀音의 화신이었다는 점에서 전형적인 성불담의 한 유형이라고 할 수 있다. 원왕생가의 배경설화와 노래는 다음과 같다.

> 문무왕 때 사문 광덕과 엄장이란 이가 있었다. 두 사람은 서로 우애가 좋아 조석으로 다짐하기를, "먼저 극락에 가는 이는 반드시 알리기로 하세"라고 하였다.—하루는 해 그림자가 붉은 빛을 끌며 소나무 그늘에 조용히 저물어 갈 무렵, 창밖에서 소리가 나면서 알리기를, "나는 서방으로 가네. 그대는 좋게 지내다가 속히 나를 따라오게"하였다. 엄장이 문을 열고 나가 돌아보니, 구름 밖에서 천악소리가 울리고 광명이 땅에 드리워 있었다. 다음날 광덕의 거처를 찾아갔더니, 광덕은 과연 죽어 있었다. 이에 그의 아내와 함께 유해를 거둬 장사를 지냈다. 장사를 마치고 부인에게 "부군이 죽었으니 나와 함께 사는 것이 어떻겠소?"라고 물었더니 부인이 "좋소"라고 말하였다. 마침내 머물러 밤에 자는데 정을 통하려고 하

24) 徐徹源, 『신라향가의 서정주체상과 그 문화사적 전개』, 고려대 박사논문, 2006. 6, 137쪽.
25) 金東旭, 『한국가요의 연구』, 을유문화사, 1961, 97~98쪽.

자, 부인은 그를 아껴 말하기를, "스님께서 정토를 구하는 것은 마치 물고기를 구하러 나무에 올라가는 것이라고 할 것입니다"라고 하였다. 엄장이 놀라 의아하여 묻기를, "광덕도 이미 그렇게 하였거늘 나 또한 어찌 방해가 되겠소?"라고 하였다. 부인이 말하기를, "남편은 나와 10여년을 함께 살면서 일찍이 하루 저녁도 자리를 같이 하지 않았습니다. 하물며 몸을 더럽혔겠습니까? 다만 밤마다 몸을 단정히 하고 바로 앉아 한 목소리로 아미타불의 이름을 염송하고 혹은 16관을 지었는데, 관이 무르익어 밝은 달빛이 지게문으로 비치면 때때로 그 빛을 타고 올라가 그 위에 가부좌를 하였지요. 정성 다하기를 이와 같이 한 지라 비록 본인이 서방정토 가기를 마다한들 어디로 가겠습니까?" — 엄장은 부끄러이 얼굴을 붉히고 물러나왔다. 그 길로 원효법사의 처소로 가서 진요를 간절히 구하였다. 원효는 쟁관법을 만들어 그를 이끌어주니 엄장은 이에 몸을 정결하게 하고 뉘우쳐 책하고 오로지 관 닦기에 힘써 역시 서방정토로 오를 수 있었다. 쟁관법은 원효법사의 본전과 해동승전 안에 있다. 그 부인은 곧 분황사의 여종이니 대개 관음보살의 19응신의 하나였다. 광덕에게 일찍이 노래가 있었는데 다음과 같다.

> 돌하 이데
> 西方ㅅ장 가샤리고
> 無量壽佛前에
> 닏곰다가 숣고샤셔
> 다딤 기프샨 尊어히 울워리
> 두손 모도호솔바
> 願往生 願往生
> 그릴사름 잇다 숣고샤셔
> 아으 이몸 기텨 두고
> 四十八大願 일고샬까 (양주동 해독)[26]

修道의 조건에서는 엄장보다 광덕이 나쁜 편이었다. 왜냐하면, 광덕은 홀몸이 아니라, 처를 데리고 살았기 때문이다.[27] 일견 비구승과 대처

---

26)『三國遺事』卷第五 感通第七 廣德 嚴莊條.

27) 광덕은 본문에 분명 '德隱居芬皇西里 蒲鞋爲業 挾妻子而居'라고 하여, 마치 처와 자식을 둔 것처럼 되어있으나, 광덕의 사후 그 부인이 엄장에게 '婦曰

승간의 성도담 같이도 보인다. 이 설화는 관음보살의 화신으로 등장한 여인(아내)의 도움을 받아 보리를 이루는 과정을 보여주고 있다. 10여년을 살아도 한 번도 육체적인 관계를 맺지 않았던 광덕의 신앙이 오히려 혼자 수도에 전념했던 엄장을 압도한 것은 외면의 조건이 아니라 내면세계의 진정한 구도정신이 있었기 때문이었다.

'달'은 圓滿具足한 부처의 모습이자, 부처에게 구도자의 진심을 전해주는 메신저의 역할도 겸하고 있다. 往生思想에는 이른바 他土往生으로 阿彌陀佛이 계신 곳을 소원하는 極樂往生, 彌勒菩薩이 계신 곳을 소원하는 兜率往生, 十方淨土중에 원하는 정토를 소원하는 十方往生과, 약사여래가 계신 정유리세계, 관음보살이 계신 보타락가산, 비로자나가 계신 화장세계 등이 있다. 왕생은 이승에 대한 집착보다는 현세의 번뇌를 끊고 다시 태어나고자 하는 간절한 소망으로 이어진다. 이승과 저승을 가로막은 강물을 건널 수 있는 津要 앞에서 모든 것을 버린 구도자의 발가벗은 모습이 부각되고 있다. 여기서 죽음은 깨달음을 이루기 위해 반드시 거쳐야 하는 통과의례이며 구도자에게는 자신을 시험하는 관문으로 작용한다. 이른바 天壽를 앞당기는 이치로서, 잠시 머무는 삶에서 영생을 담보하는 저 세계를 향하여 용감하게 정진하는 자세를 보여주고 있다. 구도를 이루기 위해 세속적인 인간의 쾌락을 터부시한다는 점에서 일견 강한 듯하나 약한 인간의 모습을 보여주고 있다. 광덕과 엄장은 목표는 같았으나, 사물을 보는 눈이 달랐던 것이다. 엄장의 경우는 수도생활을 하면서도 아내를 거느린 광덕을 못내 부러워했었다는 역설적인 논리가 이면에 제시되었기 때문이다.

광덕은 法藏比丘의 서원을 물고 늘어진 집념의 수도자였다. 四十八大願은 법장비구가 世尊(世自在王佛)에게 만약 자기의 불국토에 48

夫子與我 同居十餘載 未嘗一夕同床而枕 況觸汚乎'라고 한 것으로 보아 이는 아내를 데리고 살았다는 의미로 봄이 자연스럽다.

대원이 이루어지지 않는다면 결코 부처가 되지 않겠다고 서원한 것을 말한다.[28)] 이처럼 스님들은 육신의 껍데기를 버리고 깨우치기 위하여 목숨은 한낱 잠시 빌린 몸에 불과한 것으로 여겼다. 따라서 구도의 방법 또한 치열하여 바위 아래로 몸을 던지거나, 불이 담긴 동이를 머리에 이는 등의 고행도 가볍게 행했던 것이다.[29)]

최종목표인 서방정토의 세계는 이승과는 매우 먼 공간이지만 중간 기착지로 달을 설정하고 있다. 달은 나의 정성과 수도의 자세를 환히 비추는 존재일 뿐만 아니라 나의 모든 것을 무량수불에게 고하는 감시자의 역할도 맡고 있다. 가까이 볼 수 있는 달의 공간을 통하여 서방정토에의 의지를 불태우고 있는 수도자는 이승보다는 달에 더 가까이 다가감으로써 願往生의 실현을 꿈꾸고 있는 것이다. 요컨대, 죽음의 불안과 공포, 그리고 삶의 유한성과 무상은 정토라는 피안에의 신앙에 의해서 극복되는 것이다.[30)]

4) 敍事巫歌

무조신화인 바리공주(捨姬)에는 부모를 회생시키기 위하여 바리공주가 "삼신산(三神山) 불사약(不死藥), 무상신(無上神) 약령수(藥靈水), 동해용왕 비례주, 봉래산 가얌초, 안아산 수루취를 구해다 잡수시면 회춘하실이다"[31)]라는 비방을 실천하기 위해 고난의 길을 떠난다.

---

28) 『無量壽經』 卷上, "我建超世願 必至無上道 斯願不滿足 誓不成正覺."
29) 『三國遺事』 卷4, 義解 第5, 關東楓岳鉢淵藪石記條와 卷5 神呪 第6, 惠通降龍條.
30) 李在銑, 「한국문학의 사생관」 『우리문학은 어디에서 왔는가』, 소설문학사, 1986, 264쪽.
31) 赤松智城, 秋葉 隆 공편, 沈雨晟 역, 『朝鮮巫俗의 硏究』 上, 동문선, 1991, 35쪽.

바리공주는 고행길을 가다가 석가여래 아미타불 지장보살님이 바둑장기 두시는 곳에 당도하여 사연을 말하니, 그 정성에 감동하여 낭화 세 가지와 금주령을 주면서 인도하여 지옥에 도달한다.

한 곳을 나아가니 칼산지옥 불산지옥
독셔지옥 한빙지옥 구렁지옥 배암지옥
물지옥 흔암지옥 무간 팔만사천지옥 넘어가니
칠성이 하날에 닿았는데
구름 슈여넘고 바람도 슈여 넘는 곳에
귀를 기우리고 들으니 죄인 다스리는 소래
육칠월 악마구리 우는 소래더라
낭화를 흔드니 칠성이 다 무너져 평지 되거날
다스리던 죄인을 보니 눈빼죄인 팔없난 죄인
다리 없는 죄인 못 없는 죄인 합촌 귀졸이 나와
바리공주께 고월을 제도하여지라 하오니[32)]

지옥은 항상 뜨겁고 차가운 것과 같은 극단적인 모습으로 형상화되어 있고, 온갖 두려움의 대상을 나열하며, 수많은 난관이 차례차례 나타나면서 죽은 사람으로 하여금 공포와 두려움에 질리게 한다. 셀 수 없이 많은 난관(八萬四千)과 쉴 틈이 없이(無間) 닥치는 육체적인 고통은 인간의 뇌리에서 죄업의 대가에 대하여 잔혹한 각인을 해주고 있다.

平地 삼천리를 지나 嶮路 삼천리에서 바리공주는 또 다음과 같은 관문을 만난다.

팔업는 귀신, 다리업는 귀신/ 눈업는 귀신, 억만귀졸이 앙마구리 끓틋하는구나
칼산디옥 불산디옥문과/ 팔만사천 졔디옥문을 열어
십왕(十王)갈 이 십왕으로/ 디옥(地獄) 갈 이 디옥으로 보내일 졔

32) 金泰坤 編, 『韓國巫歌集 1』, 집문당, 1971, 77쪽.

우여! 슬푸다, 선후망의 아모 망제/ 썩은 귀 썩은 입에 자세히 들엇다가
제 보살님께 외오시면/ 발이공쥬 뒤를 쌀어
서방정토 극락세계로 가시는 날이로성이다/ 아기가 한곳을 바라보니
동에는 청유리(靑琉璃) 장문(墻門)이 서잇고/ 서에는 백류리쟝문이 서잇고
남에는 홍류리쟝문이 서잇고/ 북에는 흑류리쟝문이 서잇고
한가운대는 정렬문(貞烈門)이 서잇는데/ 무상신선(無上神仙)이 서 게시다[33]

칼과 불로 이루어진 팔만사천의 지옥의 형용은 그 자체가 인간이 견디기 어려운 상황설정임을 잘 보여주고 있다. 바리공주는 무상신선에게 물값과 나무값 대신 물긷기 삼년, 불때기 삼년, 나무하기 삼년 등 도합 9년을 일해주고, 일곱 아들의 산전을 받아준 후, 일곱 아들과 무상신선을 데리고 약령수를 찾아간다. 도중에 지옥으로 가는 배를 만나는데 묘사는 다음과 같다.

한 곳에 다달으니 피바다에 밋업는 배/ 칠팔월 악마우리 울듯 울고 가는
저기 저 배는 무슨 배뇨/ 그 배는 전생에 잇슬 적에, 부모에게 불효하고
나라에는 역적이요, 동생에는 우애업고/ 적은 되로 쥐이고, 큰 되로 밧고
날쌀애기 동양(動鈴)주고, 모해잡은 죄로 해서/ 억만사쳔 제디옥으로 울고가는 배요
임자업는 배는 무슨 배이뇨/ 그 배는 전생에 잇슬적에
무자귀신(無子鬼神)이 해상으로 가는 배로성이다[34]

인간이 이승에서 지은 업보에 따라 죄를 판결 받는 광경을 묘사하고

---

33) 赤松智城, 秋葉 隆 공편, 沈雨晟 역, 『朝鮮巫俗의 硏究』 上, 동문선, 1991, 39~40쪽 띄어쓰기는 필자.

34) 赤松智城, 秋葉 隆 공편, 沈雨晟 역, 『朝鮮巫俗의 硏究』 上, 동문선, 1991, 42쪽.

있다. 그리하여 칼산지옥문,불산지옥문,독사지옥문,한냉지옥문을 통과하여 '넓고도 어둔 길은 지옥문이고, 밝고도 좁은 극락길'을 가는 것이다.

<죽엄의 말 : 後生>에서는 지옥길을 묘사하여 "철퇴로 박셕을 짤고, 철망으로 다리노와 그 다리를 건너가면, 다리가 문허저서 다리 아래 썰어지면, 악귀가 달녀들어 물어다가 구천지옥 들이치면, 배곱푸면 모동철을 먹이고 목 말으면 쇠물녹여 먹이나니, 그 길로 가지 말고 소로로 가옵소사"[35]라고 하여 지옥이 비록 악인이 죽어서 가는 곳이기는 하나 끔찍하고 소름끼치는 곳임을 생생하게 묘사하고 있다.

4. 이승과 저승의 공간인식

1) 鬼神에 대한 인식

동양에서 귀신에 대한 인식은 대개 비슷한 견해를 보이고 있다. 즉, 사람이 죽으면 魂魄이 분리되어 魂은 하늘로 올라가고, 魄은 땅에 묻히는 것이 죽음이라고 생각한 것이다. 귀신의 존재에 대한 유가의 인식이 가장 잘 드러난 것은 孔子와 季路의 문답에서이다. 이른바 합리적인 실천윤리를 표방하는 유가의 입장을 잘 드러내주고 있다. 계로가 귀신을 섬기는 도리에 대해 묻자 공자는 "사람도 섬기지 못하는데, 어떻게 귀신을 섬길 수 있겠는가?"라고 했고, 죽음에 대해 묻자, "삶도 알지 못하는데 어떻게 죽음을 알겠는가?"[36]라고 답변한 것이 그것이다. 공자의 이 말은

35) 赤松智城, 秋葉 隆 공편, 沈雨晟 역, 『朝鮮巫俗의 研究』 上, 동문선, 1991, 202쪽.

36) 『論語』 先進篇, "季路問事鬼神 子曰 未能事人 焉能事鬼 敢問死 曰 未知生 焉知死."

초현실적인 문제에 대한 대답으로서 현실을 떠난 종교적인 문제에 대한 언급은 삼가는 것이 좋다는 것으로 보인다. 이른바, "子不語怪力亂神"37)의 태도인 것이다.

墨子에 나타난 귀신에 대한 인식은 합리적이며 포괄적이기도 하다.

> 묵자는 다음과 같이 말했다. "옛날과 지금의 귀신은 다름이 아니라, 하늘의 귀신이 있고, 또한 산과 물의 귀신이 있고, 또 사람이 죽어서 되는 귀신이 있다. 지금 자식이 아비보다 먼저 죽는 일도 있고, 아우가 형보다 먼저 죽는 일도 있지만 그것은 예외의 일이고, 대체로 천하의 일을 살펴보면 세상에 먼저 태어난 사람이 먼저 죽는 것인데, 이렇게 보면 먼저 죽는 사람은 아버지가 아니면 어머니요, 또는 형님이 아니면 누나다. 이제 단술과 젯밥을 깨끗이 차려놓고, 공경과 정성을 다하여 제사지낸다고 하자. 만일 귀신이 정말 있다면 이는 아버지, 어머니, 또는 형님과 누님의 영혼을 모셔다 놓고 음식을 권하는 것이니, 이 얼마나 따뜻한 인정인가! 또 설령 귀신이 없다고 하더라도 단술과 젯밥 등 음식을 장만하느라 비용이 들어가기는 했지만 그렇다고 그것을 송두리째 도랑에 쏟아버리는 것은 아니다. 안으로는 일가친척들이, 밖으로는 동네 사람들이 다 같이 그 음식을 나누어 먹는다. 비록 귀신이 없다고 하더라도 이는 오히려 많은 사람들이 모여 함께 즐기고, 또 동네 사람들의 친목을 도모할 수 있는 좋은 기회가 되는 것이다."38)

---

37) 『論語』 述而篇, 集註에는 "鬼神 造化之迹 雖非不正 然非窮理之至 有未易明者 故亦不輕以語人也"(귀신은 조화의 자취가 비록 바르지 않은 것은 아니지마는 그러나 이치를 궁리함이 지극하지 않으면 쉽게 밝히지 못하는 것이 있으므로 또한 가볍게 사람에게 말하지 아니한 것이다)라고 했다.

38) 『墨子』, 明鬼 下, "子墨子曰 古之今之爲鬼 非他也 有天鬼 亦有山水鬼神者 亦有人死而爲鬼者 今有子先其父死 弟先其兄死者矣 意雖使然 然而天下之陳物 曰先生者先死 若是則先死者非父則母 非兄而姒也 今絜爲酒醴粢盛 以敬愼祭祀 若使鬼神請有 是得其父母姒兄而飮食之也 豈非厚利哉 若使鬼神請亡 是乃費其所爲酒醴粢盛之財耳 自夫費之 非特注之汙壑而棄之也 內者宗族 外者鄕里 皆得如具飮食之 雖使鬼神請亡 此猶可以合驩聚衆 取親於鄕里."

이른바, 天鬼, 地鬼, 人鬼의 개념이다. 죽은 후의 인간관계 또한 생시와 마찬가지로 대우하면서 人情으로 묘사하고 있다. 아울러 죽은 자를 제사지내는 것을 통해 산 사람들과 가족, 그리고 이웃간의 결속과 유대를 도모하는 미풍양속으로 인식하고 있다.

李贄 또한 다음과 같은 말로 귀신의 존재를 인식하고 있다.

> 대저 귀신이 있은 다음에 사람이 생겨났으니, 그러므로 귀신은 공경하지 않을 수 없다. 사람을 섬기는 것은 곧 귀신을 섬기는 것이므로 사람의 도리에 힘쓰지 않을 수가 없다. 그렇다면 질책하면서 모독하고 뭔가를 구하고자 아첨하는 것은 모두 귀신을 공경하는 도리가 아닌 것이다. 무릇 귀신의 도는 멀리 있고, 사람의 도는 가까이 있게 마련이다. 멀리 있는 것을 공경하면서 거리를 두는 것은 그 먼 것이 가까워질 수 있음을 알기 때문이니, 이런 까닭에 백성들은 의당 지켜야 할 도리에 힘쓰면서 감히 멀리서 뭔가를 구하지 않게 된다. 가까운 것을 친근하게 여기면서 거기에 힘쓰는 것은 그것이 가깝지만 또 멀어질 수 있음을 알기 때문이다. 이리하여 아첨하거나 모욕하지 아니하고 오직 조심스럽게 공경을 다하는 일에만 힘쓰게 된다. 그런데 오늘의 현실은 귀신을 공경하지 않는 자들이 대부분이고, 귀신을 경원할 수 있는 자는 한 명도 보이지 않는다.[39)]

사람과 귀신을 동렬에 놓고 섬기는 대상으로 인식하고 있다. 동시에 귀신을 대하는 자세 또한 분명하여 淫祀와 祭祀를 엄격히 구분하고 있다. 귀신이야말로 만물의 이치를 꿰뚫고 있는 신격으로 인식하고 있다.

金時習 또한 다음과 같이 귀신의 존재에 대해 언급하고 있다.

> 신으로 변화한 것도 있고, 형으로 변화한 것도 있으며, 기로 변화한 것

---

39) 李贄, 『焚書』, 鬼神論, "夫有鬼神而後有人 故鬼神不可以不敬 事人卽所以事鬼 故人道不可以不務 則凡數而瀆 求而媚 皆非敬之之道也 夫神道遠 人道邇 遠者敬而疎之 知其遠之近也 是故惟務民義而不敢求之於遠 近者親而務之 知其邇之可遠也 是故不事諂瀆 而惟致吾小心之翼翼 今之不敬鬼神者皆是也 而未見有一人之能遠鬼神者."

> 이 있다. 신으로 변화한 것은 정령과 요괴와 도깨비이고, 형으로 변화한 것은 새와 짐승과 물고기와 자라이다. 세 가지 변화한 것에서 빼어나며 가장 신령스럽고 천성을 갖춘 것은 사람이다. … 귀신이란 것은 바르고 참된 기이다. 바르고 참된 기가 천지 사이에 움직여 아래로는 백성을 돕고 위로는 하늘에 순응하는 까닭에 사당을 세우고 그에게 비는 것은 위엄과 영험을 두려워해서가 아니고 대개 그 공덕을 갚기 위해서이다. … 묻기를, "그렇다면 지금의 무당과 박수도 전거가 있는 것인데, 그대는 어찌하여 심하게 배척하는가?"하므로 대답하기를, "옛날에 제사하는 자는 예로써 지냈기 때문에 무당도 또한 신의 말로써 응답하여 오직 덕을 닦아 제사 일을 타락하게 하지 않았는데, 지금의 제사하는 자는 신을 업신여기고 귀를 모독하여 못하는 짓이 없고, 무당도 또한 요사스러운 말로써 사람을 놀라게 하고 망령되게 화복을 칭탁하여 돈과 곡식을 허비하고 산귀나 요물이 넘보고 이를 조장하며 끝내는 가산을 탕진하고야 마는 일이 있으니 어찌 참다운 신명의 도이겠는가?"[40)]

이른바, 神化, 形化, 氣化를 논하고 있다. 이 가운데 가장 빼어난 신령스러운 존재를 인간이라 했고, 귀신을 바르고 참된 기라고 했다. 귀신을 가리켜 백성을 돕고 하늘에 순종하는 신격으로 묘사하고 있다. 박수와 무당도 예로 제사를 지내고 신의 말로써 응답하는 경우는 인정하면서도 망령되게 禍福을 조장하거나 財福을 탐하는 것은 경계하고 있다.

朱子語類에는 혼백과 귀신, 삶과 죽음에 대한 이론이 비교적 명쾌하게 제시되어 있다.

---

40) 金時習, 『梅月堂文集』 卷17, 雜著, 鬼神 第八, "有神化者 有形化者 有氣化者 神化者 精怪罔象也 形化者 鳥獸魚鼈也 秀於三化 最靈而具性者 人也 … 鬼神者 正眞之氣也 正眞之氣 運化兩間 下祐黎民 上順覆載 故立祠而禱之 非懼威靈也 盖賽其功德也 … 曰 然則今之巫覡者有所典據 子何排斥之深也 曰 古之祀者 以禮享之 故巫亦以神語答之 使聿修厥德 而不墜祀事 今之祀者 慢神瀆鬼 無所不至 而爲巫者亦以妖語駭人 妄稱禍福 耗費錢穀 而山鬼妖物 覬而助之 至有破蕩家產而後已 豈眞神明之道哉."

> 氣를 魂이라 말하고, 體를 魄이라 말한다. 고유는 회남자의 주석에서 "혼은 陽의 기운으로서 神이고, 백은 陰의 기운으로서 神이다"라고 했는데 신이라고 말한 것은 形氣를 주재하기 때문이다. 사람이 태어나는 까닭은 精과 氣가 모이기 때문이다. 사람에게는 단지 일정한 기운이 있어서 반드시 소진될 때가 있다. 소진되면 魂氣는 하늘로 올라가고 形魄은 땅으로 돌아가서 죽음에 이른다. 죽음에 임박했을 때 따뜻한 기운이 위로 나가는 것을 혼이 올라간다고 말하고, 하체가 점점 차가워지는 것을 백이 내려간다고 말한다. 이것은 삶이 있으면 반드시 죽음이 있고, 시작이 있으면 반드시 끝이 있는 까닭이다.[41)]

위의 인용문은 오늘날 우리가 상식적으로 알고 있는 것을 일목요연하게 정리한 것이라고 여겨진다. 氣는 魂이고 體는 魄이며, 혼은 양의 신이고, 백은 음의 신이라는 점, 그리고 인간의 탄생은 정기가 모여서 이루어진 것이고, 흩어지면 죽되 혼기는 하늘로, 체백은 땅으로 돌아가니 이것이 바로 죽음인 것이다.

2) 삶의 연장 욕구

『三國遺事』卷5 감통 제7편에는 善律還生條가 있다. 이른바 저승 체험을 기록한 것으로 불교의 저승관이 잘 드러나 있는 대목이다.

> 망덕사의 중 선률은 보시받은 돈으로 육백반야경을 이루려다가 공이 끝나기 전에 갑자기 저승에 잡혀 명사에게 가니, 문기를, "너는 인간 세상에서 무슨 일을 하였느냐?"고 하였다. 선률이 말하기를, "저는 만년에 대

---

41) 『朱子語類』 1, 卷3 鬼神, 黎靖德 編, 허탁 · 이요성 역주, 청계, 1998, 293~294쪽 참조. "氣曰魂, 體曰魄 高誘淮南子注曰 魂者 陽之神 魄者 陰之神 所謂神者 以其主乎形氣也 人所以生 精氣聚也 人只有許多氣 須有箇盡時 盡則魂氣歸於天 形魄歸于地而死矣 人將死時 熱氣上出 所謂魂升也 下體漸冷 所謂魄降也 此所以有生必有死 有始必有終也."

> 품경을 이루려다가 공을 아직 이루지 못하고 왔습니다"고 하니 명사가 말하기를, "너의 수명은 비록 다 되었으나 좋은 발원을 마치지 못했으니, 마땅히 다시 인간세상으로 가 보전을 마저 이루어라"하고 돌려보냈다. 도중에 한 여자가 울면서 앞에 와 절하며 말하기를, "나도 또한 남염부주의 신라 사람이었는데, 우리 부모가 금강사의 논 한 묘를 몰래 훔친 죄에 연루되어 명부에 잡혀 와서 심한 고통을 오래 받고 있습니다. 지금 스님께서 고향으로 돌아가시거든 내 부모에게 알려서 그 논을 빨리 돌려주도록 해주십시오. 첩이 세상에 있을 때 참기름을 상 밑에 묻어 두었고, 또 곱게 짠 베를 침구 사이에 감추어 두었으니, 부디 스님께서는 제 기름을 가져다 불등을 켜고, 그 베를 팔아 경폭으로 삼아 주시면 황천에서도 은혜를 입어 저의 고뇌를 거의 벗어날 수 있을 것입니다"고 하였다. 선률이 말하기를, "너희 집이 어디에 있느냐?"하니 말하기를, "사량부 구원사의 서남쪽 마을입니다"고 하였다. 선률이 이 말을 듣고 막 가려는데 깨어났다. 이때는 선률이 죽은 지 이미 10일이 되어 남산의 동쪽 기슭에 장사지냈으므로 무덤 속에서 3일 동안이나 외쳤다. 목동이 이 소리를 듣고 본사에 아뢰니 스님들이 가서 무덤을 헤치고 그를 꺼내니 앞의 사실을 자세히 말하였다. 또 그 여자의 집을 찾아가니 여자는 죽은 지 15년이 지났으나, 기름과 베는 그대로 완연하였다. 선률은 그 여자가 가르쳐 준 대로 명복을 빌었더니 여자의 혼이 찾아와 말하기를, "스님의 은혜를 입어 첩은 이미 고통에서 벗어났습니다"고 하였다.[42]

윗글에 의하면 선률은 일단 천수는 누린 사람으로 보인다. 그는 만년에 시주받은 돈으로 대품경을 이루려다가 저승에 잡혀 갔다. 그는 심판과정에서 선업으로 인해 다시 인간 세상에 태어나는 환생을 경험한다. 도중에 그는 한 여자를 만나 그녀의 소원을 들어주게 되는데, 그녀는 부모의 죄에 연루되어 죽은 지 15년이 지난 여자였다. 그녀가 고통에서 벗어난 것은 기름과 베를 준비하여 부처에게 바친 정성의 결과였다. 선률 또한 죽은 지 10일이 지난 후였고, 무덤에서 3일 동안을 외쳐 살아나서, 환생을 경험한 것이다. 결국 因果應報에 바탕 한 불교적인 저승관의 일단으로 보인다.

---

42) 『三國遺事』 卷第5 感通 第七, 善律還生條.

마이클 로이(Michael Loewe)는 중국 漢代人의 來世나 仙鄕에 대한 관념을 4가지로 구분한 바 있다. 즉, ① 동해의 이상향을 통해 접근하는 것, ② 우주의 근저를 이루는 전체적인 존재구조의 관점에서 설명하는 것, ③ 동해의 이상향과 평행하는 것으로서 西王母가 지배하는 신비로운 서방세계, ④ 지하의 관리들이 다수 존재하고 魄이 추방되는 黃泉의 관념이 그것이다.[43)]

위의 네 가지 중 ①은 우리가 흔히 신선이 산다고 하는 三神山 계통을 이르는 말이다.[44)] ②는 이른바 天地人 三才論을 말하는 것이고, ③은 서왕모가 산다는 崑崙山(玉山, 龜山)을 의미하며, ④는 우리가 흔히 말하는 죽어서 간다는 지하세계, 즉 黃泉을 의미한다. 종합하면 인간은 죽어서 저승세계로 가거나, 삶을 연장하는 차원의 신선세계로 간다는 것이다. 이 같은 중국인의 의식의 밑바닥에는 인간의 유한한 삶을 연장하고자 하는 소망이 깔려 있는 것이다.

박영호는 우리의 고전소설에 등장하는 죽음의 양상을 4가지로 분류한 바 있는데, ① 저항원리로서의 죽음(한 개인의 힘으로는 거부할 수 없는 세계에 직면한 경우), ② 재생원리로서의 죽음(윤리적 규범의 실현을 위한 죽음), ③ 정치원리로서의 죽음(선악의 대결에서 선이 최종 승리자가 된다는 사실을 보이기 위한 죽음), ④ 현세초월의 원리로서의 죽음(도교나 불교 등 특정 종교에 바탕을 둔 죽음)을 든 바 있는데,[45)] 이러한 죽음의 유형도 따지고 보면 현실에서의 불가피한 선택일 뿐이며 삶의 연장이라는 대전제를 이면에 깔고 있는 것이다.

---

43) 마이클 로이(Michael Loewe) 저, 이성규 역, 『古代中國人의 生死觀』, 지식산업사, 1987, 44쪽.

44) 『史記』 封禪書에는 흔히 三神山으로 蓬萊, 方丈, 瀛洲를 들고 있는데, 『列子』 湯問편에는 岱輿, 員嶠, 方壺, 瀛洲, 蓬萊의 5산을 들고 있다.

45) 박영호, 『한국인의 원형적 사고』, 태학사, 2004, 107쪽.

3) 地獄과 因果應報

저승은 인간이 죽어서 가는 곳이며 흔히 黃泉이라고도 불린다. 흙(黃)과 물(泉)을 의미하는 저승의 대명사 황천에는 이른바 죽어서 돌아가야 하는 원초적인 고향, 곧 地母神의 흔적을 발견할 수 있으며, 인간이 죽어서 된다는 '鬼' 역시 '歸'의 의미와 통용된다고 볼 수 있다. 우리 속담에 "개똥밭에 굴러도 이승이 좋다"는 말이 있듯이 죽음은 모든 인간에게 공포와 두려움의 대상이었다.

莊子에는 다음과 같이 삶에 대한 애착을 보여주는 우화가 나온다.

> 장자가 복수에서 낚시를 하고 있는데, 초왕이 두 대부로 하여금 먼저 가서 왕의 뜻을 전하기를, "부디 나라 안의 정치를 맡기고 싶습니다"라고 했다. 장자는 낚싯대를 쥔 채 돌아보지도 않고 말했다. "내가 듣기에 초나라에는 神龜가 있는데 죽은 지 이미 3천년이나 되었다더군요. 왕께선 그것을 헝겊에 싸서 상자에 넣고 묘당 위에 간직하고 있다지만 이 거북은 차라리 죽어서 뼈만 남긴 채 소중하게 받들어지기를 바랐을까요? 살아서 진흙 속을 꼬리를 끌며 다니기를 바랐을까요?" 두 대부는 대답했다. "차라리 살아서 진흙 속을 꼬리를 끌며 다니기를 바랐을테죠." 장자가 말했다. "돌아가시오. 나도 장차 진흙 속에서 꼬리를 끌겠소!"[46]

잠시 귀하게 모셔지다가 희생 제물로 죽는 것 보다는 살아서 본성을 다하는 것을 귀하게 여긴 것이다. 목숨은 누구나 하나뿐이기에, 삶에 대한 애착은 그 무엇보다 강하다. 옛사람들은 이승에서 한 인간이 저지른 행적을 원인으로 삼은 결과로서 저승살이가 결정된다고 믿어왔다. 따라

46) 『莊子』, 外篇 秋水 第17, "莊子釣於濮水 楚王使大夫二人往先焉 曰 願以竟內累矣 莊子持竿不顧曰 吾聞楚有神龜 死已三千歲矣 王巾笥而藏之廟堂之上 此龜者 寧其死爲留骨而貴乎 寧其生而曳尾於塗中乎 二大夫曰 寧生而曳尾塗中 莊子曰 往矣 吾將曳尾於塗中."

서 저승은 이승의 연장선상에 있는 것으로 인식해 왔던 것이다.

죽은 자의 저승길은 흔히 '산 자들의 두려움이 만들어 놓은 수천의 장애물을 건너는 것'으로 묘사되어 있다고 한다.[47] 또한 힌두교도들은 윤회의 기나긴 연속 안에서 죽음이 여러 번 일어나는 것이기에 적절한 제의와 기도를 통해 사자의 영혼이 저승길로 가는 여행을 도와 줄 뿐이라고 여기고 있다.[48]

저승을 주관한다는 염라대왕은 염마(閻魔, 산스크리트어로 야마 Yama)로서 死者의 재판관 및 통치자이다. 이는 힌두교의 冥府의 신이며, 혹은 지옥의 왕이다.[49] 염라대왕은 원래 남방을 다스리는 섭정이며, 세계의 위 하늘에서 살고 있는데, 죽은 자를 다스리는 아리아인의 신이었다. 그러나 브라만교는 그의 거처를 지옥으로 이전시켰다.

송나라 때의 도교책인 玉歷鈔傳에는 下界의 고문을 다음과 같이 7단계로 묘사한 바 있다.[50]

> 사람이 죽은 후 영혼의 황천으로의 여행은 일곱 날, 혹은 일주일씩 일곱 시기로 나누어지는데 이 시기는 지옥에서 영혼이 떠돌아다니는 여러 단계를 의미한다. 첫 번째 주간은 鬼門關인데 이곳에서는 악마가 돈을 요구하고, 주지 않으면 매 맞거나 욕을 당한다고 한다. 두 번째 주간은 무게를 다는 곳인데, 선한 자는 가볍고 사악한 자는 비행의 무게만큼이나 무거우며 썰거나 빻아지는 고통을 당한다고 한다. 세 번째 주간은 惡狗村인데, 착한 자는 반기지만 사악한 자는 사나운 개들에 의해 온 몸이 찢겨지는 고통을 당한다. 네 번째 주간은 業鏡인데 선한 자는 순결하게 비쳐지

47) 에드가 모랭(Edgar Morin) 저, 김명숙 역, 『인간과 죽음』, 동문선, 2000, 161쪽.
48) 존 바우커(John Bowker) 저, 박규태 · 유기쁨 공역, 『세계종교로 보는 죽음의 의미』, 청년사, 2005, 245쪽.
49) C.A.S 윌리암스 저, 이용찬 외 공역, 『중국문화 중국정신』, 대원사, 1989, 317~321쪽.
50) C.A.S 윌리암스 저, 이용찬 외 공역, 『중국문화 중국정신』, 대원사, 1989, 317~321쪽, 필자 요약.

고 죄인은 자신이 동물과 같은 모양의 불길한 예감을 보는 곳이라고 한다. 다섯 번째 주간은 生으로의 귀환을 허락해 줄 것을 간청하는 곳인데 거절을 당하고 높은 단에 올라 자신의 고향을 내려보면서 후회하는 곳이라 한다. 여섯 번째 주간은 피할 수 없는 강에 놓인 다리에 도착하는데 밑에는 무서운 뱀들이 도사리고 있고, 파멸로 끝나게 될 매우 좁은 다리의 횡단을 강요하는 곳이라 한다. 일곱 번째 주간에는 轉輪王이 있는 곳에 도착하여 孟婆가 주는 차를 마시게 되는데, 사악한 자는 기억을 잃게 되며 회전하는 바퀴의 살 사이에 끼여 전생의 업에 따라 윤회 전생한다고 한다.

저승은 인간의 상상으로 구성한 공간이지만 매우 논리적이며, 구체적이고 집요하게 그려져 있다. 전편을 통해 '後悔'라는 글자가 사무치도록 한 치의 시간도 허락하지 않은 채 이어지는 고통으로 일관하는 특징을 지니고 있다. 이승과 저승은 우리 민족에겐 평행선과 같은 삶의 연장선상에 위치한 것으로 인식해 왔다. 저녁 먹고 산책삼아 잠시 갔다 올 수 있는 곳이며, 그 이야기를 이웃사람들에게 자랑삼아 해줄 수 있는 곳으로 여긴 것이다. 즉, 삶에 대한 인식의 총체가 이른바 저승으로 확대된 것이다. 따라서 이승과 저승은 순환관계를 이루고 있다. 위의 글에서도 보듯이 이승에서 한 인간이 치러낸 행적을 원인으로 삼은 결과로서 저승살이가 결정된다고 인식했던 것이다. 불교사전에 보면 지옥에 대하여 다음과 같이 설명하고 있다.

地獄은 梵語로 Naraka, 혹 Niraya, 巴利語 Niraya로서 捺落迦, 那落迦, 奈落, 泥梨耶, 泥黎라 음역하고, 不樂, 可厭, 苦具, 苦器, 無有, 無幸處라 번역된다. 지옥은 중생들이 자기가 지은 죄업으로 말미암아 가서 나게 되는 지하의 감옥인데, 남섬부주의 아래로 2만 유순을 지나서 無間地獄이 있다고 한다. 길이, 넓이, 깊이가 각 2만 由旬(聖王의 하루 동안의 行程 : 40리에 해당)이며, 위로 1만 9천 유순 가운데에 층층으로 八大地獄(八熱地獄, 八大熱地獄)이 있는데 그 명칭은 곧, 等活地獄, 黑繩地獄, 衆合地獄, 叫喚(號叫)地獄, 大叫喚(大叫)地獄, 炎熱地獄, 大焦熱(極熱)地獄, 阿鼻地獄

> (阿鼻旨, 無間, 八萬) 등이다. 이 八熱地獄의 각 지옥마다 사방에 네 문이 있고, 문밖마다 4小地獄이 있어 이것을 합하여 16遊增지옥이라 하는데, 八熱地獄까지를 모두 합하면 136개의 지옥이 있다고 한다. 또 이 八熱地獄의 주위에 八寒地獄이 있는데, 즉, 頞部陀, 尼剌部陀, 頞哳吒(阿吒吒), 臛臛婆(阿波波), 虎虎婆, 嗢鉢羅, 鉢特摩, 摩訶鉢特摩가 그것이다. 또 이러한 지옥과는 달리 현재 우리가 사는 세계의 산이나 넓은 들에도 지옥이 있다는데, 이것을 孤獨地獄이라 한다.[51]

이 팔열지옥과 팔한지옥, 그리고 고독지옥은 그 명칭만으로도 인간의 무수한 고통을 상징하며 그 고통 또한 잠시도 쉴 틈을 주지 않는 '無間地獄'이라는 특징이 있다. 우리가 흔히 위험에 빠지는 것을 "'奈落'으로 떨어진다"고 하는데 이는 바로 지옥을 의미한다. 그만큼 죄업을 씻는 과정은 처절하며 매우 자극적이라는 특징을 지니고 있는데, 이는 아마도 인간의 뇌리에 죄에 대한 경각심을 극대화하기 위한 구상이 아닌가 한다.

天倪錄에는 홍내범이 장질부사로 죽은 후 장례를 치를 적에 관 속에서 살아난 후, 저승에 갔다 온 이야기가 전한다. 그가 꿈속에서 다녀 온 지옥은 勘治不睦之獄(화목하지 않은 이를 다스리는 지옥)과 勘治造言之獄(거짓말로 남을 해친 자를 다스리는 지옥), 그리고 勘治欺世之獄(관리로서 백성을 등치거나 학자로서 명예를 도둑질한 자를 다스리는 지옥)이었다. 모두 유고적인 덕목과 유관한 곳인데, 이승에서의 생활태도를 중시한 교훈적인 의미를 지닌다고 할 수 있다. 그 사건의 말미에 다음과 같은 평을 작자는 남기고 있다.

> 아! 홍내범의 일은 부처가 사람을 속이는 이야기와 같다. 군자는 진실로 괴이한 것을 말하거나 이상한 일을 찬술해서는 안 된다. 그러나 송나

---

51) 『佛光大辭典』 三册, 書目文獻出版社, 2311~2313쪽. 운허 용하 저, 『불교사전』, 홍법원, 1961, 823쪽, 필자 요약.

> 라의 李舟도 또한 "천당이 없으면 그만이지만 있다면 군자라야 그곳에 오를 것이며 지옥이 없으면 그만이지만 있다면 소인배가 거기에 들어갈 것이다"라고 말하지 않았는가. 이로 미루어 보면 홍내범이 말한 일은 비록 세상을 어지럽히는 일에 가깝지만 또한 세상에 경종이 될 만도 하다. 그러므로 나는 이 말들을 적어 한퇴지가 "그 하나는 취하고 그 둘은 따지지 않은 뜻"에 붙이고자 한다.[52)]

不語怪力亂神과 같은 유가적인 입장에서 군자와 소인의 행실을 통해 각각 천당과 지옥으로 배속하고 있지만 그런 가운데서도 교훈이 될만한 이야기를 끌어내고 있다. 즉, 이승에서의 삶의 결과는 기록을 통해 평가되어 역사에 남는다는 이야기는 굳이 종교와 신념의 차이를 언급하지 않아도 이해가 가능한 것이기도 하다. '警世'라는 한 마디에는 삶에 대한 인간의 진지한 자세를 요구하는 뜻이 담겨 있다고 본다.

5. 결 언

우리 조상들은 저승을 이승의 연장선상에 있는 공간으로 인식해 왔다. 저녁을 먹고 다녀올 수 있는 가까운 공간이기도 했고, 돌아 와서는 이웃들에게 실제 경험처럼 이야기해주는 소재로 곧잘 활용하기도 했던 것이다. 그렇지만, 저승세계는 산 자가 死後의 未知 세계를 이야기한다는 점에 모순과 특징이 있다.

무속에서는 인간 내면의 精誠을 중시하여 나의 희생을 전제로 남에게 追福함으로써 나의 念力이 미쳐가기를 기원하였던 것이다. 유교는 산

---

52) 任堕, 『天倪錄』, 菩薩佛放觀幽獄, "噫 乃範之事 似是釋氏誣民之說 君子固不當語怪述異 而宋李舟亦云 天堂無則已 有則君子登 地獄無則已 有則小人入 由此觀之 乃範所云 雖近於誣世 而亦可以警世矣 故余志其語 以附退之取其一 不責其二之義."

자와 죽은 자의 공존을 위해 祖孫간의 영감을 나눌 수 있는 제사의 장을 마련해왔다. 제사의 報本追遠의 원리는 결국 죽은 자의 음력으로 산 자의 복을 비는 구조로 자리 잡았던 것이다. 불교에서는 이승과 저승을 순환관계로 파악하고 철저하게 福善禍淫의 논리를 제시해왔다. 원시불교의 계율인 '諸善奉行 諸惡莫作'이라는 가르침도 따지고 보면 모든 인간에게 적용되는 이승에서의 삶의 지표가 아닌가 한다.

公無渡河歌는 넋두리에 가까운 노래이지만 남편의 현실적인 죽음을 목격한 아내의 투신에 의해 부부의 죽음이 정신적으로 재생되는 극적인 상황을 보여주고 있다. 즉, 이승에서의 부부의 삶이 저승으로 연장되는 것이다. 산 자의 의지에 따라서는 生死를 가르는 공간(강)도 죽음을 통해 극복될 수 있음을 보여준 것이다.

祭亡妹歌에서는 남매사이의 생과 사의 공간이 분리되어 존재하는 것이 아니라, 죽어서도 별도의 공간(미타찰)을 향한 기원으로 이어져 있다는 점에서 연결 가능한 거리로 확신하고 있다. 삶과 죽음을 대하는 자세에 따라 공존과 분리의 공간이 될 수 있음을 보여주는 것이라고 할 수 있다.

願往生歌에서 서방정토의 세계는 이승과는 생사를 달리하는 공간이지만 중간 매개자로 달을 설정하고 있다. 달은 나의 정성과 수도의 자세를 환히 비추는 존재일 뿐만 아니라 나의 모든 것을 무량수불에게 고하는 감시자의 역할도 맡고 있다. 가까이 볼 수 있는 달의 공간을 통하여 서방정토에의 의지를 불태우고 있는 수도자는 이승보다는 달에 더 가까이 다가감으로써 願往生의 실현을 꿈꾸고 있는 것이다.

서사무가에 나타난 지옥의 형상은 항상 뜨겁고 차가운 것과 같은 극단적인 모습으로 형상화되어 있고, 온갖 두려움의 대상을 나열하며, 수많은 난관이 차례차례 나타나면서 죽은 사람으로 하여금 공포와 두려움에 질리게 한다. 셀 수 없이 많은 난관(八萬四千)과 쉴 틈이 없이(無間)

닥치는 육체적인 고통은 인간의 뇌리에서 죄업의 대가에 대하여 잔혹한 각인을 해주고 있다.

동서양을 막론하고 저승에 대한 인식은 인간의 죄와 벌, 윤리의식과 성취감이라는 상보적 관념의 궁극적 원형을 보여주고 있다. 대부분의 사람들은 죽음을 가까이 느끼거나 죽음 직전의 경지까지 갔을 때, 비로소 삶의 의미를 되돌아보는 기회를 갖게 된다. 또한 사람들은 삶의 성패를 규정짓는 기준이 막연하나마 양심에 바탕 한 윤리의식이라고 인식하고 있는 듯하다. 불교신도의 경우는 적극적인 수행을 통해 왕생 실현을 꿈꾸고 있으며, 죽음에 대한 인식(적극적이거나 소극적인 것)은 각자가 처한 환경과 신분에 따라 다르다는 것은 예나 지금이나 같다고 할 수 있다.

인간이 저승세계에 대한 두려움을 느끼는 것은 삶을 보다 가치 있고, 의미 있게 이끌기 위해 인간의 양심에 기초한 허구화된 공간으로 인식하고 있기 때문이 아닐까 한다.

「南炎浮洲志」 地獄 空間의 性格과 意味

허 원 기*

1. 문제 제기

『금오신화(金鰲新話)』는 우리 소설사에서 매우 중요한 작품이고 이미 많은 연구자들에 의해 그 성격과 의미에 대한 논의가 활발하게 이루어진 바 있다. 더불어 기존의 연구 성과들을 통해 많은 부분들이 해명되었다. 널리 알려져 있듯이 『금오신화』에는 다섯 편의 작품이 수록되어 있는데, 『금오신화』의 작품 전반에 대한 논의뿐만 아니라, 수록된 이들 각 작품들에 대한 논의도 비교적 충실하게 이루어져 왔다.

그럼에도 불구하고 이 다섯 편중에서 연구자들에게 상대적으로 덜 다루어진 작품이면서 아직 해명되어야 할 부분이 많고, 접근하기 힘든 작품이라면 「남염부주지(南炎浮洲志)」를 들 수 있다. 심지어 어느 연구자는 「남염부주지」를 '당혹스런 작품'이라고 토로[1]하기까지에 이르렀다. 그리고 「남염부주지」 연구의 진전을 방해하고 있는 문제들의 핵심에

---

* 건국대학교 강의교수.

1) 진경환, 「남염부주지의 반어」 『고전문학연구』 제13집, 1988, 227쪽.

는 작품 속에 등장하는 남염부주, 즉 '지옥(地獄)'이 놓여 있는 것으로 여겨진다.

애초에 박생의 내적 갈등은 이단에 대한 회의에서부터 시작된 것이었다. 이러한 갈등은 지옥의 우두머리인 염왕과의 쾌활한 담론을 통해 말끔히 해결되는 쪽으로 나아가는 것 같으나 결국은 자신이 한사코 부정하던 지옥세계의 우두머리가 되고 마는 심각한 자기모순을 보여주고 있는 것이다.

이러한 자기모순에 대해서는 여러 가지 견해가 제출된 바 있다. ① 염왕을 유불(儒佛)의 조화를 추구하는 인물로 보아 여기에서 화합・일치의 가능성을 찾는다거나,[2] ② 불교로써 불교를 부정하는 역설적 수법이라든가[3], ③ 일종의 寓言(Allegory)으로 파악하여, 귀신으로 귀신을 물리치고 지옥으로 지옥을 부정하는 역설의 효과로 해석하거나,[4] ④ 새로운 사상을 기발하게 나타내려는 의욕이 지나쳐 파탄을 초래하였고 불필요한 간섭을 배제하고 설득력을 높이기 위해 별난 방법을 썼다고 하거나,[5] ⑤ 두 세계를 대조적으로 설정함으로써 현존하는 세계의 부정적 면모를 비판하는 한편, 있어야 할 세계의 모습을 제시했다거나,[6] ⑥ 양변지양(兩邊止揚)의 글쓰기를 통해서 모순을 넘어선 원리가 있음을 생각하도록 촉구했다거나[7] ⑦ 반어적 어조와 구성을 통해 독특한 기획을 보여준다는 주장[8]이 그것이다.

---

2) 정주동, 『매월당 김시습 연구』, 민족문화사, 1961, 695쪽.
3) 김명호, 「김시습의 문학과 성리학 사상」 『한국학보』 35집, 1984, 53쪽.
4) 임형택, 「현실주의적 세계관과 금오신화」, 서울대학교 석사학위논문, 1971, 30~31쪽.
5) 조동일, 『독서・학문・문화』, 서울대출판부, 1994, 22쪽.
6) 박희병, 『한국 전기소설의 미학』, 돌베개, 1997, 238쪽.
7) 최귀묵, 「김시습 글쓰기 방법의 사상적 근거 연구」, 서울대학교 박사학위논문, 1997, 149쪽.
8) 진경환, 「남염부주지의 반어」 『고전문학연구』 제13집, 1988.

①부터 ⑥까지 이러한 주장들이 모두 일말의 타당성을 지니고 있으나 더불어 나름대로의 한계를 지니고 있는 것도 사실이다. 이에 대해서는 이미 ⑦의 논의에서 다루어진 바 있다. ⑦에서는 선행연구의 한계들을 꼼꼼히 지적하면서, 그 자리에 남염부주지에 반어적 기획이 있음을 제기하였고, 그 반어적 기획의 기저에는 아마도 김시습의 선(禪)적 전략이 개입되어 있을 것 같다는 예상으로 마무리하고 있다. 특히 김시습의 『조동오위요해(曹洞五位要解)』와 『십현담요해(十玄譚要解)』가 중요한 관건이 될 것임을 지적하였으나 그에 대한 논의는 수행하지 않았다.

기존 연구들을 통해 우리는 일차적으로, 환상의 세계를 바라보는 김시습의 입장과 그 소설적 서사전략을 해명하는 과정에서 『조동오위요해』와 『십현담요해』에 대한 온전한 이해가 중요한 선결과제로 남아 있음을 알 수 있다. 이 두 저술을 통해 김시습이 환상세계를 인식하는 방식을 점검해 보아야 한다. 더불어 「남염부주지」에 등장하는 '지옥 공간'의 성격과 의미에 대해서도 새로운 접근이 필요하다. 「남염부주지」에서 환상세계인 지옥공간을 바라보는 박생과 염왕(閻王)의 관점을, 김시습의 관점과 함께 비평적 거리를 두고 검토해 볼 필요가 있다.

또한 「남염부주지」의 '지옥'은 작품 안에서 박생과 염왕의 문답을 통해 비교적 개방적으로 언술되고 있다. 그러므로 『금오신화』 여타 작품에 비하여 환상의 세계를 바라보는 작중인물들의 관점이 더욱 잘 드러난다. 그런 점에서 「남염부주지」의 '지옥담론'은 「남염부주지」의 환상적 성격뿐만이 아니라 『금오신화』에 수록된 소설 전반의 환상성을 해명하는 데에도 많은 도움이 될 수 있을 것이다.

본 논문은 『조동오위요해』와 『십현담요해』를 통해서 환상세계를 바라보는 김시습의 관점을 새로 정리하면서, 이를 통해 「남염부주지」에 나타나는 지옥공간의 의미를 재검토하고자 한다. 그 과정에서 앞에서 언급된 7가지 견해의 타당성 여부도 새롭게 검토될 수 있을 것이다.

2. 환상세계를 바라보는 김시습의 관점

선행연구에서도 필요성이 제기된 바 있거니와, 환상 세계를 바라보는 김시습의 입장을 이해하기 위해서는 『조동오위요해』와 『십현담요해』를 검토해 볼 필요가 있다.

『조동오위요해』는 조동오위를 풀이한 것이다. 조동오위는 중국 조동선(曹洞禪) 계열의 동산양개(洞山良价, 807~896)와 그 제자 조산본적(曹山本寂, 840~901)이 선종의 이치, 수행, 실천의 요체를 요령 있게 요약하여 남긴 몇 편의 게송을 말한다. 조동오위에는 각기 다섯 수로 된 <정편오위(正偏五位)>, <공훈오위(功勳五位)>, <군신오위(君臣五位)>, <왕자오위(王子五位)>가 있는데, <군신오위>와 <왕자오위>는 <정편오위>와 <공훈오위>를 비유적으로 설명한 것이다. 『십현담요해』는 동안상찰(同安常察, ?~961)이 지은 10수의 율시인 십현담을 풀이한 것이다. 십현담은 조동선의 오위설을 의미중심으로 재구성하여 노래한 것[9]이다. 그 경지가 높고 문학성도 뛰어나 많은 사람들의 관심을 끌었다. 이를 주해한 것으로는 법안문익(法眼文益, 855~958)의 청량주(淸涼註)를 필두로 하여 가까이는 한용운(韓龍雲, 1879~1944)의 『十玄譚註解』가 있다.

조동오위는 정(正)과 편(偏)의 관계양상을 중심으로 하여 수행의 다섯 경지를 표현한다. 이 다섯 가지 수행의 경지를 오위(五位)라고 한다. 그 오위는 '정중편(正中偏)', '편중정(偏中正)', '정중래(正中來)', '겸중지(兼中至)', '겸중도(兼中到)'로 표현된다. '정'과 '편'은 세계를 인식하는 두 가지 개념 틀이다. 정편은 그림으로 나타내기도 하는데, 검은 원

9) 한종만, 「한용운의 십현담주해에서 본 진리관과 선관」 『만해사상연구』 제2집, 1981, 21쪽.

(●)은 정을, 흰 원(○)은 편을 표시하고 일반적으로 볼 때, 정은 본체적인 것을, 편은 현상적인 것을 의미[10]한다. 이에 대하여 조산본적은 정위(正位)는 바로 공계(空界)에 속하며 본래 무물(無物)이고, 편위(偏位)는 바로 색계(色界)로서 만상의 형상이 있다[11]고 본다. 김시습도 『조동오위요해』에서 정편을 각기, 공(空)과 색(色), 체(體)와 용(用), 리(理)와 사(事)로 이해하고 있다. 특히 김시습은 전통적인 조동오위의 체계를 「태극도설」의 음정양동(陰靜陽動)과 「참동계」의 현(玄)과 황(黃)[12]이 열리는 경지와 일치시며, 유불도(儒佛道)를 서로 회통시키려는 태도를 보여준다.[13] 그 내용을 표로 제시하면 다음과 같다.

[표 1] 정편오위, 태극도설, 참동계의 관계

正偏五位	正中偏	偏中正	正中來	兼[偏]中至	兼中到
太極圖說	陰靜陽動	五行	乾道成男 坤道生女	萬物化生	太極
參同契	玄黃之後 [天地分化]	方位 [四方上下]	自 [身心]	他 [森羅萬象]	黑白未分 [太初太一]

조동오위는 곧 '정편'과 '오위'로 수행의 원리와 경지를 표현한 것이라고 할 수 있다. 앞서 살펴보았듯이, 김시습이 이미 정과 편의 의미에 대해서는 여러 용어를 들어 설명한 바 있다. 그러나 그런 용어들도 결국은, 정에 있어서는 본체세계를, 편에 있어서는 현상세계를 지칭하는 의미로 수렴될 수 있다. 이러한 현상세계와 본체세계를 바탕으로 하여, 선

10) 허원기, 「삼국유사 구도설화의 의미－특히 중편조동오위와 관련하여」, 한국학대학원 석사학위논문, 1995, 21～22쪽.

11) 『人天眼目』 卷3 : "正位卽屬空界, 本來無物, 偏位卽色界, 有萬象形."

12) 玄과 黃은 天과 地를 의미한다.

13) 조동선의 정편오위설과 태극도설, 에 대한 이해는 한종만, 「설잠 김시습의 조동오위요해 연구」 『한국불교학』 21호, 1996과 최귀묵의 「김시습 글쓰기 방법의 사상적 근거 연구」, 서울대학교 박사학위논문, 1997에서 다루어진 바 있다.

수행 과정을 다섯 단계로 나누고 그 체계와 의미를 정립하려한 것이 오위이다.

그렇다면 여기에서 우리가 검토해보려 하는 '지옥'이라는 그 '환상'의 세계는 어디에 해당하는 것일까? 그것은 정에 해당하는 것일까, 아니면 편에 해당하는 것일까? 선불교에서 바라보는 지옥이 결코 본체세계가 아니라는 점을 감안한다면, 지옥은 정의 세계라기보다는 편의 세계라고 할 수 있다. 선불교에서는 지옥이 본질이 아닌 방편적 설정이었음을 공공연하게 표방하기 때문이다. 김시습 스스로도

> 불교에서 말하는 교(敎)는 방편(方便)과 진실을 병행하는 것이며, 선(禪)은 순수하게 진실을 가리킨 것이다. 천겁수행 · 삼세인연과 의정이보 · 천당지옥(天堂地獄)을 말한 것들은 모두가 사실이 아닌 것을 설정하여 사람으로 하여금 깨닫게 한 것인데, 따져보면 철이 없는 아이를 달래기 위하여 단풍잎을 돈이라 하고 어린이의 울음을 멈추게 하려고 귀신이다 호랑이다 하면서 겁을 주는 것과 마찬가지이다.[14]

라고 하며 방편적 가상(假象)의 세계임을 분명히 하고 있다. 그러한 점에서 '지옥'은 본질적 세계인 '정'에 해당하는 것이 아니라 비본질적이며 현상적 차별세계인 '편'에 해당한다고 보아야 한다.[15] 그러므로 일리(一理)의 세계라기보다는 만사만유(萬事萬有)의 일종이고, 보편적 진리의 세계라기보다는 개별적 현상의 일종이며, 평등하고 절대적인 진공(眞空)의 세계라기보다는 묘유(妙有), 또는 무상한 환유(幻有)의 세계인 것이

---

14) 『梅月堂續集』 第一, 「釋性理經義與異端」 : "浮屠家敎是方便權實竝行, 禪是直指, 純是實語. 如千劫修行, 及三世因緣, 與依正二報天堂地獄, 竝是虛設, 令人感悟, 畢竟誘兒黃葉, 怖兒鬼虎."

15) 김시습은 『조동오위요해』(민영규교록본, 20쪽)에서 정에 대하여 "정은 空界이다. 有無에 떨어지지 않고, 中道도 함께 여의였다. 대대가 끊어져서 본래 맑고 고요한 묘체이다(正是空界, 有無不落, 中道俱泯, 逈絶待對, 本來湛寂之妙體)"라고 말한다. 지옥은 이러한 것과 거리가 먼 것이다.

다. "세간을 떠나서는 깨침이 없고 세간을 떠나 깨침을 찾는 것은 토끼에게서 뿔을 구함과 같다(佛法在世間, 不離世間覺, 離世覓菩提, 恰如求免角. 『六祖壇經』「般若品」 第2)"고 하면서 출세간 지향보다 일상의 불교를 성립하려한 선종(禪宗)의 종지에 비추어 볼 때도, 천당지옥은 비본질적인 세계에 지나지 않는다.

그러나 지옥과 같은 환상세계를 굳이 편에만 한정할 필요는 없다. 정과 편은 음과 양, 주(主)와 빈(賓)처럼 대대(待對)적인 성격의 용어로서 서로 상반된 그 무엇을 지칭하는 폭넓은 개념의 방편적 용어이기 때문이다.[16] 그런 의미에서 환상세계를 정에 포함시키느냐 편에 포함시키느냐는 중요한 것이 아닐 수도 있다. 그것보다는 환상세계와 현실세계, 일상세계와 비일상세계라는 식으로 정이든 편이든 각기 서로의 짝을 맞추어 주는 것이 중요하다.[17]

이러한 정의 세계와 편의 세계, 또는 현실세계(일상세계)와 환상세계(비일상세계)는 서로 회호(回互)하는 긴밀한 관계 속에 있다. 이러한 정과 편의 관계 및 진전 양상에 따라 오위가 마련된다. 오위에 대해 여기에서 자세히 설명할 형편이 못 되지만, 기존의 논의들을 참고하면서 환상과 현실의 관점에서 그 개략적인 내용을 정리해보면 다음과 같다.

---

16) 행책(行策)은 『보경삼매본의(寶鏡三昧本義)』「정편오위도설(正偏五位圖說)」에서 정과 편을 각기 흑(黑) : 백(白)/ 암(暗) : 명(明)/ 야(夜) : 주(晝)/ 내(內) : 외(外)/ 군부(君父) : 신자(臣子)/ 주(主) : 빈(賓)/ 이(理) : 사(事)/ 체(體) : 용(用)/ 성덕(性德) : 수덕(修德)/ 지혜(智慧) : 공훈(功勳)/ 실지(實智) : 권지(權智)/ 본(本) : 적(迹)/ 과(果) : 인(因)으로 대비하여 열거한 바 있고, 스즈끼 다이세스(鈴木大拙)는 정과 편을 절대 : 상대/ 무한 : 유한/ 일(一) : 다(多)/ 신(神) : 세계(世界)/ 암(暗, 未分化) : 명(明, 분화한 것)/ 평등 : 차별/ 공(空) : 명상(名相)/ 지혜 : 사랑/ 이(理) : 사(事)로 나누어 설명한다(최귀묵, 『김시습 조동오위요해의 역주 연구』, 소명출판, 2006, 164~166쪽 참조).

17) 그러나 본 논문에서는 앞의 논의를 근거로 하여 환상세계를 편의 세계, 현실세계를 정의 세계에 포함시켜 논의하고자 한다.

① 정중편(正中偏)
정 속에서 편을 봄 ‖ 본질 속의 현상을 봄 ‖ 부처 속에 중생을 봄 ‖ 현실 속의 환상을 봄
② 편중정(偏中正)
편 속에서 정을 봄 ‖ 현상 속의 본질을 봄 ‖ 중생 속에 부처를 봄 ‖ 환상 속의 현실을 봄
③ 정중래(正中來)
정중(正卽偏과 偏卽正의 가운데)에서 나옴 ‖ 본질을 철견하고 현상을 깨우침
‖ 불성을 몸으로 깨쳐 上求菩提(自利)를 마치고 下化衆生(利他)에 들어감
‖ 환상속의 현실과 현실속의 환상 가운데서 나와 앎(인식)에서 삶(실천)으로 전환
④ 겸중지(兼中至)
겸중에 지극함 ‖ 주체적이고 능동적인 하화중생의 실천
‖ 환상과 현실을 넘어서 능동적으로 공덕을 실현
⑤ 겸중도(兼中到)
겸중을 실현함 ‖ 자유자재로운 하화중생의 완성 ‖ 異類中行[18]
‖ 환상과 현실을 넘어선 자유자재로운 공덕 실현

정편오위에서는 선(禪) 수행의 과정과 경지를 다섯 가지로 나누어 표현한 것에 비해, 십현담에서는 이를 열 가지로 나누어 표현하고 있다. 그 열 가지는 심인(心印), 조의(祖意), 현기(玄機), 진이(塵異), 연교(演教), 달본(達本), 환원(還源), 전위(轉位), 회기(廻機), 일색(一色)이다.[19] 십현담은 정편오위와 긴밀한 관련성을 지닌 것으로 알려져 있다.

---

18) 이러한 수행의 경지는 '이류중행(異類中行)'이라는 말로 표상된다. 이류중행이라는 말의 연원과 의미에 대해서는 졸고, 「이류중행 사상의 서사문학적 의미」 『한국어문학연구』 42집, 2004에서 논의한 바 있다.

19) 심인(心印)은 불심인(佛心印)으로 부처의 절대적인 깨달음, 조의(祖意)는 조사서래의(祖師西來意)로서 달마가 전한 조사의 뜻, 현기(玄機)는 불가사의한 작용, 진이(塵異)는 티끌 세상과 다름, 연교(演教)는 교를 폄, 달본(達本)은 근본에 통달함, 환원(還源)은 고향에 돌아옴, 전위(轉位)는 생사의 차별세계로 돌아

즉 정중편은 심인과 조의에, 편중정은 현기와 진이에, 정중래는 연교와 달본에, 겸중지는 환원과 전위에, 겸중도는 회기와 일색에 각기 배대(配對)되고 있다.[20]

『조동오위요해』와 『십현담요해』의 이러한 논의들은 환상세계를 바라보는 김시습의 관점들을 잘 반영하고 있다.

김시습에게 '지옥'과 같은 환상 세계는 본질적인 정의 세계라기보다는, 비본질적인 편의 세계이며 방편적 설정인 것으로 이해되고 있다. 그러므로 환상의 세계는 결국 깨트려버리지 않으면 안 되는 미망의 세계에 지나지 않을 수도 있다. 그러나 환유의 세계 그 자체가 전적으로 나쁘기만 하거나 좋기만 한 것이 아니며, 전적으로 숭배하거나 배격해야할 것도 아니다. 방편이라는 것은 경우에 따라 매우 요긴한 것이 될 수 있기 때문이다. 더구나 미망에 빠진 일상의 인간에게는 현실 자체가 오히려 또다른 환상세계라고 할 수 있다. 불교에서 바라보는 대부분의 인간 중생은 현실 속에서도 미망을 끊임없이 만들어내고 거기에 빠져 살고 있기 때문이다.

이미 인간의 일상적 삶에서 환상세계가 현실적으로도 매우 중요한 부분을 차지하고 있다면, 환상세계를 무조건 배제할 것이 아니라, 거기에 빠지지 않으면서도 그것을 적극적으로 활용할 필요가 있는 것이다. 『조동오위요해』나 『십현담요해』에서 말하고 있는 것처럼 환상세계 속에서 현실세계를 감지(偏中正)할 수 있고, 현실세계에도 오히려 환상세계가 숨어있음(正中偏)을 안다면 더욱 그러하다. 정과 편이 끊임없이 회호(回互)하는 것처럼, 환상과 현실, 또는 비일상과 일상이 실상은 둘이면서 또

옴, 회기(廻機)는 생사의 차별세계로 돌아와 현신함, 일색(一色)은 한 빛을 의미하는 제목들로 각기 선 수행의 경지를 형상화하고 있다.

20) 이 문제에 대해서는 한종만의 「조선조 초기의 조동선－설잠의 십현담요해를 중심으로」 『한국불교학』 16집, 1991에서 비교적 잘 다루어진 바 있다.

한 둘이 아니라는 것이다. 김시습은 정을 진성(眞性)의 체(體)로 보고, 편을 진성의 용(用)으로 파악하기[21]도 하는데, 그렇다면 편의 세계라 할 수 있는 환유의 세계도 결국은 진성의 한 표현으로서 쉽사리 무시해버릴 수 세계가 아니다.

『조동오위요해』나 『십현담요해』의 언설대로라면, 현실세계의 본질은 환상세계를 통해 오히려 더 잘 드러날 수 있으며, 비일상의 환상으로부터 일상과 현실의 요긴한 의미를 적실하게 추출해낼 수 있다. 그것은 변죽을 두드려 본질을 드러내는 선(禪) 특유의 담론 전략과도 맥락을 같이 하고 있다고 할 것이다. 김시습은 이러한 사상적 바탕 위에서 환유의 세계를 적극적으로 드러내는 전기(傳奇)소설을 창작할 수 있었던 것으로 파악된다.[22] 『금오신화』에 수록된 소설들은 모두 환상을 적극적으로 활용하면서도 그것이 환상에만 머물지 않고 현실을 반추하고 반영하는 기능을 적극적으로 수행한다. 특히 「남염부주지」는 환상의 세계에 대한 담론들이 직접적으로 노출되어 있어 주목할 만하다. 이러한 점들은 환상의 세계와 현실의 세계를 긴밀한 관계 속에서 파악하고 또한 포용하면서, 그것의 실천적 의미를 중시했던 김시습의 사상에서 연유한 것이라고 하겠다.

---

21) "●正, 眞性之體, ○偏, 眞性之用"(『조동오위요해(曹洞五位要解)』, 「단하자순선사오위서(丹霞子淳五位序)」(민영규교록본), 18쪽)

22) 이러한 생각은 김시습이 전등신화를 읽고서 지은 「제전등신화후(題剪燈新話後)」의 "말이 세상교화에 연관되면 괴이해도 무방하고, 일이 사람을 감동시킬 수 있으면 허탄해도 기뻐할만하네.(語關世教怪不妨, 事涉感人誕可喜)"라는 시구(『매월당집』 卷4)에 잘 나타난다. 이 시구에서 괴(怪)와 탄(誕)은 곧 환상을 의미하는 것이기 때문이다.

3. 남염부주(南炎浮洲)의 형상

잘 알려져 있듯이, 「남염부주지」는 경주에 사는 선비 박생이 꿈속에 '남염부주(南炎浮州)'라고 하는 지옥에 가서 그 곳의 염왕과 담론한 내용을 중심으로 하고 있다. '남염부주'라는 지옥의 형상은 박생의 눈과 염왕의 이야기를 통해 나타난다. 먼저, 박생이 바라본 염부주의 모습을 보면 다음과 같다.23)

> ① 그러다가 문득 한 나라에 이르렀다. 그곳은 곧 넓은 바다 속의 한 섬이었다. 그 땅에는 초목이 자라지 않고 모래와 자갈도 없었으며 발에 밟히는 것은 모두 구리가 아니면 쇠였다. 낮에는 거센 불길이 하늘까지 뻗쳐 땅덩어리가 녹아내리는 듯 했고, 밤이면 쌀쌀한 바람이 서쪽에서 불어와서 사람의 살과 뼈를 에이는 것 같아 몸에 부딪치는 장애를 견딜 수 없었다. 성처럼 된 쇠 벼랑은 바닷가를 따라 늘어서 있었다. 거기에는 굉장한 철문이 하나밖에 없는데 굳게 잠겨 있었다. 문지기는 주둥이와 송곳니가 튀어나오고 영악한 자세로 창과 쇠몽둥이를 쥐고 바깥 것들을 막고 있었다.
>
> 성 안에 사는 백성들은 쇠로 지은 집에 살고 있었다. 그래서 낮에는 불에 데어 피부가 문드러지고 밤에는 얼어붙어 갈라지고는 하였다. <u>그들은 다만 아침과 저녁에만 꾸물꾸물 움직이면서 웃고 얘기하는 모양이었으나 그다지 괴로워하지도 않는 모습이었다.</u>24)
>
> ② 눈앞에 쇠로 된 성이 세 겹으로 둘러있고, 으리으리하게 높다란 궁

23) 본 논문에서는 『金鰲新話』 이본 중에서 중국 따롄(大連)도서관에 소장된 윤춘년본을 대상으로 하여 논의를 전개한다.

24) 『金鰲新話』 「南炎浮洲志」 : "忽到一國, 乃海洋中一島嶼也. 其地本無草木沙礫, 所履非銅則鐵也. 晝則烈焰亘天, 大地融冶. 夜則凄風自西, 砭人肌骨, 吒波不勝. 又有鐵崖如城, 緣于海濱. 只有一鐵門宏壯, 關鍵甚固. 守門者, 喙牙獰惡, 執戈鎚, 以防外物. 其中居民, 以鐵爲室, 晝則焦爛, 夜則凍裂, 唯朝暮蠢蠢, 而亦不甚苦也.(31a-b)"

궐이 금으로 된 산 밑에 서있는데, 뜨거운 불길이 하늘까지 닿을 만큼 이글이글 타올랐다. 길가를 돌아보니 사람들이 화염 속을 거닐면서, 넘실거리는 구리와 녹아내리는 쇳물을 마치 진흙 밟듯이 하며 걸어 다니고 있었다. …… 왕성에 이르니 사방 문이 활짝 열려있는데, 연못가에 있는 누각이 하나같이 인간 세계의 것과 같았다.25)

다음은 염왕 자신이 말한 염부주의 형상이다.

③ (이곳은) 이른바 염부주라는 곳입니다. 궁궐의 북쪽 산이 곧 옥초산입니다. 이 섬이 하늘의 남쪽에 있으므로 남쪽 염부주라고 합니다. 염부(炎浮)라고 하는 것은 불꽃이 활활 타서 늘 공중에 떠있기 때문에 불리게 된 이름입니다.26)

④ 염부주 땅은 실로 풍토병이 유행하는 곳이다. 우임금의 발자취도 이르지 못하였고, 목왕의 팔준마도 이르러 온 적이 없었다. 붉은 구름이 해를 가리고 독한 안개가 공중을 막고 있다. 목이 마르면 김이 오르는 구리 쇳물을 마셔야 하고 배가 고프면 이글이글 불에 녹는 쇳덩이를 먹어야 한다. 그러니 야차나 나찰이 아니면 발붙일 데가 없고 이매망량 같은 도깨비들이 아니면 기운을 펼 수가 없다. 뜨거운 불의 성은 천리나 뻗어있고 철로 된 산악은 만겹이나 된다. 백성들의 풍속은 드세고 사나우니, 정직한 사람이 아니면 그 간사함을 판단할 수 없다. 그리고 지세는 요철이 심해 험준하니, 신령하고 위엄 있는 사람이 아니면 그들을 교화시킬 수 없다.27)

---

25) 『金鰲新話』「南炎浮洲志」: "前有鐵城三重, 宮闕嶔峨, 在金山之下, 火焰漲天, 融融勃勃, 顧視道傍, 人物於火焰中, 履洋銅融鐵, 如蹋濘泥.…… 至王城, 四門豁開, 池臺樓觀, 一如人間.(32b)"

26) 『金鰲新話』「南炎浮洲志」: "所謂炎浮洲也. 宮之北山, 卽沃焦山也. 此洲在天之南, 故曰南炎浮州. 炎浮者, 炎火赫赫, 常浮太虛, 故稱之云耳.(33a)"

27) 『金鰲新話』「南炎浮洲志」: "炎洲之域, 實是瘴厲之鄉. 禹跡之所不到, 穆駿之所未窮. 彤雲蔽日, 毒霧障天. 渴飮赫赫之洋銅, 飢餐烘烘之融鐵. 非夜叉羅刹, 無以措其足, 魑魅魍魎, 莫能肆其氣. 火城千里, 鐵嶽萬重. 民俗强悍, 非正直, 無以辨其姦. 地勢凹隆, 非神威, 不可施其

박생의 눈에 비친 염부주의 모습은 매우 위태롭고 열악한 환경을 가진 곳으로 나타난다. 낮에는 극열(極熱)로 땅이 녹아내릴 정도이고 밤에는 극한(極寒)으로 살과 뼈가 얼어서 갈라지며, 땅은 초목도 모래자갈도 없이 구리와 쇠이며, 그리고 온통 불덩어리로 구성된 세상이다. 백성들은 쇠로 된 집에 살면서 낮에는 불어 데어 살이 문드러지고 밤에는 살이 얼어붙어 갈라지는 모습을 보이고 있다. 박생에게 염부주는 새로운 환상의 공간이면서도, 한편으로는 익숙한 일상의 공간으로 다가온다. ①에서 보듯이, 삶의 환경은 비록 위태롭지만 그곳에 사는 사람들의 모습이 그다지 고통스러운 모습으로 보여 지지 않으며, ②에 나타나듯 인간세계와 같다는 식으로도 표현 된다.

③과 ④에 나타나는 염왕의 눈에 비친 염부주가 불덩어리로 가득 찬 세계, 구리와 쇳덩어리로 이루어진 세계라는 점에서 박생이 바라본 모습과 서로 다르지 않다. 덧붙여, 야차나 나찰이 아니면 발붙일 수가 없고, 이매망량 같은 도깨비가 아니면 살 수가 없는 곳으로 나타나 있다. 그리고 백성들의 풍속이 매우 거칠고 사납기 때문에 교화가 매우 필요하며, 이를 위해 정직하고 신령하고 위엄 있는 사람이 필요한 공간으로 인식하고 있다는 점을 더 나타내었다.

박생은 환상세계에 이입했으면서도 환상세계를 바라보는 시선에는 일상의 현실세계를 바라보던 시선이 중첩되어 있다. 그것은 그가 소속되어 있던 현실세계의 잔상이 여전히 남아있기 때문이라고 할 수 있다. 특히 극열과 극한에 빠져 피부가 문드러지고 살이 갈라지면서도 그것을 온전히 감지하지 못하는 남염부주 백성들의 모습은, 위태로우면서도 그 위태로움을 모르고 미망에 빠져있는 현실세계 속 몽매한 중생들의 모습과 다르지 않다. 또한 염왕은 남염부주에서는 야차나 나찰, 이매망량이 아니

化.(38b)"

면 살아가기 힘들다고 하였다. 야차나 나찰은 사람을 잡아먹거나 시체를 먹으며 살아가며, 이매망량은 사람을 현혹시키며 살아가는 무리들이다. 여기에서도 야차나 나찰, 또는 이매망량의 마음을 지니고서 다른 사람을 죽이거나 현혹시키면서 살아가는 일상 속 현실 세계 사람들의 치열한 생존경쟁을 연상할 수가 있다. 그러한 점에서 남염부주는 바로 현실세계의 우의일 수가 있다.

그리고 조선시대 지옥도(地獄圖)에 등장하는 무자비한 징벌의 모습이 나타나지 않는 것[28]도 특이한 점이다. 염왕이 박생에게 왕위를 물려주면서 백성을 교화하려는 의지를 강력하게 보여준다는 점을 감안하면 그곳 백성들은 징벌의 대상으로 다루어지기 보다는 교화의 대상으로 취급되고 있음을 알 수 있다. 그러므로 염부주는 오랑캐의 풍속을 지닌 문명교화의 대상 공간과 크게 다르지 않다.

이점과 관련하여 염왕의 성격을 검토해볼 필요가 있다. 『시왕경(十王經)』에 다르면 명부시왕중에서 염마대왕은 다섯 번째 지옥을 관장하는 왕으로 지장보살(地藏菩薩)의 화현(化現)으로 인식되고 있다. 지장보살에 대한 신앙은 조선시대에 널리 유포되어 『지장경』의 구결과 언해가 이루어졌고, 이는 『월인석보』와 함께 중세국어를 연구하는 데 좋은 자료가 되며 당시의 지장사상을 이해하는 데도 많은 도움이 된다. 지장보살은 석가모니불이 열반에 든 후 미래 미륵불이 출현할 때까지 고통 받는 중생을 구제하고 제도하는 일을 물려받았으며, 지옥에서 고통 받고 있는 이들을 구제하고 제도하기위해 자신의 성불을 뒤로 미룬 보살이다. 이러한 점에서 「남염부주지」 속에 등장하는 남염부주도 단죄와 심판의 공간이라기보다는 구제와 제도의 공간으로 형상화될 수 있었다고 할 것이다.

---

28) 이점은 남염부주 문지기가 언급하는 "악인 명부에 있는 자는 비록 처벌하지는 않지만, 백성의 예로 대우합니다(在惡簿者雖不加罪, 以民隸例勅之)"라는 말에서도 확인할 수 있다.

4. 지옥 담론과 남염부주(南炎浮洲)의 의미

전반적으로 볼 때, 「남염부주지」에서 지옥 자체의 모습에 대해 언급한 부분은 사실 많지 않다. 3장에서 인용한 네 부분이 거의 전부라고 해도 과언이 아니다.

작품에서 서술자의 관심은 지옥 자체의 형상을 묘사하는 것보다 염왕과 박생의 담론에 모여져 있다. 박생과 염왕의 담론은 주공·공자와 석가, 귀신, 천당·지옥, 제사, 윤회, 삼한의 흥망으로 줄기차게 이어진다. 그런데 그 담론이 저승보다는 저승 건너편의 이승세계와 이승사람들에게 집중되어 있다. 결국은 저승에서 저승에 대해 발언하기보다는 저승을 통해 이승에 대해 발언하는 것이 서술자의 중요한 관심사인 것이다. 이것은 이승에서 다만 이승의 현실에 대해서만 발언하는 것과는 다른 더 큰 효과를 불러올 수 있다.

「남염부주지」는 환상과 현실이 공존하는 전기소설의 일반적 특성을 보여주면서도 다른 전기소설과는 다른 특이한 점을 가지고 있다. 그것은 다른 전기소설과는 비교할 수 없을 정도로, 현실에 대한 발언이 매우 직접적이고 강하게 이루어지고 있다는 점이다. 좀 더 자세히 살펴보자면 박생은 유학과 이승과 현실을 표상하는 인물이고, 염왕은 불교와 저승과 환상을 표상하는 인물이다. 박생은 자신의 현실 공간으로부터 염왕의 환상공간으로 이입한다. 그럼으로써 박생은 현실세계와의 객관적 거리를 확보한다. 그런데 그 공간에는 이미 아주 오래전부터 현실세계와의 거리를 확보하고 있었던 염왕이 있었다. 새로운 이입자와 오래 전의 이입자, 새로운 거리 확보자와 오래전 거리 확보자가 현실세계와는 일정한 거리를 두고 적극적으로 현실세계에 대하여 이중적으로 발언하는 형식을 취하고 있다. 그러므로 「남염부주지」는 현실과 환상의 단순한 조우 수준을 벗어나 있다.

박생은 현실세계의 관점에 서서 환상의 지옥세계 사람들을 바라보고 염왕의 지옥세계에 서서 현실세계 사람들을 바라본다. 그 두 시선이 서로 교차하면서, 현실세계와 환상세계의 사람들이 모두 위태로운 상황에 처해 있으면서도 그것을 깨닫지 못하고 미망에 빠져있다는 점에서 다르지 않음을 확인하게 된다. 그리고 그러한 미망에 빠진 이들을 구제하기 위해서는 그것이 어떠한 세계이든 위태로운 미망의 세계 속으로 직접 들어가는 수밖에 없는 것이다. 박생이 결국은 다시 염부주로 돌아가지 않을 수 없었던 것은 바로 이러한 의미맥락과 관련되어 있다.

이에 대해서는 다음의 몇 가지 세부적인 근거들을 제시할 수 있다.

첫째, 김시습이 남염부주를 설정한 의미이다. '남염부주(南炎浮洲)'는 원래 '남염부주(南閻浮洲)'를 변용시킨 것이다. '남염부주(南閻浮洲)'는 '염부제(閻浮提)', 또는 '남염부제(南閻浮提)'라고도 지칭하는 것이다. 남염부주(南閻浮洲)는 수미산 남쪽에 있는 인도를 지칭하는 말이지만, 후에는 인간세상을 지시하는 의미로 바뀌었다. 그러므로 김시습이 제시한 염부주(炎浮洲)라는 말에는 단순히 지옥을 지칭하는 의미뿐만이 아니라 인간세상이라는 의미가 중첩되어 있다. 인간세상이 곧 지옥이고, 지옥이 바로 사람 사는 세상임을, 그 두 세계가 별개의 세상이 아님을 드러내려 했던 것[29]으로 생각된다. 미망과 부조리한 욕망에 휩싸여 위태롭게 사는 인간세상 그 자체가 바로 우리 현실의 일부이다. 위태롭다는 점에서 현실세계의 삶은 극열과 극한이 공존하는 지옥과 다르지 않다. 그러므로 '남염부주'에 대한 명명에는 작자 김시습의 의도가 개입되어 있는 것으로 보는 것이 옳다.

---

29) 진경환, 「남염부주지의 반어」 『고전문학연구』 제13집, 1998, 302쪽.

둘째, 이러한 설정은 남염부주에만 한정되는 것이 아니다. 남염부주를 다스리는 '염마(燄摩)'도 비슷한 수법을 쓴다. 염마는 범어를 음차한 것으로 보통 '閻魔', '焰魔'라는 말을 많이 사용한다. 그럼에도 굳이 '燄摩'라고 지칭하고 "불꽃이 온몸을 어루만지고 있다는 뜻(言爲燄所摩也(33a))"이라고 친절하게 설명해준다. 그러나 '불꽃이 온몸을 어루만지고 있어서'라는 설명은 합당한 것이 아니다. 염마는 소리를 음차한 것에 지나지 않기 때문이다. 이것은 김시습이 무식해서 망문생훈(望文生訓)한 것이 아니라 의도된 결과로 보아야 한다.

김시습은 불꽃에 유념한 것으로 여겨진다. 활활 타오르는 불꽃은 세속의 치열한 욕망을 의미하는 것이다. 이것은 십현담의 셋째 수 '현기(玄機)'에 나오는 '화중우(火中牛)'라는 말과 조동오위의 겸중지(兼中至)에 등장하는 '화리연(火裏蓮)'이라는 말과 서로 연관되는 것으로 여겨진다. '火中牛'는 보살이 생사의 고통 속에 들어가 중생을 구제하는 일을 말한다. 이를 김시습은 '복로위인(服勞爲人)'이라는 말로 풀이[30]한다. 소는 곧 도, 불이란 치열한 욕계를 의미한다. '화중우'에 대한 설명은 피모대각(被毛戴角)이라는 말로 설명되기도 한다. 십현담의 주석에서는 이를 "털을 입고 불덩이 속을 거닐며, 뿔을 이고서 진흙 속에 섞여있네"[31]라고 설명한다.

이런 점들을 감안할 때, 염마(燄摩)라는 지칭을 굳이 사용하고 뜻풀이까지 한 것은 중생을 구제하기 위해 지옥세계까지 적극적으로 찾아가는 정신을 표상하기 위해서 설정한 것임을 알 수 있다.

셋째, 인간세상에서 공평하고 청렴한 삶을 살았던 사람이 죽어서 염라국의 왕이 된다는 설정은 서사적 관습으로 볼 때도 자주 나타나는 것이다. 『수서(隋書)』에 입전되어 있는 한금호(韓擒虎)는 죽어서 한염라(韓

30) 『梅月堂集』, 「十玄談要解」 '玄機' : "服勞爲人, 宛似火中之牛."
31) 『梅月堂集』, 「十玄談要解」 '玄機' : "被毛遊火聚, 戴角混塵泥."

閻羅)가 되었다고 하며, 송나라 때의 구준(寇準), 범중엄(范仲淹), 포증(包拯)등[32]은 살아서는 공평하고 청렴한 관리였으며, 죽어서는 염마왕이 되었다는 이야기들이 전해지고 있다. 박생도 위에서 열거된 인물들처럼 공명정대한 인물로 볼 수 있다. 그러므로 다른 공명정대한 인물들이 죽어 염왕이 되었던 것처럼 죽어서 염라대왕이 되는 설정이 가능했다.

넷째, 이류중행의 문제와 연결되어 있다. 이것은 두 번째에서 언급한 내용과도 관련이 되는 내용이다. 이류중행(異類中行)[33]은 십현담이나 조동오위에서 매우 중시되는 선의 수행태도로 제시되어 있다. 그것은 궁극적 깨달음을 얻은 불보살이 자신의 경지에 안주하지 않고 중생들의 무리 속으로 들어가 적극적으로 노역하면서 수행하는 삶의 방식을 말한다. 박생에게 지옥이라는 것은 허망한 환상의 세계에 지나지 않는다. 그럼에도 그가 그 세계로 다시 돌아가는 것은 거기에는 그런 가상의 환상 세계에서 고통스럽게 살아가는 몽매한 사람들이 현실적으로 존재하기 때문이다. 지옥과도 같은 현실을 살아가는 사람들이 존재하는 한 이류중행하는 사람들의 행적도 끝나지 않을 것이다.

박생이 다시 남염부주로 돌아가서 왕이 되는 설정은 이러한 여러 가지 요인을 통해 가능할 수 있었다. 그리고 이러한 설정에는 무엇보다도 위태로운 미망에 빠진 중생을 구제하고자 하는 강한 인간애가 바탕에 깔려 있다. 박생이 염라왕이 되었다는 것은 이웃사람의 꿈을 통해 확인된다. 이것은 매우 인상적인 결말이 아닐 수 없다. 환상과도 같은 현실, 현실과도 같은 환상 사이에 살면서, 그 꿈꾼 이는 자신도 또한 위태로운 미망에

32) 구준을 주인공으로 다룬 소설로 『구래공정충직절기(寇萊公貞忠直節記)』, 범중엄을 주인공으로 다룬 소설로는 『범문정공충절언행록(범문정공충절언행록)』, 포증을 주인공으로 다룬 소설로는 『포공연의(包公演義)』, 『충렬협의전(忠烈俠義傳)』, 『충렬소오의(忠烈小五義)』가 있다.

33) 이류중행의 문학적 의미에 대해서는 허원기, 「이류중행 사상의 서사문학적 의미」 『한국어문학연구』 42집, 2004에서 논의한 바 있다.

빠진 존재라는 것을 알지 못하고, 꿈속의 염라국이 자신과는 동떨어진 다른 세계로 여기고 있다. 「남염부주지」는 작품 속에서 현실과 환상이 다른 세계가 아님을 줄곧 강조하면서도, 현실과 지옥을 동떨어진 세계로만 이해하는 위태로운 인간의 모습을 결말에 다시 제시함으로써 쉽사리 해결될 수 없는 현실세계의 모순을 다시 한번 강조하고 있는 것이다.

5. 마무리

지금까지 중요한 논란거리가 되어 왔던 『금오신화』의 「남염부주지」에 나타나는 지옥 공간의 성격과 의미에 대하여 검토해 보았다.

우선 「조동오위요해」나 「십현담요해」를 통해 환상세계를 바라보는 김시습의 관점을 살펴보면, 그는 환상세계와 현실세계가 둘이 아니며 서로 긴밀한 연관성을 지니고 회호(回互)하는 것으로 이해한다. 그러므로 현실 속에 환상이 있고 환상 속에도 현실이 존재한다고 본다. 그리고 궁극적으로는 현실속의 환상과 환상 속의 현실을 넘어서서 적극적이고 능동적이며 자유자재로 삶 속에서 공덕을 실현하는 삶의 방식을 제시하고 있다. 이러한 환상세계 이해는 김시습이 전기소설의 환상공간을 창조하는 데 중요한 동인으로 작용하였다. 그러한 환상공간은 환상자체로서보다는 현실을 반추하는 공간으로서 중요한 기능을 한다.

「남염부주지」에 나타난 남염부주의 지옥은 극한과 극열이 교차하는 매우 위태롭고도 열악한 환경을 지닌 곳이다. 그러므로 야차나 나찰, 이매망량이 아니면 살아가기 어려운 환상의 공간이다. 그러나 남염부주는 단순히 환상의 공간에서 그치는 것이 아니다. 그것은 위태롭지만 그 위태로움을 감지하지 못하고 미망 속에서 무의미하게 살아가고 있는 현실 속의 인간, 또는 야차나 나찰 같은 무리들처럼 남을 해치거나 현혹하지 않으면 살아가기 힘든 현실 속 인간의 모습을 형상화한 것이기도 하다. 그리고 남염부주는 단죄와 심판의 공간이라기보다는 교화와 제도의 공간으로 형상화되어 있는 데, 이것 또한 일반적인 지옥공간과는 다른 면모로서 매우 특기할만한 일이다.

특히 환상적 공간에서 이루어지는 염왕과 박생 사이의 담론은 지옥의 이러한 성격을 더욱 부각시킨다. 그 담론은 지옥 자체를 거론하기 보다는 현실세계에 초점이 맞추어져 있다. 여기에서 환상의 지옥공간은 현실세계의 의미를 반추하게 만드는 기능을 주로 담당하고 있으며, 저승을 통해 이승에 대해 발언함으로써 현실세계를 바라보는 객관적 거리와 관점을 확보하고 있다. 그리고 박생이 다시 염부주로 이입하는 결말은, 실패한 설정이라기보다는 매우 의도적이고 인상적인 결말이라고 할 수 있다. 이러한 결말은 '남염부주'라는 공간 명명법이 지옥과 현실을 포괄하는 이중적 의미를 내포하고 있다는 점, '염마'라는 명명법에 지옥까지 가서 중생을 제도하려는 적극적인 인간애를 표방하고 있다는 점, 살아서 공명정대했던 인물을 죽어서 염라왕이 되도록 설정하는 동아시아의 서사적 관습이 따로 있었다는 점, 도탄에 빠진 중생 속으로 들어가 복무노역하며 적극적으로 중생을 제도하는 이류중행의 수행태도를 보여준다는 점에서 매우 중요한 의미를 지닌다. 결말에서 박생을 지옥의 왕이 되게 함으로서 「남염부주지」는 '미망에 빠진 위태로운 인간을 구제하고자 하는 강열한 인간애'를 궁극적인 주제로 부각시키는 데 성공할 수 있었다.

이러한 점들로 비추어보면 「남염부주지」의 지옥을 중심으로 이루어졌던 기존에 제출되었던 7가지 논의에 대해서도 다음과 같이 일정한 대안들을 제시할 수 있게 된다.

① 염왕은 유불조화의 가능성을 추구하는 인물이라기보다는 위태로운 인간을 구제하려는 충정을 지니고 그것을 일관되게 추구하는 인물이다. ② 불교로 불교를 부정하는 역설적인 수법에 궁극적인 목적이 있다기보

다는 인간을 구제하기 위한 숭고한 의지를 보이고자 한 것이다. ③ 일종의 우의와 역설을 사용하기는 하였으나 그것을 넘어선 강렬한 인간애를 표방하는 데에 목적이 있다. ④ 새로운 사상을 기발하게 나타내려는 의욕이 지나쳐 파탄을 초래하면서 별난 방법을 쓴 것이라기보다는 이질적인 공간을 넘어서는 보편적인 인간애를 나타내기 위해 잘 짜여진 인상적인 결말을 마련하고 있다. ⑤ 두 세계를 대조적으로 설정함으로써 현존하는 세계의 부정적 면모를 비판하고 있어야 할 세계의 모습을 제시했다기보다는 지옥과 현실이 모두 위태로운 세상임을 밝히고 그 위태로움을 극복하려는 뜨거운 인간애를 표방하고 있다. ⑥ 양변지양(兩邊止揚)의 글쓰기를 통해서 모순을 넘어선 원리가 있음을 생각하도록 촉구했다기보다는 환상과 현실의 양변을 적극적으로 포용하면서 적극적인 삶의 방식과 인간애를 보여준다. ⑦ 반어적 어조와 구성을 통해 독특한 기획을 보여 주기보다는 지옥을 부정했지만 지옥은 여전히 있고 현실을 부정했지만 현실이 여전히 존재하고 있음을 보여주고 있다.

參考文獻

김시습, 金鰲新話(大連圖書館本)
김시습, 曹洞五位要解(민영규교록본, 최귀묵번역주해본)
김시습, 十玄譚要解(성균관대학교 대동문화연구소 간행 梅月堂集 收錄本)
김시습, 梅月堂集(성균관대학교 대동문화연구소)
일 연, 重篇曹洞五位(한국불료전서대교본, 이창섭·최철환 번역본)

김명호, 「김시습의 문학과 성리학 사상」『한국학보』 제35집, 1984.
문범두, 「南炎浮洲志에 나타난 作家的 問題意識」『한민족어문학』 제34

집, 1999.

박희병, 『한국전기소설의 미학』, 돌베개, 1994.

심경호, 『김시습평전』, 돌베개, 2003.

엄기주, 「南炎浮洲志의 寓意性」 『반교어문연구』 제5집, 1994.

오대혁, 「金時習의 禪佛敎的 現實主義와 金鰲新話」 『한국문학연구』 26호, 동국대학교 한국문학연구소, 2003.

윤채근, 「金鰲新話의 美的 原理와 反省的 主體」 『고전문학연구』 제14집, 한국고전문학회, 1998.

이원섭, 『선시-깨달음의 노래』, 민족사, 1994.

임형택, 「현실주의적 세계관과 금오신화」, 서울대학교 석사학위논문, 1971.

정주동, 『매월당 김시습 연구』, 민족문화사, 1961.

조동일, 『독서 · 학문 · 문화』, 서울대학교출판부, 1994.

조동일, 「15세기 鬼神論과 귀신이야기의 변모」 『한국의 문학사와 철학사』, 지식산업사, 1996.

조재현, 「고전소설에 나타나는 저승계 연구-열라대왕의 지옥과 후토부인의 명사계를 중심으로-」 『제239차 정례학술발표회 논문집』, 한국고전문학회, 2006.

진경환, 「남염부주지의 반어」 『고전문학연구』 제13집, 한국고전문학회, 1988.

최귀묵, 『김시습의 사상과 글쓰기』, 소명출판, 2001.

최귀묵, 『김시습 조동오위요해의 역주연구』, 소명출판, 2006.

허원기, 「삼국유사 구도설화의 의미-특히 중편조동오위와 관련하여」, 한국학대학원 석사학위논문, 1995.

허원기, 「이류중행사상의 서사문학적 의미」 『한국어문학연구』 제42집, 한국어문학연구회, 2004.

한종만, 「한용운의 십현담주해에서 본 진리관과 선관」 『만해사상연구』 제2집, 만해사상연구회, 1981.

한종만, 「朝鮮朝 初期의 曹洞禪-雪岑의 十玄談要解를 중심으로-」 『한국불교학』 제16호, 한국불교학회, 1991.

한종만, 「雪岑 金時習의 曹洞五位要解 硏究」 『한국불교학』 제21호, 한

국불교학회, 1996.
王志躍(김진무, 최재수 공역), 『分燈禪』, 운주사, 2002.
定方晟(동봉 옮김), 『불교의 우주관』, 관음출판사, 1993.

樓亭記를 통해 본 조선중기 지식인의 공간의식

김 우 정*

1. 머리말

누각이나 정자와 같은 건축물을 신축하거나 개수하였을 때, 또는 어떤 계기로 청탁을 받거나 방문하게 되었을 때 지어지는 樓亭記[1]는 승경 유람의 여정과 소회를 담은 遊記와 더불어 雜記類 散文의 한 축을 이루는 글이다. 누정의 역사와 함께 나타난 누정기는 기원전으로까지 소급

* 단국대학교 교수.

1) 樓亭은 벽이 없이 기둥과 지붕만으로 이루어진 樓臺·樓閣·樓觀·亭閣·亭子·亭榭 따위를 함께 일컫는 말로, 돌이나 흙으로 쌓아올린 대 위에 세운 것을 樓라 하고 그 규모가 작은 것을 亭이라 한다. 그러나 점차 기능이 다양해지면서 한두 칸의 방을 갖춘 누정도 나타나게 되면서 방을 갖춘 건물을 가리키는 堂·軒·齋와 같은 이름으로 일컬어지기도 했다. 때문에 堂·軒·齋라고 일컬어졌더라도 방보다 마루의 기능을 위주로 하였다면 통상 누정이라고 일컫는다. 따라서 주거 기능을 위주로 한 堂·軒·齋에 쓴 글이라면 누정기라고 할 수 없겠으나 그 건물의 구조나 기능을 정확히 확인하기 어렵고 구별하여 부른다 하더라도 지나치게 번쇄해질 우려가 있기에 누정기란 명칭 속에 함께 다루었다.

되는 辭賦나 碑誌 등 다른 유형의 한문산문에 비해 짧은 연원을 가지고 있지만 당송시기에 이르러서는 어떤 유형의 산문보다도 흔히 볼 수 있게 되었다. 누정기가 사대부의 문필생활에서 차지하는 비중이 이처럼 높아지게 된 결정적인 원인은 물론 사상적 조류의 변화에 있다. 유학(또는 성리학)으로 무장한 새로운 지식 계층의 등장은 문학에 있어서 훈구 귀족의 전유물이었던 駢文을 古文으로 대치하는 방향으로 진행되었는데, 그 결과 문학에 대한 관점은 물론이고 창작의 중심축도 크게 변모하게 되었다. 유학의 사유체계로써 일체의 현상을 규정하고자 한 당송시대 지식인의 시각에서 볼 때, 누정은 단지 권력이나 재력을 과시하거나 풍류를 즐기기 위한 곳이 아니라 그들이 지향하는 정신세계를 표상하는 특별한 공간이었다. 때문에 원래 건치 연혁과 구조 등 일반적 사실을 기술하는 것이 일차적 목적이었던 누정기는 점차 당시 지식인의 지적 성찰과 감회를 표출하는 장으로 변모하게 되었다. 이런 점에서 누정기에 나타난 누정은 물리적이고 현실적인 공간일 뿐만 아니라 관념적이고 이상적인 사유의 공간이기도 한 셈이다.

누정기의 이러한 특징은 당송시기 지식인의 경우에만 국한되지 않는다. 여말선초의 혼란기를 지나 국가의 체제가 안정된 15세기 중반 이후 경향 각지에서 대각이나 누정의 건축이 활발해졌다. 누정은 지역의 대소사를 논의하거나 鄕射禮를 거행하기도 하며 군대를 열병하는 실무적 공간일 뿐만 아니라 遊興賞景의 공간이기도 하고 講學과 修養의 공간이기도 하며 문학적 흥취를 일으키고 詩壇을 형성하는 학문과 문화의 산실이기도 하였기에 명망 있는 인사들의 詩文이 예외 없이 내 걸렸다. 이때 지어진 누정기에는 국가의 흥성을 찬양하고 관료로서의 소임을 술회하거나 退休한 뒤의 한적한 삶을 기원하는 등 관각문인들의 낙관적인 세계관이 짙게 반영되어 있는데, 대내외적 지적 충격을 겪은 조선중기에 이르러 주목할 만한 변화를 보이게 된다. 본고에서는 16세기 후반부터

17세기 전반에 걸쳐 활동한 문인인 崔岦·洪可臣·柳夢寅·申友仁·許筠·李植 등의 누정기와 유관 자료에 대한 분석을 통해 실용적 공간인 누정 속에 반영된 당시 사대부들의 내면의식과 그 시대적 의미를 살펴보고자 한다.2)

2. 누정기에 반영된 공간의식

1) 道와 인간 : 도체 인식과 심성 수양

사림이 정계에 본격적으로 등장한 成宗 연간 이후 성리학을 중심으로 한 지식 구조는 더욱 공고해졌다. 이는 문학에 있어서도 예외가 아니어서 이른바 도본문말적 문학관이 심화되었다. 간혹 스스로를 문인으로 규정하며 문학의 자율적 가치를 주장한 이들도 없지는 않았지만, 이들은 대부분 자의에 의해서건 타의에 의해서건 주류에서 소외된 이들이었다. 이러한 시대적 변화에 따라 문학의 내용과 형식도 상당히 변화하게 되었는데, 관각문인들의 작품에서 구현되었던 낙관적 세계관과 富贍하고 豪

2) 누정에 대한 인문학적 관심은 金錫夏,「樓亭記 小考」『국어국문학』62, 국어국문학회, 1973에서 뿌리를 찾을 수 있다. 그 뒤 이강로·장덕순·이경선 공저,『문학의 산실 누정을 찾아서』, 시인사, 1987와 같이 樓亭題詠에 주목한 논저가 다수 발표되었다. 누정기와 관련된 선행 연구로는 앞선 언급한 김석하 선생의 논문 외에 金銀美,『朝鮮初期 樓亭記의 硏究』, 이화여대 박사학위논문, 1991 ; 성호경,「樓亭文學의 用語問題와 範疇에 대하여」『仁川語文學』13집, 인천어문학회, 1997 ; 金鍾喆,「東文選 所載 樓亭記 硏究」, 울산대 석사학위논문, 2000 등이 있다. 이밖에 拙稿,「簡易 崔岦 散文 硏究」, 단국대 박사학위논문, 2004와「조선중기 복고적 산문의 두 경향 - 崔岦과 柳夢寅을 중심으로 -」『한국한문학연구』37집, 한국한문학회, 2006 등에서 거론한 자료도 일부 포함되었음을 밝혀둔다.

放한 풍격은 점차 사라지고 엄정한 학문세계에 기초한 사변적이고 건조한 작품들이 등장하였다. 이와 같은 경향은 누정기의 경우에도 마찬가지여서, 누정의 명칭이나 樓亭主의 학덕을 제재로 삼아 성리학적 사유를 정교하게 교직해 넣은 작품이 적지 않다.

> 사람이 똑같지 않은 것은 氣와 理가 반드시 합치하지는 않기 때문이다. 氣는 원래 남을 수도 있고 부족할 수도 있지만, 理는 본디 中의 상태가 못된 것이 있더라도 中으로 되돌릴 수 있다. (그런데) 가령 巧와 拙을 쓰는 것은 인위적인 데 달려있다. 그러나 巧와 拙은 剛柔나 强弱과 같이 병렬적으로 불려지는 것이 아니다. 巧는 잘 꾸미고 희롱하는 데에서 일어나는 것이니, 필경 인위적인 것이지만 拙은 비록 부족한 상태에서 일어나는 것 같을지라도 본디 하늘의 작용 [天機]에서 이탈되지 않은 것이다. 周子의 『易通』에, "誠은 일체의 작용도 없으며, 처음 발동될 때 善과 惡이 나뉘어진다[誠無爲 幾善惡]"는 말이 있다. 周子의 본의는, 善은 오직 (誠을) 그대로 곧장 계승한 것이고 惡은 왜곡해서 얽맨 것이라는 뜻인데, 胡氏는 잘못 이해하여 善과 惡이 서로 병행하여 나온다고 하였다. 지금 시험 삼아 巧와 拙로 유추한다면, 무엇이 惡이고 무엇이 善인가. 태반은 깨달을 수 있을 것이다.[3)]

이 글은 崔岦(1539~1612)이 申湜(1551~1623)의 재실에 대해 쓴 누정기이다. 최립은 古文辭에 뛰어난 작가로 알려져 있지만 성리학적 세계관을 정교하게 교직한 글을 많이 남겼으며, 특히 『周易本義口訣附說』이란 책을 독자적으로 완성하여 상진 할 정도로 『주역』에 대한 식견

3) 崔岦, 「用拙齋記」 『簡易集』 卷9 ; 『韓國文集叢刊』 49, 515~516쪽(이하 『韓國文集叢刊』을 인용할 경우, 해당 면수만 밝힘). "人之不齊, 氣與理未必諧也. 氣故也有餘有不足, 理故也有不中而反之中. 若夫巧拙之用, 則在人焉, 然巧拙非如剛柔强弱並而名. 巧起於繕飾作弄, 畢竟是人僞; 而拙雖若起於不足, 却自不離天機耳. 周子易之通, 有曰 : '誠無爲, 幾善惡.' 而周子本意, 則善惟直承, 惡乃斜系. 胡氏錯認, 則善惡相並而下. 今試以巧拙類之, 孰惡孰善耶, 思可過半矣."

이 높았다.

이 글은 理·氣와 巧·拙의 구별로부터 시작된다. 理와 氣는 선천적인 것이지만 巧와 拙은 후천적인 것이므로 현상적으로는 剛·柔나 强·弱와 같이 대등병렬적인 개념이라고 할 수 있다. 하지만 원리적 측면에서 보자면, 巧는 인위가 작용한 것이고 拙은 천기가 작용한 것이므로 오로지 인위가 작용한 결과인 剛柔나 强弱와 같은 대등병렬적인 개념이 될 수 없다는 것이다. 최립은 이를 설명하기 위해 일체의 작용이 없는 太極의 상태가 誠이고, 善惡으로 나뉘기 이전의 상태가 幾라고 한 周敦頤의 설을 인용하였다. 즉, 善과 惡이 발동되기 직전인 幾에서 誠을 올바로 이어받으면 善이 되고 잘못 이어받으면 惡이 되는 것과 같이 拙과 巧도 원리적으로는 천리와 인욕의 구별이 있다는 것이다. 만약 이를 정확히 이해하지 못하면 天理와 人欲이 '同體異用'하고 '同行異情'한 관계에 있다고 하였던 胡宏과 같은 오류에 빠진다는 설명이다.[4] 이 정도면 누정기라고 하기보다는 차라리 논변문이라고 하는 편이 더 어울릴 법하다. 이 글은 그저 재실의 주인인 신식이 宣祖로부터 '拙하다'는 평가를 받은 뒤에 이를 기쁘게 여겨 자신의 재실 이름을 用拙이라 하게 되었다는 사연[5]을 말미에 간단히 언급함으로써 기문으로써의 기능

4) 胡宏은 天理와 人欲을 '同體異用' 또는 '同行異情'한 것이라고 파악하고 이를 도식화하기도 했는데, 성리학의 체용론적 세계관을 전면적으로 부정하는 것이 되기 때문에 朱熹로부터 냉엄한 비판을 받았다. 『心經』에서는 이에 관해, 선악은 賓主의 관계가 분명히 존재하며 천리와 인욕도 宗孼의 관계에 있다 하며 '性 가운데 이 두 가지가 상대하여 나타나지는 않는다'는 程頤의 말을 인용하여 부연한 뒤, 주돈이가 말한 誠은 『大學』의 誠 개념이 아니라 주희가 '謹篤하여 그 幾微를 살핀다'고 했을 때의 幾微의 개념에 해당한다고 밝힌 바 있다. 이에 관한 자세한 내용은 周敦頤의 『通書』와 眞德秀가 편찬한 『心經附註』 卷2를 참조할 것.

5) 崔岦, 전게문. "吾申斯文公, 在先王朝, 上於一日歷論近臣, 若曰湜也拙. 夫以上聖知臣之明而加之曰拙, 公之受以爲喜, 何啻若濂溪之得此於人哉. 故嘗以用拙二字, 扁其所居, 盖亦侈上之賜, 而庶幾竭拙以荅萬

을 유지하고 있을 뿐, 재실의 위치 · 구조 · 연혁 등에 관해서는 철저히 무관심하다. 이는 곧 최립의 관심사가 현실 속의 공간보다는 이상화된 관념적 세계에 있음을 보여준다. 일상의 모든 것에 道體가 깃들어 있으며, 학문은 곧 편재된 도체를 인식하고 회복하는 과정이라고 여겼던 당시의 사대부들에게 있어서 재실은 단순한 주거 공간이 아니라 그들의 이념과 사유가 반영된 의식의 공간이기도 하였던 것이다. 이런 점에서 조선전기의 누정기와 조선중기의 누정기를 구획하는 가장 큰 변인은 바로 누정이라는 공간 자체에 관한 시각의 변화에서 비롯한다고 볼 수 있다.

한 가지 짚고 넘어갈 점은 누정명과 누정기의 상관성에 관한 문제이다. 좀 더 구체적으로 말하자면, 용졸이라는 재실 이름이 「용졸재기」의 내용을 특정한 방향으로 제한하거나 견인했을 가능성은 없었는가 하는 점이다. 누정명에서 논제를 마련하여 의론해 가는 수법이 누정기의 오래된 관습이라는 점에서 이러한 의문은 타당하다. 그러나 누정의 명칭 자체가 이미 의식의 소산임을 상기할 때, 그 의문은 저절로 풀린다. 누정의 명칭은 대개 지리적 위치, 자연 경물, 인물의 성명자호, 사적이나 사건, 명언명구 등에서 취해 붙이는데, 조선중기에 이르러 용졸재의 경우와 같이 성리학과 관련되는 명칭이 많아진다는 사실은 시대의식이나 가치체계가 그만큼 달라졌음을 보여주는 것이다. 또한 누정기는 사적인 성격의 글이 아니다. 尺牘이나 哀祭文은 품안에 넣어두면 그만이지만 누정기는 편액 하여 내걸고 오가는 사람 누구나 열람할 수 있도록 배려한 공식적인 글이다. 때문에 당대의 저명한 인사들에게 청탁하기도 하고, 그렇게 해서 쓰여진 글을 가지고 토론의 대상으로 삼기도 하였다.

> 어떤 이가 晩翁에게 물어 말하기를, "拙은 쓸 수 있는 것인가"하였다. 만옹이 말하기를, "拙은 쓸 수 없으니, 拙을 쓸 수 있다면 拙이 아니다"라

一者也."

고 하였다. "그렇다면 杜子美는 어째서 '拙을 써서 나의 도를 보존하리라' 라고 하였는가"라고 하기에, 만옹이 말하기를, "이것은 시인의 말이니 깊이 연구할 필요가 없다. '用'에는 두 가지 뜻이 있으니, 하나는 얕고 하나는 깊으며 하나는 虛詞하고 하나는 實詞이다. 단지 '以' 자의 의미로 쓰였다고 보아 가볍게 말하고 넘어가면 폐단이 없겠지만 만약 '用'의 의미로 쓰였다고 생각한다면 拙을 흔들고 해침이 많아질 것이니, 선왕께서 공을 拙하다고 허여했던 뜻이 아니다. 崔公의 글은 훌륭하지만 이 점을 언급하지 못한 것은 어째서인가. 나름대로 일찍이 생각해보니, 선왕의 가르침은 참으로 성인의 말씀이다. 단지 한 글자도 덧붙여서는 안 되니, 叔正은 유념하라. 숙정이 나에게 최공의 글을 보여주며 나의 말을 요구하길래 삼가 그 뒤에 써서 돌려주노니, 숙정은 어떻게 생각하는가.[6]

위는 洪可臣(1541~1615)이 「용졸재기」를 읽은 뒤 자신의 견해를 밝힌 글의 전문이다. 최립이 拙의 심성론적 함의를 밝히는 데만 치중하였을 뿐, 用의 의미에 대해서는 소홀했다고 지적하고 있다. 최립도 스스로 밝혔듯이 拙이 천기의 작용에서 이탈된 것이 아니라면, 인위적 작용을 의미하는 用은 拙과 어울릴 수 없는 잘못된 표현이 된다. 때문에 홍가신은 拙 이외에 한 글자라도 덧붙인다면, 이는 拙하다는 평을 내린 선조의 가르침을 위배하는 것이 된다고 하여 재실의 이름을 고칠 것을 권유한 것이다.[7]

돌아보건대, 나는 『易』에 대해서 무지하니, 어떻게 오묘한 속뜻을 드러

---

6) 洪可臣, 「書用拙齋記後」 『晚全集』 卷2, 456~457쪽. "或問晚翁曰 : 拙可用乎? 翁曰 : 拙不可用, 用拙則非拙也. 曰 : 然則杜子美何以曰用拙存吾道也? 翁曰 : 此詩人之詞也, 不可以深求者也. 用有二義, 一淺一深, 一虛一實. 只作以字意看, 輕輕地說過則無弊也 ; 若認爲作用底意思看, 撓害拙多矣, 非先王許公拙之意也. 崔公之文, 善矣, 其不及此, 何也. 竊嘗思之, 先王之敎, 眞聖人之言也, 直是加一字不得, 叔正其審之. 叔正示余崔之文求余言, 敬書其後而歸之, 叔正以爲如何也."

7) 실제로 洪可臣의 글은 「拙齋記」라는 제목으로 되어 있으며, 拙이라는 표현으로만 일관하였다.

> 내 밝혀서 그대가 수고스럽게 부탁한 뜻에 부응할 수 있으랴. 우선 大過라는 하나의 괘에 대해서 말하자면, 그 卦象이 兌卦가 澤으로서 上卦에 자리하고, 巽卦가 木으로서 下卦에 자리하였으니, 이것은 '연못이 나무를 집어삼키는[澤滅木]' 象이 된다. 그런데도 우뚝 솟아 넘어지지도 않고 엎어지지도 않는 것은 네 개의 陽爻가 가운데에 자리 잡아 굳건하게 지탱하고 있기 때문이다. 그 괘가 이름을 얻게 된 것도 이 때문이니, 군자가 가령 그 상을 살펴서 그 뜻을 취함에 있어서, 진실로 '홀로 서있어도 두렵지 않으며, 세상을 피해 살아도 근심이 없는 [獨立不懼 遯世無悶]' 자가 아니라면 감당할 수 없으리라고 여겨진다. 汝固는 穎銳하고 近道한 자질에다가 篤實한 공력을 더하여 이미 마음이 굳게 안정되고 절조 또한 견고하니, 외물의 침탈을 받지 않으며 다른 길의 유혹에 현혹되지 않았다. 비유하자면, 나무가 못 속에 잠겨있으면서도 바르고 굳세어 뽑히지 않는 것과 같으니, 보통 사람보다 크게 뛰어난 점이 과연 어떠한가.[8]

위의 글은 曺友仁(1561~1625)이 李植(1584~1647)의 澤風堂에 쓴 기문이다. 이식이 직접 쓴 「澤風堂志」에는 택풍당이 지어지게 된 사연이 소상하게 밝혀져 있다. 대북파가 정권을 장악하고 있던 1616년(광해군 8)에 당쟁을 피해 기거할만한 곳을 점쳤는데, 大過卦가 咸卦로 변하는 점괘를 얻게 되었다. 大過는 물을 상징하는 兌卦가 위에 있고 나무를 상징하는 巽卦가 아래에 놓인 괘이며 咸은 大過와 제2효만 뒤바뀐 괘이다. 따라서 이식은 대과 九二爻의 효사를 풀이하여 환란을 면할 괘라고 여기고 택풍당을 세우게 된다. 한편 조우인이 말한 '澤滅木'과 '獨立不懼遯世無悶'은 모두 大過의 象辭로, 『周易傳』의 풀이에

---

8) 曺友仁, 「澤風堂記」; 李植, 『澤堂集』 別集 卷11, 474쪽. "顧余懵於易, 其何能發揚妙蘊, 以副子見屬之勤. 姑就大過一卦而言之, 則爲卦也兌以澤居上, 巽以木在下, 玆爲澤滅木之象, 而其能挺然不顚不仆者, 以其四陽在中而堅剛撐柱故也. 卦之得名以此, 而君子觀其象取其義, 則苟非獨立不懼遯世無悶者, 不足以當之. 汝固以穎銳近道之資, 加之以篤實之功, 凝定旣固, 脊梁亦堅, 不受外誘之撓奪, 不眩他歧之牽引. 譬之木滅於澤, 貞固而不拔, 則其所以大過於人者, 爲何如哉."

따르면 陽氣가 지나치게 성한 때에 군자는 세상의 비난과 냉대를 초월하는 행동을 한다는 의미이다. 그런데 이식과 조우인 모두 지적하였듯이 '獨立不懼遯世無悶'은 성인만이 할 수 있는 최고의 경지로 학자로서 감히 감당할 수 있는 단계가 아니다.[9] 그러므로 '獨立不懼遯世無悶'은 이식 자신의 현실적 위치를 가리킨 말이 아니라 혼란한 시대에 놓인 학자가 지향하여야 할 목표인 셈이다. 실제로 이식이 택풍당의 구조와 주변의 모습을 대과의 괘상을 본떠 만든 것이나 '獨立不懼遯世無悶' 8자를 붙여 놓았던 것도 이런 뜻에서였다.

> 堂의 모습은 樓와 비슷해서 높이가 16척으로 가운데 한 칸은 방을 만들었으며, 기둥을 따라 흙을 쌓아 올려 반쯤 되는 곳에 구들을 얹고 창과 벽을 두었다. 밖으로 네 기둥을 넓혀서 난간을 두르고 판자를 깔아 난간을 만들었다. 높이는 구들 높이에 맞추었는데 너비는 반이 되고 길이는 배가 되었으며, 가로막힌 것이 없어서 사방을 조망할 만했다. 난간 아래 동쪽은 땅이 낮고 질어서 샘물을 끌어다 네모진 못을 만들었고, 못 가운데의 조그마한 흙더미를 남겨두어서 버들을 심었다. 집의 안은 꽉 차고 밖은 비었으며, 못 가운데 나무가 있으니, 모두 澤風의 象이다. 방안의 벽 끝에는 64卦와 그 象辭를 나열하였고, 남쪽 창 양쪽에는 大過卦의 象辭 8자를 크게 써 붙였다. 집의 제도는 소박하고 간략하여 지붕은 나무껍질을 깎아 덮었을 뿐이다. 백아곡은 첩첩산중에 있고, 당은 또 백아곡 안에 있어서 사방이 둘러싼 것이 마치 항아리와 같다. 소나무와 삼나무가 무성하고 조밀하며 낮고 진 곳에는 버드나무가 많으며, 아름다운 꽃과 기이한 돌은 없지만 골짜기에는 솟아 나오는 샘물이 많아서 샘물 소리를 들을 만하다.[10]

9) 李植, 「澤風堂志」『澤堂集』 別集 卷11, 472쪽. "其大象曰, 獨立不懼, 遯世无悶. 又歎曰, 斯聖人之事也. 余何敢當? 余何敢當? 或者神告之時象然乎. 世其宜遯而立其宜獨乎. 卽不懼无悶, 非聖賢孰能之!"/ 조우인, 위의 글. "然此二者, 乃學問之極功, 聖人之能事, 汝固何敢遽以此自居哉!"

10) 상게문. "堂之形似樓, 高十六尺. 中一間爲房, 依楹築土, 及半而安堗有窓. 壁外拓四楹爲周阿, 排板爲軒, 視堗之高, 廣半而袤倍. 無障蔽, 可

대과괘는 가운데 네 효가 모두 양효로 이루어져 있기 때문에 건물의 네 기둥의 형상으로 이해되기도 한다. 이식은 이러한 괘상에 착안하여 기둥 안쪽에 방을 만들고 밖으로 마루를 넓혔으며, 연못 안에 둔덕을 배치하고 버드나무를 심음으로써 대과의 괘상과 일치하도록 꾸몄다. 버드나무를 심은 까닭 또한 '마른 버들에 싹이 돋는다[枯楊生稊]'는 효사에서 착안한 것이다. 뿐만 아니라 방안에 64卦와 象辭를 배치하고 '獨立不懼遯世無悶'이라는 대과괘의 象辭를 써 붙이는 등, 택풍당은 건물 안팎 어느 곳에서나 주역에 담긴 도체의 본질과 운행의 원리, 인간의 본질과 삶의 자세를 성찰하는 공간이 되도록 구성되었다.

2) 自然과 인간 : 천리 유행의 체인과 자족적 인생관의 실현

조선중기 누정기의 공간의식과 관련하여 주목할 또 하나의 주제는 자연과 인간의 관계에 관한 것이다. 도체 인식과 심성 수양을 주제로 한 누정기가 누정을 아우르고 있는 지리적·역사적·시기적 조건보다 누정의 이름에 부여된 철학적 함의에 주목하고 있다면, 누정을 둘러싼 경관과 그 안에 놓인 인간의 관계에 대해 시선을 돌린 누정기는 物我交融 또는 物我合一의 이상적 자연관을 표현하고 있다. 이는 잡기류 산문의 또 다른 유형인 산수유기가 이 시기에 이르러 활발하게 지어진 경향과도 밀접하게 관련된다. 문학의 주된 담당세력으로 등장한 사림파 문인들은 국토 곳곳에 남겨진 불교와 도교의 자취를 유학으로 대체하였으며 비현

環而延望. 軒下東偏地沮洳, 引泉爲方池. 池中留小堆, 樹以柳. 堂內實外虛, 池中有木, 皆澤風象也. 房內壁端, 列畫六十四卦並其象辭, 南窓兩傍, 大書大過象辭八字. 堂制朴略, 上覆以木皮, 斤斲而已. 谷在萬山中, 堂又在谷內, 四隅周匝如盆盎, 松杉茂密, 沮洳中多檉柳, 無佳卉異石, 谷多沸泉, 泉聲可耳."

실적 설화나 토속적 신앙의 흔적을 논리적으로 비판하였다. 이들에게 있어서 산수는 종교나 설화의 공간이 아니라 천리의 조화로운 운행이 체현된 공간이었다. 종교적이고 설화적인 요소가 강했던 시기의 산수가 범접하기 어려운 신비와 경외의 대상이었다면, 성리학의 합리적 사고가 자리잡은 조선중기의 산수는 생멸소장의 원리를 보여주는 곳이자 혼탁한 세계와 결별하고 자존적 삶을 실현할 수 있는 궁극적 귀의의 대상이었다.

> 하루는 장인이 나에게 紙筆을 주면서 말하기를, "자네가 내 정자의 승경을 이미 감상하였으니, 내 정자에 이름을 붙이고 記文을 써 보는데 유독 뜻이 없겠는가"하기에, 내가 자리에서 일어나 閱勝亭이 어떻겠느냐고 하였더니, '閱'이라는 말이 어떤 뜻이냐고 물어왔다. 이에 말하기를, "'閱'이라는 것은 보는 것이며 살피는 것이며 두루 거친다는 뜻입니다. 그래서 '閱書'라든가 '閱兵'이라든가 '閱世'라는 말이 있습니다. 이 정자는 산의 모습과 물의 빛깔, 하늘의 색과 구름의 그림자에 이르기까지 승경이 아님이 없어서 우리가 날마다 보니, '閱'이 아니겠습니까. 또 산 빛의 짙고 옅음과 물의 깊고 맑음과 하늘의 흐리고 개임과 구름이 덮였다 걷히는 것이 승경 아닌 것이 없는데, 우리가 이를 살피듯이 하고 있으니, '閱'이 아니겠습니까. 風煙과 雪月, 魚鳥와 華實이 朝夕과 四時로 풍경을 달리하며, 아름다운 빈객과 훌륭한 벗들이 모였다가 흩어지며, 말과 소가 남북으로 오가는 것도 정자의 승경 아닌 것이 없는데, 이 千變萬化를 두루 거치는 것이기도 합니다. 아, 어찌 유독 승경들뿐이겠습니까. 사람의 건강함과 노쇠함이 서로 자리를 바꾸고 기쁨과 근심도 서로 교차하나니, 비록 창문가에 높이 기대보더라도 끝내 塵世를 초월한 인물이 아니라면, 그도 더불어 '閱'의 대상이 되지 않을 수 있겠습니까. 그렇다면 필경 정자가 사람을 '閱'하는 것이겠습니까, 사람이 정자를 '閱'하는 것이겠습니까, 아니면 정자와 사람 모두 천지가 '閱'하는 대상이 된다고 하겠습니까?"라고 하였다.[11]

---

11) 崔岦,「閱勝亭記」『簡易集』卷2, 257쪽. "一日, 丈人授簡於余而語之曰 : 子旣賞吾亭之勝矣, 獨無意於名吾亭而記之乎. 余起而請名曰 : 閱勝. 曰 : 閱之爲言, 何義也? 曰 : 閱者, 觀也考也歷也. 故有閱書閱兵閱世之文. 亭於山容水色, 天光雲影, 無非勝也, 而吾日觀之, 非閱乎. 其於濃淡渟澈, 陰晴舒卷, 無非勝也, 而吾若考之, 非閱乎. 至於風烟雪月,

閱勝亭은 최립의 장인인 李嗣宗이 환로에 대한 미련을 일찌감치 버리고 낙향하여 세운 정자이다. 아름다운 경관을 감상하며 유열감을 느끼고 잠시도 쉬지 않고 끊임없이 변화하는 자연을 통해 천리 유행의 이치를 깨닫는 것이 누정의 주요 기능 가운데 하나라면 열승이라는 이름에 부여된 의미－觀 · 考 · 歷－야말로 여기에 정확히 부합한다. 최립이 말한 바에 따르면 觀은 자연과 정자가 제공한 승경을 '보는' 것이고, 考는 승경을 이루는 개체들 각각이 지닌 미묘한 변화와 차이를 '살피는' 것이다. 다시 말해 觀은 의식의 작용이 배제된 상태에서 감각기관을 통해 들어오는 승경을 받아들이는 것이며, 考는 의식의 작용을 통해 승경의 모습을 이해하는 것이다. 따라서 관에서의 주체는 정자이고 고에서의 주체는 인간이라고 할 수 있다. 반면에 歷은 정자와 풍경과 인간이 하나의 부분이 되어 모였다 흩어지고 변화하면서 '거쳐 가는' 것을 가리킨 말로, 여기에서의 정자와 인간은 모두 객체일 뿐이다. 인간의 관점에서 보면 인간이 주체이고 정자의 관점에서 보면 정자가 주체이지만, 만물을 주재하는 천지의 시각에서 보면 이들은 모두 거대한 자연 현상 속의 일부분이라는 의미이다. 이러한 최립의 공간의식은 이어지는 장인의 답변에서 보다 상세하게 부연된다. 즉, 大變의 관점에서 보면 인간은 一元에도 참여하지 못하는 존재이므로 천지가 인간을 '閱'한다 할 수 있겠지만, 小變의 관점에서 보면 천지의 변화도 일년을 주기로 이루어지는 것이므로 인간이 천지를 '閱'한다고 할 수도 있으며, 끊임없이 변한다는 관점에서 보면 大變 속에도 무궁한 '閱'의 요소가 있다는 것이다.[12)]

魚鳥華實, 朝暮四時之殊象, 與夫佳賓勝友聚散, 去馬來牛南北, 無非亭勝, 而閱歷萬變者也. 噫! 何獨勝哉! 人之健衰相代, 憂樂相因, 雖高倚軒窓之上, 而終非遺世之徒, 則安得不與之閱乎. 畢竟亭閱人耶? 人閱亭耶? 抑亭與人俱爲天地之所閱耶?"

12) 상게문. "況夫自大變者而論之, 則人不能與一元而俱終, 天地閱我也 ; 自小變者而論之, 則天地之化歲一成, 我閱天地也 ; 自變之又變者而論

> 오직 흰머리에 갈건을 높이 쓰고 청려장에 손을 맡겨 동으로 서로 정자를 돌아다니며 난간에 기대기도 하고 섬돌을 올라보기도 할 것이네. 자네가 열거한 승경과 같은 것은 보기도 하고 살피기도 하며 두루 거쳐 보기도 하여 넘치는 것도 깨닫지 못하고 모자란 것도 깨닫지 못하여야 할 터이니, 그렇다면 자네가 정자에 이름을 붙여준 것이 유익함이 많을 걸세.13)

인간이 자연 속에서 살아간다는 것은 자연이 제공한 승경을 '보는' 것이기도 하고 '살피는' 것이기도 하며, 또 '거쳐 가는' 것이기도 하다. 모든 이욕이 소거된 평범한 일상 속에서 지나침도 모자람도 인식하지 못하는 상태에 도달하였을 때 비로소 인간과 자연의 진정한 交融이 이루어질 수 있다는 주장이다.

인간과 자연의 관계를 다룬 누정기의 또 하나의 주제는 소유와 향유에 관한 것이다. 경관이 빼어난 곳에 누정을 짓는다는 것은 때로 자연을 독점하고픈 소유욕과 관련되는 경우도 있다. 柳夢寅(1559~1623)의 「無盡亭記」는 이러한 문제의식이 간결하면서도 요령 있게 표현된 작품이다.

> 시작이 있음에 끝마치지 않음이 없는 것이 造物者의 뜻이다. 천하 만물이 필경 다함에 함께 돌아가는데도 다함이 없기를 바라는 자는 天理를 어기는 것이다. 지금 松巖公이 늘그막에 세 칸짜리 작은 정자를 얽어 無盡이라고 편액을 하였으니, 그 뜻은 어디에 근거한 것인가? 만물 가운데 더없이 장구한 것이 바다와 산이지만 東海가 뽕밭이 되고 泰山도 숫돌이 되어 일찍이 한 순간도 변치 않을 수 없다. 그런데 蘇軾은 하나의 구차한 儒者이다. 감히 하늘의 사물을 탐내어 강 위와 산 사이의 맑은 바람과 밝은 달을 다함이 없는 보고로 여겼으니 또한 이상하지 않은가!14)

之, 則雖其所謂大變, 而復有閱之無窮者焉."

13) 상게문. "惟當白首岸巾, 青藜隨手, 亭東亭西, 檻可凭而堦可步. 如子所數勝者, 觀之考之閱歷之, 不覺有餘, 亦不覺不足, 則子之名亭, 爲惠多矣."

유몽인은 당시로서는 상당히 많은 편에 속하는 30여 편의 잡기류 산문을 남겼는데, 이 가운데 절반 이상이 누정기일만큼 누정을 통해 자신의 생각과 감정을 표현하는데 탁월한 능력을 발휘했다. 앞서 살펴본 최립·홍가신·이식의 경우처럼 이 시기의 문인들이 대부분 도문론의 자장을 벗어나지 못했음에 반해 유몽인은 문인으로서의 위상을 기꺼이 용납하며 문장을 폄시하는 세태와 단절하고자 할 만큼[15] 분방하고 개성적인 문학 세계를 구축하였다. 위 글의 제재인 '無盡'은 "변한다는 점에서 보자면 천지도 일찍이 한 순간[一瞬]도 변치 않을 수 없지만 변하지 않는다는 점에서 보자면 사물과 우리 인간 모두가 다하지 않는[無盡] 존재"[16]라는 蘇軾의 경구에서 취의한 것이다. 하지만 유몽인은 오히려 '無盡'에 대비되는 '一瞬'의 관점을 취함으로써 청풍명월의 불변성과 무진성을 설파했던 소식의 관점을 뒤엎고 있다. 여기에서 유몽인은 북해에서 일어나 남해로 들어간다고 하였던 『莊子』의 말과 밤바다 위로 솟아오름만 볼 수 있을 뿐이니 새벽 구름 속 어디로 사라지는지는 알 수 없다고 하였던 李白의 시구[17]를 인용하여 청풍명월도 불변 무진한 존재

---

14) 柳夢寅, 「無盡亭記」 『於于集』 前集 卷4, 392쪽. "大凡有始而無不卒, 造物者之意也. 天下萬物, 畢竟同歸於盡, 而欲鄙其無盡者, 違天理也. 今松巖公構三楹小亭於垂老之年, 以無盡扁之, 其意何居? 萬物之中, 莫久者海岳, 而東海桑泰山礪, 曾不能以一瞬, 而蘇軾, 一拘儒也. 乃敢貪天之物, 以江上山間之淸風明月爲無盡藏, 不亦異哉!"

15) 柳夢寅, 「答南都憲季獻書」 『於于集』 前集 卷5, 411쪽. "僕始者竊觀我國家貴道德, 不上文章, 雖間有文章士, 人多藐視之, 不與中國人齒. 僕嘗永慨于斯, 不欲以末藝辱盛世君子, 坐俟死之日, 屬是非于後之人, 若知知己在今世如閤下, 僕豈不早褰裳詣門, 以求揚其光乎."

16) 蘇軾, 「赤壁賦」 『東坡全集』 卷33 ; 余冠英 주편, 『唐宋八大家全集』, 國際文化出版公社, 1997, 3129쪽. "蓋將自其變者而觀之, 則天地曾不能以一瞬, 自其不變者而觀之, 則物與我皆無盡也."

17) 『莊子 · 秋水』 ; 陳鼓應 注譯, 『莊子今注今譯』, 中華書局, 1983, 430쪽. "蛇謂風曰 : 予動吾脊脅而行, 則有似也. 今子蓬蓬然起於北海, 蓬蓬然

가 아님을 말한다. 바다와 산, 바람과 달, 이 세상 모든 것이 생멸소장의 유한성을 벗어날 수 없듯이, 유한한 지식과 생명을 지닌 인간으로서 무한한 미지의 세계와 죽음의 세계를 추구한다면, 이는 조물주의 섭리를 위배하는 것이다.[18] 요컨대, 소식이 말한 불변성과 무진성이란 본질적인 면에서 의의를 지닐 뿐이며, 실존적인 면에서 보면 이 세상 모든 것이 가변적이고 유한한 존재라는 뜻이다.

> 음양이 성하고 쇠하는 이치상 끊임없이 변화하고 낳아 길러서 일찍이 잠시도 멈추지 않으니, 군자는 그것을 본받아 自强不息함이 마땅하다. 천리에 있어서 자강불식함이 천리를 어기지 않는 것이 되나니, 그렇다면 누가 楚나라 苦縣 사람의 말에 가까울 수 있겠는가. 그는 말하기를, "만족할 줄 아는 만족이야말로 항구 불변한 만족이다"고 하였다. 오늘 이 정자에 이르러 江山과 風月의 흥취가 다함이 없음을 얻었으니, 주인이 명명한 것이 마땅하구나.[19]

가변적이고 유한한 존재인 인간이 절대적으로 불변하는 세계를 꿈꾼다면, 이는 결코 충족될 수 없는 끊임없는 욕망의 순환 속으로 미끄러져 들어가게 된다. 인간은 다만 모든 것이 변한다는 사실만을 인식할 수 있

入於南海, 而似无有, 何也?"/ 李白, 「把酒問月」『李太白文集』 卷17. "靑天有月來幾時, 我今停盃一問之. … 但見宵從海上來, 寧知曉向雲間沒."

18) 柳夢寅, 「無盡亭記」『於于集』 前集 卷4, 392쪽. "彼蓬蓬然起於北海, 蓬蓬然入於南海, 其入也非風之盡乎? 但見宵從海上來, 寧知曉向雲間沒, 其沒也非月之盡乎? 噫, 海也而盡, 岳也而盡, 風也而盡, 月也而盡. 矧乎世之人, 其知者有限, 而不知者無限, 其得者有窮, 而不得者無窮, 其生者有涯, 而其死者無涯, 如是而求無盡於有盡之域, 是造物者之賊也."

19) 柳夢寅, 상게문. "乾坤剝復之理, 化化而生生, 未嘗斯須間斷, 宜君子之體之以自强不息. 不息於天理爲不違, 然則孰爲近其楚苦縣人之言乎? 其言曰 : "知足之足, 常足." 今日到斯亭, 得江山風月之趣無盡, 宜主人之名之也."

을 뿐이며, 이를 천리로 인정하고 받아들일 때, 비로소 욕망으로부터 자유로워질 수 있다. 이것이 이른바 '自强不息'의 수양론과 '知足之足常足'의 자족적 인생관이 당위성을 획득하게 되는 이유인 것이다.

3) 仙界와 인간 : 좌절된 자아의 상징적 치유

조선중기 누정기에 반영된 공간의식으로서 검토해야 할 또 하나의 문제는 선계에 관한 인식 태도이다. 선계는 성리학의 합리적 세계관으로는 용인될 수 없는 공간이다. 그러나 실제로 존재하는 공간이 아니라 비현실적 상상의 공간으로 인식할 경우, 문제는 달라진다. 성리학의 구조나 사유체계를 손상시키지 않으면서도 현실 속에서 좌절된 자아를 위로하고 치유하는 상징적 공간이 될 수 있다는 점이다. 때문에 유학의 엄숙주의에 물들지 않고 분방하고 자유로운 기질을 소유한 문인들은 선계를 빌려와서 자신의 울울한 심정을 가탁하곤 하였다. 이런 점에서 빼어난 정경을 자랑하는 곳에 유흥상경을 목적으로 지어진 누정은 선계에 관해 언급하기에 더없이 적절한 공간이었다.

> 남원은 옛날 帶方國으로 옛날에 이른바 方丈·三韓이다. 秦나라 때부터 方士들이 삼신산은 동해 가운데 있으니, 신선과 불사약이 있다고 하였는데, 군주치고 달콤하게 여기지 않은 이가 없었다. 내가 일찍이 「五嶽眞形圖」와 「洞冥記」·「十洲記」를 취해 고찰해 보건대, '삼신산이 동해에 있다'고 한 것은 우리나라를 제외한다면 이곳이 있을 수 없으며, 그 이른바 '방장에 있다'고 이른 것이 이미 帶方에 있으니, 瀛洲와 蓬萊도 금강산과 묘향산의 밖으로 벗어나지 못할 것이 분명하다. 만약 그렇다면 그곳은 신령스럽고 아득한 구역이어서 사람이 올라갈 수 없는 곳으로, 반드시 上眞과 天仙이 福地를 장악하고 洞天을 맡아서 그 일을 다스림이 있을 터이지만 세상에서는 아무도 아는 이가 없으니, 아마도 眞仙의 무리들이 혼탁한 것을 싫어하여 손을 휘저어 만나지 못하게 하려 한 것인

> 가? 아니면 사람이 스스로 인연이 없어 도달하지 못한 것인가? 이는 알 수 없을 따름이다.[20]

지리산은 금강산과 함께 조선중기 유산기에 가장 많이 등장하는 산이다. 특히 삼신산의 하나인 방장이란 이름으로 중국의 문헌에 자주 언급된 곳이었기 때문에 지리산을 소재로 한 시문에서 신선과 관련된 내용을 찾는 것은 그리 어려운 일이 아니다. 그 가운데에는 일찍이 진시황과 한무제가 삼신산을 찾기 위해 사람을 보냈던 곳이 이곳이었음을 상기하면서, 중국인도 모르는 삼신산이 동방에 있다는 사실을 자랑스럽게 여겼던 趙緯韓(1567~1649)과 같은 문인도 있었다.[21] 위의 글에서 보듯, 허균도 이러한 고사를 인용하여 중국의 문헌에 언급된 삼신산이 바로 지리산·금강산·묘향산이라고 말하고 있다. 그러나 이 글의 초점은 삼신산이 실제로 존재하는 곳인지를 가리고자 하는 데 있지 않다. 이보다는 삼신산이 실제로 존재한다고 할지라도 그곳은 인간이 범접할 수 없는 신비의 공간일 뿐이라는 데에 초점을 맞추고 있다.

---

20) 許筠, 「沙溪精舍記」『惺所覆瓿藁』卷7, 202쪽. "南原, 古帶方國, 而古所謂方丈三韓者也. 自秦時方士言三神山在東海中, 有仙人不死藥, 世主莫不甘心焉. 余嘗取五嶽眞形圖及洞冥記·十洲記而考之, 三山之在東海者, 捨吾國則无有是處, 其所云在方丈者, 旣在於帶方, 則瀛洲·蓬萊亦不出於金剛·妙香之外也明矣. 若然則其靈區絶境, 人所不能攀者, 必有上眞天仙掌福地司洞天, 以治其事, 而世莫之知, 豈眞仙之儔, 厭溷濁而撝之, 不令覯耶? 抑人自无緣而不能到耶? 是不可知已."

21) 趙緯韓, 「遊頭流山錄」『玄谷集』卷14, 309~310쪽. "秦皇·漢武之一生勤苦, 而尙不得詳知其此山之有無於何處也. 中朝之人, 至今置之於杳茫荒唐之說, 而不曾知有三神山之實在於吾邦也.玆豈非夏蟲之氷朝菌之朔乎? 今吾等幸生東方, 來在玆州, 日望仙山於几席窓闥之間, 而尙靳鞋步之勞, 不一登陟而遊賞, 則其何以蕩胸襟而償所願, 亦無辭以歸語世人."

> 아, 방장산은 이미 神山이라 하여 列仙이 왕래하며 유희한 곳이건만 나는 끝내 만나볼 수 없었으며, 三花와 異芝와 같은 불사약도 얻을 도리가 없었다. 房君은 정신이 物外에서 노닐며 마음이 도와 합치하여 그 아래에서 노닌 것이 여러 해를 지냈으니, 혹여 신선과 불사약을 만나고도 비밀에 붙여둔 채 알리지 않는 것인가? 이 역시 알 수 없을 따름이다. 죄를 지은 이 몸에게 만약 恩赦가 내려 자유롭게 된다면 응당 神山에 올라 선인과 선약을 구할 것이며, 하늘의 행운을 만나 그대의 집에 오를 수 있다면 계곡과 산과 대나무와 나무들이 빙 둘러싸서 맞아줄 것이고, 주인은 두건을 쓰고 鶴氅衣를 입고 객과 煙霞 속에서 함께 하며 들나물과 산과일이 소반 위에 오를 테이니, 이 또한 福地요 異區라 할 만할 것이요, 선인과 불사약도 모두 이곳에 있다 하겠다. 하필 閬苑과 芝成에 올라 安期生과 羨門子를 만나보고, 交梨와 火棗를 먹은 뒤에야 유쾌하다고 일컬을 만 하겠는가?[22]

허균은 1610년 전시의 대독관이 되었는데, 조카와 조카사위를 급제시켰다는 혐의로 탄핵되어 옥고를 치루고 전라도 함열로 귀양을 갔다. 이듬해 11월 해배되어 잠시 서울로 돌아왔지만 다시 전라도로 내려갔으며 이후 호조참의에 임명된 1614년 초까지 호남에 머물렀다. 이 기간 동안 정치적 후견인이기도 하였던 큰형 許筬(1548~1612)이 죽었으며, 평생의 지기인 權韠(1569~1612)도 광해군을 풍자하는 시를 지었다가 장살 당하였다. 허균은 이와 같은 상실감 속에서 현생에서의 자신의 존재를 확인시켜줄 저작인 『성수시화』·『성소부부고』·『계축남유초』 등의 시문집과 「홍길동전」을 완성하였다. 호남 지방의 세족인 방씨에게 써준 위

---

22) 許筠, 전게문. "噫, 方丈既云神山, 而列仙之往來遊戲者, 吾不可以卒遇, 三花異芝不死之藥, 亦不可以便得, 房君游神物外, 心與道合, 婆娑其下, 閱有年紀, 倘亦遇仙人不死藥而秘不告人耶? 亦不可知已. 纍臣若賜環自在, 則當躡神山, 以求仙人仙藥, 徼天之幸, 得躋君之堂, 則溪山竹樹, 環拱逢迎, 而主人角巾練氅, 容與烟霞之中, 野蔌山果, 以薦盤筵, 斯亦可謂福地異區, 而仙人不死之藥, 俱在是矣. 何必陟閬苑芝成, 見安期羨門, 飡交梨火棗, 然後足稱媮快乎."

의 글도 이즈음에 지어진 것이다. 실재하는 산을 두고 신선이 사는 산이라고 하는 데에는 도달할 수 없는 상상의 세계를 인간들이 머무는 영역 안으로 끌어들여 공유하고자 하는 심리가 담겨 있다. 지리산을 삼신산의 하나라고 하는 것도 이러한 인간의 동경과 욕망이 작용한 것이라 하겠는데, 그렇다 할지라도 선계는 인간이 만들어 놓은 상상의 세계이며 영원히 소통할 수 없는 다른 차원의 공간이다. 허황된 선계를 동경하는 대신 혼탁한 세상과 단절된 대자연의 품안에서 안식할 수 있다면 이 또한 선계라는 허균의 말도 이와 같은 맥락에 놓여 있다. 허균은 선계란 인간의 상상이 구축한 이상향으로, 속세적 삶을 초탈하여 유유자적할 수 있다면 그곳이 곧 선계라고 여겼다. 이는 허균이 선계를 현실로부터 좌절된 자아를 위무하고 치유하는 상징화된 공간으로 인식하고 있었음을 의미한다.

유몽인 또한 이와 같은 선계 인식을 선명하게 발현한 작가 가운데 한 명이다. 「喚仙亭記」를 보자. 모두 4단락으로 이루어진 이 글은 講武의 용도로 세워진 정자의 이름으로는 어울릴 것 같지 않은 喚仙의 의미에 대한 진술로 시작된다. 安期生・丁令威・黃鶴仙人・純陽眞人 등 여러 선인의 행적을 거론하며 속계와 선계는 본디 소통 불가능한 관계임을 진술하고 있다.[23] 다음은 이 글의 후반부이다.

> 지금 나와 동년인 柳勵仲이 昇平에 수레를 내리고 한 해가 지나기도 전에 遺址를 정돈하여 새롭게 하고는 예전의 편액을 따라 명명하였으니,

23) 柳夢寅,「喚仙亭記」『於于集』前集 卷4, 395쪽. "吾聞神仙, 無而有, 有而無, 其居也縹緲, 其趨也冥昧, 於山則非雲梯鐵鎖可攀, 於水則非風檣雨楫可接, 矧乎弓旌以招, 玉帛以聘哉. 異哉, 昇平之講武亭, 若之何名喚仙哉. 昔者安期生遊東海而只留阜鄉之舃, 可[丁]令威歸遼城而只題華表之詩, 黃鶴仙人留連吳江之酒家, 純陽眞人三入洞庭之岳陽, 而未聞有號召而將迎之者. 倘有人知其眞仙而挽之, 必泠然飄然而逝, 唯恐蹤跡之或露."

> 대개 이 지역이 산과 바다의 사이에 끼어 있어서 평소 아름답다는 일컬음이 자자해서이다. 저 동해 방장의 여러 신선이 이곳을 거쳐 가거나 잠시 쉬어감에 유속과 뒤섞여 사람들이 깨닫지 못하는 경우를 어찌 限量하랴. 나는 여중씨가 반드시 신선이 누정에 머묾을 좋아한다는 말을 듣고 이 건물을 지어 맞이하고자 한 것임을 알겠으나 다만 여중씨가 어떤 방법으로 그들을 부르고자 하는지는 모르겠다. … 옛날에 내가 瀛洲에서 遠遊를 읊고 官府를 사직하여 曺溪에 들어가 臨鏡堂에 우거하였는데, 당시에는 이 정자가 없었다. 훗날 각건을 쓰고 남쪽으로 돌아가다가 이곳을 다시 지나게 된다면 여중씨가 나를 불러줄까? 나 또한 유속과 섞여 사람들이 알아보지 못하는 자이니….[24]

유몽인은 일찍이 "나는 혼자다. 오늘날의 선비를 보건대 나처럼 혼자인 이가 있는가. 혼자로써 세상길을 가니 사귀는 도리가 어찌 하나에 얽매이랴. 하나에 얽매이지 않기에 넷이고 다섯이고 모두 나의 벗이니, 나의 무리가 또한 넓지 아니한가. 그 차가움은 얼음을 얼릴 정도이지만 나는 떨지 않고, 그 뜨거움은 땅을 태울 정도이지만 나는 애태우지 않는다. 가함도 없고 불가함도 없어서 오직 내 마음을 따른다. 내 마음이 돌아갈 바는 오직 나 한 사람일뿐이니 그 거취가 어찌 느긋하고 여유롭지 않으랴"[25]라고 할 만큼 자의식이 강했던 문인이다. 시류에 편승하여 당여를 짓고 갑론을박하는 혼탁한 정국을 비판[26]하였지만, 결국 관직을 잃고 산

---

24) 유몽인, 상게문. "今者, 吾同年柳勵仲氏下車昇平, 不踰歲, 淨遺址而新之, 仍舊扁而名之. 蓋以是府介於山海之間, 素著佳麗之稱. 彼東溟方丈之羣仙, 經過遊息於斯, 混流俗而人不識者何限. 吾知勵仲氏必聞神仙之好樓居, 營是宇以館候之乎, 第未知勵仲氏之喚之以何道乎. … 昔余賦遠遊于瀛洲, 避官府入曺溪, 棲于臨鏡堂, 當時無是亭矣. 他日角巾南歸, 重過于玆, 勵仲氏乎其喚我無? 吾亦混流俗而人不識者."

25) 柳夢寅, 「贈李聖徵(廷龜)令公赴京序」『於于集』前集 卷3, 357쪽. "余獨也, 視今之士, 其有若余獨乎, 以獨而行于世, 交之道豈泥于一乎, 一之不泥, 於四於五, 皆吾友也, 則吾之倫, 不亦博乎, 其寒凝氷而吾不慄, 其熱焦土而吾不灼. 無可無不可, 惟吾心之從, 而吾心之所歸, 惟一人而已, 則其去就豈不綽有裕乎."

천을 떠도는 신세가 되었다. 잘 알려져 있다시피 선조 41년(1608) 도승지였던 유몽인은 영창대군을 잘 보호해달라는 내용의 교서를 전달한 일로 李爾瞻(1560~1623) 일파에게 탄핵되어 西湖에 우거하게 된다. 그 뒤 광해군 3년(1611)에 남원부사에 임명되지만 대북파의 전횡에 불만을 품고 있던 터라 곧 사직하고 순천 조계산의 임경당에 한동안 칩거하였는데, 위에서 말한 옛일이란 바로 이때의 일을 가리킨다. 그런데 그는 이와 같은 자신의 처지를 두고 "아! 조정에서 배척당하지 않았다면 어떻게 仙區에서 마음껏 유람할 수 있겠는가? 바야흐로 나와 그대가 사람들의 노여움을 받았기에 비로소 仙分을 얻은 것이 깊음을 알겠구나"[27]라고 술회하였다. 이는 곧 유몽인에게 있어서 산수가 학문을 익히고 심성을 수양하는 도량이 아니라 현실의 갈등과 울분을 달래는 탈속의 공간이었음을 의미한다. 그리고 "없으면서도 있고 있으면서도 없으며, 縹緲하게 머물고 冥昧하게 내달린다"[28]고 표현된 신선의 모습이나 "유속과 섞여 사람들이 알아보지 못하는 자"라고 한 자신의 모습은 곧 탈속을 꿈꾸었으되 현실과 완전히 결별하지 못하고 비극적인 최후를 맞이한 작가의 내면의식을 보여주고 있다.

3. 맺음말

16세기 후반부터 18세기 전반에 이르는 조선중기는 사림들에 의한 지

26) 상게문. "黃者自黃, 靑者自靑, 其靑黃果其性乎? 問于甲則是甲而非乙, 問于乙則是乙而非甲, 其俱是乎? 其俱非乎, 其甲乙不能相是乎?"

27) 柳夢寅, 「題紺坡(崔有海號)副墨遊金剛山錄後」『於于集』 前集 卷6, 443쪽. "吁, 不黜於朝, 胡能縱觀於仙區, 方知吾與子之慍于人, 乃始得仙分深矣."

28) 주 25번.

배체제가 형성・발전된 시기이다. 이 시기는 또한 청나라와의 외교 문제가 현안으로 대두하고 사림의 영향력이 강화된 효종 연간을 기점으로 구분되기도 하는데, 본고에서는 주로 선조와 광해군 연간에 작성된 누정기를 중심으로 그 공간의식의 양상과 의미를 살펴보았다. 이 시기에는 누정의 건축이 활발해지면서 누정기의 창작 역시 전대와 비할 수 없을 만큼 폭증했다. 이 방대한 자료를 모두 검토하고 유형화하는 작업은 앞으로 더욱 관심을 갖고 지속적으로 진행되어야 하겠거니와, 그 저변에 깔린 공간의식 역시 본고에서 논의한 범위보다 더욱 확장되고 세분화될 수 있을 것이다. 이를테면 역사와 민족에 대한 문제라든지 사회 현실과 관계된 문제 등이 여기에 해당된다고 하겠는데, 관념적 의식사유의 측면에서 접근한 이 글의 범위를 뛰어넘는 것이기에 여기에서는 다루지 않았다. 별도의 논의가 필요하리라 여겨진다.

누정이란 것이 본질적으로 지배층의 전유물이며, 누정기 또한 최상위 지식인의 생각과 감정을 대변하는 글이란 점에서 누정기는 당시의 지배적 사유양상을 매우 선명하게 보여주는 문학양식이라고 할 수 있다. 내로라하는 유력가와 문장가들이 빼어난 경관을 자랑하는 곳에 모여 시대와 학문과 문장을 토론할 때, 강퍅한 삶에 지친 민중들은 선망과 원망이 교차된 심정으로 이들을 바라보았을 것이다. 난망한 일이지만, 민중의 시각에서 바라본 누정 인식에 관한 궁금증은 후일의 과제로 남긴다.

參考文獻

『莊子』; 陳鼓應, 『莊子今注今譯』, 中華書局, 1983.

蘇　軾, 『東坡全集』; 余冠英 외3인 주편, 『唐宋八大家全集』, 國際文化出版公司, 1997.

柳夢寅,『於于集』;『韓國文集叢刊』63, 民族文化推進會.
李 植,『澤堂集』;『韓國文集叢刊』88, 民族文化推進會.
趙緯韓,『玄谷集』;『韓國文集叢刊』79, 民族文化推進會.
周敦頤,『周元公集』;『文淵閣四庫全書』1101, 臺灣商務印書館.
眞德秀,『心經附註』;『心經』, 景文社 영인본, 1976.
崔 岦,『簡易集』;『韓國文集叢刊』49, 民族文化推進會.
許 筠,『惺所覆瓿藁』;『韓國文集叢刊』74, 民族文化推進會.
胡 宏,『知言』;『文淵閣四庫全書』703, 臺灣商務印書館.
洪可臣,『晩全集』;『韓國文集叢刊』51, 民族文化推進會.
金錫夏,「樓亭記 小考」『국어국문학』62, 국어국문학회, 1973.
金愚政,『簡易 崔岦 散文 硏究』, 단국대 박사학위논문, 2004.
______,「조선중기 복고적 산문의 두 경향-崔岦과 柳夢寅을 중심으로-」『한국한문학연구』37집, 한국한문학회, 2006.
金銀美,『朝鮮初期 樓亭記의 硏究』, 이화여대 박사학위논문, 1991.
金鍾喆,「東文選 所載 樓亭記 硏究」, 울산대 석사학위논문, 2000.
성호경,「樓亭文學의 用語問題와 範疇에 대하여」『仁川語文學』13집, 인천어문학회, 1997.
이강로·장덕순·이경선 共著,『문학의 산실 누정을 찾아서』, 시인사, 1987.

한국 민화의 공간연출

하 수 경*

1. 연구의 범위

한국 민화는 우리의 전통사회에서 상류 지배계층부터 일반 평민에 이르기까지 민간의 생활공간을 장식하던 실용적인 그림들이다. 그림의 내용은 주로 민간신앙에 기초한 길상적인 의미를 담은 도상들이며, 한편 「문자도」와 같이 유교의 윤리적인 내용을 담은 것도 있다. 그 그림들은 각기 상징하는 의미가 있으며 일정한 장소적 기능에 따라 연출되었다. 집안을 구체적이고 물리적인 장소로서의 사실공간을 추상적이고 상징적인 공간으로 꾸몄던 것이다. 전통적으로 집안의 적합한 장소에 맞는 그림을 붙이거나 병풍으로 만들어 사용하던 관습이 있었으므로 생활공간은 민화의 소비 공간이며 민화의 현장으로서 민화의 적용 공간에 대한 연구의 중심점이라 하겠다.

본 논문은 한국 민화에 나타나는 민가의 공간 관념에 주목하여 살림집

* 전주대학교 교수.

에 걸린 민화의 공간 연출을 중심으로 민화의 영역별 공간구성의 측면에서 그 내적, 외적 요인을 살펴보고, 배치 방법에서 나타나는 구성의 원리를 찾아보는 것에 목적이 있다. 그간의 연구들은 주로 이미 박물관이나 개인들이 수집한 낱장의 그림들을 중심으로 개별 화면의 측면에서 살펴봄으로서 작품의 조형성에 관심을 기울인 것이 대부분이다. 그 중에는 시각적 조형을 통해 내재된 민화의 사상적 배경도 함께 논의 되어 왔다. 그러나 민화 연구에서 매우 중요한 것으로서 배치장소인 생활공간과의 관계와 그 공간연출의 여러 가지 요인에 대한 문제를 간과하게 된 경우가 많다. 사용자의 의도에 따라 그림의 배치가 이루어지기 마련이고 그러한 관점에서 각 공간의 성격과 그림 내용이 부합하는가, 그림의 배열이 시각적으로 통일감을 주며 지루하지 않게 적절한 변화를 갖고 있으며 생활의 연속선상에서 고려되고 있는가, 등의 문제를 제기할 수 있다. 따라서 민화에 나타난 한국인의 공간관념에 대한 연구는 민화의 설치 장소인 생활공간의 현장성을 중심으로 민화가 민가에 디스플레이 될 때 일어나는 사용자들의 경험적, 선험적 공간의식과 그림 裝置의 방법 및 형식의 관계에 대하여 논의를 전개할 필요가 있다.

이 글에서는 먼저 민화의 장치에 있어서 공간연출의 질서와 공간의 관계를 이해하기 위하여 조선시대 민가에 표현된 공간개념과 구조를 살펴보고자 한다. 풍토와 공간개념, 공간과 형태의 관계 등 민가의 공간에 대한 전통사상의 흐름과 인식방법을 살펴보면 우리의 문화 전반에 펼쳐 있는 전통적인 공간개념에 대하여 이해할 수 있을 것으로 본다. 여기에서 '민가'란 민간의 살림집을 뜻하며 궁궐이나 관가, 서원, 사원 등의 건축과는 그 목적과 특성이 다르다. 연구자들에 따라 민가의 범위를 상류 주택을 제외한 평민, 상민, 천민들의 살림집으로 정의하기도 하지만 이 글에서는 앞에 열거한 건축물과의 비교개념으로서 백성들의 살림집인 한옥을 총칭하기로 한다. 그리고 살림집에 민화가 설치됨으로서 나타나는 효용적 기능과 공간적 조형성을 알아보고자 한다. 민화가 일상생활 속에서 집안사람들과 어떻게 항상성을 갖고 개인의 삶을 포함한 구성원들의 삶과 사회적 사고를 반영하였는지, 민화가 베풀어진 현장으로서 배치 공간은 어떤 유형으로 형성 되었는지 살펴볼 필요가 있기 때문이다. 민화의 의미가 담아내는 가치에 따라 배치공간을 의미공간과 조형공간으로 나누며, 의미공간은 내적인 공간으로서 강력한 神力의 지지를 받고자 추상화 된 심리 공간에 해당되고 조형공간은 외적인 공간이며 시각적 공간으로서 현실적 장소를 지닌 사실공간을 뜻한다. 내적 공간은 신에 대한 경배와 소망을 나타내고 외적 공간은 조형적이고 장식적인 것으로 내적 요소에 의해 형식화 된다. 민화의 공간배치와 구성의 원리를 살펴본다면 입체와 평면, 또는 현실과 가상, 세속과 신성에 대한 한국인의 공간적 질서도 논의할 수 있을 것이다. 민간의 집안에 신성과 세속성이 공존하는 것처럼 민화에는 선, 면, 형태, 색, 질감 등의 조형요소들이 주제의 암시와 직설적 표현의 반복, 중첩에 의해 현실적, 비현실적인 두 세계가 형성, 대립, 공존하고 있기 때문이다. 그러나 이 글에서는 민화의 화면에 표현된 조형적 원리는 구체적으로 논의 하지 않고 다만 공간 장치의 전개 과정에서 나타나는 중요한 요인이 되는 시각적 현상에 대하여 배치의 방법과 관련하여 살펴볼 것이다.

2. 민가의 공간 형성과 민화

조선시대 양반은 신분상으로 상당한 규모의 주택을 소유할 수 있는 보장을 받고 있으나 경제적 기반이 없어 실제로는 서민주택과 같은 살림집에 기거하기도 하였으며, 중인계급은 경제적 조건이 조성되었다 해도 신분에 따른 가사규제의 제약을 받아 양반들이 기거하는 상류주택에서 생활을 영위할 수는 없었다. 그러므로 전통주택을 분류할 때 그 경계를 밝히는 것은 대단히 어려운 일이므로 일반 민가와 상류 주택의 영역 개념은 주택건축을 일정 수준 이상의 전문가가 담당했는가, 혹은 농민 기술자와 같은 비전문가가 담당했는가 하는 차이로 해석하기도 한다. 그리고 현재 남아 있는 많은 민화들은 조선시대 상류 주택인 양반집과 평민의 집에서 모두 애호하던 것이며 이미 사용하던 집의 현장을 알 수 없고 어느 것이 양반집의 것이고 어느 것이 평민의 것인지 그 분류가 용이 하지도 않다. 현재로서는 민화의 재료나 표현 수법에 대한 제작 수준으로 구분하는 방법이 있으나 이것도 명확한 기준이 되지 못한다. 조선 후기에 중인 계급이 새로운 부유층으로 부상하여 애호한 고급 수준의 민화가 다수 있을 것이므로 사실상 민화의 사용 주택의 영역을 계층으로 구별하기에는 모호한 부분이 많기 때문이다. 그러므로 이글에서 민가의 개념을 궁중의 장식화인 궁(중)화와 상대된 개념으로서 왕가와 대비되는 의미로 폭넓게 해석하여 사용하기로 한다.

1) 민가의 공간형성과 전통사상

(1) 살림집과 풍수

민화가 펼쳐진 민가는 민간의 살림집을 말한다. 이것은 가족이라는 사회적 집단이 공유하는 가족의 주거공간으로서 가족의 태어나서부터 죽을 때까지 그 집안사람들의 의식주생활이 실현되는 곳이며 가족의 삶과 죽음까지도 담는 그릇이라 하겠다. 살림집의 공간은 농경사회에서 선조들의 자연 질서에 대한 경험과 음양오행설의 선험적 사고가 결합된 공간 개념으로 형성되었다. 살림집의 건축은 전통사상과 깊은 관련을 맺고 터 주변의 형세와 터의 형태, 토질과 수질, 터와 터 주변의 인문 사회적 조건 등을 음양오행으로 해석하여 선택하였다.

집의 구조와 형태는 기후적 특성과 사회적 요구를 반영한다. 주택의 주된 기능이 자연적이거나 인위적인 외부 환경으로부터 인간을 보호하는 것이기 때문이다. 자연에 대한 대응은 지역과 민족에 따라 다르게 나타나는데 대체로 자연환경을 크게 개선하여 인위적인 공간의 규모를 확장하고 외부환경의 간섭을 최소화 하는 방법과 자연의 특성과 순환원리를 터득하여 자연에 적응하는 방법으로 크게 구분할 수 있다. 이것은 인간이 자연을 어떻게 보느냐의 관점에 따라 다르게 나타나는 것으로 자연관 내지 세계관의 차이가 영향을 미친다. 전자는 자연에 적극적으로 대응하고 정복하는 방식이며 전통사회에서는 일반 서민주택보다는 서양의 상류주택에서 찾을 수 있고 현대의 아파트 같은 거대한 규모의 공동주택도 그 예가 된다. 우리의 전통 가옥인 한옥은 후자에 속한다.

자연 환경 중에 기후는 우리의 전통주택의 형태에 크게 영향을 주었는데 예로부터 선조들이 자연에 적응하면서 터득한 지혜로서 이상적인 삶의 터전은 背山臨水라 했다. 이것은 산을 등지고 앞에 물이 흐르는 곳이 가장 좋은 집터가 된다는 말이다. 농경사회에서 마을에 모여 사는 살림집들이 산을 등지고 앉아 있고 마을 앞 아래쪽에 물이 흐르는 환경 조건을 갖추고 있다면 사람들은 추운 겨울에 쉽게 땔나무를 구할 수 있고 바람을 막아 아늑하게 지낼 수 있으며 식수나 농업용수의 해결이 용이하기 때문이다. 그래서 선조들은 부드러운 곡선으로 된 야트막한 뒷산이 병풍처럼 감싸고 있는 장소에 마을을 이루고 뒷산의 곡선을 거스르지 않게 낮은 단층집을 짓고 살았다. 집은 자연을 닮은 둥근 초가지붕의 곡선을 유지하였고 부잣집의 기와지붕도 뒷산을 가리지 않도록 배려하였다. 그것은 높고 큰 규모의 집을 짓는데 필요한 건축 자재가 부족하였던 자연 환경적인 원인도 있으나 농업을 주업으로 하는 우리의 농경사회에서 사계절이 순환하는 자연의 원리를 따라야 풍년을 기약할 수 있고 그 결과 평온한 삶을 영위할 수 있다는 경험적 사고가 작용하였을 것이다. 이것은 기본적으로 사람이 자연과 어떻게 잘 조화해서 살 것인가 하는 문제의식에서 출발한 것이며 자연을 상대적인 대응관계로 보지 않고 인간도 자연의 일부로 간주함으로써 천지인의 교섭관계를 바탕으로 세계를 이해하였던 우리의 전통적인 상생의 세계관을 엿볼 수 있다.

한국의 전통사상을 보면 인간을 포함한 만물의 순행 질서와 공간 이론의 체계를 알 수 있는데 우주만물이 음양과 오행에 의한 하나의 이치로 운행된다는 음양오행의 법칙이 있다. 우주, 자연, 사물, 인간, 사회의 모든 법칙이나 원리, 기능 등이 모두 상대적이거나 분화되지 않고 하나의 원리로 운행되며 그 이치는 천리에 속한다는 것이다. 천리는 造化, 治化, 敎化의 기능이 있어서 순리대로 조화롭게 운행된다고 한다. 그러므로 우주와 현실과 인간의 모습은 표면적으로 나타나는 것이고 그 이면에서 서로 관련성을 가지는 본질적인 것으로서 본체는 생멸의 근원이며 만물을 생성하고 변화시키는 '氣'라는 힘이고 사람이 태어나서 살다가 땅으로 돌아가는 것도 당연히 우주의 원리인 음양오행의 법칙에 따라 '기'의 영향을 받는다고 선조들은 믿었다.

이러한 음양오행설을 기초로 땅에 관한 자연의 이치를 설명하는 風水사상이 사람도 자연의 일부라는 사상을 깉게 깔고 살림집의 건축 공간의 형성 과정에 구체화 되었다. 자손의 번성과 立身出世를 바라는 마음에서 가옥의 위치, 집이 앉는 방향의 결정 등은 陽宅風水의 원리를 적용하였다.[1] 산의 흐름, 땅, 방향, 지세 등을 살펴서 生氣의 감응을 받을 수 있는 장소를 택하여 집터를 고르는 일에서부터 시작하여 건물의 위치,

---

1) 풍수는 크게 陰宅風水와 陽宅風水로 나누며 음택풍수의 원리는 조상의 묘를 쓸 때 자손에게 좋은 기운을 줄 수 있는 위치와 장소에 관한 이론이고 양택풍수는 주택에 적용한 것으로 東四宅論과 서사택론이 그것이다. 동사택은 남향집과 서향집을 이르는 것이고 서사택은 남동향집과 남서향집을 말한다.

방향을 정하는 일도 풍수에 의해서 정해졌다. 집터를 등진 방위에서 정면으로 보이는 방향인 좌향은 주인의 운명에 영향을 준다고 믿었으므로 좌향에서 가장 중요한 요소는 안방과 부엌, 대문이라고 생각하여 그 위치와 방향은 반드시 풍수 전문가가 결정해야 했고 그 밖의 대부분의 공간들도 그 기능과 관련하여 음양오행의 원리에 합당하도록 위치와 방향이 결정되었다. 건물의 형태, 집을 짓는 시기와 과정도 풍수에 의해 결정하였으며 목수의 건축의 방법에도 여러 원칙과 금기 사항이 있었다.[2] 이와 같이 풍수지리에 관한 도참사상은 집을 거룩하고 신성한 영역으로, 자손이 번성하고 복을 받아 입신출세하고 무병장수하는 장소로 변환하는 상징적 장치로 해석된다.

음양과 오행의 원리는 바로 우주의 질서이며 조화를 의미한다면 집이란 우주적 질서와 조화를 갖는 특별한 영역을 의미한다고 하겠다.[3]

(2) 신이 사는 공간

도참사상은 음양오행설을 토대로 미래의 일에 대해 예언하거나 암시하고 약속하는 신비적, 미신적 성격이 짙은 사상체계로 풍수지리설과 결합하여 조선시대의 정치, 사회 및 일상생활에 이르기까지 커다란 영향을 미쳤다. 장차 닥쳐올 吉凶禍福을 예언, 암시, 약속하는 점복을 행하고 민간신앙으로 자리했으며 조선시대 민가의 공간설정에 많은 영향을 주었다. 땅에 관한 자연의 이치를 설명하는 풍수지리와 결합하여 공간의 개념과 영역을 결정하고 집안의 굿, 安宅고사, 집짓는 과정에서 치러지는 건축의례에도 관련되었다. 조선시대 주택의 건축의례를 보면 집을 짓는 과정에서 행해지는 각종 의례, 즉 택지와 터다지기 · 주춧돌 놓기 등의 기초공사에서부터 완공까지 건축공사 과정의 여러 의식과 방식 · 새

2) 한옥공간연구회, 『한옥의 공간문화』, 서울, 교문사, 2004, 29쪽.
3) 강영환, 『집의 사회사』, 서울, 웅진출판사, 1992, 81쪽.

집에 입주하는 날을 잡는 일 등 건축에 관련하여 풍수사상과 도참사상은 집을 신성한 공간으로 창조하는데 크게 영향을 미쳤다.[4)]

그러면 도참사상과 건축의례가 어떤 관계를 맺고 살림집을 어떻게 물리적인 현실 공간에서 신이 사는 신성의 공간으로 변환시키는지 살펴보기로 한다. 이것은 집의 건축과정에서 잘 나타난다. 집을 짓는 과정에서 행하는 의례들을 보면 날받이－텃고사[土神祭]－開工告祀－모탕고사－성주운보기－상량고사－집들이고사－성주고사 등이 있다. 이것은 자연물을 지배하는 신에 대해서 감사하는 동시에 집짓는 허가를 받을 뿐 아니라 집을 신성의 공간으로 영역화하는 상징적인 의식들로서 자연물을 인간의 존재방식인 문화적 공간으로 전환시키는 의례로 해석된다. 날받이는 擇日을 뜻하는 것으로 擇吉이라고도 하며, 텃고사는 집터를 지배하는 土地神에게 집터 공사의 시각을 알리고 일이 순조롭게 진행되도록 도와달라고 지내는 제사이다. 집터뿐만 아니라 묘지를 잡을 때도 올렸다. 개공고사는 목수와 석수의 일을 시작하면서 지내는 제사로 소금과 고춧가루를 진설하고 제사 후 집터에 뿌리는 것은 집터의 잡귀를 몰아내고 집을 신성공간으로 만들기 위한 의식의 일환이다. 모탕고사는 목수와 일꾼들이 연장에 다치는 일이 없기를 기원하며 지내는 의례이고, 성주운보기는 집주인의 운수와 앞으로 그 집을 지켜줄 신령인 성주의 운이 서로 맞는지를 문복장이에게 알아보는 일이다. 상량고사는 건물의 최상부에 상량을 올려 집의 골격을 완성할 때 상량신에게 지내는 제사로 상량에 상량문을 써서 가족의 장수를 기원하며 집이 완성되면 상량신은 집의 성주신이 된다. 上樑文은 開基日, 집 지은 해－달－날－시, 坐

4) 미래의 길흉에 관한 예언을 준거로 따르면서 우주관－미래관－정치사상 등을 전개하고자 하는 믿음으로 점복과 마찬가지로 대자연 앞에서 무력한 인간의 미래를 알고 싶어 하는 욕망에서 나온 현상이며 도참은 미래를 암시해 주는 상징－징조인 <도>와 讖言, 즉 예언의 뜻인 <참>을 개념으로 한국에서는 특히 風水地理에 관한 도참사상이 그 주류를 이루어 왔다.

向－축원문 등을 상량의 받침도리 바닥에 쓰고 상량문 좌우 양 끝에는 龍자와 龜자를 서로 마주 보도록 쓴다. 용과 거북은 물의 神이므로 이렇게 적음으로써 화재를 막을 수 있다고 믿었다. 집의 골격이 완성되는 단계로 가장 어려운 일을 마쳤다는 뜻에서 자축하는 의미도 포함되어 있어 건축의례 중 가장 성대히 지낸다. 집들이 고사는 새집에 사람이 들어가기 전에 먼저 길일을 택하여 집안을 깨끗이 정화시켜 신성한 곳으로 만들고 집과 가족의 안녕과 번영을 기원하는 제사로 가신의 신체를 모시며 집을 거룩한 신성의 공간으로 탄생시키는 의식이다. 다른 사람이 살던 집으로 이사할 때도 올린다. 이 성주고사는 새로 탄생한 성주신을 모시는 의례이고 사람들은 앞으로 성주신이 그 집을 지켜준 것으로 믿었다.[5)]

이로서 집은 성주신을 비롯한 여러 가신들을 모신 상징적 공간으로 태어난다고 할 수 있다. 사람들은 공간적으로 대개 家內에 그 집안을 지켜주는 가신들을 상정하고 집주인이 거처하는 방에는 조상신, 안방에는 삼신, 부엌에는 조왕신, 대청마루에는 성주신, 마구에는 마대장군, 측간에는 측신, 마당에는 터주신, 대문에는 수문신이 거처하며 이 가신들이 성주신을 으뜸으로 나름의 기능을 부여받고 있다고 믿었다. 가신신앙과 같은 민간신앙의 특징은 신앙의 대상으로서의 신이 매우 다양하고, 개인신앙이 아닌 공동체의 신앙형태를 지니며, 외래종교와의 끊임없는 접촉을 통해 습합을 이루고, 구체적인 생사길흉화복에 집착하고 있는 점이다. 이러한 현세적이고 구체적인 구복신앙의 내용은 민화의 도상으로 시각화된다.

집집마다 가정을 지키는 많은 가택신이 존재한다고 믿고 신앙하였다는 것은 집은 그 집안사람들이 사는 살림집일 뿐만 아니라 신이 함께 사

---

5) http://kr.dictionary.search.yahoo.com

는 신의 집이며 신이 사는 곳이므로 신성한 공간이라고 해석할 수 있다. 가택신의 존재는 도참사상과 관련되어 현재도 민간신앙에 남아있는데 필자가 어렸을 때 자라던 마을에서는 쌀이 담긴 단지를 神體로 삼는 것을 보았고 지금도 많은 집에서 명절에 차례를 지낼 때는 성주신의 상을 따로 차리는 것을 볼 수 있다. 민속자료들을 보면 가택신을 대표하는 성주신은 살림집 그 자체라고 생각하고 그 상징물로서 백지에 돈과 실을 꿰매어 묶은 것, 여러 겹으로 접은 한지, 쌀이 담긴 단지, 성주굿에 사용된 무당 옷, 베나 헝겊 등의 가시적인 것으로 신체를 삼고 집안의 일정한 장소에 설치되었다는 것은 민속자료를 통해 알 수 있다. 여러 가택신이 집안의 일정한 공간을 담당하는 영역이 있고 집과 가문을 보호하고 길흉화복을 관장한다고 믿었으므로 민가나 양반가나 할 것 없이 집은 살림공간이면서 신이 기거하는 신성한 공간이 된다. 민화는 이러한 신성 공간의 내적요소를 시각적으로 그려낸 그림들이다.

2) 공간의 형태와 영역

주거문화를 이끌어가는 가족의 활동과 의미에 따라 형성되는 공간의 유형을 크게 구분하면 물리적인 공간과 심리적인 공간으로 나눌 수 있고 인간의 행동과 운동이 일어나는 요인에 의한 물리적 공간, 생활공간, 상징적 공간으로 구분할 수 있다. 민화는 집터와 울(울타리)안의 구조물에 의해 가족의 외적 활동을 이루는 물리적 공간과, 사회적 요인에 의해 구성된 그 집안사람들의 사회적인 활동이 실현되는 생활공간과, 종교적 · 사상적 · 미학적 가치체계에 의해 구성되는 상징적 공간의 내용과 관련이 있다.

살림집의 물리적 공간은 가정생활의 용도와 목적에 따라 외적 활동이 이루어지는 주거공간으로서 구성원들의 이상과 신념과 미적 체계로 구성되는 내적 활동의 상징적 공간과 표리일체의 관계에 있다. 집의 형태나 구조 및 규모는 가족 구성원들의 물리적 환경이 되며 물리적, 사회적 조건들의 상호작용에 따라 일어나는 주거생활의 기본 장치이다. 가시적으로 집터와 울(울타리)안의 구조물이 구성요소이며 평면으로 된 바닥, 구조물을 이루는 수직의 기둥과 벽, 기둥을 덮는 지붕 등의 요소에 의해 구성된다. 일반적으로 주택의 형태와 구조는 자연환경적인 것, 사회적인 것, 경제적인 것 등의 다양한 요인에 영향을 받는다. 현대에는 자연환경보다는 사회 환경으로서 사회문화적 요인들이 영향을 미치지만 전통사회에서는 자연환경이 크게 영향을 주었다. 사회구조에 있어서 가족 수, 가족관계, 가계계승의 제도, 성별, 세대별 관계, 기타 사회적 인간관계 등도 집의 형태와 규모를 결정하는데 영향을 주었고 종교, 의례, 미적 가치체계 등도 집의 공간구성에 영향을 미쳤다. 무엇보다 경제적인 비용 지불 능력은 집의 규모와 형태를 결정하는 주요 요인이 되었을 것이다.

민가의 주택구조는 지방에 따라 다소 차이가 있지만 기능적으로 방－마루－부엌의 세 공간을 기본적인 구성요소로 하고 천연 자재(資材)를 써서 지은 단층 목조주택 양식이며 지붕의 형태는 대체로 기와 또는 초가지붕으로 구분된다. 한 주택 내에 온돌과 마루가 결합되어 있는 주택유형으로 우리의 기후와 자연환경이 잘 반영되었으며 지역별 기후나 지형적의 조건에 따라 주택 평면의 차이가 있다.

공간구성은 지역에 따라 지형적, 기후적 요인의 영향으로 모든 주거공간을 하나의 건물에 수용하는 생활방식인 집중식 공간구조와 여러 채의 건물로 주거공간을 분리하면서 부속채를 갖는 생활방식인 분산식 공간구조로 나눌 수 있다. 겨울이 길고 산이 많은 지역에서는 보온과 방어가 중요시되었기 때문에 집중식 주거 방식이 발달하였고 여름이 길고 평야가 많은 지역에서는 통풍과 환기가 중요시되어 분산식 주거가 발달하였다.[6] 공간의 평면구성은 형편에 따라 단순한 一자형, ㄱ자형, ㄷ자형, 二자형 등 여러 가지 평면유형으로 나타나며 겨울철 추위가 심한 함경도 지방은 방한과 난방을 위해 방이 두 줄로 배열된 겹집 구조 형태를 취하고 중부 지방은 ㄱ자형, 남부 지방은 기본요소들이 한 줄로 배열되어 통풍이 유리한 홑집 구조의 一자형, 강원도 삼척과 제주도에는 겹집이 분포되어 있다.

주택의 규모가 대가족제에 따라 커지기도 하였다. 규모가 커지면 민화의 설치공간이 넓어져 필요한 그림의 수효가 늘어난다. 큰 마당의 열린 공간을 중심축으로 한 채 또는 여러 채를 배치하여 일상생활에 적합한 형식을 취하였고 사회적 의식과 용도에 따라 별채－안채－내측－사랑채－외측이 구분되어 건축되었다. 부유한 양반 집에서는 쓸모에 따라 칸을 더 넓게 잡기도 하였고 안채를 중심으로 하고 아래채－사랑채－별채 등 가옥의 수를 증가시켜 집의 규모를 넓히기도 하였다. 한옥은 온돌과 마루가 필수적이다. 사계절이 뚜렷하고 겨울에는 삼한사온으로 비교적 쉽게 추위를 견딜 수 있고 여름은 고온다습한 기후적 특성에 따랄 한국의 전통주택은 대륙적이고 해양적인 이중적 성격의 온돌과 마루가 있는 주택 유형이 발달한 것이다. 또한 우리의 기후 조건은 방의 규모를 결정하는데 중요한 요소인 목재의 생산에 크게 영향을 미쳐 건축재로서 양호한 크고 반듯한 나무가 아니라 대체로 구부러진 나무를 생산하게 됨으로서 건축재의 한계에 의해 방의 규모는 작았다. 온돌방은 한랭을 막기 위해 통풍구를 작게 내었고 상대적으로 벽면이 커진 소규모의 구조를 형성하게 되었다.[7]

공간구성은 대가족의 활동영역을 구분하여 신분에 의한 상하의 위계

---

6) 한옥공간연구회, 앞의 책, 73쪽.

7) 김영학, 『민화』, 서울, 대원사, 2000, 23쪽. 한옥공간연구회, 앞의 책, 14～15쪽 참조.

와 남녀구분에 의해 영역의 경계가 있었다. 물리적으로 엄격히 영역 구분을 하지는 않지만 개념적으로 눈에 보지지 않는 복잡한 영역으로 구분하고 내외, 상하, 신성과 세속, 남성과 여성 등의 영역구분이 뚜렷하다. 집의 내적 공간은 형태나 구조에 의한 가시적인 것이 아니라 정신적, 형식적 여러 규범에 의해 상하 신분과 남녀유별로 공간사용이 따로 분리된다. 안채는 가정생활의 중추를 이루는 주거생활의 중심이며 안주인의 통솔을 받는 여성전용공간이고 안방은 안주인의 거처로 사용하였다. 대청마루 건너편에 노인이나 아이들의 거처로 쓰이는 건넌방을 두었고 주인이 거처하는 사랑방은 응접실용으로도 쓰였는데, 큰 가옥에서는 안사랑－바깥사랑을 따로 두기도 하였다. 위치도 안채는 집의 안쪽에 있고 사랑채는 집의 가장 바깥쪽에 있으며 안채와 사랑채의 외부공간에는 마당을 두었다. 마당은 외적으로는 폐쇄성을 가지나 내적으로는 개방성을 갖도록 하였다.

대청(마루)은 전면을 완전 개방하고 후면은 빈지로 마감하며 두 짝 널문을 바닥에 붙여다는 것이 일반적인 구성이다. 관혼상제를 위한 의례공간으로서 매우 중요한 장소이며 조선 중기 이후 유교적 생활문화의 보급에 따라 상류주거의 생활문화가 일반민가에까지 확산 보급된 결과 제례를 중심으로 하는 가정의례의 장소의 기능을 한다.[8)] 대청마루의 창호를 용이하게 제거하고 혼례 등 가족의 의례행사에 필요한 공간을 확보하여 썼다. 한정된 공간을 다양한 기능으로 변화시키는 다목적 공간으로의 활용성이 있다. 평소에는 벽 쪽에 집안의 소도구를 두는 정도로 대부분 빈 공간으로 활용되었으며 집안의 큰 행사 때는 마당까지 내부 공간을 확장하여 썼다.

민가의 내부와 외부 공간에는 물리적 차단물을 두지 않고 공간과 공간

---

8) 조성기, 『한국의 민가』, 서울, 한울아카데미, 2006, 79～80쪽.

사이에 심리적 완충지대로 사이공간이 있음을 알 수 있다. 안방과 건너방 사이의 대청, 마당과 마루사이의 토방, 사랑채와 안채 사이의 마당 등은 물리적 차단이 아니라 두 공간을 완충할 수 있는 심리적 차단의 역할을 한다.[9] 빈 공간은 거리를 두는 경계 기능을 갖고 있어서 낯선 사람에 대한 경계와 인지의 효능을 갖춘 방어망과 같다. 마당은 물리적 공간이면서 동시에 상징적 공간이다. 외래객을 식별하고 여과시키는 공간이며 사랑채가 있는 집은 안채와 사랑채의 경계 표시가 된다. 안채와 마당을 중심으로 여러 채의 건물이 배치되거나 부속 채가 직각으로 하나 또는 여러 채가 덧붙여진 형태로 배치된 결과 가족을 중심으로 외부사람에 이르기까지, 대문－마당－마루－온돌방(침실)에 이르는 단계별과정에서 물리적으로 채워지지 않은 공간은 외래객의 성분에 따라 격리와 접객의 형태가 조절되었다. 문턱 또한 경계의 개념을 갖고 안방이나 아래채의 수장 공간 및 울타리 등도 물리적, 방어적 경계의 표시로 아무나 함부로 드나들 수 없음을 말하는 것이다. 공간의 사용은 연속성, 가변적 융통성을 특성으로 한다. 마당, 마루, 방 등의 한정된 공간을 이어주는 연속성을 지니며 그때그때 가족의 생활사의 필요한 목적에 따라 사용할 수 있도록 외곽에 최소한의 것을 배치하고 내부의 중앙을 비워둠으로서 공간의 기능을 가변적으로 사용하는 융통성을 지닌다. 이것은 공간의 기능에 대한 융통적인 대응으로서 공간의 효율성을 높여준다. 남녀노소와 상하위계가 있는 가족 구성원이 공동으로 살아가는 주거생활공간의 기능과 가족의 대소사와 사회활동의 연장으로서 가옥의 공간을 효율적이고 다목적으로 사용하는 융통성이 필요했기 때문이다.

신분에 따라 건축규모의 규제를 받았고 그 장식에 있어서 칠, 돌의 다듬기, 기둥의 높이, 기둥 모양과 기둥 위 장식 등이 신분에 따라 제한을

---

9) 이규태, 『(속)한국인의 의식구조』 상, 신원문화사, 1983, 223쪽.

받았으나 민화 등의 그림 장식에 대한 규제는 발견되지 않고 있다.

3) 여성공간과 민화

조선사회는 유교적 규범에 따라 마당을 사이에 두고 아래채와 안채를 구성하고 아래채는 남성의 사랑채로 썼으며, 안채는 여성의 전용공간으로 사용하였다. 살림집이 한 채로 구성되었을 때도 안방과 윗방(건너 방이라고도 함) 사이에 마루를 두고 안방은 안주인이 사용하고 윗방은 사랑방으로 남성인 바깥어른이 사용하였다. 이와 같이 남성과 여성 공간을 남녀유별의 유교적 규범에 따라 구별하였고 두 공간간의 영역을 심리적으로 분리시키는 낮은 담장이나 마당, 마루 등을 두어 남녀 공간을 구분하는 경계의 상징적 의미와 공간간의 성격을 완충시키는 장소를 나타내었다.

집의 바깥출입이 자유롭지 못한 반면에 여성들이 가사를 돌보며 자유롭게 생활하는 안채나 안방은 사적인 공간이고 가족 이외에는 외부인의 출입제한 구역으로 여성들만이 사용하였다. 여성의 일이란 아이를 낳고 기르며 가족의 식생활과 의생활 및 주거생활에 관한 대부분을 전담해야 하고 집안을 화목하게 하는 등의 가사에 관련된 것이었다. 여자로 태어나면 이곳에서 여성으로서 살아가는 태도에 대한 모든 정보를 습득하고 성인이 되면 출가하여 아이를 낳고 그 집안의 혈통을 이어주는 의무를 지니며 가족의 의식주를 전담하게 되는 것이 여성의 운명이었다. 이 여성공간에서 여성들은 출산, 육아, 가사노동 생산, 집안 친척들과 친교 등 생활의 목적에 따라 공간을 효율적이고 다목적으로 융통성 있게 사용하였다.

대부분의 민화는 안채의 여성공간을 장식한 그림들이며 그림의 사용은 방안의 벽장문이나 방문에 붙이거나 병풍으로 만들어 방의 한 벽 쪽에 세워두는 형태였다. 민화의 화제를 대별하면 일반적으로 민간신앙의 기원을 목적으로 하는 것과 유교적 윤리교육을 목적으로 하는 것으로 구분한다. 민간신앙의 기원은 무병장수와 자손, 재물, 영화, 관운, 덕, 길 상 등에 걸친 인간의 현세적 복을 바라는 것이며 한국인의 의식 속에 내재된 벽사구복의 사상으로써 재앙을 물리치고 현세의 복을 기원하는 주술적 내용이다. 여성공간을 장식하는 민화는 이것을 도상화한 것이며 소재로 유형을 구분하면 화조화가 주류를 이룬다. 후자는 유교적 윤리관을 교육하기 위하여 항시 방안에 두고 인성을 교화하는데 필요한 윤리문자나, 배우기를 게을리 하지 말라는 뜻을 담은 문방구 그림은 주로 남성공간이나 안방의 벽장문에 붙여졌다.

암수 한 쌍이 있는 화조도, 꽃밭과 하늘에 가득한 나비들, 알을 품은 물고기, 풀 섶에 알을 낳는 물고기, 다산다남을 상징하는 석류 등의 소재로 표현하고자 하는 것은 부부의 금슬과 다산의 기원을 의미한다. 집안의 혈통을 이어줄 아들을 많이 낳아 기르는 것이 삶의 목적이라 할 정도로 출산이 여성의 의무였던 전통사회의 여성관을 반영한 그림들이다. 안방은 자녀를 낳는 공간도 되고 아이를 기르는 곳이므로 자손 번창과 다산을 기원하는 기복적인 장식물들로 방을 장식함으로써 안방의 영역을 관장하는 삼신의 세계를 시각화하여 삼신에게 원하는 바를 전하는 것이고 한편 방안을 밝고 화사한 빛으로 꾸며주는 시각적인 즐거움을 얻고자 한 것이다.

민화는 여성공간을 장식하면서 남녀유별의 유교관이 정착된 조선 후기 사회의 남성과 여성의 문화적 차이를 반영하고 있다. 여성공간인 안방에는 여성의 미적 취향을 나타내는 자유로운 화법의 민화를 사용하였고 사랑방이나 사랑채는 감상을 목적으로 하는 그림이 사용되었으며 민화를 사용한다 해도 문방도나 산수도 등 유교적 이념과 관련이 있는 그림이었다. 민화가 여성의 일상생활에서 소통되는 민간신앙적인 내용의 공동체적인 세계관을 반영한다면 감상위주의 그림은 철저한 유교주의를 기본으로 개인적인 세계관을 표출한다고 하겠다. 또한 색채대비가 선명하고 화사한 화조화나 어해도 등의 민화는 여성생활의 반복되는 가사활동의 리듬에 활기를 주는 치유적인 성격이 있고 명랑한 분위기 조성에도 긍정적인 기능을 하는데 반하여 남성공간을 장식하는 그림은 내성적이고 철학적인 것이 많다.

4) 도배와 민화

전통적인 한국의 주거문화에서 도배문화는 공간을 정갈하고 아름답게 만드는 연출 장치의 하나이다. 방의 벽, 벽장문, 덧문, 천정 등 실내의 수직면과 상층의 천정을 한지로 바르고 바닥의 수평면을 장판지로 바르는 일은 물리적으로는 때가 묻고 낡아서 찢어지거나 우중충한 벽지와 장판지를 깨끗하게 만드는 실내건축설비를 다시 하는 것이지만 상징적으로 보면 신이 사는 공간을 신성하게 꾸미기 위한 것이라 할 수 있다. 이 때 가구에 쌓인 몇 년 묵은 먼지도 털어내게 되고 방안에는 장차 새로운 그림도 붙여지게 된다. 집안을 깨끗이 도배한 후에는 가신신앙적인 내용의 소재가 있는 색깔이 곱고 아름다운 민화로 새로운 공간을 장식함으로써 집을 신을 모시는 신성공간으로 거듭나게 하려는 것이다. 새 장판지에 여러 번 콩댐을 하여 노르스름한 색깔이 우러나게 하는 것은 장판지를 기름성분으로 다듬질하여 섬유질이 위로 피어오르지 않고 안정적으로 만들어 오래 쓰도록 하는 작업이며 그 결과 실내에 설치되는 목조가구의 어두운 갈색 톤과 흰 벽색이 이루는 극적인 명도대비를 완화하고 바닥의 색을 따뜻한 기운으로 만들고 실내 색조에 변화를 주고자 하는 미학적 의도가 보인다.

도배는 대개 2~3년에 한번 하거나 길게는 5년 이상도 걸리기도 하는데 집안을 도배하여 낡은 것을 바꾸고 새롭게 꾸며주는 주생활의 습관은 도배문화로 발전하였다. 한옥 생활에서 반드시 해마다 봄이나 추석 무렵에 행하여졌던 출입문 등의 창호지 바르기도 도배의 일종으로 방 안팎을 환하게 만들어 주는 역할을 했고 도배할 때 방안 벽과 장문에 붙은 낡은 그림들은 새것으로 바꾸어 붙여 통일된 공간연출을 했다. 민가에서 실내 공간의 기능적, 심미적 연출은 창호의 채광을 통해 완성된다. 우리의 자연 조명인 채광창이나 창호 문을 통해 실내를 은은히 비춰주는 햇빛은 실내 공간 지각의 중요한 요소로 흐린 날과 맑고 화창한 날씨의 차이에 따라 달라지며 사용자의 실내 공간에 대한 심미성이나 기능성도 다르게 지각된다. 실내분위기는 빛의 양적, 질적 상태에 따라 다양한 표정으로 변하기 때문이다. 벽지는 밝은 색조의 색지를 사용하기도 했지만 대체로 흰색의 한지를 사용하였으므로 빛의 반사율이 높아 야간에는 등잔불의 조명 효과를 높이는데 유효했다.

원래 전통 한옥의 주거생활에서 기본적인 행사로 주기적으로 도배를 하는 것은 방안을 밝게 만드는 효과가 있지만 추운 겨울의 외풍을 막는 기능적 역할이 더 크다. 부분적으로 방안에 세워두는 병풍 장치가 외풍을 차단하고 방안의 따뜻한 공기를 보존하는 기능을 하였으나 기본적이고 적극적인 도배 작업이 있어야 혹한의 긴 겨울을 지낼 수 있기 때문이다. 우리나라는 일 년의 삼분의 일이 한랭한 기후라서 전통사회에서 집을 지을 때는 북풍을 막는 집터를 정하여 따뜻한 햇볕을 잘 받을 수 있는 남향집을 지었으며 창문도 작게 내고 출입문이나 창문은 창호지를 발라 방안에 채광을 주었다. 겨울 난방으로 필수적인 온돌의 열기가 방안 공기를 따뜻하게 하지만 얇은 흙벽인 외벽은 바깥의 낮은 기온과 바람을 막아주지 못하였으므로 흙벽 가장자리의 틈새나 문틈 사이로 들어오는 찬바람을 막기 위하여 방안 도배가 필수적이었다. 그냥두면 방안의 온기를 손실하기 때문에 벽 틈을 없애고 방안 공기를 보온하기 위해 질긴 창호지나 두터운 한지를 써서 외풍을 차단하고 흙벽의 부스러기들이 흘러내리는 것을 막으며 동시에 실내의 분위기를 밝게 꾸며주는 도배는 선조의 지혜로운 주거문화라 하겠다.

3. 민화의 기능과 공간연출

1) 공간의 무대장치

민화의 장치는 도배와 함께 이루어지며 방안의 벽장문이나 방문의 덧문에 그림을 붙여 한지 도배의 단조로움을 보완하는 시각적 분절 효과를 기하고 여러 폭의 서화 병풍을 자유로이 이동하여 필요한 공간을 재구성하고 건축의 효과를 꾀하는 등 전통가옥의 좁은 공간을 융통성 있게 활용하였다.[10] 이것은 민화의 기능과 목적에 따라 공간을 신성화하는 장치이고 기술이다. 이것은 생활의 공간을 시각적으로 꾸며줄 뿐 아니라 추상화된 신성 공간으로 변환시키는 무대장치의 기능을 한다. 도배 작업으로 실내를 정갈하게 한 다음 무병장수, 부귀영화, 자손번창에 관련된 가족 공동체의 오랜 소망을 그려 넣은 민화를 새것으로 붙이는 일은 실내공간을 신적인 세계로 만드는 행위로 볼 수 있고 건축의례 때 집을 신성의 공간으로 영역화 하는 의식과 닮았다. 먼지나 때가 묻어 있고 낡아서 빛이 바랜 그림들을 뜯어내어 불태우거나 하여 없애는 것도 종이의 물성 때문만이 아니고 무속에서 무신도를 새로운 것으로 바꾸어 걸 때 헌 그

10) 하수경, 「조선후기 민화의 미의식」『비교민속학』, 9쪽.

림을 땅에 묻거나 불태워 없애는 것과 동일한 의식에서 나온 것으로 볼 수 있다.

집안의 행사 때에는 민화를 병풍의 형태로 만들어 두었다가 연극무대의 배경처럼 행사의 내용과 어울리는 공간을 꾸미고 행사의 분위기를 한층 돋우어주는 무대장치로 쓰였다. 문이나 벽에 붙이는 민화의 형태가 연속적인 장치로 항상성을 갖는다면 병풍의 형태는 비연속적이고 가변적이며 한시적인 무대장치가 된다. 갓 태어난 아기의 방의 애기병풍, 돌상 앞의 문방도, 두 남녀가 화촉을 밝히는 초례청의 모란도, 신혼부부의 방의 화조도, 장수를 축복하는 회갑연의 십장생도 등 집안의 경사에 주로 쓰였고 상례나 제례에는 그림이 없는 소병풍이나 글씨 병풍을 썼다. 병풍은 방안에 세워 두기도 하였는데 추운 겨울의 외풍막이와 인간으로서의 기본이 되는 유교적 규범을 상시 환기시키는 교육용과 장식 목적의 병풍이 그것이다. 생활공간을 특별한 무대로 꾸며주는 무대장치 기능이 두드러진 것으로서 책장에 책이 가득 쌓여 있고 세상의 영화를 상징하는 소재의 값진 물품이 진열되어 있는 책거리 병풍은 투시도법과 사실적 표현수법을 사용하여 비현실적인 환상적인 세계를 창조한 것 같다.

민화는 일상생활에는 일상의 활동이 이루어지는 생활의 장을 만드는 장치, 공간의 영역을 유기적으로 연결해주는 장치, 일상의 장소를 신성한 공간으로 만드는 장치적인 특성을 가진다. 그것은 일정한 목적을 가지고 가신신앙적인 신념과 유교적인 이념을 투영시킨 공간으로 창조하는 창치이다.

2) 윤리교육의 지침서

민화는 유교사회의 윤리규범을 교육하는 지침서의 기능이 있다. 이것은 인간의 행동은 학습된 것이라는 이론을 배경으로 자녀의 능력과 흥미에 적절하고 풍부한 학습 경험을 제공함으로써 전인적 발달을 도모하고자 하는 장치이다. 효, 제, 충, 신, 예, 의, 염, 치 등의 유교적인 기본 윤리를 시각적으로 펼쳐놓은 것이다. 윤리를 나타내는 상징물의 도상과 윤리문자를 결합시킨 문자 그림을 병풍으로 만들어 집안에 세워두고 생활하는 동안 아이들은 자라면서 사회적 도덕성을 기르고 성인이 되어서는 날마다 살아감에 있어서 수신에 소홀함이 없도록 하려는 것이다. 주로 윤리문자는 한 화폭에 한 글자씩 표현하여 모두 여덟 폭의 병풍으로 만들어졌으며 화면이 8폭으로 된 병풍 한 틀로 구성되었다. 이 병풍은 커다란 시각적 구조물이므로 성인 남자의 키보다 조금 높은 정도의 높이가 낮은 방안에 세워두었을 때 사용자의 한 눈에 들어오기 마련이므로 마치 윤리 교과서를 항시 펼쳐놓고 사는 것과 같았을 것이다. 그러므로 조선사회에서 중요시한 도덕적 가치 기준의 지침서로서 민화는 기능을 한 것이다.

태어난 아이는 한 개인의 생명일 뿐 아니라 조상 대대로 이어온 가족공동체의 생명체로서 의의를 갖기 때문에 가문의 영광과 번창을 위해 양육되고 교육을 제공 받는다. 이때 집은 아이가 자랄 때까지 가족들의 보살핌을 받고 앞으로 세상을 잘 살아갈 수 있도록 올바른 가치관과 윤리규범을 가르치는 교육의 공간이 된다. 아이가 자라면서 집안에 붙여진 그림들은 직접적이거나 간접적인 교육 자료로서 적절히 기능하였을 것이다. 유아기 아이들의 발달과정에서 풍부한 학습경험이 되는 자료들이라 하겠다. 민화의 소재가 광범위하여 가시적인 사실세계와 보이지 않는 불가시의 세계를 모두 포함하고 있기 때문에 현실 세상의 사물은 물론 상상의 세계까지 그려진 그림들은 마치 백과사전과 같이 집안에 있는 어린 아이에게 많은 정보를 줄 수 있다. 그림의 형식이나 수법이 어린아이에서 어른들까지 누구나 다 이해할 수 있는 쉬운 그림이므로 흥미로울 것이고 화사하고 고운 빛깔의 민화는 좁고 어두운 방안에서 쉽게 지각될 수 있기 때문이다. 아이는 이미 경험하였거나 아직 경험하지 못한 세계에 대한 시각적 정보를 통하여 세상을 이해하기 시작하였을 것이다. 생활공간에 펼쳐진 민화의 화면을 반복적으로 보게 되면서 전통적으로 내려오는 인간의 오랜 꿈과 신앙적 신념에 대한 정보가 기호화되고 장기기억장치에 입력되어 민화는 후대로 전해지게 되는 정보의 무의식적 통로의 역할을 하였다고 볼 수 있다. 민간신앙적인 것만이 아니라 조선사회가 사회의 보편적 이념으로 채택한 유교적 가치체계를 이해하고 유교적 가치로서 윤리적 도덕성을 환기하고 올바른 가치관과 윤리규범을 실천하도록 하는 교육적 시각자료의 역할을 하였다고 할 때 민화는 삼강오륜을 압축한 윤리교육 지침서와 다름없는 것이다.

3) 장치의 방법

(1) 그림의 형식

민화는 사용 방법에 따라 장이나 문에 그림을 직접 붙여 사용하는 장벽화의 형식과 여러 폭의 그림을 모아 한 틀의 병풍으로 만들어 사용하는 병풍의 형식으로 대별된다. 또 족자의 형식이 전해 오기는 하나 일제강점기에 제작된 것들이라 딱히 조선시대 민화의 사용방식이라고 말할 수는 없고 민화가 생활 장식화로서 장소를 이동할 필요성이 적기 때문에 족자의 형식은 유행하지 않은 것으로 보인다. 생활공간의 내적 질서를 형성하는 목적 지향적 측면, 용도적인 측면, 연상적 측면, 미학적 측면 등 민화의 기능이 복합적이기는 하나 가장 중요한 기능은 설치 목적과 관련된다고 볼 수 있다. 목적은 또 설치 장소와 맞물려 있다. 결국 그림은 목적과 장소에 따른다는 말이 된다. 민화는 장소의 영역에 따라 적합한 그림의 내용이 정해져 있는 것이다. 연상적 측면이란 상징적인 것과 관련되며 종교나 민족을 주제로 하는 것을 제외하고 민가에 설치된 순수 민화의 종류를 보면 소재별로 문자도, 문방도, 화조도, 십장생도, 魚蟹圖, 작호도, 수렵도, 산수도 등이 있으며 화면에 나타난 소재는 단순히 장식을 목적으로 한 것이 아니라 민간신앙의 상징물이거나 어떤 의미를 담는 그릇으로서 채택된 것으로 해석된다. 벽장문이나 장문과 덧문에 그림을 붙이는 장벽화의 방식은 오래된 방법일 것으로 미루어 짐작할 수 있으나 선조들은 언제부턴가 병풍을 방안에 세워두거나 필요할 때 꺼내 쓰는 방식을 취하였는지 명확히 밝힐 수 없으며 민화 연구는 앞으로 병풍의 기원과 전개 과정 등에 대한 논의도 필요하다고 본다.

장소에 적합한 그림이란 그 공간의 목적에 맞는 내용의 그림을 말하며 그 내용을 분류하면 첫째, 가정교육을 목적으로 하는 것이고 둘째, 祈福이나 辟邪를 목적으로 하는 것으로 구분된다. 인간의 윤리를 가르치는 것, 자손이 번성하고 壽福長壽하기를 염원하는 것, 길상에 관계된 것, 토속신앙에서 오는 벽사의 의미를 담은 그림들을 통해 전통사회의 교육관, 가치관, 신앙관을 알 수 있다. 현실적인 생활에서 만복이 있기를 기원하고 인간으로서 도덕적인 사람이 되기를 희망하는 내용을 담고 있으므로 민화는 전통사회의 가정에서 필수적인 그림이면서 동시에 생활의 장을 치장하는 중요한 요소가 되었다.

앞에서 살펴본 바와 같이 민화의 배치 형태는 기능에 따라 병풍의 형태와 족자 또는 장벽화의 형태를 따르고 일정한 내용을 일정 장소에 붙이는 질서가 따랐으며 '황제풀이'에 나오는 것처럼 그림 하나하나가 따로 독립되지 않고 생활공간의 기능에 따라 유기적으로 연결되어 있음을 알 수 있다. 공간 연출은 시각적인 요소들의 조합으로 나타나며 조합의 구성 원리에 따라 정형화 된다. 민화의 배치에 있어서 중요한 요인은 설치의 기능과 목적으로 공간연출의 구체적인 방법에 영향을 미친다. 먼저 그림을 어떻게 디스플레이 해야 하는가 하는 문제는 민화의 공간 연출이 단순히 물리적 장소를 장식하는 것이 아니라 상징적 공간으로 창조하는 데 있음을 인식하는데 해답이 있다. 민화의 공간 연출은 '황제풀이'[11]에서 보듯 그 기초과정에서 도배와 깊이 관련이 있다.

巫歌나 한양가, 민속극, 춘향전, 풍속기 등을 보면 민가에 붙여진 그림들이 어떻게 쓰였는가 하는 대목들이 나온다. 집을 짓거나 이사할 때 무당들이 와서 부른 '成造歌'의 '황제풀이' 중에 그림에 관계된 부분을 보면 그림의 내용별로 사용된 장소가 일정하다.[12]

> 도배를 한 연후에 그림치장이 없을 소냐
> 벽장문은 福 福字 필통그림
> 다락문은 甁花그림
> 대청을 바라보니 부모는 천년수요
> 자손은 萬世榮이라 뚜렷이 붙였구나
> 안방을 바라보니 부모께 천년산의 首陽山이 빗초였구나
> 건넛방을 바라보니 자손의 萬年壽龜峰이 깃들었구나
> 남벽을 바라보니 三神山 세 노인이 흑백을 들고 바둑 두는 형상이요
> 북벽을 바라보니 십장생이 분명하다
> 사각기둥 立春書라
> 天增歲月人增壽 春滿乾坤福滿家라
> 부엌 문 위를 바라보니 鷄犬獅虎 쌍기린 분명하다
> 광문을 바라보니 國泰民安 可給人足 분명하다
> 중문에 세 선비요 대문에는 乙支文德 陳叔寶가 분명하다
> 그림 치장한 연후에 사방부벽이 없을소냐[13]

'황제풀이'에서도 알 수 있듯이 민화의 배치는 시각적으로 적절하다는

---

11) 집들이 고사에서 무당이 부르는 노래로 새로 들어온 집안의 사람들의 안녕과 복을 비는 노래이다.
12) 김철순, 「민화란 무엇인가」 『한국민화』, 서울, 중앙일보, 1979, 185쪽.
13) 김철순, 위의 글, 185쪽.

장소가 아니라 주제별, 영역별, 용도별로 구분이 있다. 가신신앙에 따라 설정된 신의 영역과 그림의 배치 장소가 관련이 깊다. 벽장문, 다락문, 대청, 안방, 건넌방, 벽, 부엌 문, 광문, 중문, 사방의 벽에 쓰여 졌다. 그것은 각 장소를 장식함과 동시에 전통사회의 교육적 가르침과 현세적인 목적을 이루려는 소망을 내용으로 하고 있다. '황제풀이'에 나오는 살림집의 구조로 보아 방 2개와 마루 부엌 광이 있는 일자집 구조의 집인데, 민간신앙을 담은 화제의 그림이 용도별로 설치되어 있는 것을 알 수 있다. 안방, 건넌방, 대청마루, 기둥, 부엌, 문, 광문 할 것 없이 모두 잘 아는 내용의 그림들로 장식하고 살면 그림의 의미와 화사한 색조가 생활공간에 필요한 가구나 용구들의 재질에서 나오는 어두운 자연색과 함께 어우러지고 결합되는 집중과 분산의 과정을 통해 심리적 연속성을 갖고 일상생활에 심리적 율동을 줄 수 있다.

(2) 방　법

민화의 배치 방법은 크게 두 가지 원칙을 중요시 한다. 첫째, 장소에 따라 정해진 내용의 그림을 설치한다는 것이고, 둘째, 그림은 반드시 두 장씩 쌍으로 설치한다는 것이다. 전자는 사용자의 마음에 관련된 내적 질서가 작용하여 장소의 기능과 그림의 내용이 일치해야 한다는 것이고 후자는 그림을 개별적인 낱장으로 끝내지 않고 두 장을 한 쌍으로 배치하여 반복의 공간연출을 한다는 것이다. 대개 쌍의 개념은 음양의 2수와 관련이 있다. 장벽화의 사용은 반드시 2장씩 쌍을 이루는 것을 원칙으로 하였으므로 일반적으로 안채에는 안방과 건넌방의 안쪽 장벽에 2장씩 4장, 샛문 앞뒤 쪽에 2장, 벽장문에 작은 민화 2장 등을 합쳐 8장이 필요하였다.[14] 이것은 같은 주제를 반복하여 사용함으로써 생성되는 심리적

14) 김영학, 앞의 책, 27쪽.

[그림 1] 엘리자베스 키스의 수채화

집중효과와 반복에 의한 리듬감을 얻고자 하는 의도가 있는 것 같다.[15]

쌍 폭으로 그림을 사용하게 되면 반복되는 시각적 매체를 지각하는 사람은 율동적인 느낌을 갖게 된다. 민화의 소재와 주제가 나타내는 의미가 중첩되고 반복되는 구성, 자유로운 시점의 복합성, 대칭과 압축은 민화의 화면을 복합적인 것으로 만들고 사람에 따라 자기가 알고 있는 이미지로 재결합시켜서 자유로운 상상력을 불러일으킨다.

도배 할 때 집안의 낡은 그림들을 새것으로 바꾸는 가운데 자연스레 집안의 그림들은 생활공간의 각 장소를 연결하는 유기적인 관계를 갖게

15) 일제 강점기에 한국을 여행하던 영국의 엘리자베스 키스의 수채화이다. 당시 한국 가정의 생활 모습을 볼 수 있으며 방안의 병풍과 병풍 뒤쪽에 가구들이 배치되어 있고 마루의 기둥에는 주련이 있고 열려진 방의 덧문에 붙인 그림은 서로 대칭되는 공간으로 동일 주제를 쌍 폭으로 반복하여 구성하고 있다.

되며 그림 또한 그림의 완성도를 1벌(한 세트)라는 형식적 완성 개념이 나타난다. 이것은 병풍 그림의 형식에서 잘 나타나는 것이며, 대체로 다른 폭들에 비하여 어느 한 폭이라도 화법, 재료, 재질의 상태가 눈에 띠게 달라졌을 때 시각적 부조화가 일어나기 때문에 그림의 장식성을 해치게 됨으로 한 틀의 병풍 그림이 동일하거나 공통된 화법을 갖게 되는 것처럼 집안에 배치된 그림들도 이와 유사한 한 벌의 형태를 취하기 마련이다.

우리가 감각기의 운동인 시각, 청각, 촉각을 통해서 공간적 범위를 감지할 수 있지만 그 중에서 시각을 통해서 감지하는 지각이 우선하기 때문에 일상생활의 속도를 조절하는데 있어서 무엇인가로 주어진 공간을 재연출하는 시각적 장치가 필요하다. 공간 속에서 사람들의 행위의 바탕에는 목적이 있고 그 목적을 향한 흐름이 있기 때문에 그 흐름의 속도가 빠를 때는 개인들의 독립적인 흐름으로 나타나다가, 느려지거나 멈출 때 그들 사이의 움직임의 관계가 교차적인가 회피적인가에 따라 시공간, 청공간, 촉공간의 지각은 집합적인 모습을 띠기도 하고 분산의 모습을 띠기도 하면서 공간의 이곳저곳을 점유하는 모습을 보이기 때문에 지루함, 단조로움 보다는 생활에 활력을 줄 수 있도록 그런 흐름의 속도를 조절하는 건축적 장치, 시각적 조합이 필요한 것과 같다.

우리나라는 병풍문화라 할 정도로 예부터 병풍을 많이 사용하였다. 조선시대에 대부분 8곡 내지 12곡으로 꾸며진 이동할 수 있는 서화병풍을 한집에서 여러 벌 갖고 있거나 빌려 썼는데, 병풍은 가족의 출생에서 상사까지 집안에서 이루어지는 대소사에 있어서 필수적인 물건이었기 때문이다. 출산, 백일, 돌, 결혼, 회갑, 장례 제례 등 가족적 행사와 사회적 행사에 사용할 때 행사의 효과를 높일 수 있는 공간 재구성과 연출기법으로 이용하였는데 특히 결혼 회갑 장례 등의 큰 행사 때에는 마당이나 대청마루에 병풍을 펼쳐놓아 공간을 재구성하고 무대미술처럼 행사 분위기를 효과적으로 연출하는데 사용하였다. 경사에는 화려한 민화그림 병풍을 사용하였고 애사에는 글씨 병풍이나 채색을 배제한 먹그림의 산수 병풍을 썼다.

병풍은 민가의 가옥 구조상 좁은 공간을 다목적으로 사용하기 위하여 필요에 따라 폐쇄나 개방의 성격으로 공간을 재구성할 수 있는 특수한 생활도구로 고안된 것이고, 건축구조의 역할과 장식적 분위기 조성의 복합적인 용도로 쓰였기 때문에 대가족 제도의 행사 내용을 수용하고 공간의 성격을 바꾸는데 유용하다. 사용 목적과 사용 장소에 맞는 합일점을 찾아 그 크기를 결정하였고 이용 규모나 경제적 비용의 지불능력에 따라 그림의 내용, 크기, 화폭의 수가 달랐다. 민가에서는 대부분 8곡 내지 12곡으로 꾸며진 이동할 수 있는 서화병풍을 집집마다 여러 벌 갖고 있거나 빌려 썼는데 특히 결혼 회갑 장례 등 큰 행사 때에는 마당이나 대청마루 등 시각적으로 열린 큰 공간의 재구성과, 관찰자의 이동성을 집중시키고 행사 분위기를 연출하는데 사용하였다.

평소 방안에 펼쳐 놓고 사용한 병풍은 부유한 집이 아니면 방의 규모가 작은 관계로 6폭이나 8폭으로 된 작은 크기의 것이 알맞을 것이고 병풍이 넘어질 위험이 있으므로 특히 아이가 있는 방에서는 더욱 작은 크기의 병풍을 사용하였을 것이다.[16] 그것은 외풍이 방안에 들어오지 않도록 찬바람을 막아주는 역할도 하고 방안의 분위기를 아늑하게 하는데 쓰였으며 항상 화려하고 따뜻한 봄날을 꿈꾸는 염원이 담겨 있었다. 방마다 병풍의 그림이 달랐는데 안방은 주로 화조도, 문자도, 산수도 등을 썼고 사랑방에는 책거리, 평생도 등을 세웠다. 우리 선조들은 한집안에 여

16) 필자가 이 글을 정리하는 기간에 민속박물관에서 전시된 민화병풍에 관련된 자료들에는 작은 병풍을 뒤로 하고 어린 아이가 바느질하는 엄마와 방에 앉아 있는 모습이 있다. 병풍 뒤에 서서 장난을 총채 같은 것으로 하는 모습의 어린아이의 키 높이와 병풍의 높이가 엇비슷한 것을 보면 키 작은 '애기병풍'의 용도를 알 수 있다.

러 개의 병풍이 필요했으므로 병풍을 장만하기 위해 일정기간 저축을 하는 등의 계획을 세워야 했을 것이다.

4) 상징적 공간

살림집에 민화를 붙이거나 병풍그림으로 세워두는 것은 주술성이 있는 믿음의 공간을 만들기 위한 시각적 장치이다. 민간 신앙의 신앙체계는 체계적이 못하나 가택의 평안과 화목을 비는 집안의 여주인에 의하여 계승되었으며, 언제 질병 등의 우환이 닥칠지 모르는 열악한 환경의 전통사회에서 현실생활에 유익한 길상적인 것의 기원과 액막이에 대한 소망은 인생을 다복한 가운데 무탈하게 살고자하는 모든 사람들의 기본 욕구라고 할 수 있다. 이러한 신앙은 가택의 평안과 화목을 비는 집안의 여주인에 의하여 전승되고 거행되었으며, 여주인은 인간의 운명 일체가 이들 신의 의사에 달려있다고 믿고 정성을 다하여 신에게 "고사"를 지내는 등 무당의 성격을 지니고 있고 의례가 복잡해지면 무인의 점복, 기도, 가무, 강령에 의존하였다.[17] 그 기원 방법은 정신성보다는 신에게 바치는 제물의 양과 질에 관계된 정성에 비례하여 신의 의사가 나타난다고 믿는 공리적 신앙이라고 하겠고 자신보다는 가족의 평안과 영화를 기원하는 민간신앙의 신관은 다신적 자연신관이며 높은 이상이나 내세의 평안보다는 현실에 기반을 둔 것으로 현세적이며 공리적인 것이다.[18]

농경을 기반으로 형성된 봉건사회에서 다복이란 무엇보다 매년 풍년이 들어 재물이 풍족하고 가족이 건강하여 장수하며 집안의 종손은 물론 아들들이 학문을 연마하여 영화롭게 사는 것이며 인간의 의지보다는 신

---

17) 하수경, 「무신도에 관한 연구」, 서울대학교 대학원, 1976, 9쪽.
18) 김태곤, 「한국샤마니즘의 구성체계」『종교사연구』, 종교학회, 1973, 80쪽.

의 능력에 의해 다복이 이루어진다고 믿는 민간신앙의 내용을 도상으로 만들어 놓고 믿었다. 요즈음 사람들이 재물이 풍부하기를 바라며 재테크에 열중하는 것이나 입시철이 되면 각 사찰과 종교기관에 입시기도에 참가하는 사람들로 가득한 것을 보면 결과적으로 자손이 번성하고 무병장수하며 부귀영화를 누리고자 하는 다복을 기원하는 마음이야 예나 지금이나 별반 다름없다고 하겠다.

다복하려면 병고와 액운이 없어야 하므로 벽사의 장치로서 액막이 도상도 등장하게 된다. 이러한 주술적 도상들을 집안 곳곳에 펼쳐 놓는 것은 가족의 안녕과 행복을 기원하는 시각적 장치를 통하여 행복을 보장받고 싶고 그런 마음으로 도상들을 반복하여 보면서 살다보면 어느새 민화가 펼쳐진 공간에 신이 강림해 있는 것과 같이 신은 항상 집안에 있다고 믿게 되고 차츰 심리적인 안정과 믿음의 세계에 도달하게 된다는 심리적 장치가 된다. 현세적인 행복의 기준이 되는 재물과 수명과 영화를 바라는 마음에서 시작된 시각적 장치가 결과적으로 현실의 부족한 환경에 대한 안타까움을 치유하는 심리적 장치가 된다는 말이다.

요약하면 민화 장식은 생활공간을 안심하고 살려는 주술적 공간으로 바꾸어 만족감을 거두려는 장치, 현실세계를 이상적인 세계로 만드는 장치, 꿈이 이루어진 세계나 꿈속의 공간에 사는 것 같은 착각과 환상이 일어나 심리적 안정감을 갖으려는 장치라 하겠다. 그림의 수법을 엄격하게 형식화하지 않고 누구나 알 수 있는 상징성을 연상할 수 있도록 전통적으로 익숙한 내용을 개념적이고 연상적으로 표현하여 쌍폭으로 배치하고 시각적 반복 운동의 결과로 그림이 완결되는 시점을 잡았다.

생활공간의 내적 질서를 형성하는 요인의 하나인 연상적 측면에서 민화는 행복한 세상을 상징한다. 행복한 세상이란 고통이 없는 세상을 말한다. 병들지 않고 늙지 않고 죽지 않고 가족들이 영원히 부귀영화를 누리며 사는 것은 사람이면 누구나 바라는 바이다. 이러한 행복추구는 인간의 활동에 크게 영향을 미치며 문화를 발전시키는 원동력이 된다. 그러나 사람이 죽지 않고 영원히 살 수는 없는 것이고 비현실적인 가상의 공간에서나 가능한 것이다. 이 가상의 공간은 불가시의 세계이고 신의 세계에 속하며 이상의 세계를 향한 인간 심리의 내적인 소망에서 창조된 세계라 할 수 있다. 이상 세계로 나타나는 신의 세계는 눈에 보이지 않지만 인간이 바라는 행복한 공간이고 무한하다고 믿는다면 그 이면에 우리가 사는 공간은 유한하고 덧없다는 전제가 깔려 있다. 민화는 이러한 소망을 시각적으로 반영한 그림이다. 그러므로 민화는 아름답고 행복한 세상을 꿈꾸는 인간의 내면이 투영된 것이고 도교적인 신선이 사는 세계, 민간의 가신신앙적인 신이 머무는 세계를 상징적으로 표현한 것이다. 이러한 상징성의 표출로 민화의 화면 공간에 표현된 사물들은 현실세계가 아니라 비현실적인 이상의 세계로 안내하는 안내자가 되고 사람들이 행복하다고 믿는 세계의 상징물이며 신의 세계와 통하는 통로로써 시각적 매개물의 역할을 한다.

사람의 운명이 좌우한다고 믿는 신처럼 영원할 수는 없다하더라도 자손번성, 부귀영화, 무병장수 등의 현세적인 행복을 달라고 간절히 빌고 신앙하면 적어도 병들지 않고 가족과 함께 오래 살며, 부귀영화까지는 아니라도 어느 정도 잘 살 수 있을 것으로 믿었을 것이다. 사람의 행복에 대한 권한은 집안의 가신들에게 있다고 믿는 여성의 신앙적 신념은 이중적이다. 신을 믿고 의지하되 전적으로 따르지 않고 현세에 행복하고 부귀 영화롭게 사는데 필요한 도구적 성격으로서 신을 섬기는 것이다.

민간의 부녀자를 통해 가신신앙의 전승된 내재적인 이유는 여인들의 현실에서 찾을 수 있다. 평생 여성의 바깥출입이 제한되고 있는 사회에서 집안의 안주인은 육아와 식생활을 전담하고 있기 때문에 가족의 건강과 생명을 지켜야할 책임이 있다. 가족의 생명 보호의 책임이 여성에게 있다는 것은 그 임무를 수행하는 권리도 함께 한다는 의미가 된다. 이때 안주인의 활동은 언제 다가올지 모르는 재해와 병마에 대비하여 열악한 환경을 이겨나가는 안전한 장치가 요구되고 인습적인 규범인 칠거지악의 굴레라는 가혹한 현실에서 벗어날 수 있는 어떤 것이 필요했다는 것이다.

4. 연출의 성과

1) 시각적 즐거움

민화는 누구나 알고 있는 쉬운 그림이고 색채가 아름다워 많은 사람들의 사랑을 받은 것 같다. 화면에는 형태와 색채의 사실성과 추상성이 공존하며 불가시의 신비로운 세계와 가시의 사실세계가 공존한다. 조형 요소들이 주제의 암시와 직설적 표현의 반복, 중첩에 의해 경험적인 세계와 선험적인 세계를 한 공간에 나타내고 있는 것이다. 이것은 민간에서 누구나 잘 알고 있는 것을 시각화한 백과사전과도 같다. 한편 무엇보다 시각적 장식성을 중시기 때문에 색채가 화사하고 밝은 민화에 나타난 색채 개념은 부분적으로는 경험적 색채의 세계를, 전체적으로는 오방색의 선험적 색의 세계를 펼치고 있다. 그렇게 되면 무질서할 것 같지만 민화의 화면구성과 배치공간은 모든 구성 요소들의 속성을 하나로 만드는 강력한 주제에 의해 통일을 이룬다. 구성 요소들이 주제에 의해 서로 연관성 있게 지각되기 때문이다.

일반적으로 시각적 특성은 계속 보고 있으면 보는 사람이 감응하도록 요구하고 감상자는 무의식적으로 작품의 요구에 따르게 된다. 감응은 작품 구조상의 여러 관계 보다는 구조상의 관계가 내적인 것과 결합되어서 일어나는 감성에 의해 일어난다. 사람들은 작품에 나타난 구성적 감각보다는 자기가 작품에서 찾으려는 것에 감응하게 된다는 뜻이다. 서술적인 분위기나 주제의 중첩 표현에 대한 연상이나 상상력을 동원하여 자기의 경험과 연상의 세계 속으로 이끌려 자기 생각대로 다시 재구성하는 것이다.[19] 이와 같이 사람들이 시지각적 요소를 기본적으로 어떻게 해석하는가에 관한 일반적인 특성을 이해한다면 왜 민화가 유행하였는지에 대한 해답을 얻을 수 있다.

2) 정서적 안정

가족의 공통되는 소망이라 할 무병장수와 부귀영화와 자손번창을 가족을 대신하여 기원해주는 도상들로 생활공간을 꾸며주면 신이 기뻐하여 강력한 신의 신통력으로 집안사람들이 행복해질 것이라는 주술적인 사고가 정서적 안정을 얻는데 유용하였을 것으로 본다. 신과 소통을 하면 현세적 욕망을 신이 이루어줄 것이라는 믿음에서 마치 현실적인 사실공간이 신적인 공간으로 바뀐 것 같은 심리적 효과가 일어난다는 것이다.

3) 인심의 순화

집집마다 동일 영역에 행복에 관련된 전통적인 주제를 시각화한 민화를 장식하고 살아가는 사람들의 마음은 서로가 동일한 꿈을 꾸며 사는 이웃으로서의 믿음이 생기고 목소리를 합하여 같은 노래를 합창하는 것

---

19) William Charles Libby 저, 이양자 역, 『色彩와 構成的 感覺』, 서울, 미진사, 1988, 165쪽.

처럼 공감적인 관계로서 발전하게 된다고 하겠다. 이때 민화는 행복을 주는 유행가와 같으며 일종의 길상적인 기호로 해석할 수 있다. 같은 것을 좋아하고 동질의 삶을 추구하는 사람들 간에는 형제애가 생길 것이고 나아가 이웃을 사랑하며 바른 마음으로 살아가는 이웃들이 모여 사는 사회가 될 것이므로 인심이 순화된다고 볼 수 있다.

5. 맺음말

이 글은 조선시대 민가에 걸린 민화의 공간 연출을 중심으로 배치 공간의 측면과 화면 공간의 측면에서 배치와 구성적 원리를 탐색하는데 목적을 두고 살림집의 형태와 구조에 표현된 공간이론, 공간의 형태와 분화, 도배장식 살펴보고 민화의 기능과 공간연출의 방법에 대하여 논의하였다. 민화 장식의 목적은 일상 공간을 새로운 공간으로 창조하려는데 있으며 신이 사는 세계, 현실을 뛰어넘는 이상의 세계를 도상으로 표현하여 시각화함으로써 생활공간의 이면을 신성한 공간으로 전환시키는 장치에 두고 있다. 집은 공동의 생활공간임과 동시에 가신신앙과 의례를 수행하는 곳이고 여러 가택신이 함께 살며 집과 가문을 보호하고 길흉화복을 관장한다고 믿었으므로 생활공간에서 민화가 위치하는 공간은 신성과 관련이 있다.

이 글에서는 민화의 공간 연출을 집안의 신앙적인 신념과 가치관을 투영시켜 집안을 신성하고 아름다운 공간으로 창조해 가는 장치로 보았다. 민간의 집안에 신성과 세속성이 공존하는 것처럼 민화의 화면에는 선, 면, 형태, 색, 질감 등의 조형요소들이 주제의 암시와 직설적 표현의 반복, 중첩에 의해 현실적, 비현실적인 두 세계가 공존하고 있다. 대립 구조가 크게 부각되지 않고 조화로 결말을 이끌어내는 상생의 내적 질서가

작용하는 것이다

조선시대의 가옥은 유교적인 도인・孝・禮를 실현하는 장소였기 때문에 선조들은 집이라는 공간구분의 요소에 위계와 남녀유별의 공간개념을 설정하고 크게 남녀의 공간구분, 가족의 서열과 상하의 신분상 위계질서에 따른 공간 사용을 구분하였으며 위계에 의한 공간과 남녀의 공간영역은 유교사회의 규범에 따라 양반이나 평민의 집안에서는 엄격하게 지켜졌다 성별에 의한 공간 분화는 안채를 여성전용 공간, 사랑채를 남성전용 공간으로 분리하였다는데 대부분의 민화는 여성공간인 안방이나 안채에 장치되었고 민간신앙과 깊은 관련을 맺고 있었다.

장치의 형식은 장벽화와 병풍으로 대별되고 현실과 이상, 입체와 평면이라는 대립의 세계가 조화로운 결말을 이끌어내는 상생의 내적 질서를 지지하게 되는데 민간의 생활공간에서 신의 세계가 그림을 통하여 시각화됨으로써 추상적으로는 신비로운 세계가 소멸하지 않고 그림이 위치하고 있는 장소의 사실 공간을 어느 정도로 신성화된 상상의 공간으로 전환하거나 최소한 연상하는 심리적 결과를 얻는다.

몇 년 전 축구가 가정에서 부모와 자식 간에 대화를 복원해 주었고, 각계를 넘다들며 대화의 소재를 풍부하게 제공해 주었던 것처럼 민화는 우리의 전통사회에서 상류 지배계층에서부터 일반 평민에 이르기까지 생활공간을 장식하고 추상개념의 공간을 형성함으로써 대중적 사랑을 받았다. 그림의 내용이 전통적이고 절대적인 인간의 소망과 관련되기 때문이다. 그것은 주로 민간신앙적인 것과 유교적인 것으로서 현세적인 행복추구와 윤리적 인품을 지향하는 그림이므로 인간이면 누구도 거역하기 어렵다고 할 수 있다. 오히려 외출의 규제로 집안에서만 평생 살아야 하는 여인들의 정서를 안정시키고 풍부한 볼거리와 우주 삼라만상에 대한 상상적 소재를 제공해 주는 매체로 발전을 도모하여 현재 몇 천 점이 넘는 민족적 문화유산으로 자리매김 하였다. 집안의 아이들에게는 유교적 윤리 규범과 가신신앙의 전통적 가치를 이해하고 세상을 향해 시야를 넓힐 수 있도록 백과사전적 정보의 제공처가 되었을 것으로 본다. 물론 계층과 남녀노소의 의식의 차를 넘어서 가족 간의 대화의 장이 되기도 하였을 것이다.

민화의 공간연출의 성과는 가족들에게 시각적 즐거움과 정서적 안정을 주었고 사회적으로는 민화를 애용하는 이웃 간의 인심이 순화되고 사랑을 느끼는 사회적 기호였으며 동질의 감수성이 살아있는 대중매체로 작용할 수 있다고 보았다.

參考文獻

강영환,『집의 사회사』, 서울, 웅진출판사, 1992.

김동구 역, 미학교육, 서울, 문음사, 1987.

김문식,「소학(小學)과 아동교육」『전통과 현대사』 1998년 여름호, 서울, 전통과 현대사, 1998.

김성기,「다종교사회와 유교의 종교적 의미」『종교교육학연구』 제8권, 서울, 한국종교교육학회, 1999.

김영학,『민화』, 서울, 대원사, 2000.

김철순,「민화란 무엇인가」『한국민화』, 서울, 중앙일보, 1979.

______,『한국민화논고』, 서울 : 예경, 1995.

김태곤,「한국샤마니즘의 구성체계」『종교사연구』, 서울, 종교학회, 1973.

김호연,『한국민화』, 서울, 경미문화사, 1980.

김홍식,「민가의 형성과 건축적 특징」『궁실민가』, 서울, 중앙일보, 1984.

까를로 로제티, 서울학 연구소 역,『꼬레아 꼬레아니』, 서울, 숲과 나무, 1996.

박선규, 『도사상과 회화세계』, 서울, 숭례문, 1992.
신영훈, 『한국의 살림집』, 서울, 열화당, 1983.
이기동, 「유교와 인격교육」 『종교교육학연구』 제2권, 서울, 한국종교교육학회, 1996.
이능화, 『조선여속고』, 동양서원, 1927.
______, 『조선무속고』, 백록출판사, 1976.
이문주, 「정보사회에 있어서 청소년의 심성교육」 『종교교육학회』 제5권, 서울, 한국종교교육학회, 1998.
이규태, 『(속)한국인의 의식구조(상)』, 서울, 신원문화사, 1983.
유홍준, 『문자도』, 서울, 대원사, 1994.
윤열수, 『민화이야기』, 서울, 디자인하우스, 1995.
조성기, 『한국의 민가』, 서울, 한울아카데미, 2006.
趙子庸・李禹煥, 水尾比呂志, 『李朝의 民畵』, 동경, 講談社, 1985.
주남철, 『조선시대 주거건축의 공간구성에 관한 연구』, 서울대학교 대학원박사학위논문, 1976.
주영애, 『조선조 상류주택 살림공간에 관한 생활문화적 고찰』, 성신여자대학교 박사학위논문, 1992.
진준현, 「우리민화의 아름다움과 특징 및 그 의의－선문대학교박물관 소장품과관련하여－」 『선문대학교박물관명품도록』 Ⅲ－민화(회화편), 선문대학교박물관, 2003.
최병철, 「한국의 유교와 사회적 기능」 『종교교육학연구』 제9권, 서울, 한국종교교육학회, 1999.
하수경, 「무신도에 관한 연구」, 서울대학교 대학원, 1976.
한옥공간연구회, 『한옥의 공간문화』, 서울, 교문사, 2004.
허 균, 『전통미술의 소재와 상징』, 서울, 교보문고, 1994.
______, 『뜻으로 풀어본 우리의 옛그림』, 서울, 대한교과서(주), 1997.
홍형옥, 『한국주거사』, 서울, 민음사, 1992.
『한국민족문화대백과사전』, 서울, 정신문화연구원, 1991.
William Charles Libby 저, 이양자 역, 色彩와 構成的 感覺, 서울, 미진사, 1988.

3부

遣新羅使人의 歌群에 나타난 空間觀*

이 상 준**

1. 序　論

8世紀의 동아시아의 국제관계는 新羅가 朝鮮半島를 통일하고, 渤海가 半島北方에 建國함으로서, 唐나라, 新羅, 渤海, 大和의 4國體制가 유지되던 時期였다. 4國體制의 국제관계는 어떠하였는가를 大和를 중심으로 살펴보면 다음과 같다.

大和는 唐나라와는 아홉 차례에 걸친 遣唐使를 派遣했지만, 唐나라로부터는 단 한 차례의 使節을 大和에 派遣받은 적이 없는 일방적인 외교관계를 유지하였다. 이에 비해, 大和는 新羅와 渤海와는 外交使節이 쌍방으로부터 派遣되는 적극적인 국제관계를 유지해 왔다[1].

---

* 본 논문은 2006~2007학년도 교내 학술지원금을 지원받은 논문으로, 동아시아 고대학회 2006학년도 하계국제학술대회(일본 쯔시마)에서 발표한 논문을 수정 보완한 논문임.

** 시립 인천전문대학 교수.

1) 派遣回數를 『續日本紀』에서 살펴보면, 新羅에서 大和로 21回, 大和로부터 新羅에로 派遣된 遣新羅使은 16回(『三國史記』에 기록된 一回를 포함)

이러한 국제관계에 의하면, 8世紀의 大和는 当時 東아시아의 中心이었던 唐나라보다도、新羅와 渤海를 中心으로 하는 國際關係를 維持하는 새로운 國際的인 空間을 형성하고 있었다고 할 수 있다.

거친 바다(荒海)를 사이에 둔 新羅와 大和라고 하는 새로운 國際的인 空間은 신라에서 大和로 파견하는「新羅使」와 大和에서 新羅로 파견되는「遣新羅使」등에 의하여 서로 연결되어 있었다고 할 수 있다.

특히 大和에서 新羅로 16回나 派遣된 遣新羅使들 가운데,「天平八年丙子六月遣使新羅國之時使人等各悲別贈答及海路之上慟旅陳思作歌幷当所誦詠古歌一百四十五首」라고 하는 『万葉集』 卷15의 目錄에 의하면, 이 天平 八年(736)의 外交使節団은 大和에서 新羅로 파견한 第11次 遣新羅使(736. 4. 17～737. 1. 27)에 해당한다. 이 第11次 遣新羅使人들은 新羅를 往來하면서『万葉集』에 145首나 되는 노래를 남겼다.

16回에 달하는 遣新羅使人들의 新羅往來에 걸리는 平均期間은 대개 6~7개월 정도다. 第11次 遣新羅使人들은『續日本紀』에 의하면, 원래 天平八年 2月 28日에 아베아소미츠구마로(阿倍朝臣継麻呂)가 遣新羅使에 任命되고[2]、4月 17日에 拜朝한 후[3] 海路를 出發한다고 기록되어 있다. 新羅往復은 平均 半年以上 걸리기 때문에, 第11次 遣新羅使人들이 予定대로 4月에 出發한 것이 라면, 大和의 皇都인 奈良로 歸京하는 때는 당연히 10～11月무렵이 된다.

이고, 합해 보면, 쌍방으로부터 37回나 使節団이 兩國을 往來했다. 大和와 渤海와의 外交使節의 往來도『續日本紀』에 의하면 21回에 達했다.

2) 『續日本紀』 天平八年二月條,、「戊寅(28日)以從五位下阿倍朝臣繼麻呂爲遣新羅使」

3) 前揭書 天平八年四月條,、「丙寅(17日)遣新羅使阿倍朝臣繼麻呂等拜朝」

그런데, 상기의 「万葉集 目錄」에 의하면, 어떠한 事情이 있었던 것인가? 遣新羅使人들이 실제로 출발한 것은 4월이 아닌 6月이었던 것으로 보인다. 또한 『續日本紀』의 天平 九(737)年 正月 記錄[4]에 의하면, 그들은 7개월간의 긴 旅程을 끝에 그해를 넘긴 다음 해(翌年) 1月 27日에 歸京하였던 것으로 보인다.

이 遣新羅使人들이 노래한 歌群의 내용은 다음과 같다.

즉, 天平 八年 六月에 出發하여, 瀨戶內海를 서쪽으로 내려가면서, 周防灘에서 逆風을 맞아 漂流하여, 豊前國 下毛郡 分間浦에 당도한 후에, 博多의 筑紫館에 도착한다. 筑前國 志麻郡의 韓亭에 다다르고, 肥前國 狛島의 亭에서 壹岐로 건너가지만, 여기서 유키노무라지야가마로(雪連宅滿)가 鬼病에 걸려서 죽는다. 對馬의 淺茅浦에 碇泊하고, 新羅로 다녀오는 길에 筑紫에 이르러 奈良京으로 들어갈 때, 播磨國 家島 등에서 읊은 노래들로 구성되어 있다.

그러나, 이 歌群에 淺茅浦의 出發 後, 新羅에 갔다가 筑紫에 돌아와 播磨國 家島에 이르기까지의 旅程에서의 노래는 전하지 않는다. 그 연유는 그때 노래를 부르지 않았거나, 불렀다하더라도 편찬 때 삭제했을 가능성도 생각할 수 있다.

본 論文에서는 145首에 達하는 遣新羅使人들의 歌群을 통해서, 新羅와 大和를 兩軸으로 형성된 空間이 어떻게 형상화되어 있는가를 중심으로 고찰해 보고자 한다.

또한, 선행연구에서는 "이 歌群에는 遣新羅使人으로서의 使命感이라고 하는 것이 거의 나타나 있지 않다"고 논해지고 있지만, 이 歌群이 여행도중 생사를 넘나드는 수많은 危險을 무릅쓰고 異國인 新羅에

4) 前揭書 天平九年正月條,、「辛丑(27日)遣新羅使者大判官從六位上壬生使主宇太麻呂, 小判官正七位大藏忌寸麻呂等入京.大使從五位下阿倍朝臣繼麻呂泊津嶋卒. 副使從六位下大伴宿禰三中染病不得入京」

사신으로서 파견된다고 하는 特別한 体驗을 하고 있는 使節에 의해서 불려진 노래인 것을 감안해 보면, 과연 그렇게만 주장할 수 있는 것일까라고 하는 의문이 생기는 바다.

끝으로, 견신라사인들이 予定대로 4월에 出發해도 歸京은 晩秋무렵인 10월～11월경이 될 것이다. 그러나, 어째서 그들의 歸京을 初秋무렵으로 노래한 것인가를 고찰해 보려고 한다.

2. 新羅와 大和

八世紀의 東아시아 국제관계라고 하는 새로운 國際的인 空間에서 新羅와 大和는 兩軸을 형성하고 있었지만, 兩國의 관계는 거의 원만하지 못했다. 그래서 遣新羅使人들이 新羅에 파견되어 가도 양국간의 관계개선에는 거의 도움이 되지 못할 뿐만이 아니라, 생사를 넘나드는 위험한 여정 등으로 무력감이나 좌절감 등이 그들 一行에게도 있었기 때문에 그들이 부른 노래의 분위기가 어두운 것은 부정할 수 없는 것도 사실이다.

견신라사인들의 歌群 속에서, 出發地인 奈良京과 가야만 하는 目的地인 新羅의 慶州는 어떠한 空間으로 認識되고, 노래 속에 어떻게 형상화되었는가를 아래에서 고찰하기로 한다.

1) 新　羅

이 遣新羅使人들의 歌群에서는, 朝鮮半島의 三國을 統一한 古代國家이고, 그들의 행선지인 「新羅」에 대하여 언급하고 있는 노래는 다음과 같다.

① 「遣新羅使人等悲別贈答及海路慟情陳思幷当所誦之古歌(15/3578～3588)」の一首栲衾新羅へいます君が目を今日か明日かと齋ひて待たむ(15/3587)
(타쿠부스마) 시라키(신라)로 가시는 님을 만나는 것을 오늘인가 내일인가 하고 근신하면서 기다리겠소

② 「屬物發思歌一首幷短歌(15/3627～3629)」の長歌
朝されば 妹が手にまく 鏡なす 御津の浜びに 大船に 眞楫しじ貫き 韓國に 渡り行かむと 直向ふ 敏馬をさして 潮待ちて 水脈引き行けば 沖辺には 白波高み 浦廻より 漕ぎて渡れば 我妹子に 淡路の島は 夕されば 雲居隱りぬ さ夜更けて ゆくへを知らに 我が心 明石の浦に 船泊めて 浮寢をしつつ わたつみの 沖辺を見れば 漁りする 海人の娘子は 小舟乘り つららに浮けり 曉の 潮滿ち來れば 葦辺には 鶴鳴き渡る 朝なぎに 船出をせむと 船人も 水手も聲呼び にほ鳥の なづさひ行けば 家島は 雲居に見えぬ 我が思へる 心なぐやと 早く來て 見むと思ひて 大船を 漕ぎ我が行けば 沖つ波 高く立ち來ぬ 外のみに 見つつ過ぎ行き 玉の浦に 船を留めて 浜びより 浦礒を見つつ 泣く子なす 音のみし泣かゆ わたつみの 手巻の玉を 家づとに 妹に遣らむと 拾ひ取り 袖には 入れて 歸し遣る 使なければ 持てれども 驗をなみと また置きつるかも(15/3627)
아침이라도 되면 아내가 손에 감아드는 거울처럼 미츠 바닷가에서 큰 배에 노를 가득 달고 신라로 건너가려고 정면에 있는 미누메를 향하여 물때를 기다려 수맥을 더듬어가니 먼 바다에는 흰 파도가 높기 때문에 해변으로부터 노를 저어 건너가니 내 아내를 만나는 아와지 섬은 저녁녘에는 구름에 가려버렸다 밤이 깊어 방향도 몰라서 내 마음을 털어놓는다고 하는 아카시포구에 배를 정박하고 선잠자면서 넓디넓은 먼 바다를 보니 어화로 고기를 잡는 해녀아가씨들은 거룻배를 타고 점점이 떠있다 새벽에 만조가 되자 갈대우거진 물가에는 학이 울면서 날아가고 있다 아침뜸에 배를 띄우려고 어부도 수부도 소리 맞추어 (니호토리노) 배를 저어가자 이에시마가 저 멀리 보이게 되었다 내가 괴로워하는 마음도 풀릴까 빨리 와보겠다고 큰 배를 저어 내가 가니 먼 바다의 파도가 높이 일렁거리게 되었다 멀리부터 바라볼

뿐이고 지나쳐가 玉浦에 배를 정박하고 바닷가에서부터 포구와 둔치를 보면서 (우는 아이처럼) 소리 내면서 울게 된다 海神의 팔찌의 옥을 선물로 아내에게 주려고 주어서 소매에는 넣었지만 갖다 줄 심부름꾼이 없기에 갖고 있어도 소용없어 다시 원래대로 놓았다.

③ 「到壹岐嶋雪連宅滿忽遇鬼病死去之時作歌一首幷短歌(15/3688~3690)」の長歌
天皇の 遠の朝廷と 韓國に 渡る我が背は 家人の 齋ひ待たねか 正身かも 過ちしけむ 秋去らば 歸りまさむと たらちねの 母に申して 時も過ぎ 月も経ぬれば 今日か來む 明日かも來むと 家人は 待ち戀ふらむに 遠の國 いまだも着かず 大和をも 遠く離りて 岩が根の 荒き島根に 宿りする君(15/3688)
역대 천황의 外交使臣으로서 카라쿠니(韓國)로 건너가는 그대는 가족이 근신하면서 기다리지 않기 때문인가 본인이 부주의했던 것인가 가을 되면 돌아오겠다고 (타라치네노) 어머니에게 말씀드리고 때도 지나고 달도 지났기에 오늘은 돌아올까 내일은 올까하고 가족은 초조히 기다리고 있을 텐데 멀리 떨어진 나라에 여태껏 도착하지 않고 야마토(大和)도 멀리 떨어져서 황량한 바위섬에서 객지 잠을 자는 그대여

④ 「右三首葛井連子老作挽歌(15/3694~3696)」の反歌一首
昔より言ひけることの韓國のからくもここに別れするかも(15/3695)
예부터 말해온 카라쿠니는 아니지만 카라쿠모(가혹하게도) 여기서 작별하는 것인가

上記의 네 수에서 新羅를 나타내고 있는 시적표현은 「시라키(新羅: しらき)(15/3587)」와 「카라쿠니(韓國: 可良國、可良久你: からくに)(15/3627、15/3688、15/3695)」 그리고 「토오노쿠니(遠の國: 等保能久你: とおのくに)(15/3688)」로 되어 있다. 이렇게 표현된 新羅는 출발지인 「大和(15/3688)」와 相對化되어 있다.

먼저, 「시라키(新羅: しらき)」는 그 枕詞로서 「타쿠부스마(栲衾: たくぶすま)」를 사용하여 「栲衾新羅(타쿠부스마 시라키)」이라고 노래하고 있다. 当時 大和人들은 朝鮮半島의 統一古代國家인 「신라

(新羅)」를 문자로는 「新羅」라고 사용하면서도 「신라(新羅: シンラ)」라고 발음하지 않고, 그 앞에 枕詞로서의 「타쿠부스마(栲衾)」를 붙여서 「시라키(新羅: しらき)」라고 하고 있다. 이 「시라키(新羅: しらき)」 앞에 枕詞로서의 「타쿠부스마(栲衾)」를 사용하고 있었던 것은 「栲衾」의 색갈이 흰색(白色: 시라)인 것에 의거한다. 흰색은 「시라: シラ」의 음을 갖고 있기 때문에, 「시라: シラ」라고 하는 音을 가지는 固有名詞를 「新羅(しらき)・白山(しらやま)」에 걸린다[5)]라고 하는 일본인들의 표현법에 의한 것이다. 「新羅」의 「시라: シラ」가 「白色이나 희다(白い)」를 나타내고 있는 것이라면, 이와 같은 표현법의 背景에는, 当時 大和人들이 白色을 중히 여기는 나라(國)로서 朝鮮半島를 統一한 「新羅」를 意識한 것에서부터 생성된 표현법의 反映이라고도 할 수 있는 것은 아닌가라고 생각된다.

다음으로, 「카라쿠니(韓國: からくに)」에 대하여 고찰해 보겠다.

「카라쿠니: 韓國」는 (15/3627)歌와 (15/3688)歌의 「카라쿠니: 可良久你」에서는, 外國인 新羅를 나타내지만, 「예부터 말해온 카라쿠니는 아니지만 카라쿠모(가혹하게도) 여기서 작별하는 것인가(昔より言ひけることの韓國のからくもここに別れするかも)」(15/3695)歌의 「韓國: 可良久你」은, 「가라쿠모(からくも: 가혹하게도)」의 枕詞로도 사용되고 있다. 『新編日本古典文學全集』에서는, 이것에 대해서는, "「韓」과 「辛」의 音이 둘 다 「카라: から」로서 同音인 것을 이용한 韓旅(카라타비: からたび: 新羅로의 여행)의 苦難을 이야기하는 伝承이 있었던 것이다"[6)]라고 설명하고 있다.

즉, 韓旅라고 하는 것은 新羅로 오가는 여행(旅)의 괴로움을 나타내고 있는 것이다.

---

5) 古代國語辭典編集委員會『時代別國語大事典』三省党。1983, 416쪽.
6)『新編日本古典文學全集』万葉集卷四の3695歌の頭注。58쪽.

마지막으로, 「토오노 쿠니(遠の國)」는 역시 대한해협을 사이에 두고 있는 지리적으로 상당히 멀리 떨어져 있는 먼 나라라고 하는 意味다. 이와 같은 感情을, 「아득히 먼 곳으로 생각된다. 그러나 변심을 나는 갖고 있지 않다(はろはろに思ほゆるかもしかれども異しき心を我が思はなくに): 15/3588歌)」와 같이 시적서정으로 형상화하고 있는 것이다. 이와 같이 新羅는 「토오노 쿠니(遠の國)」로서 空間的으로 먼 나라일 뿐만이 아니라, 往復하는데도 오랜 시간이 걸린다고 하는 時間的으로도, 더욱이 심리적으로도 먼 나라라고 하는 意識을 엿볼 수 있다.

결국, 이 歌群에서는 奈良時代의 大和人에게 있어서의 新羅라고 하는 것은 어떠한 나라인가? 상세하게는 노래하고 있지는 않았지만, 大和에서 멀리 떨어져 있고, 그곳으로 오가는 여행은 「카라타비(韓旅)」로서 괴로운 것이고, 白色을 중히 여기는 사람들이 사는 外國으로서 認識되고 있었던 것이다. 新羅를 의미하는 카라쿠니(韓國: からくに)라고 하는 國名은 「괴롭다」고 하는 의미를 지닌 「카라이(辛い)」의 枕詞로도 사용되고 있을 정도로, 当時의 大和人에게 있어서, 「新羅」라고 하는 나라는 멀고도 먼 나라여서, 그곳으로 오가는 여행이 괴로운 나라였다고 생각되는 것이다.

2) 大　和

다음으로, 이 歌群에서 형상화된 大和는 어떠한 空間으로서 認識되고 있었는가를 다음의 노래들로부터 確認해 보고자 한다.

① あをによし奈良の都にたなびける天の白雲見れど飽かぬかも(15/3602)
(아오니요시) 奈良京에 길게 뻗친 하늘의 흰 구름은 보아도 질리지 않도다

② 天離る鄙の長道を戀ひ來れば明石の門より家のあたり見ゆ　柿本朝臣人麻呂歌曰，大和島見ゆ(15/3608)
(아마자카루) 황도로부터 멀리 떨어진 지방의 먼 여행길을, (황도를) 그리워하면서 찾아오니 아카시 해협으로부터 집주변이 보인다

③ あをによし奈良の都に行く人もがも草枕旅行く船の泊り告げむに[旋頭歌也] 右一首大判官(15/3612)
(아오니요시) 奈良京으로 가는 사람이 있으면 좋겠구나 (쿠사마쿠라) 여행 떠나는 배가 머무는 곳을 알려라도 줄텐데(세도우카다)

④ 海原を八十島隱り來ぬれども奈良の都は忘れかねつも(15/ 3613)
넓디넓은 바다를 수많은 섬을 따라서 건너왔지만 奈良京은 잊을 수 없구나

⑤ 石走る瀧もとどろに鳴く蟬の聲をし聞けば都し思ほゆ　右一首大石蓑麻呂(15/3617)
바위 위를 용솟음치며 흐르는 격류가 쾅쾅 소리를 내는 듯한 매미 울음소리를 듣고 있으니 奈良京가 생각난다

⑥ 都辺に行かむ船もが刈り薦の亂れて思ふ言告げやらむ 右一首羽栗(15/ 3640)
奈良京 쪽으로 가는 배가 있으면 좋겠다 (카리코모노) 마음이 어지러운 것을 전언해 줄텐데

⑦ あしひきの山飛び越ゆる鴈がねは都に行かば妹に逢ひて來ね(15/3687)
(아시히키노) 산을 날아서 넘어가는 기러기는 奈良京으로 가는 것이라면 사랑스러운 아내를 만나고 와주라

⑧ 天離る鄙にも月は照れれども妹ぞ遠くは別れ來にける(15/ 3698)
(아마자카루) 지방에도 달은 비치고는 있지만 아내와는 멀리 헤어져 와버렸다

上記의 노래에서, 大和는 「皇都인 奈良京」과 「지방(鄙)」으로 二分되어 있는 것을 確認할 수 있다. 「奈良京」은 天皇이 살고 있는 色

彩가 선명하고 훌륭한 宮이 있는 皇都이기도 하고, 사랑하는 여인이 살고 있는 곳이기도 하다.

②(15/3608)歌에 의하면, 畿內를 포함한 「奈良京」과 「지방(鄙)」의 경계는 「아카시노토(明石の門)」인 것이다. 황도(都)를 단순히 「奈良京」이라고 노래하지 않고, 枕詞인 「아오니요시: あをによし」를 붙여서, 「아오니요시 나라노 미야코(あをによし奈良の都)」(15/3602歌、15/3612歌)라고 형상화하여 「奈良京」을 贊美하고 있다. 그것뿐만이 아니라, ②(15/3608)歌와 ⑧(15/3698)歌에 의하면, 「지방(鄙)」도 단순히 「히나(鄙)」라고 하지 않고, 「아마자카루: 天離る」라고 하는 枕詞를 붙여서 「아마자카루 히나(天離る鄙)」라고 형상화하여 지방(鄙)을 輕視하고 있다.

伊藤博는, 奈良京과 지방(鄙)에 대한 差別意識에 대하여, 다음과 같이 說明하고 있다.

> 황도 사람들은, 황도인 고향을 「우치히사스 미야코: うち日さす都)」라고 찬미하는 것에 대해서, 황도 이외의 땅을 「아마자카루 히나: 天離(あまざか)る鄙」라 하여 경시했다. 서민의 마음을 이해한 드문 官人의 한 사람으로 인식되는 山上憶良조차도, 「天離る 鄙に五年 住まひつつ 都のてぶり 忘られえにけり: (아마자카루) 지방에 시골에 5년 계속 살아서 奈良京의 풍습도 잊어버렸소이다」(5/880歌)라고 하는, 지방 경시에 기인하는 望鄕歌를 노래하고 있다.7)

7) 伊藤博『万葉のいのち』塙書房 1983, 137쪽. 「都人たちは、都の本鄕を「うち日さす都」と贊美するのに對して、都以外の地を「天離(あまざか)る鄙」と称して輕視した。庶民の心を理解したまれな官人の一人とされる山上憶良さえも、天離る 鄙に五年 住まひつつ 都のてぶり 忘られえにけり (5/880) という、鄙輕視に根ざす望鄕歌を詠んでいる。」

이 歌群에서는, 황도(都)의 枕詞는 氏의 説明대로 「우치히사스: うち日さす」로 되어 있지 않다. 그러나, 「아오니요시: あをによし」라고 하는 枕詞는 皇都인 奈良京의 枕詞로서 奈良京인 皇都를 賛美하는 똑같은 効果를 갖고 있다고 하는 것은, 万葉의 世界에 있어서의 하나의 伝統이라고도 할 수 있는 皇都와 지방(鄙)에 대한 差別意識과도 연결되는 것이기도 할 것이다.

또한, 아래의 노래 등에서는, 皇都는 天皇이 살고 있는 황궁(宮)만이 존재하는 곳이 아니라, 사랑하는 아내가 여행 떠난 남편을 위하여 몸을 근신하면서, 남편인 使人들이 無事히 돌아올 수 있도록 기원하고 있는 곳이기도 하다.

* ま幸くて妹が齋はば沖つ波千重に立つとも障りあらめやも(15/3583)
무사하시길 아내가 근신하며 빌어주면 먼 바다의 파도가 천 겹으로 일지라도 사고가 있겠는가?

* 栲衾新羅へいます君が目を今日か明日かと齋ひて待たむ(15/3587)
(타쿠부스마) 시라키(신라)로 가시는 님을 만나는 것을 오늘인가 내일인가 하고 근신하면서 기다리겠소

이것에 대하여, 지방이라고 하는 곳은 奈良京이라고 하는 황도에서 멀리 떨어진 곳이다. 使人들은 황도에서부터 멀리 지방으로 가면 갈수록, 그들의 마음이 향하는 곳은 목적지인 新羅가 아니라, 뒤에 두고 온 「皇都인 奈良京(都の奈良)」이고, 그들은 더욱더 「皇都인 奈良京에서 있었던 일」을 그리워하게 되는 것이다.

3. 新羅로 떠나는 旅路의 空間

大和의 皇都인 奈良에서 新羅의 王都인 慶州로 가는 旅路는 奈良에서 難波까지의 陸路이고, 難波에서 新羅의 蔚山 앞바다까지는 파도가 일렁이는 황량한 海路와 蔚山 앞바다에서 산을 넘어 慶州로 들어가는 陸路로 되어 있다.

이 거칠고 위험한 바다길인 海路는 難波를 출발해서 瀨戶內海를 지나 對馬의 竹敷까지 이르는 海路와, 對馬의 竹敷를 出發해서 대한해협을 통과해 新羅의 蔚山 앞 바다에 이르는 海路로 되어 있다.

그런데, 무슨 연유일까? 이 遣新羅使人들이 노래한 歌群에는 츠시마(對馬)의 「아사지노 포구(淺茅の浦)」를 출발해서 新羅에 갔다 돌아오는 길에 츠꾸시(筑紫)를 통해서 하리마노 쿠니(播磨國)의 이에시마(家島)에 이르기까지의 空間에서 불려진 노래는 存在하지 않는다. 그렇기 때문에, 大和의 서쪽 끝인 「츠시마의 아사지 포구」에서 新羅까지의 空間은 이 歌群에서는 찾아볼 수 없다.

① 夕さればひぐらし來鳴く生駒山越えてぞ我が來る妹が目を欲り(15/3589) 右一首秦間滿
저녁녘이 되면 쓰르나미 와서 우는 이코마산을 넘어 내가 찾아왔다 사랑스런 아내를 만나고 싶어서

② 妹に逢はずあらばすべなみ岩根踏む生駒の山を越えてぞ我が來る(15/3590) 右一首蹔還私家陳思
사랑스러운 아내를 만나지 않고 출발할 수 없어서 험한 바위산을 넘어서 나는 왔다

遣新羅使人들이 奈良를 출발하여 難波港에서 乘船하기 위해서

는, 먼저 奈良에서 難波에 이르는 陸路를 지나야만 한다. 그 旅路는 「生駒山越道」과 「龍田의 山道(龍田越)」라고 하는 두 갈래 길이 있다. 奈良에서 難波로 오가는 길은 一般的으로 안전을 도모하기 위하여 迂回 길인 「龍田의 山道」를 이용하지만, 상기의 ①과 ②의 노래에서는 奈良를 떠나와서 難波에서 乘船을 하기 위하여 기다리고 있는 동안에, 평소에 이용하지 않는 험한 산길인 「生駒山」를 橫斷하는 지름길을 이용하고 있는 것이다.

바위가 많은 험한 산길을 선택한 그 緣由는 奈良에서 사신을 떠나보내고 귀가를 확수고대하고 있는 사랑하는 아내를 빨리 만나고 싶어 하는 사신의 마음을 反映한 것이다. 또한, ①의 노래에서 하타노 하시마로(秦間滿)은 難波港에서 이코마산(生駒山)을 넘어서 奈良로 되돌아가 아내를 만나는 것은 「쓰르나미(ひぐらし)」가 날아와서 울었을 때라고 노래하고 있다. 즉, 헤어져 있던 아내와 하나로 연결한 것은 「쓰르나미」이다.

황도로부터 더욱더 멀리 떨어져 와서 부른 노래인 「아키노 쿠니(安芸國)의 나가도섬(長門嶋)의 바위가 많은 바닷가에 배를 정박하면서 만든 노래 五首(15/3617～15/3621)」 중

③ 石走る瀧もとどろに鳴く蟬の聲をし聞けば都し思ほゆ　右一首大石蓑麻呂(15/3617)
바위 위를 용솟음치며 흐르는 격류가 쾅쾅 소리를 내는 듯한 매미 울음소리를 듣고 있으니 황도가 생각난다

④ 戀繁み慰めかねてひぐらしの鳴く島蔭に廬りするかも(15/ 3620)
그립고 그리워서 마음도 가누기 힘들다 때마침 쓰르나미가 방울을 흔들듯이 울고 있는 조용한 만내 섬 너머의 초막에서 잠시 쉬노라

상기의 ③과 ④의 노래에서도, 「쓰르나미의 울음소리」에 의해서, 皇

都와 아내(妻)를 그리워하는 심정을 반영하고 있다.

결국, 「쓰르나미」는 서로 떨어져 있는 공간을 하나로 연결하는 매체로 이용되고 있는 것이다.

⑤ わたつみの 畏き道を 安けくも なく惱み來て 今だにも 喪なく行かむと 壹岐の海人の ほつての占部を 肩燒きて 行かむとするに 夢のごと道の空路に 別れする君(15/3694)
무서운 바닷길을 불안한 맘으로 고생하면서 찾아와 지금 당장이라도 무사히 가겠다고 이키 어부의 노련한 점괘에 성공여부를 묻게 하여 가려고 하는데 꿈같이 덧없이 여로의 하늘에서 헤어져가는 그대여

⑥ 大船を荒海に出だしいます君障むことなく早歸りませ(15/ 3582)
큰 배를 거친 바다로 노 저어 나가 가시는 그대 무사히 빨리 돌아와 주세요

上記의 ⑤와 ⑥의 노래에 의하면, 難波에서 新羅까지 가는 海路는 파도가 거칠게 일렁이는 무서운 바닷길로 형상화되어 있다. 遣新羅使人들은 이와 같이 무서운 파도가 높이 일렁이는 거친 바닷길을 어떻게 항해했던 것인가를 다음의 노래에서 考察해 보려고 한다.

⑦ 大船に妹乘るものにあらませば羽ぐくみ持ちて行かましものを(15/3579)
큰 배를 아내가 타도 좋은 것이었다면 포근히 감싸서 데리고 갔을 것을

⑧ 屬物發思歌一首幷短歌
(전략)－御津の浜びに 大船に 眞楫しじ貫き 韓國に 渡り行かむと－(중략)－大船を 漕ぎ我が行けば 沖つ波 高く立ち來ぬ－(15/3627)
(전략)－미츠 바닷가에서 큰 배에 노를 가득 달고 신라로 건너가려고－(중략)－큰 배를 저어 내가 가니 먼 바다의 파도가 높이 일렁거리게 되었다

⑨ 眞楫貫き船し行かずは見れど飽かぬ麻里布の浦に宿りせましを(15/3630)

배 양현에 노를 달고 가는 것이 아니라면 아무리 보아도 싫증나지 않는 마리후 포구에 정박했을 텐데

⑩ 大船に眞楫しじ貫き時待つと我れは思へど月ぞ経にける(15/3679)
큰 배 양현에 노를 가득 달고 출항을 기다린다고 나는 있지만 달은 지나가 버렸다

⑪ 黃葉の散らふ山辺ゆ漕ぐ船のにほひにめでて出でて來にけり(15/3704)
단풍잎이 자꾸 떨어지는 산 부근에서부터 노 젓는 배의 아름다움에 끌리어 나왔노라

遣新羅使人들은 상기의 노래에서와 같이, 「양현에 노를 가득 단, 아름답고 화려하게 장식한 큰 배」를 타고 흰 파도가 높이 일렁이는 거친 바다의 높은 파도를 헤치고 건너 新羅로 가는 것이다. 이러한 官船은 작은 배가 아니고, 이름이 타마츠키(玉槻)인 츠시마 아가씨(對馬娘子)의 마음이 끌릴 정도의 크고 화려한 배(大船)인 것이다.

⑫ 白栲の藤江の浦に漁りする海人とや見らむ旅行く我れを (15/3607)
柿本朝臣人麻呂歌曰, 荒栲の, 又曰, 鱸釣る海人とか見らむ
(시로타에노) 후지에포구에서 고기를 잡고 있는 어부로 보는 것일까 여행하고 있는 나를

⑬ 武庫の海の庭よくあらし漁りする海人の釣舟波の上ゆ見ゆ(15/3609)
柿本朝臣人麻呂歌曰, 笥飯の海の, 又曰, 刈り薦の亂れて出づ見ゆ海人の釣船 무코바다의 해면은 온화함에 틀림없다 고기를 잡는 어부의 낚시 배가 일렁이는 파도 위에 보인다

⑭ －漁りする 海人の娘子は 小舟乗り つららに浮けり－(15/3627)
－(전략) 어화로 고기를 잡는 해녀아가씨들은 거룻배를 타고 점점이 떠있다－(후략)

上記의 노래에 의하면, 遣新羅使人들이 타고 있는 官船은 고깃배

(漁船)와 낚싯배(釣船), 그리고 돛단배(小舟)와는 차원이 다른 큰 배다. 遣新羅使人들은 이와 같이 큰 官船을 타고 뱃길 여행(船旅)을 하고 있었기 때문에, 그들은 地方漁民과는 다르다고 하는 差別意識과 遣新羅使人으로서의 自負心을 갖고 있었다고 엿볼 수 있는 것이다.

廻來筑紫海路入京到播磨國家嶋之時作歌五首

ⓐ 家島は名にこそありけれ海原を我が戀ひ來つる妹もあらなくに(15/3718)
이에시마는 이름뿐일지라도 넓디넓은 창해를 내가 연모하여 찾아왔다
사랑하는 아내도 없는데도

ⓑ 草枕旅に久しくあらめやと妹に言ひしを年の経ぬらく(15/ 3719)
(쿠사마쿠라) 여행에 오래 걸리겠는가라고 아내에게 말했는데도 해를
넘겨 버렸구나

ⓒ 我妹子を行きて早見む淡路島雲居に見えぬ家つくらしも(15/3720)
사랑하는 내 아내를 돌아가서 빨리 보고 싶다
아와시마는 구름 저너머 아련히 보이게 되었다 집이 가까워진 것 같다

ⓓ ぬばたまの夜明かしも船は漕ぎ行かな御津の浜松待ち戀ひぬらむ(15/3721)
(누바타마노) 밤을 세어서라도 배는 저어가자
미츠 바닷가 소나무도 손꼽아 기다리고 있겠지

ⓔ 大伴の御津の泊りに船泊てて<u>龍田の山をいつか越え行かむ</u>(15/3722)
<u>오오토모노</u> 미츠항에 배가 닿아서 타츠타의 산을 언제 넘을 수 있을까

上記의 五首는 新羅에서 大和로 歸國할 때, 家島에서 만들어 부른 노래다. 빨리 皇都인 奈良로 들어가고 싶어 하는 마음을, 「家島 → 淡路 → 大伴の三津 → 瀧田山 → (皇都인 奈良)」라고 하는 順番으로 노래하고 있다. 그러나, 大伴의 三津까지는 빨리 가고 싶다고 노래하고 있지만, 마지막 노래인 ⓔ의 15/3722歌에서는 「大伴의 三津港

에 배를 정박하고, 龍田의 山을 언제 넘어서 그리운 奈良으로 들어갈 수 있는 것인가」라고 노래하고 있다.

이 노래에 대하여, 原田貞義는 「歌群末尾의 作은 그 三津에 無事碇泊했다고 하는 作이지만, 그러한 安堵의 깊은 한숨의 온기를 전하면서도, 한편으로는, 아직 그 다리가 皇都로 향하는 현관입구인 瀧田山을 언제 넘을 수 있을까, 의심하는 體의 노래다.[8)]」라고 하는 설명은 타당하다고 생각한다. 그리운 皇都인 奈良에 다가와 있지만, 언제 皇都 안으로 들어갈 수 있을까 걱정하고 있고, 그곳으로 들어가는 길도 지름길인 「生駒山越道」가 아니라, 迂回 길인 「龍田의 산길(山道)」로 들어가겠다고 노래하고 있다.

이와 같은 詩的發想은 역시 新羅에서 追放당하는 등, 失敗한 外交 使節團으로서의 자책감 등으로 皇都인 奈良를 그리워하면서도 그곳으로 쉽게 들어갈 수 없는 마음을 대변할 뿐만이 아니라, 이 遣新羅使人들이 노래한 歌群 전체의 雰囲氣를 나타내고 있는 것은 아닌가라고 생각할 수 있다. 즉, 皇都인 奈良라고 하는 空間은 遣新羅使人들에게 있어서 그리운 곳이기도 하지만, 外交失敗 등의 이유로 쉽게 들어갈 수 없는 空間이기도 한 것이다.

4. 遣新羅使의 自負心과 使命感

8世紀의 奈良時代는 律令이 制定施行되고, 그 制度의 頂点에

---

8) 原田貞義「遣新羅使人歌抄」伊藤博・稲岡耕二『万葉集を學ぶ』(第七集)有斐閣 1978.「歌群末尾の作はその三津に無事碇泊したとしての作だが、そうした安堵の深い吐息ぬくもりを伝えつつも、一方では、まだその足が都への玄關口である瀧田の山をいつ越えられるか、危ぶむ体の歌である。

있는 天皇에 의해 象徵되는 中央權力은 絶對的인 것이었다. 当時, 官人 그것도 특히 遣外使節과 兵士는 이것에 違背되는 일을 하는 것은 허용되지 않은 時代였다. 이와 같은 社會에서, 天皇의 絶對的인 命令을 받아서, 新羅로 派遣되는 遣新羅使人들은 当然히 선발된 사람들이었다. 이러한 遣新羅使의 기분을 「사바해(佐婆海) 中에서 갑자기 逆風을 만나 격랑(漲浪)에 漂流했다. 하룻밤을 보낸 후에, 다행히 順風을 맞이하여 토요쿠니노 미치노 구치(豊前國)의 시모츠미케군(下毛郡) 와쿠마포구(分間浦)에 도착한다. 여기서 괴로웠던 일을 행각해내고 탄식하고, 슬퍼하면서 만든 노래(是追怛艱難悽惆作) 八首」중에서, 유키노 야카마로(雪宅麻呂)가 노래한 「당대 천황의 명을 받들고 큰 배가 가는 대로 맡기고 정박하도다(大君の命畏み大船の行きのまにまに宿りするかも: 15/3644歌)」를 분석해 보면, 遣新羅使人들은 絶對的으로 天皇의 命令을 삼가 받들려고 하는 外交使臣인 것이다. 이 노래에 대하여, 「遣新羅使人들이 탄 배가 逆風을 맞아 予定된 海路를 벋어나, 생각지도 않는 곳에 漂着해도, 運命이라고 생각하고 체념하려고 하는 기분[9]」과 「天皇의 명령이라면 어떠한 난관도 극복해 내겠다, 라고 하는 기분[10]」이라고 하는 說明으로부터도, 遣新羅使人들의 使命感을 엿볼 수 있는 것이다.

그럼, 遣新羅使人으로 선발된 사람들은 어떠한 마음의 자세로 자신의 일에 임했는가를 다음의 노래들로부터 考察하기로 한다.

① 大君の遠の朝廷と思へれど日長くしあれば戀ひにけるかも右一首大使(15/3668)
당대 천황의 명을 받고 먼 나라로 파견되는 외교사신으로 자부하고 있지만 (여행) 일수가 쌓이니 집이 그리워졌다

9) 新編日本古典文學全集 卷九 万葉集四 3644歌의 頭注 43쪽.
10) 日本古典文學全集 卷五 万葉集四 3644歌의 頭注 63쪽.

② 天皇の 遠の朝廷と 韓國に 渡る我が背は 家人の 齋ひ待たねか 正身かも 過ちしけむ 秋去らば 歸りまさむと たらちねの 母に申して 時も過ぎ 月も経ぬれば 今日か來む 明日かも來むと 家人は 待ち戀ふらむに 遠の國 いまだも着かず 大和をも 遠く離りて 岩が根の 荒き島根に 宿りする君(15/3688)
역대 천황의 명을 받고 먼 나라로 파견되는 외교사신으로서 신라로 건너가는 당신은 고향의 가족이 근신하면서 기다리지 않기 때문인 것인가 본인이 부주의했던 것인가 가을이 되면 집으로 돌아오겠다고 (타라치네노) 어머니에게 말씀드리고 때도 지나고 달도 지났기에 오늘은 올까 내일은 올까 하고 가족은 손꼽아 기다리고 있을 텐데도 먼 신라에는 여태껏 도착하지 않고 大和도 멀리 떠나서 큰 돌 바위 같은 황량한 섬에 객지 잠자는 그대여

上記의 노래 중에서, 前者는 「츠쿠시노 미치노 쿠니(到筑前國)의 시마노 코오리(志麻郡)의 카라토마리(韓亭)에 정백하고 三日이 지났다. 그때 밤의 달빛이 희게 빛났다. 그 달빛에 슬퍼서 旅情이 悽噎하여 각자 마음을 이야기하여 만든 노래 六首」 중에서 「大使の歌一首」이고, 後者는 「이끼섬(壹岐嶋)에 도착하여, 유끼노 무라지 야까마로(雪連宅滿)가 갑자기 귀병(鬼病)에 걸리어 돌아갔을 때 만든 노래 一首」이다.

「大君の遠の朝廷」과 「天皇の遠の朝廷」라고 하는 詩的抒情에 대하여, 고찰해 보기로 한다. 두 歌句는 「遠の朝廷」 앞에 각기 「大君の」과 「天皇の」라고 하는 枕詞와 같은 어휘를 갖고 있다. 그 차이점은 무엇인가에 대하여 분석해 보기로 한다.

먼저, 「遠の朝廷」에 대하여, 「조정의 명을 받고, 중앙을 떠난 장소에서 그 지방에 관한 행정사무를 집행하는 관리. 예를 들면 大宰府・國府 등을 말한다. 견신라사 등 관명을 받고 먼 나라로 파견되는 관인을 가리켜 말하는 적도 있다.」라고 하는 해석에 의하면, 「遠の朝廷」은 「먼 나라로 파견되는 외교사신」에 대한 시적표현이다. 또한, 「오오키미노

(大君の: おおきみの)」는 「當代인 지금의 天皇」을, 「스메로키노(天皇の : すめろきの)」는 「歷代의 天皇」을 의미하는 차이는 있지만, 이때, 둘에 있어서, 意味의 차이는 없다.[11] 설명에 의하면, 이들은 천황의 명을 받고 먼 외국 땅으로 파견되는 외교사신」이라고 하는 공통적인 의미를 가지고 있다.

결국, 「大君の遠の朝廷」와 「天皇の 遠の朝廷」는 각각 「當代天皇의 명을 받고 신라로 파견되는 외교사신」과 「역대천황의 명을 받고 신라로 파견되는 외교사신」의 의미이지만, 이들 노래에서부터, 遣新羅使人들은 自分들이 「천황의 명을 받들어 먼 나라 신라로 파견되어 가는 외교사신」이라고 하는 意識을 갖고, 外交使臣으로서의 自負心을 갖고 있었다고 할 수 있는 것이다.

> ③ 新羅へか家にか歸る壹岐の島行かむたどきも思ひかねつも(15/3696)
> 신라로 갈까 집으로 돌아갈까 (이끼노시마) 가야만 하는 방도도 짐작이 가지 않는다

상기의 ③歌는 同僚인 유끼노 무라지 야까마로(雪連宅滿)의 죽음을 맞이하여, 무사바(六鯖)가 지어서 노래한 挽歌 三首 중, 세 번째 挽歌다. 이 挽歌는 全集 頭注에서 「前途多難하고, 犧牲者도 나와서, 가능하다면, 되돌아가고 싶다, 고 하는 기분으로 말한 것이겠다.[12]」라고 하는 說明이 붙어 있다. 그러나, 遣新羅使人들이 新羅로 가야만 하는가, 집으로 되돌아갈까, 망연자실하여 判斷도 서지 않는 기분을 진정시켜서 新羅까지 간 것은, 遣新羅使人으로서의 책무를 다해야겠다고 하는 使命感이 있었기 때문이라고 할 수 있을 것이다.

---

11) 『新編日本古典文學全集』 万葉集卷四の3668歌の頭注.
12) 前揭書 3696歌の頭注.

5. 初秋의 歸京

아래 歌群은 新羅로 떠나기 위하여, 天平 八(736)年 四月 十七日에 天皇을 謁見한 이후부터 出航했을 것으로 추정되는 六月 사이에, 불리어진 11首의 贈答歌로 구성되어 있다. 이들 贈答歌가 불리어진 장소는 大和의 皇都인 奈良이고, 이들 노래는 異國인 新羅로 여행 떠나야 하는 遣新羅使人들을 餞別하기 위하여 베풀어진 送別宴에서 불리어진 노래이고, 이 歌群의 冒頭에 배치되어 있어 歌群의 卷頭歌 역할을 하고 있다.

遣新羅使人等悲別贈答及海路慟情陳思幷当所誦之古歌

① 武庫の浦の入江の洲鳥羽ぐくもる君を離れて戀に死ぬべし(15/3578)
武庫浦 후미의 물수리처럼 사랑받은 당신을 떠나서 그리워 죽을 것 같다

② 大船に妹乗るものにあらませば羽ぐくみ持ちて行かましものを(15/3579)
큰 배를 아내가 타도 좋은 것이었다면 감싸서 데리고 갔을 것을

③ 君が行く海辺の宿に霧立たば我が立ち嘆く息と知りませ(15/3580)
그대가 가는 해변의 숙소에 안개가 끼면 내가 탄식하는 한숨으로 알아주세요

④ 秋さらば相見むものを何しかも霧に立つべく嘆きしまさむ(15/3581)
가을이 되면 만날 수 있을 텐데 왜 안개 낄 정도로 탄식하는 것일까

⑤ 大船を荒海に出だしいます君障むことなく早歸りませ(15/3582)
큰 배를 거친 바다로 저어나가시는 당신 무사히 빨리 돌아와 주세요

⑥ ま幸くて妹が齋はば沖つ波千重に立つとも障りあらめやも(15/3583)
무사하길 아내가 근신하며 빌어주면 먼 바다의 파도가 천 겹으로 일

지라도 사고 따위 있겠는가

⑦ 別れなばうら悲しけむ我が衣下にを着ませ直に逢ふまでに(15/3584)
헤어지면 슬퍼져요 내 옷을 속에라도 입고 계셔주세요 직접 만날 때까지

⑧ 我妹子が下にも着よと贈りたる衣の紐を我れ解かめやも(15/3585)
내 아내가 속에라도 입어라고 보내준 옷의 끈을 내가 풀겠는가

⑨ 我がゆゑに思ひな瘦せそ秋風の吹かむその月逢はむものゆゑ(15/3586)
나 때문에 괴로워 야위지 말아주라 가을바람이 불 그 달에는 만날 수 있을 테니

⑩ 栲衾新羅へいます君が目を今日か明日かと齋ひて待たむ(15/3587)
(타쿠부스마) 신라로 가시는 님을 만나는 것을 오늘인가 내일인가 하고 근신하면서 기다리겠소

⑪ はろはろに思ほゆるかもしかれども異しき心を我が思はなくに(15/3588)
右十一首贈答
아득히 먼 곳으로 생각된다 그러나 변심을 나는 갖고 있지 않다

상기의 贈答歌 중에서, 特異하게 주목할 만한 노래는 遣新羅使人들의 가을 歸京을 노래하고 있는 ④「15/3581歌」와 ⑨「15/3586歌」이다. 그들의 歸京時期에 대하여 논하고자 한다.

그때까지 新羅로 열 차례나 往復한 여행 중에서, 가장 단시일 내에 다녀온 것으로는 모노베노 무라지 마로(物部連麻呂)가 遣新羅使로 天武五(676)年 十月 十日에 출발하여 4개월 만에 돌아온 여행이다. 다음으로 天平四(732)年 二月 二十七日에 출발한 츠노아소미노 이에누시(角朝臣家主) 일행의 5개월 반 걸린 예도 있지만, 平均 왕복시간은 7개월 반을 요한다.[13)]

13) 伊藤博, 『万葉集の構造と成立』 下, 塙書房, 1984, 17쪽.

遣新羅使人들이 원래대로 4월에 出發했다고 치면, 빠르면 8월경에 歸京할 수 있고, 普通이라면 11月경에 돌아올 수 있는 것이다. 그렇기 때문에, 四月 下旬에、서둘러 大和를 떠나, 아무리 빨리 돌아와도 3개월 後인 「가을바람(秋風)이 부는」 七月에 歸京한다고 하는 것은, 当代 遣新羅使의 慣例로서는 도저히 생각할 수 없는 것이다. 즉, 이들의 歸京은 7월경인 초가을(初秋)이 아니고, 늦가을(晩秋)나 초겨울이 되는 것이다.

그런데, 어찌하여 送別宴에서 「가을이 되면 만날 수 있을 텐데(秋さらば相見むものを)」와 「가을바람이 부는 그 달에는 반드시 만날 수 있겠기에(秋風の吹かむその月逢はむものゆゑ)」라고 하는 초가을 귀경을 노래하고 있는 것인가? 이것에 대하여, 伊藤博의 「그런데도, 그들은, 가을이 되면 돌아올 수 있는 期待를, 또 가을(秋)인데도 돌아갈 수 없는 悲嘆을, 마치 표어처럼 노래로 부르고 있다. 四月 奈良를 떠날 때 그것은, 매달리는 아내를 慰撫하기 위한 誇張으로서도, 또한 그들의 실질적인 願望으로서도, 理解가 可能하다.[14)]」라고 하는 論은 說得力이 있는 것이다.

現實的으로 大伴의 三津港을 出發한 것은 六月傾이기 때문에, 初秋에 歸京하는 것은 不可能한 일이다. 그런데, 어찌하여, 遣新羅使人들은 秋의 歸京을 노래한 것일까? 그 연유를 다음의 七夕歌와 연관하여 究明해 보려고 한다.

「옥황상제에 의해 강제로 헤어져 있던 견우와 직녀가 7월 7일에 은하수에서 만난다」고 하는 칠석전설은 이미 大和에 전래되어 황실과 귀족

---

14) 前揭書 17쪽.「しかるに、かれらは、秋になったら歸りうる期待を、また秋であるのに歸りえぬ悲嘆を、まるで合言葉のように歌いあげている。四月大和を發つ時のそれは、縋る妹を慰撫するための誇張としても、またかれらの實の願望としても、理解が可能である」

들을 중심으로 해서 널리 和歌의 主題로 노래되고 있었다. 그렇기 때문에, 천황의 명을 받들어 사랑하는 아내와 헤어져 멀리 이국으로 떠나는 견신라사인들을 위한 전별연에서, 강제로 헤어졌다가 7월 7일에는 반드시 만나는 견우와 직녀처럼, 칠석전설의 7월의 재회를 노래하는 것이야말로 견신라사인들을 위한 최상의 기원이었던 것으로 생각할 수 있다.

遣新羅使人들은 죽음을 무릅쓰고 白波가 높이 일렁이고 있는 거친 바다를 위험하게 航海하고 있는 것에 대하여, 陰暦 六月 七日 밤하늘을 밝게 건너가는 달의 運行이 밤바다에 비친 모습을 보고, 織姫를 만나러 가는 견우(彦星)의 航海가 잘 나아가는 것으로 간주하여, 그것을 부러워하여, 『柿本朝臣人麻呂歌集』에 전해지고 있는 七夕歌를 노래하고 있었던 것으로 보이는 것이다.

七夕歌一首
ⓐ 大船に眞楫しじ貫き海原を漕ぎ出て渡る月人壯士 右柹本朝臣人麻呂歌 (15/3611)
큰 배에 노를 가득 달고 넓디넓은 바다를 노 저어나가서 건너는 月人壯士여

다음의 노래는 遣新羅使人들이 「筑紫館」에 도착하여 「멀리 고향을 바라보고 슬퍼하면서 만든 노래(遙望本鄕悽愴作歌) 四首」 중의 一首이다.

至筑紫舘遙望本鄕悽愴作歌四首
ⓑ 今よりは秋づきぬらしあしひきの山松蔭にひぐらし鳴きぬ (15/3655)
지금부터 가을 된 것 같다 (아시히키노) 산 소나무그늘에서 쓰르라미가 울기 시작했다

상기의 노래의 作者는 不明이고, 「오늘부터 가을다워지는 것 같다」

고 노래하고 있기 때문에, 때는 陰曆 七月 初頭, 노래는 바람소리가 아닌 산 소나무 그늘에 울려 퍼지게 하는 쓰르나미의 울음소리에, 어렴풋한 가을 기색을 감지하고, 그 놀라움과 슬픔을, 구슬프고도 알기 쉽게 노래한 것이다.[15] 이 노래에서도 原田貞義의 지적대로 역시 초가을을 意識하고 있는 것이다.

七夕仰觀天漢各陳所思作歌三首
ⓒ 秋萩ににほへる我が裳濡れぬとも君が御船の綱し取りてば 右一首大使 (15/3656)
가을 싸리로 아름답게 물든 내 치마 설령 젖을지라도 당신 배의 밧줄만을 잡아당길 수 있으면

ⓓ 年にありて一夜妹に逢ふ彦星も我れにまさりて思ふらめやも (15/3657)
일년 동안 하룻밤만 아내를 만나는 견우도 나보다 더 근심한 적이 있을까

ⓔ 夕月夜影立ち寄り合ひ天の川漕ぐ船人を見るが羨しさ(15/3658)
저녁달이 비치는 밤 그림자가 서로 다가서고 은하수를 노 저어 건너는 견우를 보니 부럽도다

七夕 날 저녁, 직녀와 견우가 一年에 한번 만난다고 하는 七夕伝説을 토대로 하여, 직녀와 견우처럼, 빨리 돌아가서 초가을에 皇都인 奈良에 있는 사랑하는 아내와 만나고 싶다고 라는 심정을 노래하고 있는 것이다.

現實的으로는 초가을(初秋)에 돌아와 사랑하는 아내를 만날 수 없지만, 遣新羅使人들의 安全한 旅行과 조속한 歸京을 기원하기 위하여, 조속한 歸京을 노래하는 수법은 旅行歌의 전통인 노래기법인 것이다.

---

15) 原田貞義。「遣新羅使人歌抄」伊藤博・稲岡耕二『万葉集を學ぶ』(第七集)有斐閣 1978, 20쪽.

이 歌群에서 초가을 歸京이라고 하는 것에 執着하고 있는 歌心은 1년간 서로 격리되어 있었던 직녀와 견우가 초가을에 반드시 상봉한다고 하는 七夕伝說의 詩的情緒에 影響을 받고 있었던 것은 아닌가라고 생각할 수 있는 것이다.

즉, 직녀와 견우가 七夕 저녁에 반드시 만난다고 하는 七夕伝說처럼, 遣新羅使人들도 조속히 歸京하여 사랑하는 아내를 만나기를 기원하기 위하여, 이 歌群에서 初秋의 歸京이라고 하는 것에 집착하고 있었던 것으로 생각할 수 있는 것이다.

6. 結 論

8세기의 신라와 大和는 같은 동아시아라고 하는 국제적인 공간을 양축으로 지탱하고 있었지만, 양국의 관계는 원만하지 않았다. 그 탓인가, 나라시대(奈良時代)의 大和人들은 新羅라고 하는 나라는 멀고 그곳으로 여행하기는 힘든 나라였던 것으로 인식하고 있었던 것이다.

이 歌群에서 「新羅」를 「신라」로 읽지 않고, 「시라키: シラき」라고 읽는 것은 「시라: シラ」가 「흰색이나 희다(白い)」를 나타내고 있고 하는 인식에 기인한 표현법이다. 그 背景에는, 当時 大和人들이 新羅를 白色을 중히 여기는 나라(國)로서 여기는 認識도 反映되어 있는 것은 아닌가 한다.

新羅와 大和라고 하는 국제적인 공간을 연결하는 것은 新羅使와 遣新羅使다. 이들이 두 공간을 연결하기 위하여 왕래하는 길은 흰 파도가 높이 일렁이는 거친 뱃길로 되어 있다. 皇都인 奈良는 견신라사인들에게 있어서 皇都에서 멀어지면 멀어질수록 언제나 빨리 돌아가고 싶은 그리운 고향 같은 공간이었다. 그러나, 그들은 신라에서 추방당하는 등

외교적인 실패에 의해 奈良에 가까이 돌아와서도 그곳에 쉽게 들어갈 수 없는 공간이 되어버린 것이다.

또한, 萬葉의 세계에서 하나의 전통인 되어 있는 皇都와 地方의 차별의식이 이 歌群에서도 찾아볼 수 있는 것이다.

흰 파도가 높이 일렁이는 거친 바다를 위험하게 건너는 오랜 여행을 하면서, 도중에 체념하지 않고 임무를 다한 것은 견신라사인으로서의 자부심과 사명감 없이는 생각할 수 없는 것이고, 그들이 부른 이 歌群에서도 그 자부심과 사명감은 엿볼 수 있는 것이다.

견신라사인들이 임무를 완수하고, 현실적으로 초가을에 귀경하여 사랑하는 아내를 만날 수 없음에도 불구하고, 그들의 조속한 귀가를 시적서정으로 형상화한 것은 여행자의 조속한 귀가를 기원하는 旅行歌의 전통에 기인한다. 초가을 7월 칠석 저녁에 견우와 직녀가 은하수에서 반드시 만난다고 하는 칠석전설처럼, 견신라사인들의 조속한 귀경을 기원하는 차원에서 초가을의 귀경에 집착하여 노래하고 있는 것이다.

參考文獻

新日本古典文學大系『續日本紀』四, 岩波書店, 1995.
新日本古典文學大系『續日本紀』五, 岩波書店, 1999.
日本古代文學大系7『万葉集』四, 岩波書店, 1962.
日本古代文學全集『万葉集』四, 小學館, 1975.
新編日本古代文學全集『万葉集』四, 小學館, 1985.
澤瀉久孝,『万葉集注釋』卷第十五, 中央公論社, 1965.
伊藤博・稻岡耕二,『万葉集を學ぶ』(第七集), 有斐閣, 1978.
久米常民,『万葉集の文學的研究』櫻楓社, 1970.
伊藤博,『万葉集の構造と成立』下, 塙書房, 1984.
伊藤博,『万葉のいのち』, 塙書房, 1983.

朝日 兩國의 漸移地帶 對馬島 硏究
-朝鮮前期 詩文에 투영된 형상을 중심으로-

임 채 명*

1. 問題 提起

최근 들어 한일간에는 독도 영유권 문제로 논란이 치열하다. 처음에는 서로 논증적인 자료를 제시하며 아카데믹하게 다투더니 이제는 그 선을 넘어 감정적인 대응으로 치닫고 있어 볼썽사납다. 독도가 한일 양국간에 화두가 될 적마다 으레 부수적으로 언급되는 곳이 바로 대마도다. 독도나 대마도에 대한 관심은 학문연구의 조류에 따른 변화에 기인한다고 할 수 있다. 예전에는 자국본토, 큰 지역 등 중심적인 것에 대해 주목하였다면 요즘은 작은 지역, 변방, 접경 등 주변적인 것으로의 관심이 높아졌다. 물론 이는 영토 논란으로 인한 정치, 경제적 이해관계에서 자국이 유리한 입지를 선점하기 위한 전략의 일환임을 부인할 수 없다. 그런 점에서 한일간에 냉기류가 흐르고 있는 살벌한 시기에 그것도 독도 논란과 거의 항시 병칭되는 대마도를 주제로 다룬다는 것은 시의성이 있다고

* 단국대학교 강사.

하겠다.

대마도 관련 연구는 국제정치학계,[1] 역사학계,[2] 언어학계,[3] 한문학계[4] 방면에서 성과가 축적되어 왔다. 한문학계에서 그간의 연구경향은 임난 후 조선통신사의 여정이나 그들이 남긴 문학작품에 중점이 두어져 있었다. 그러므로 대마도는 조선통신사들이 일본으로 들어가기 위해 경과하는 장소로 잠깐 언급되었고, 임난 전 시기를 대상으로 한 연구에서도 왜구의 소굴로 인식되는 수준이었다. 일본에 있어서의 대마도 연구도 그다지 연구자들의 관심을 받지는 못한 것 같다.[5] 본 논문을 통해 한국이나 일본에서 대마도 관련 연구가 치성해지기를 기대해 본다.

대마도는 지정학적으로 한일 양국의 중간 지점에 있는 동서 18km, 남북 82km, 면적 708㎢인 조그마한 섬이다. 본토로부터의 거리를 굳이 따져보자면 한국 부산에서 대마도까지의 최단거리가 49.5km, 대마도에서 일본 후쿠오카까지의 최단거리가 138km이니 거리상 한국과 더 근접한다고 할 수 있다. 이렇듯 작은 섬이 삼국시대, 고려시대, 조선전기에 걸쳐 한반도를 공포로 전율케 한 대상이었고, 임난 때에는 조선침략의 핵

1) 申基碩,「韓日通交와 對馬島」『國際政治論叢』, 한국국제정치학회, 1986.
2) 李昌訓,「對馬島와 韓日外交關係」『정치외교사논총』 제14집, 한국정치외교사학회, 1996 ; 田中敏昭,「豊臣政權의 日本統合과 對馬島主 宗氏의 朝鮮交涉」『東西史學』 제5호, 한국동서사학회, 1999 ; 박화진,「일본근세 어촌사회의 성립과 변모－대마도를 중심으로－」『역사와 경제』 52, 부산경남사학회, 2004.
3) 李炳銑,「任那 十國名의 對馬島 比定」『韓國學報』 62, 일지사, 1991 ; 김기선,「『몽골비사』의 알타이적 지명요소와 관련된 한국 및 대마도 지명 연구」『몽골학』 제14호, 한국몽골학회, 2003.
4) 李敏弘,「敎書體에 形象된 當代 現實의 한 斷面－「對馬島敎書」와「原陵君敎書」를 중심으로－」『漢文敎育硏究』 제19호, 한국한문교육학회, 2002.
5) 長節子,「對馬島宗氏領國支配の 發展と 朝鮮關係 諸權益」『朝鮮學報』 30, 1966 ; 田中健夫,「宗義智」『大名列傳』, 新人物往來社, 1966 ; 長節子,『中世日朝關係と 對馬』, 吉川弘文館, 1987.

심임무인 길잡이를 맡았다는 점을 되짚어보면 아연실색하지 않을 수 없다. 대마도가 지리적 공간의 열세를 극복하고 역사의 틈바구니 속에서 생존할 수 있었던 이유를 조선전기 시문에 나타난 관련 형상을 중심으로 살펴보는 것은 의미 있는 일이라 여겨진다. 굳이 시기를 조선전기로 제한한 것은 임난 후 대마도가 조선전기에 취한 노략질 일변도의 노선과는 또 다른 면모를 보여주기 때문에 구분 지을 필요가 있어서다.

대마도는 전술했듯이 남해 가운데 위치한 작은 섬이다. 그것을 인정하지 않는다는 게 아니다. 그러나 공간이 공간 자체만으로 실재하는 것은 그다지 중요하지 않다. 섬이 섬으로만 인식될 때에는 벌써 공간 점유로서의 의미는 반감되기 때문이다. 대마도도 마찬가지다. 대마도가 의미를 지니려면 그 곳에 거주하는 사람, 즉 대마도인들의 행동 방식, 사고체계 등과 긴절하게 연관되어야 한다는 것이다. 그런 점에서 점이지대라는 용어의 의미를 새길 필요가 있다. 국어사전적 의미는 서로 다른 지리적 특성을 가진 두 지역 사이에 위치하여 중간적인 현상을 나타내는 지대다. 사전의 표면적 의미로만 본다면 점이지대는 중간지대[6]와 별반 차이가 없다. 그러나 사전의 이면적인 의미에는 사람, 즉 인간이 들어 있다. 다시 말하면 중간지대에 인간의 능동적인 변화 욕구가 투사된 결과로 나타나는 것이 점이지대[7]라는 사실이다. 그러므로 대마도의 점이지대로서의

---

6) 두 사물이나 현상의 사이로, 한 가운데나 중앙을 가리킨다.

7) 대마도가 공간적으로 조선과 일본의 중간에 위치한다는 점, 정치적으로는 일본에 경제적으로는 조선에 의지한다는 점, 영토는 조선의 것이지만 거주하는 사람이 일본인이라는 점, 조선으로부터 관작을 받았으면서도 조선의 변방을 노략질한다는 점, 조선의 토벌을 받았을 때에도 일본 본토로부터 소외되어 구원을 받지 못한 점 등을 점이지대라는 하나의 용어로 모두 포괄할 수 있다고는 생각하지 않는다. 다만 거기에 적합한 용어를 발견하지 못했기에 불만족스럽지만 통용되는 일반 용어를 그대로 차용한 것뿐이다. 대마도에 대해 본고와 유사한 관점을 취한 논문으로 '魯成煥, 「對馬島의 領土意識을 통하여 본 韓日關係」『일본학보』 8호, 경상대 일본문화연구소, 2001' ; '申基碩, 전게서' ; '박

면모는 단순히 공간에 국한되지 않고 대마도인들의 언행, 사고 등 여러 방면으로도 표출된다.

본고에서는 조선전기의 시문－주로 조선인들의 기록－을 대상으로 하고 있는데 이는 당시 일본 본토나 대마도주로부터 조선에 전해진 교서나 시문을 구하는 데에 어려움이 있었기 때문이다. 물론 대략적인 내용은 조선왕조실록과 조선전기 문인들의 시문을 통해 간접적으로 유추할 수 있지만 일본 본토나 대마도 측에서 보낸 생생한 의견을 접할 수 없다는 점에서 본고의 논지 전개의 객관성 확보에 실패했다는 책임을 면할 수는 없다. 논의의 보편타당성과 객관성에 대한 혐의는 일본이나 대마도 측의 관련 기록이 수집·보완된다면 저절로 해결될 문제다.

조일 양국의 점이지대 대마도 연구란 제하에 조선전기 시문에 투영된 대마도의 형상을 조선 측 자료를 위주로 연구하였다. 연구방법으로는 우선 대마도의 명칭과 조선전기 시문에 나타난 문인들의 대마도 인식을 점검한 후, 대마도의 점이지대로서의 면모를 확인하며 마지막으로 조선의 대마도 정책을 짚어보는 순서로 연구를 진행하겠다.

2. 對馬島의 名稱과 그 認識

조선전기 시문에 나타난 대마도의 명칭은 對馬島가 가장 일반적으로 통용되었고, 絶域,[8] 馬島,[9] 扶桑,[10] 深遠之島,[11] 馬州,[12] 彈丸小

화진, 전계서'를 들 수 있다. 대마도를 점이지대 대신에 노성환 님은 '兩意的인 섬', 신기석 님은 '中間役割', 박화진 님은 '교차점'으로 규정하였는데 참고할 만하다.

8) 金宗直, 「送金參校自貞奉使對馬島」『佔畢齋集』(『韓國文集叢刊』 12, 민족문화추진회), 卷11, 296쪽. "聖主恩威覃絶域, 征夫夢寐逐飛鴻."

9) 曺偉, 「聞叔度自對馬島還京」『梅溪先生文集』(『韓國文集叢刊』 16, 민

島,[13] 馬洲,[14] 對馬洲,[15] 醜島[16] 등이 쓰이기도 하였다. 馬島는 대마도의 약칭으로 즐겨 쓴 듯하고, 絶域이나 扶桑, 深遠之島는 고유명사이기보다는 일반명사로 사용하였으며 馬州, 馬洲, 對馬洲는 대마도를 조선에 예속된 속주 중의 하나로 친근하게 부른 호칭이고, 彈丸小島는 크기가 작은 대마도를 얕잡아 부른 것이며 醜島는 三浦倭亂(1510년)[17]을 겪은 후 난의 배후인 대마도의 추악한 처사[18]를 비꼬아 부른 말

족문화추진회), 卷2, 301쪽. "馬島歸來動一年, 幾回魂夢繞蠻煙." ; 尙震, 「對馬島遣使有難議」『泛虛亭集』(『韓國文集叢刊』 26, 민족문화추진회), 卷4, 81쪽. "臣愚妄謂姑還給歲船若干隻, 一以酬馬島斬獻之勞, 一以從國王勤懇之意, 其在待夷無甚不可. 如此則日本之望可不孤, 馬島之怨可小解."

10) 李穆, 「送金寺正硉奉使對馬島」『李評事集』(『韓國文集叢刊』 18, 민족문화추진회), 卷1, 166쪽. "扶桑水路百年津, 海不揚波賴聖人."

11) 金安國, 「答對馬島主書」『慕齋集』(『韓國文集叢刊』 20, 민족문화추진회), 卷10, 179쪽. "邇者, 我國邊氓, 漂到深遠之島, 足下聞之, 旋卽遣人探問, 欲將重價, 贖以送我."

12) 李荇, 「送叔奮之對馬島次叔奮韻四首」『容齋先生集』(『韓國文集叢刊』 20, 민족문화추진회), 卷7, 469쪽. "馬州此去堪回首, 雲外頭流萬丈橫."

13) 李耔, 「禮曹答對馬島主」『陰崖先生集』(『韓國文集叢刊』 21, 민족문화추진회), 卷2, 109쪽. "惟■■■■念彈丸小島, 邈在海中, 無桑麻菽粟之饒, 力不能自存."

14) 金安老, 「復書對許和對馬島書契, 應製」『希樂堂文稿』(『韓國文集叢刊』 21, 민족문화추진회), 卷5, 389쪽. "馬洲太守宗公足下, 承書審迪吉, 遙慰. 國家與貴本國世修交好, 彌久益篤."

15) 金安老, 「答對馬島主書, 應製」『希樂堂文稿』(『韓國文集叢刊』 21, 민족문화추진회), 卷5, 391쪽. "復書對馬洲太守宗公足下, 承書, 知尊履淸迪, 開慰開慰, 所示已悉."

16) 金安老, 「答日本國王書, 應製」『希樂堂文稿』(『韓國文集叢刊』 21, 민족문화추진회), 卷5, 403쪽. "醜島雖以斬叛伏罪爲言, 然叛亂之徒, 其數不止函獻, 而首其謀者尙脫於法, 且不還擄繫, 安在其悔謝之誠乎. (중략) 雖然, 使不穀負王之命, 莫非醜島之爲, 是醜島自貽慙於王, 又非不穀之負於王也."

17) 庚午之亂, 庚午之變이라고도 한다. 삼포왜란은 삼포를 개항한 이래 계해조약

이다. 일본에서도 대마도의 호칭이 두 가지로 나타나는데 『古事記』에는 津島, 『日本書紀』에는 對馬國이라 하였다.[19] 모두 'つしま'로 발음되는데 津島의 경우는 訓讀한 것이고 對馬는 音讀에 해당한다. 일본에서는 '對馬'를 두 개의 섬으로 생각하여 '馬'에 '말'의 의미를 담지 않고, 섬의 對音譯인 'しま'와 연계시키고 있다. 반면 조선에서는 '對馬'를 마주보는 두 마리의 말, 또는 말의 귀[20]를 연상하며 말의 모양과 관련을 지우거나 자라의 등[21]과 같이 적어도 동물에 견준다는 점이 특이하다. 津島는 나루의 역할을 하는 섬인데 고대 일본에서는 공납물이 國마다 정해진 '津'에서 중앙으로 해상 수송되었고, 또 대외교통의 要津으로 斯波津, 博多津 등이 있었다.[22] 津島가 대마도의 三韓交

체결 당시 60명으로 제한한 거류민의 수가 세종 말년에 약 2,000명으로 증가하여 조선 관리들과 충돌이 잦았는데 중종 즉위 후 1510년 對馬島主 宗貞盛에게 그들의 철거를 요구하고, 일본 선박에 대한 감시를 엄중히 하자 그들의 불평이 폭발하여 삼포의 일본인들이 대마도의 원조를 얻어 4,000~5,000명으로 일으킨 난을 가리킨다. 한때 내이포-부산포를 함락시키고 웅천 방비를 격파하였으나, 조정에서 즉각 대응하여 黃衡-柳聃年을 慶尙左右道防禦使로 삼아 이를 대파하고 삼포의 일본인 거류민도 추방하였다. 이 난으로 조일간의 교통이 중단되었는데 일본의 足利幕府가 다시 수교할 것을 간청해 오자 계해조약을 개정하여 내이포만을 개항하였다.

18) 金安老, 「答對馬島主書, 應製」 『希樂堂文稿』(『韓國文集叢刊』 21, 민족문화추진회), 卷5, 391쪽. "庚午之變, 醜不可言, 何必更置論喙. 但國家釋垢開新, 恩遇已過, 而足下猶以不滿, 舊例爲言, 連書致瀆, 似不甚感悟於心者, 不容不更辨. 變亂之作, 雖云非足下所預知, 其不戢管下之奸, 責將誰歸."

19) 申基碩, 전게서, 115면.

20) 李承召, 「次剛中韻, 送金可權奉使對馬島」 『三灘先生集』(『韓國文集叢刊』 11, 민족문화추진회), 卷6, 434쪽. "島入煙雲馬耳尖, 扁舟東去又開帆."

21) 南孝溫, 「遊海雲臺序」 『秋江先生文集』(『韓國文集叢刊』 16, 민족문화추진회), 卷4, 82쪽. "滄溟東表, 螺髻山靑, 隱然如鼇背神山者對馬島也."

22) 京都大學文學部國史硏究室 編, 『日本史辭典』(東京創元社, 昭和 56), 339쪽 '津' 참조.

通과 해상 수송의 요지로서의 기능을 중시하여 붙인 명칭이라면 對馬는 눈에 보이는 두 개의 섬이라는 너무나 단순한 유래의 호칭인 셈인데 津島라는 명칭이 사멸되고 對馬의 명칭이 살아남은 연유를 알 수는 없다. 더구나 대마도가 이익이 되는 일이라면 어떤 일도 가리지 않았고, 교역을 통한 영리 취득에 혈안이 되는 등 對馬島보다는 津島라는 명칭에 걸맞은 행태를 보였던 점을 돌이켜 보면 더욱 그렇다.

다음으로는 조선전기 시문에 나타난 문인들의 대마도에 대한 인식을 점검해 보기로 한다. 먼저 대마도에 가기 전에 거쳐야 하는 남해 바다에 대한 조선전기 문인들의 생각부터 짚어본다.

「滄海辭」

渺滄海兮悠悠　먼 바다 아득히
浸乾坤兮浮浮　천지에 둥둥 떠 있네.
駕龍驤兮萬斛舟　날쌘 말처럼 달리는 커다란 배
風帆齊擧兮奚所拘　바람 맞은 돛 일제히 들리니 무엇에 구애되랴.
聘余目兮隘九州　내 눈으로 좁은 구주를 찾아가
歷三山兮作遠遊　삼산을 지나 멀리 노니네.
掠榑桑兮望神洲　부상을 스치듯 지나가고 신주를 바라보니
瓊宮屹兮金鰲頭　옥 같은 궁궐이 황금자라 머리처럼 우뚝하네.
抱一氣兮依前脩　호기를 품고 선현들께 의지하니
履至險兮寧爲憂　험난한 곳 건넌들 어찌 근심하랴.
吾令海若安流兮　내 바다 신으로 하여금 잔잔히 흐르게 하고
鎖風伯與陽侯　바람의 신을 가두며 태양의 신을 허락하리라.
祥風送楫以颼飀兮　상서로운 바람이 살랑살랑 불어 배를 보내게 하고
瘴霧昇宇而斂收　장기와 안개를 우주로 올려 거두게 하리.
涉洪濤兮觀名區　큰 파도를 건너 승지를 보고
結邦交兮以中孚　신의로써 국교를 맺네.
竣使事兮促回途　사신의 일을 마치고 귀로를 서둘러
逮淸秋兮返故都　맑은 가을에는 고국으로 돌아오리.

眼高四海兮無與徒　눈이 천하에 높아 함께 할 이 없으리니
壯哉我侯兮眞丈夫[23]　훌륭하구나! 그대가 진정한 대장부로다.

幷序에 의하면 이 글은 姜希孟이 병조판서였을 때에 좌랑을 지냈던 金訢의 일본 사행에 贐言으로 써 준 것이다. 문면 자체로만 본다면 金訢과 姜希孟 중 누가 일본에 사행 가는지 분명하지 않다. 사신 가는 주체가 명확하지 않은 데에는 창해에 대한 염려가 내재되어 있음을 간과해선 안 된다. 그것은 9~10구에서 실마리를 찾을 수 있다. 과연 '依前脩'가 무슨 의미를 가지는 것일까? 아마도 창해를 건너는데 선현들의 가호에 기댄다는 의미일 테고, 그 때문에 험지를 건너는 것에 대한 두려움을 갖게 되지 않는다는 것이다. 11~14구까지의 행위의 주체도 '吾'라고 하였지만 그 '吾'마저도 姜希孟을 포함한 선현들을 의미한다.

인용문을 전체적으로 다시 한번 분석해보면 1~8구는 대마도를 지나 일본으로 사행하는 데에 초점이 맞춰져 있고, 15~20구는 사행의 완수를 담고 있다. 그러면 제목인 창해를 언급한 부분은 9~14구까지 총 여섯 구인데 왜 渡海의 험난한 상황을 사실대로 형상하지 않고 그 반대의 장면으로 에둘러 대체하였는지 의아하다. 거기에는 바로 溟渤이라 불리는 滄海에 대한 공포가 도사리고 있기 때문이다. 일본으로 사신 가는 金訢에 대해 사람들이 '그가 홍문관에서 시종하는 영광을 그만두고 큰 물결치는 예측할 수 없는 험지를 건너며 게다가 섬이라 복종하지도 않고 말도 역관을 기다려야 전할 수 있으니 가는 데에 반드시 마음에 불만이 있으리라'고 속으로 생각한 것[24]만으로도 당시에 창해를 건너는 것에 대한

23) 姜希孟,「滄海辭幷序」『私淑齋集』(『韓國文集叢刊』 12, 민족문화추진회), 卷5, 62쪽.

24) 李承召,「送弘文館校理金君訢奉使日本詩序」『三灘先生集』(『韓國文集叢刊』 11, 민족문화추진회), 卷11, 485쪽. "人皆謂, 金君輟王署侍從之榮, 涉鯨濤不測之險, 加以水土不伏, 語言必待舌人而傳, 於其往也, 必

두려움이 보편화[25]되어 있음을 감지할 수 있다. 심지어 '대마도로 가는 험난함을 겪어보지 않은 자는 험난함을 제대로 알지 못한다'고 詩化[26]해 놓을 정도였다. 진정 대마도로 사신을 떠난다는 것이 폭풍과 파도, 역병과 질병의 위험을 무릅쓴 목숨을 건[27] 중대사였기에 사행 길에 나서는 자들에게 창해를 건너는 것에 대한 두려움을 희석시켜 줄 필요가 있었고, 왕명을 받든다는 강한 사명감과 국가에 대한 충성, 勝地를 역람한다는 것[28]으로 도취시켜 도해의 두려움을 잊게 하곤 하였던 것이다. 이렇

有慊然於心者矣."

25) 金訢, 「遺行」『顔樂堂集』(『韓國文集叢刊』 15, 민족문화추진회), 卷4, 272쪽. "國家通信日本, 爲使者, 皆憂危欲免." ; 權橃, 「日記(正月一日, 至八月四日, 在堂后時)」『冲齋先生文集』(『韓國文集叢刊』 19, 민족문화추진회), 卷4, 386쪽. "金世弼爲對馬島通信使, 以母老辭, 聽."

26) 金誠一, 「寄諸姪」『鶴峯先生文集』(『韓國文集叢刊』 48, 민족문화추진회), 續集 卷4, 233쪽. "我四月晦日, 始到對馬島, 而其日風濤之變, 吁可畏也. 古詩云, 丈夫不經此, 何以知險艱者, 政謂此也."

27) 李承召, 「有明朝鮮輸忠協策靖難同德佐翼保社秉機定難翊戴純誠明亮經濟弘化佐理功臣, 大匡輔國崇祿大夫, 議政府領議政, 高靈府院君文忠公墓碑銘, 幷序」『三灘先生集』(『韓國文集叢刊』 11, 민족문화추진회), 卷13, 496쪽. "暨到我境, 忽遭颶風, 未及艤岸, 衆蒼黃失措." ; 金宗直, 「跋金君節對馬島諸詩後」『佔畢齋文集』(『韓國文集叢刊』 12, 민족문화추진회), 卷2, 419쪽. "其在舟中也, 波濤崩蹙, 舟航傾仄, 阽於危急者不一再." ; 金誠一, 「寄諸姪」『鶴峯先生文集』(『韓國文集叢刊』 48, 민족문화추진회), 續集 卷4, 233쪽. "氣候平安, 不減在家時, 而舟中染疾, 連作四船, 十餘人臥痛, 不得已借倭船出送, 此後未知更如何也, 極慮極慮." ; 金誠一, 「寄濮兒」『鶴峯先生文集』(『韓國文集叢刊』 48, 민족문화추진회), 續集 卷4, 233쪽. "我則幸無疾病, 但格軍留船者, 五人病死, 今又一人濱死, 慘不可言也. 南霽雲, 金雲輩皆無恙矣."

28) 李承召, 「送弘文館校理金君訢奉使日本詩序」『三灘先生集』(『韓國文集叢刊』 11, 민족문화추진회), 卷11, 485쪽. "其視滄溟如坦途, 舟楫如几席, 佐佑使事, 躬布德威, 以結歡於兩國, 可不占而有孚矣. 況君學博而有文, 才豪而不羈, 仗國家之靈, 秉忠信之節, 扣枻洪濤, 歷聘諸島, 以抵乎日出之隅. 淼淼漫漫, 一望万里, 魚龍騁怪, 嶠嶼獻奇, 陽烏拂翼乎扶桑, 虹光上燭于大虛, 天容海色, 絢爛如金, 目眩不■視, 眞天下之偉

듯이 조선전기 문인들에게 있어 대마도는 목숨을 걸어야 하는 험한 남쪽 바다 저 너머에 있는 격절의 공간으로 인식되고 있었다.

물론 사방으로 어디를 사신 가더라도 쉬운 곳이 없지마는 어느 곳보다도 많은 위험에 노출되는 대마도나 일본으로 가는 사신들에게는 엄격한 사신으로서의 자격이 요구되었다.

「送權應教柱奉使對馬島序」

(전략) 어떤 이가 "어떠해야 사신이라고 할 수 있습니까?"하자, 涵虛子가 "학식이 풍부하고 기절이 의연하며 국량이 홍대해야 한다. 이러하여서야 사방에 사신 가서 君命을 욕보이지 않을 수 있다. 대개 학식이 부족하면 事體에 어두워 남에게 실언하기도 하고 기절이 모자라면 의심과 두려움이 있어 남에게 자기를 잃어버리기도 하며 국량이 좁으면 쉬이 기뻐하거나 화를 내어 일을 이루는데 방해가 되니 사신 가는 일이 어려운 이유다"하였다. 어떤 이가 "옛 사람 중에 누구와 같아야 합니까?"하니 涵虛子가 "흉노에 사신을 갔던 사람 중에 한나라에 蘇子卿이 있었고, 거란에 사신을 갔던 이 중에 송나라에 富彥國이 있었다. 그들의 행동과 말의 사이에서 살펴 그들 마음속에 간직하고 있는 것을 알 수 있기 때문에 오랑캐의 조정에서 굴욕을 당하지 않을 수 있어 그들이 무사히 환국함에 이르러 한나라의 부절이 여전히 손에 있었고, 송나라의 폐백이 전보다 늘어나지 않았으니 이들이 진정한 사신이리라(후략)"하였다.[29]

觀也. 昔子長之遊不出中州, 猶能增其氣而壯其文詞, 今君之所遊益遠, 而所觀愈壯, 則其所得奚止於子長而已哉. 余將拭目以待君之歸而叩焉."

29) 洪貴達, 「送權應教柱奉使對馬島序」 『虛白亭文集』(『韓國文集叢刊』 14, 민족문화추진회), 卷2, 64쪽. "(전략)曰, 如何斯可謂使乎. 曰學識富, 而氣節毅, 而局量弘, 夫如是然後庶可使於四方, 不辱君命者矣. 蓋識少則眩於事體, 而或失言於人, 氣乏則有所疑懼, 而或失已於人, 量狹則易生喜怒, 而幾事害成, 所以使事難也. 曰, 如古之何人然後可乎. 曰, 使匈奴者, 漢有蘇子卿, 使契丹者, 宋有富彥國. 觀其動作言語之間, 而其中之所存可知. 故能不受屈於虜庭, 及其無事且還, 漢節猶在手也, 宋幣不加前也, 斯眞使乎.(후략)"

사신이 구비하여야 할 덕목을 제시하고 있는 이 글은 洪貴達이 대마도로 사신가는 權柱에게 준 것이다. 사신에게는 풍부한 학식, 의연한 기절, 홍대한 국량이 요구되는데 학식이 부족할 경우 일의 핵심에 어두워 말실수를 하고, 기절이 미비하면 의구심이 생겨 행동에 실수가 있으며 국량이 좁으면 일희일비하여 일을 망칠 수 있다고 보았다. 洪貴達이 사신에게 요구되는 덕목 중에 무엇을 중시하였는지는 확인할 수 없으나 그가 본받아야 할 사신으로 예시한 蘇武와 富弼의 행적을 통해 그 일말의 단서를 엿볼 수 있다. 蘇武와 富弼 모두 학식과 국량이 구비되었다는 점은 부언하지 않아도 될 터고, 그들이 흉노나 거란이라는 사지에 갔으면서, 더구나 오랜 기간동안 갖은 협박과 회유를 당했으면서도 모든 것을 뿌리치고 무사 귀환할 수 있었던 데에는 무엇보다 기절의 의연함이 크게 작용하였다. 그러므로 洪貴達은 어떤 난관에 봉착하여도 의심하거나 두려워하지 않고 일을 헤쳐 나갈 수 있는 호기와 절개라는 덕목을 바다를 건너 대마도로 사신 가는 權柱에게 당부하고 싶었던 모양이다.

이제 조선전기 문인들이 대마도에 대해 어느 정도의 정보를 가지고 인식의 준거로 삼았는지 점검해 보자.

「詠對馬島」

跨海別有天	바다 건너 다른 세상이 있는데
環島自成聚	섬을 빙 둘러 스스로 취락을 이루네.
民物多漁人	백성들은 어부가 많고
村居半鹽戶	촌락은 소금집이 태반이네.
兒童亦佩刀	아이들도 칼을 차고
婦女解搖艫	아낙네도 배를 흔들 줄 아네.
蔭茅代陶瓦	띠 풀로 질그릇과 기와를 대신하고
剖竹作弓弩	대를 쪼개 활과 쇠뇌를 만드네.
竹籬鬧螃蟹	대 울타리엔 게들로 떠들썩하고
石田少粳稌	돌밭이라 메벼와 찰벼가 적네.

羹臛煮葛根	고기 국을 칡뿌리로 끓이며
矢房插鷄羽	箭筒엔 닭 깃을 꽂네.
蚌蛤充糇糧	조개를 식량으로 충당하고
椒荈資商賈	후추와 찻잎을 장사의 밑천으로 삼네.
炷艾醫疾病	쑥을 태워 병을 치료하고
灼骨占風雨	뼈를 구워 날씨를 점치네.
檀施奉浮屠	제단을 마련하여 부처를 받들고
逋逃萃祠宇	달아나거나 숨는 이들은 사당에 모이네.
脫履知敬長	신을 벗어 어른을 공경할 줄 알고
同席不避父	자리에 함께 앉으매 아버지를 피하지 않네.
椎髻齒多染	상투를 틀고 이를 많이 물들이며
合掌背微傴	합장하고서 등을 약간 구부리네.
睚眦生忿狠	눈을 부릅뜨며 화와 성낸 소리를 내고
慓悍輕殺掠	사나워 살육과 약탈을 가벼이 여기네.
發語毋吺吺	말소리를 내는데 어! 어! 거리고
相力喜躍躍	힘을 돕는데 영차! 영차! 하길 좋아하네.
酬酢嗤異禮	술을 주고받으매 예법이 다름을 비웃고
杯盤驚詭作	술잔과 쟁반이 다르게 생긴 것에 놀라네.
山肴堆橘柚	산에서 나는 안주로 귤과 유자가 수북하고
海錯斫蛟鰐	바다 음식으로는 교룡과 악어를 썰어 놓았네.
醉舌鳥喃喃	취하여 내는 말소리는 새처럼 재잘대고
歌吹蛙閣閣	노래 부르는 소리는 개구리처럼 개굴거리네.
縈身舞白刃	몸을 휘감으며 시퍼런 칼날로 춤을 추고
假面出彩幙	가면을 쓰고 채색 휘장에서 나오네.
主人殊繾綣	주인은 유난히 다정도 하고
旅客頗歡謔	길손은 꽤 기꺼워하네.
遠遊如啖蔗	멀리 노니는 것은 사탕수수 먹는 것 같지만
風味雜甛苦	흥취는 달고 쓴 맛 섞여 있네.
行矣早歸來	일찍 돌아가리니
信美非吾土[30]	실로 아름다우나 우리 땅과는 다른 걸.

30) 金訢, 「詠對馬島」 『顏樂堂集』(『韓國文集叢刊』 15, 민족문화추진회), 卷1, 231쪽.

누구에게 전하여 들은 내용을 바탕으로 한 것이기보다는 자신의 직접적인 체험을 있는 그대로 시화한 이 시는 홍문관 교리로 일본에 奉使한 金訢이 지은 것이다. 일본 본토로 입국하는 길에 대마도에서 쓴 것 같아 보이지는 않고 도리어 귀로에 대마도주로부터 환송연회를 받은 후 저작된 것으로 보인다. 대마도인들의 생업과 토양, 건축, 무기, 의식주, 의료, 예의, 풍습, 기질, 언어, 음악, 무용 등 문화 전반에 걸쳐 자세히 기술되어 있다. 이것은 그가 대마도에 가기 전에 이미 들어 알고 있던 대마도 관련 정보에다 자신이 직접 목도한 것을 종합하여 형상해낸 것임은 두말할 나위가 없다.

그의 대마도에 대한 표현 중에 주목할 것은 어업과 상업에 종사하여 배에 익숙하고 武를 숭상하여 기질이 포악하며 땅이 척박하여 식량 부족에 시달리고 있다는 점이다. 이 세 가지 대마도의 특성은 조선전기 문인들이 대마도를 어떻게 이해하였는지를 보여주는 결정적인 지표다. 물론 이것이 조선전기 문인들의 대마도에 대한 일괄적 인식으로 대표되지는 못하지만 대마도의 세 가지 특성을 준거로 卞季良은 "대마도인들이 작은 섬에 모여 소굴을 이루며 도적질을 자행하는데 죽임을 당했는데도 거리낌 없는 것은 하늘이 내린 재주가 유별나서가 아니라 작은 섬에다 땅이 교박하고 바다에 가로막혀 생선과 콩을 실어 나르기 어려워 굶주림에 내몰려 양심을 잃어서 노략질을 하는 데에 이르게 되었다"는 동감[31]을 보였다. 그리고 申光漢도 조정의 논의가 대마도를 섬의 오랑캐라고 멸시하는 분위기였는데 스물다섯 척의 세견선과 일백 섬의 세사미를 늘려 주어야 한다고 주장하며 "저들은 우리나라가 아니면 살 길이 없다.

---

31) 卞季良, 「再諭對馬島宣旨」 『春亭集』(『韓國文集叢刊』 8, 민족문화추진회), 卷8, 115쪽. "今對馬倭人等投集少島, 以爲窟穴, 肆爲盜賊, 屢被死亡, 無所忌憚者非天之降才爾殊也, 特以小島, 類皆石山, 土性磽薄不宜稼穡, 阻於海中, 懋遷魚藿, 勢難相繼, 率以海菜草根爲食, 未免飢餓所迫, 喪其良心而至此耳, 予甚悶焉."

화해를 허락한 이후 칠팔년 동안 노략질이 일어나지 않았으니 칭찬 명목으로 줄였던 수를 회복시키지 않으면 저들은 식량 부족에 내몰려 노략질을 하지 않을 수 없다[32]"고 논쟁하는 등 대마도가 노략질을 일삼는 근본적인 원인에 대한 확고한 인식을 가졌음을 알 수 있었다. 어떤 이들은 대마도의 상황에 대하여 인지는 하고 있었지만 포악함에만 주목하여 근본적인 문제 해결을 등한시하는 자들도 없지 않았지만 말이다.

金訢 이전 시기의 시문에서 대마도의 기질, 문화 전반에 대해 상세하게 형상한 것을 아직 보지 못했다. 그런 만큼 그가 제공한 대마도의 정보는 당대 문인들과 후대 문인들에게 널리 애용되었고 그 정보도 상당히 정확했다. 沈彦光이 "사나운 풍속에 급하고, 치우쳐 척박한 땅에 돌이 많네. 주나라 때 玁狁처럼 입술을 칠하고 한나라 때 흉노처럼 머리카락을 모으네. 宗慶이 鼻祖고 盛職이 玄孫이네. 王化의 돌봄에 의지하여 무리가 더욱 번성하네. 우리의 疆理에 거처하며 우리 곳간의 곡식을 먹어 우리의 백성이 되네. 하지만 짐승의 속내를 헤아리기 어렵고 나는 새가 사람에게 의지한 듯 하네[33]"라고 대마도의 습속을 묘사한 것이라든지 李滉이 대마도에 대하여 "釜山浦의 都由朔으로부터 대마도의 船越浦에 이르기까지 뱃길이 육백칠십 리다. 섬은 여덟 개의 군으로 나뉘고 인가는 모두 바닷가에 있으며 남북으로 삼일 길이고 동서로는 하룻

32) 洪暹, 「有明朝鮮國輔國崇祿大夫靈城府院君申公墓誌銘幷序」『忍齋集』(『韓國文集叢刊』 32, 민족문화추진회), 卷2, 339쪽. "朝議皆以島夷輕之, 欲加二十五隻百石之數, 公獨爭之曰, 彼非我國, 無以爲生. 自丁未許和之後, 幾七八年海寇不起, 今不以賞此爲名, 稍復曾減之數, 則彼將迫於乏食, 不得不行抄竊." 같은 글이 申光漢, 「文簡申公墓誌銘幷序」『企齋集』(『韓國文集叢刊』 22, 민족문화추진회), 卷14, 389쪽에 실려 있다.

33) 沈彦光, 「對馬島賦」『漁村集』(『韓國文集叢刊』 24, 민족문화추진회), 卷9, 203쪽. "頑風獷俗之劻勷, 偏壤瘠地之磽确. 周玁狁之沸唇, 漢匈奴之攢髮. 宗慶爲其鼻祖, 盛職爲其耳孫. 資王化之一視, 致厥類之彌繁. 我疆我理, 爰居爰處. 食我廩鎎, 爲我黎庶. 然獸心之難測, 同飛鳥之依人."

길이거나 반나절 길이다. 사면이 모두 돌산이고 땅이 척박하여 백성들이 가난해 소금을 달이고 물고기를 잡으며 장사로써 살아간다[34]"고 한 것을 보면 金訢의 논의에서 크게 벗어나지 않는다. 그리고 대마도가 후추와 단목으로 무역하기를 청하자 李滉이 전에 없던 일이라며 후추 거래를 정례화 시켜 달라는 건의를 단호히 거절한 것[35]을 보아도 대마도가 후추를 상업의 밑천으로 삼는다고 한 金訢의 언급은 신빙성이 높다.

조선전기 시문에는 대마도에 대한 이러한 시각 외에 왜구의 소굴이란 인식이 강하게 나타난다.

「答宗貞國書」

(1) (전략) 조선이 개국한 후 貴島의 始祖인 靈鑑이 우리에게 찾아왔고 宗貞茂가 이어 정성을 보내옴이 더욱 조심스러웠으나 말년에 和輯하지 못하여 島人들이 흩어져 해적이 되어 우리 변방을 침략하였습니다. 이에 우리 先王께서 진노하여 군사를 보내 죄를 물어 몇 년 동안 왕래하지 못하였습니다. 宗貞盛이 섬의 舊老들과 함께 사신을 보내어 찾아와 참화를 뉘우치고 사죄하였으니 또한 해적들이 대체로 一岐와 九州 사람들로, 對馬島뿐만 아니었음이 분명합니다(후략).[36]

34) 李滉, 「禮曹答對馬島主宗盛長」 『退溪集』(『韓國文集叢刊』 31, 민족문화추진회), 文集攷證 卷3, 336쪽. "自釜山浦都由朔, 至島之船越浦, 水路凡六百七十里. 島中分爲八郡, 人戶皆沿海浦, 南北三日程, 東西一日, 或半日程. 四面皆石山, 土瘠民貧, 以煮鹽捕魚販賣爲生."

35) 李滉, 「禮曹答對馬島主」 『退溪集』(『韓國文集叢刊』 29, 민족문화추진회), 卷8, 260쪽. "且以胡椒, 丹木商貿爲請, 夫我國之於貴島, 但有歲例賜物, 而商物貿易, 則在前所無之事, 往在庚戌年, 貴島欲以胡椒若干斤來貿, 朝廷俯徇遠情, 權許略貿, 此乃一時之特恩, 後不當援以爲例, 而有頻煩之請也. 故辛亥之再請也, 旣喩以不可從之意, 不啻丁寧矣, 足下何以僥前恩違舊條, 復以此冒請乎. 此決不可開許也."

36) 申叔舟, 「答宗貞國書」 『保閑齋集』(『韓國文集叢刊』 10, 민족문화추진회), 卷16, 139쪽. "(전략)自我朝開國, 貴島始祖靈鑑首款於我, 宗貞茂繼

「與對馬島主書」

(2) (전략) 객관에 머무는 兇頑 不逞한 무리들이 貴島에 글을 보낸 연유를 알면서도 뉘우치거나 그만 두지 않고 도리어 더욱 放恣하고 橫行하니 근래의 두 번의 침범은 모두 兇殺 寇亂에 관계된 것으로 한 달 안에 연거푸 일어나 더욱 경악스러워 귀로는 차마 듣지 못하겠습니다. 한 번은 수십 명 씩 떼를 지어 밤을 틈타 담을 넘어가 관병 셋을 찔러 죽였고 한 번은 몰래 어둠을 틈타 무리를 지어 배를 타고 薺浦 근처에 일 때문에 왕래하는 邊官의 배를 엄습하여 목숨을 빼앗은 것이 서른이나 됩니다. 살인자를 죽이고 노략질하고 어지럽힌 자를 죄주는 것은 고금의 大法이니 법을 어기면 나라의 여부, 교화의 내외를 가릴 것 없이 다스려 용서하지 말아야 합니다. 만약 혹시라도 간악한 이들을 용서하여 법에 나아가지 않게 하면 죽은 자들이 저승에서 원한을 품어 천지의 귀신들이 반드시 법을 느슨히 한 자에게 재앙을 내릴 것입니다(후략).[37)]

(1)은 成宗 때 申叔舟가 대마도주에게 보내는 답서로, 世宗 1년(1419년) 李從茂를 시켜 노략질을 일삼는 대마도를 정벌한 己亥東征을 회상하는 부분이다. 주요 논점은 대마도가 먼저 조선에 찾아왔다는 사실과 대마도가 노략질을 사죄함으로써 對馬島, 一岐, 九州를 모두 해적들의 소굴로 자인하였다는 점을 부각시키는 데에 있다. (2)는 三浦

世誠附益謹, 及其末年, 不能和輯, 島人散爲海賊, 侵掠我邊鄙. 于時我先王赫怒, 遣兵問罪, 數年之間, 往來不通. 宗貞盛乃與島之舊老, 遣使來款, 悔禍謝罪, 且明海賊率皆一岐九州之人, 非獨對馬島.(후략)"

37) 金安國, 「與對馬島主書」 『慕齋集』(『韓國文集叢刊』 20, 민족문화추진회), 卷10, 181쪽. "(전략)留館兇頑不逞之徒, 非不聞知通書貴島之故, 而猶不悔戢, 反益肆橫, 邇間兩度之犯, 俱係兇殺寇亂, 疊發於旬月之中, 尤爲駭愕, 耳不忍聞. 一則數十成群, 乘夜踰越墻限, 刺殺官兵三人, 一則潛乘昏暗成群, 騎使中舡, 掩襲邊官因事往來之舡於薺浦相近之處, 害死人命, 數至三十. 殺人者死, 寇亂必誅, 古今天下大法, 法之所犯, 無間國之彼此, 化之內外, 理不容貸, 苟或容奸, 不致於辟, 則死者含冤於冥冥之中, 天地鬼神, 必加殃禍於弛法之人矣(후략)."

에 거주하는 왜인들이 寇亂과 殺人을 자행하여 그 책임을 대마도주에게 물으려고 金安國이 지은 글이다. 당시 왜선 한 척이 전라도에 침범하여 濟州 사람을 통하여 밤에 추자도에 정박하였다가 掩襲하고 劫掠하여 朝臣인 柳軒과 金良輔 등을 살해하는 일이 있었는데 그 때 주모자가 대마도인이거나 삼포에 거주하는 자들[38]이라는 소문이 무성했다. 그러므로 金安國도 삼포에 거주하는 왜인이나 대마도인의 소행인 두 번의 침범을 상술하여 대마도주에게 禁制 소홀의 책임을 지우고 혹시라도 대마도주가 법 적용을 느슨히 하지 않도록 강경한 어조로 요구한 것이다. 삼포왜란 후로는 심지어 대마도주가 간악한 무리들에게 매수되어 징계는 고사하고 도리어 그들을 비호하여 간악한 무리에게 이익을 돌리고 허물을 자신이 뒤집어쓴다는 혐의[39]마저 팽배해 있었다.

이와 같이 조선전기 문인들은 대마도를 어업과 상업에 종사하여 배에 익숙하고 기질이 포악하며 땅의 척박으로 식량이 부족하여 양심을 버리고 노략질[40]을 일삼는 왜구의 소굴로 인지하고 있었다. 이러한 인식은 대마도의 점이지대로서의 면모와 뒤섞이면서 복잡하게 전개된다.

3. 對馬島의 漸移地帶로서의 面貌

대마도의 점이지대로서의 면모를 살피기에 앞서 대마도의 공간적인

38) 金安國,「答對馬島主書」『慕齋集』(『韓國文集叢刊』 20, 민족문화추진회), 卷10, 184쪽. “倭舡一艘犯全羅道界, 因濟州人夜泊楸子島, 掩襲劫掠, 至殺朝臣柳軒, 金良輔等, 此非貴島人, 則必居三浦者也.”

39) 金安老,「答對馬島主書, 應製」『希樂堂文稿』(『韓國文集叢刊』 21, 민족문화추진회), 卷5, 391쪽. “足下前旣爲奸徒所賣, 而不之深懲, 反加掩護, 使此竊發者, 縱肆而無憚, 是利在奸徒而咎則歸已.”

40) 東史綱目에서는 노략질의 원인을 식량 부족에서 찾지 않고 麗蒙 연합군의 日本 東征에 대한 보복의 일환으로 보고 있다(申基碩, 전게서, 107쪽).

위치에 대한 검토가 선행되어야 할 듯하다. 왜냐하면 지정학적 위치가 서로 먼 두 곳 사이에는 점이지대라는 용어가 성립하지 않기 때문이다. 이것은 바꾸어 말하면 점이지대가 되기 위해서는 두 곳과의 근접성이 전제되어야 한다는 의미기도 하다. 대마도와 조선의 접근성은 "貴島와 우리 변경은 바다로 막혀 있다지만 밥 짓는 연기가 바라다 보이고 아침에 길을 나서면 저녁에 당도 합니다[41)]"는 金安國의 짤막한 글을 통해 확인된다. 그리고 대마도와 일본 본국과의 지정학적 위치는 "저희 섬에서 본국으로 가는 데에는 두 가지 길이 있습니다. 북쪽 길은 바다를 건너 십여 일을 가게 되면 곧장 石見州에 이르고, 남쪽 길은 一岐와 博多 두 바다를 지난 후 다시 바다를 따라 간지 삼십여 일이면 이릅니다[42)]"고 대마도주가 논란한 말에서 읽을 수 있다. 金安國과 金訢의 글을 통해 대마도의 조일 양국과의 공간적 근접성은 실증 가능하다. 다음 글은 상호거리의 접근성으로 인해 한 때나마 조선과 대마도의 교류가 친밀했음을 보여준다.

「復對馬島書」

(전략) 貴島는 우리의 남쪽 끝에 있어 이웃 지역과 견주어 보면 가장 가까운데 역대를 살펴보니 거두어 불쌍히 여기고 품어 위무해 준 적이 있다는 것을 듣지 못하였습니다. 조선에 이르러 특별히 끝없는 인정을 베풀어 하늘처럼 감싸고 바다처럼 적셔 주어 은혜를 베풀고 길러줌이 지극하였습니다. 족하의 선세 중에 靈鑑에서 貞國까지 모두 정성을 품고 충절을 다하여 하늘을 두려워하는 실상을 전하였기 때문에 위무를 더하였고 대접하는 예가 더욱 두터워 조금의 간극도 없는 것이 일가와 같았습니다.

41) 金安國, 「對馬島通諭書契」 『慕齋集』(『韓國文集叢刊』 20, 민족문화추진회), 卷10, 180쪽. "且貴島之於我邊, 雖曰溟海之隔, 煙火可望, 朝發夕至."
42) 金訢, 「遺行」 『顔樂堂集』(『韓國文集叢刊』 15, 민족문화추진회), 卷4, 272쪽. "島主難之曰, 自島抵本國, 有兩路. 北路, 越海十餘日, 直泊石見州, 南路, 渡一岐, 博多二海, 又沿海三十餘日而至焉."

> 보호하고 아끼기를 갓난아기처럼 하여 입혀주고 먹여주며 편안히 지켜주어 도주로부터 도민에 이르기까지 내려주심을 받아 덕에 배부르지 않은 사람이 없었습니다. 유리된 무리들을 우리 땅에 기거하도록 허락하여 고기잡고 장사하는 데에 편리하게 하였으니 큰 은혜를 따져보면 머리털을 뽑아도 갚을 수 없기에 전 도주 杙盛이 공경하게 섬겨 두 마음 품지 않고 전대의 미덕을 잃지 않아 조정에서도 가상히 여겨 대우가 남달랐습니다(후략).[43]

조선과 대마도의 거리의 至近으로 인하여 조선이 베푸는 무한한 仁恩을 받은 대마도가 거기에 부응하여 조선에게 誠節을 바치고 배반하지 않아 우의를 돈독하게 유지하였다는 것을 대강의 내용으로 하고 있는 이 글에서 조선과 대마도는 통치 체제를 달리하는 두 개의 서로 다른 나라가 아니라 하나의 나라며 게다가 이웃 마을 사람도 아닌 일가 중에서도 부모와 자식의 사이로 형상되고 있다. 여기서 金安國을 비롯한 조선 전기 문인들의 뇌리에 조선과 대마도가 거리의 지근함으로 인해 인륜의 지근함으로 치환되어 인식되고 있었다는 것이 중요하다. 이러한 인식은 그가 "생각건대 貴島가 우리 조선에 대하여 선대부터 정성을 들이고 충성을 바치기를 게을리 하지 않아 조선도 위무하며 돌보기를 자상한 어미가 갓난아기를 사랑하듯이 할 뿐만이 아니라서 물건을 보내주고 총애하거나 장려하는 은혜가 오랠수록 두터웠습니다"[44]라고 한 글에서 구체화

43) 金安國, 「復對馬島書」 『慕齋集』(『韓國文集叢刊』 20, 민족문화추진회), 卷10, 177쪽. "(전략)貴島處我南裔, 視諸隣域, 最爲切近, 而考之歷代, 未聞有收恤懷撫之者. 至我聖朝, 特施無外之仁, 天包海涵, 恩育備至. 足下先世, 自靈鑑至貞國, 亦皆懷誠盡節, 以輸畏天之實. 故聖朝綏撫有加, 接禮彌厚, 無間猶一家. 護愛如赤子, 衣之食之, 安而保之, 自島主下至一島之人, 無不受其賜而飽其德. 至令流離之徒, 許寓我土, 以便漁販, 計其大恩, 雖擢髮不能以報. 故在先島主杙盛, 虔事無貳, 不墜先世之美, 國家亦用嘉尙, 待之優異(후략)."

44) 金安國, 「答對馬島書」 『慕齋集』(『韓國文集叢刊』 20, 민족문화추진회), 卷10, 182쪽. "念惟貴島之於我朝, 自厥先世, 納款效忠之不懈, 我朝撫

된다. 조선전기의 문인들이 조선과 대마도 사이의 관계를 부자지간으로 본 것은 교린에 있어 진부한 하나의 상투적 표현인 것 같지는 않다. 그것은 조선전기의 시문에서 대마도가 남쪽 바다에서 조선을 해적들로부터 지켜주는 藩屛[45]의 역할로 자주 언급되기 때문이다.

또 대마도의 점이지대로서의 면모는 대마도를 사이에 둔 조일의 미묘한 신경전 속에서도 읽힌다.

> 「復日本國王書」
>
> (전략) 貴國이 弊邑을 위하여 마음을 다하였지만 대마도가 실로 귀국의 명을 저버리고 교활하게 속여 믿기 어려운 것이 이와 같습니다. 지금 비록 화친을 허락하지 않더라도 우리가 귀국의 청을 외면하는 것이 아니라 진실로 대마도가 귀국의 명을 받들어 따르지 않은 죄 때문일 뿐입니다. 弊邦이 염려하는 건 귀국과 交好의 도를 다할 수 없을까 걱정할 따름입니다. 이 작은 섬이 미덥지 못한 일을 더한다면 영원히 끊어버려도 안 될 게 없습니다. 弊邦의 臣庶로 조정에서 議爭하는 이들이 모두 과인에게 화친을 들어주지 말기를 청하고 아래로 甿隷나 卒伍의 미천한 자에 이르기까지 모두 통교 회복을 원하지 않는데 과인이 國衆의 마음을 어겨가면서 홀로 감행할 수는 없습니다. 다만 생각해 보면 폐방과 귀국이 선조 적부터 대대로 교린우호를 돈독히 하였는데 지금 이 한 가지 일 때문에 다시 사신을 수고롭게 하여 멀리 바람 부는 파도를 건너 청하기를 부지런히 정성스레 하니 후의를 거절하기 어려워 우선 애써 좇기는 합니다. 그러나

恤, 不啻若慈母之愛赤子, 賚與寵獎之恩, 彌久彌厚."

45) 金安國, 「答對馬島主書」 『慕齋集』(『韓國文集叢刊』 20, 민족문화추진회), 卷10, 179쪽. "貴島爲我國藩障而當其前, 彼雖欲爲犯竊之計, 前畏我兵之威壓, 後忌貴島之遮截, 進無所泊, 退無所止, 茫茫大洋, 孤懸無依, 豈不怕死而肆然爲猖獗之謀乎." ; 金安老, 「禮曹參議, 復書對許和對馬島書契, 應製」 『希樂堂文稿』(『韓國文集叢刊』 21, 민족문화추진회), 卷5, 389쪽. "國家與貴本國世修交好, 彌久益篤, 貴島尤隣我疆, 作我藩翰, 國家恩遇, 亦無不至." ; 金誠一, 「行狀」 『鶴峯先生文集』(『韓國文集叢刊』 48, 민족문화추진회), 附錄 卷2, 304쪽. "公對倭使杖世雲而數之曰, 此島世受國恩, 作我東藩."

대마도가 은혜를 잊고 흉포한 짓을 방자히 한 죄는 결코 용서할 수 없어 대우한 일을 예전보다 줄입니다. 아아! 과인이 귀국 때문에 작고 추악한 대마도에 통교를 회복하니 가령 우리나라 臣庶들이 나를 작든 크든 허물하여 모두 '실수하셨다'고 하면 과인은 실로 덕이 부족하여 먼 곳 사람들을 편안히 복종시킬 수 없어 兇逆한 짓을 벌여 우리 변방에 화를 끼치는 데에 이르게 되면 과인은 덕을 닦지 못했음을 깊이 부끄러워하여 虞나라처럼 완악한 苗蠻을 바로잡을 수 없는데 어느 겨를에 武德을 밝혀 죄를 토벌할 계획을 하겠습니까? 그렇기는 하지만 우리 갓난아기가 저 지경에 빠져 있는데 어찌 차마 버려두며 盛親의 무리가 악한지 아닌지를 또한 어찌 입을 다물고 끝내 따져 묻지 않을 수 있겠습니까? 설령 盛親이 자기가 저지른 것이 아니라 한들 자신이 한 섬을 대표하는 관리로 한 섬의 일을 주관하면서 남에게 印章과 圖書를 도난당하고 名字를 위조 당하여 우리 변방에서 반란을 하게 하였으니 또한 죄가 없을 수 없습니다. 귀국이 반드시 모두 처리하면 도주가 어찌 헤아리지 않겠습니까? 내가 이미 화친을 허락하였으니 이후로 도주가 하는 짓을 천천히 보면 그가 마음을 바꾸고 歸化하는 게 진정인지 아닌지를 살펴 알 수 있을 뿐입니다(후략).[46]

金安國이 일본 국왕에게 국서로 보내려고 쓴 이 글은 삼포왜란 이후

---

46) 金安國, 「復日本國王書」 『慕齋集』(『韓國文集叢刊』 20, 민족문화추진회), 卷9, 168쪽. "(전략)貴國之爲弊邑, 無不盡心, 而對馬實負貴國之命, 狡詐難信如此. 今縱不許其和, 非我孤貴國之請也, 良由對馬不奉順貴國之命之罪耳. 弊邦之所患, 唯患不得與貴國盡交好之道而已. 若茲小島, 加之不信, 雖永絶之, 固無不可. 弊邦臣庶獻議于朝, 爭執于廷者, 擧請寡人勿聽其和, 下至甿隷卒伍之賤, 亦皆不願復通, 寡人不能違國衆之心而獨行之. 但念弊邦與貴國, 自在先祖, 世篤隣好, 今者, 爲此一事, 再勞使价, 邈涉風濤, 請之勤懇, 厚意難拒, 姑勉從之. 然其對馬辜恩肆兇之罪, 不可全釋, 待之之事, 則當裁減於舊. 嗚呼, 寡人以貴國之故, 復通小醜, 使我一國臣庶小大咎予, 咸謂失擧, 寡人實涼于德, 不能綏服遠人, 致構兇逆, 禍我邊圉, 寡人深愧德之不修, 不得如虞朝之格頑苗, 寧暇爲耀武討罪之計哉. 雖然, 我赤子之陷于彼者, 寧忍棄之. 盛親之黨惡與否, 又豈可含糊不終辨問乎. 縱使盛親非己所犯, 身爲一島代官, 管一島之事, 而被人偸印圖書, 假其名字, 叛亂于我邊, 亦不得爲無罪也. 貴國必皆有以處之, 島主又豈不爲之計哉. 予旣已許其和矣, 從今以往, 徐觀島主所爲, 可察知其革心歸化之誠不誠耳(후략)."

대마도주가 책임을 회피하며 난의 주모자를 색출하는 데에 소홀하다가 추궁이 이어지자 마지못해 주모자의 목이라고 하며 보냈으나, 사로잡아간 조선의 백성들을 쇄환하는 데에 열의를 보이지 않아서 조선에서 대마도가 보내온 주모자의 목마저도 수괴의 목이 아닐 것이라고 회의하는 지경에 이른 조선과 대마도의 불신을 자세히 보여 주고 있다.

이보다 더 중요한 것은 대마도가 일본 국왕의 명을 듣지 않는다는 것과 조선이 대마도를 조선의 갓난아기로 생각하여 대마도의 악행을 모른 체 할 수 없음을 일본에 알리고 있다는 점이다. 기실 삼포왜란 후 화친의 단절로 인하여 세견선의 왕래와 세사미의 賜賚가 끊기자 교역을 통해 이익을 얻고 식량을 구하던 대마도의 입장에서는 생사존망의 위기에 처할 수밖에 없었다. 그래서 대마도가 누차 사신을 보내어 화친의 회복을 요청하였지만 번번이 거절당하자 도주가 일본 국왕에게 대마도와의 復和를 조선에 당부하도록 도움을 청하였다. 이런 상황에서 일본의 령이 대마도에 제대로 세워지지 않는다고 하는 사실을 조선이 문제로 제기한 것은 일본의 대대마도 통치권이 대마도로부터 약화되거나 거부되었음을 암암리에 일본에 각인시키려는 포석이기도 하다. 이와 아울러 조선이 삼포왜란의 직접적인 피해 당사국으로, 가해자인 대마도의 악행을 방치할 수 없다는 점을 강조함으로써 대마도가 조선의 藩屛임과 대마도의 討罪權을 일본으로부터 인정받는 두 가지의 효과를 거두고자 한 것이다. 이 글의 이면을 자세히 보면 대마도 문제 처리에 있어서 일본은 이미 배제되고 있었다.

대마도에 대하여 이러한 과감한 논리를 조선이 당당히 내세울 수 있었던 것은 조선이 대마도와 일본의 무역 상대국으로서 경제적으로 유리한 입지를 선점하고 있었던 데 연유한다. 게다가 조선이 국내적으로는 삼포왜란에 대한 뒤처리가 완전히 마무리되지 않은 상태에서 대마도에 통교를 회복할 명분이 없고, 대외적으로는 대마도가 삼포왜란 이후 사죄와 재발방지, 그리고 뒷수습에 적극적으로 동조하지도 않으면서 자신의 이익만을 앞세워 화친을 요구하는 것이 이미 조선에 설득력을 잃고 있음을 일본이 인지하고 있었기 때문이기도 하다. 조선의 이러한 인식이 일본 국왕으로부터 동의를 얻었는지 확인할 길이 없지만 경제적으로 아쉬운 형편이었던 일본이나 대마도의 입장에서는 좌시하는 것 외에는 다른 방도가 없었을 것이다.

조선전기 문인들이 대체적으로 대마도가 조선 영토에 일본 민족이 사는 특이한 속성을 지닌 곳으로 인식하고 있었지만 이 글을 통해 조선 영토이지만 조선에 해악을 끼치고, 일본 민족이지만 일본의 명을 따르지 않는 점이지대로도 간주하고 있음을 알 수 있다.

그러면 전술한 공간적 근접성 외에 대마도가 점이지대로서의 면모를 가지게 된 배경을 점검할 필요성이 제기된다.

「諭對馬州宣旨」

(전략) 대마도가 경상도 鷄林에 속하여 본래 우리나라의 땅임이 文籍에 실려 있어 분명히 살펴볼 수 있다. 다만 땅이 매우 작고 바다 가운데에 있어 왕래하기에 험하여 백성들이 살지 못했다. 이에 일본인 중에 나라에서 쫓겨나 돌아갈 곳 없는 자들이 모두 와서 모여 소굴로 삼았다(후략).[47]

조선의 왕을 대신하여 卞季良이 대마도주에게 쓴 諭書인 이 글은 대마도의 점이지대로서의 면모를 간단하면서도 명확히 보여주고 있다. 쟁점은 두 가지다. 하나는 대마도가 경상도 계림에 속하는 우리나라 땅이라는 것이고, 다른 하나는 일본에서 추방된 자들이 거주한다는 사실이다.

---

47) 卞季良, 「諭對馬州宣旨」 『春亭集』(『韓國文集叢刊』 8, 민족문화추진회), 卷8, 114쪽. "(전략) 對馬爲島, 隷於慶尙道之鷄林, 本是我國之境. 載在文籍, 昭然可考. 第以其地甚小, 又在海中, 阻於往來, 民不居焉. 於是, 倭奴之黜於其國而無所歸者咸來投集, 以爲窟穴(후략)."

여기서 짚어야 할 문제는 대마도가 조선의 땅이면서도 조선이 점유하지 않은 점과 대마도를 점유하는 사람이 일본인 중에서 추방된 자라는 데에 있다. 이 글의 문면적 의미만을 놓고 본다면 땅이 작고 바다로 막혀 왕래가 불편하여 거주할 사람이 없었음을 뜻한다. 달리 말하면 대마도가 조선의 영유지로 점유하기에는 마뜩찮아 조선의 땅임에도 무인도로 버려둔 것이다. 또 본토의 일본인들이 와서 거주하는 것이 아니고 일본 본토에서 추방된 자들이 와서 기거한 것으로 보아 일본도 대마도를 소유할 의중은 없었던 듯하고 유형지나 도적의 소굴로 인지하고 있었으리라 추정할 수 있다. 임난 후 조선통신사로 渡日한 金世濂의 「海槎錄」에 序한 許穆의 「東溟海槎錄序」에서 "대마도는 거짓되고 속여 믿기 어려우니 일본인들도 천시 한다"[48]고 한 언급을 그 증거의 하나로 들 만하다. 그러나 글의 이면에는 대마도의 영유권이 조선에 있음을 명확히 하면서 일본에서 추방된 자들의 불법점유임을 항변하고 있다. 여기에서 조선전기 문인들에게 대마도가 조선의 영토면서 추방된 일본인이 거주하는 점이지대로서 인식된 배경과 만나게 된다. 그들은 대마도가 조선의 영토이기는 한데 점유하지 않고, 일본인이 거주하지만 버림받은 일본인들이라는 점 때문에 대마도를 조선이면서 완전한 조선이 아니고, 일본이면서 완전한 일본이 아닌 점이지대로 형상했던 것이다.

고려 때에도 朴葳가 대마도 정벌에 나선 적이 있고 조선에 들어와서도 金士衡, 李從茂가 대마도를 정벌하였다. 그 외에도 대마도를 정벌하자는 논의가 여러 차례 있어 조선이 강한 의지만 가졌더라면 충분히 점이지대였던 대마도를 점유할 명분과 기회가 있었을 법한데도 차지하지 않은 이유가 의문이다. 그 점에 대해서는 다음 장에서 자세히 고찰하도록 한다.

---

48) 金世濂, 「東溟海槎錄序(許穆)」 『東溟集』(『韓國文集叢刊』 95, 민족문화추진회), 卷9, 269쪽. "馬島詐僞難信, 國人賤之."

4. 朝鮮의 對馬島 政策

대마도를 비롯한 夷狄들을 대하는 조선의 기본적인 원칙은 申叔舟가 지은 조선전기 외교지침서인 「海東諸國記」의 序文에 언명되어 있다. 이 글에서 조선이 대마도를 자국의 영토로 편입하지 않은 이유의 일단을 살필 만하다.

「海東諸國記序」

(전략) 신이 일찍이 "夷狄을 대하는 도는 外樣에 있지 않고 內修에 있으며 邊禦에 있지 않고 朝廷에 있으며 兵革에 있지 않고 紀綱에 있다"고 들었으니 그 말은 이것으로 징험될 것입니다. 益이 舜임금에게 "근심이 없을 때를 경계하여 법도를 잃지 말며 방일한 데 놀지 말고 화락한 데 빠지지 말며 현자에게 맡기기를 의심하지 말고 사악한 이 버리기를 의심하지 말며 도를 어기면서 백성의 명예를 구하지 말고 백성을 거스르면서 자기가 하고자 하는 것을 따르지 말며 게으르지 않고 허황되지 않으면 사방 오랑캐들이 와서 왕으로 모시며 순임금을 임금으로 삼을 것입니다"고 경계하였는데 益이 이렇게 경계한 것은 아마도 국가가 근심이 없는 때를 맞으면 법도가 없어지거나 느슨해지기 쉽고 편안함과 즐거움이 종일하거나 방자한 데 이르기 쉬우며 스스로 닦는 도에 미진함이 있으면 조정에 행하고 천하에 베풀며 사방 오랑캐에 미루어 나가는 데에 어찌 도리를 잃지 않을 수 있겠습니까? 진실로 자기를 닦고 남을 다스리며 안을 닦고 밖을 다스릴 수 있으며 또한 반드시 마음에 게으름이 없고 일에 허황됨이 없고 나서야 政治敎化의 융숭함이 멀리 사방 오랑캐에까지 이를 것이니 益의 깊은 뜻이 어찌 여기에 있지 않겠습니까? 더러 가까운 것을 버려두고 먼 것을 도모하며 군대를 다하여 武德을 더럽혀 바깥 오랑캐를 일삼으면 마침내 천하를 피폐하게 하는 것이 漢武帝와 같아질 뿐이고 혹시라도 스스로 성하고 부유함을 믿어 사치를 다하여 사방 오랑캐에게 뽐내면 끝내 자신마저도 지키지 못하는 것이 隋煬帝와 같아질 따름이며 간혹 기강이 서지 않아 장수와 병졸들이 교만하거나 쓸모없게 되어 멋대로 강한 오랑캐에게 대어들면 종당엔 자신이 戮辱을 당하는 것이 石晉과 같아질 뿐일 것

입니다. 이는 모두 근본을 버리고 말단을 좇으며 안을 비우고 바깥을 힘써서니 안이 이미 다스려지지 않았는데 어찌 바깥에 미칠 수 있겠습니까? 근심이 없을 때를 경계하여 게으름이 없고 허황됨이 없어야 한다는 뜻 아닌 것이 있다면 비록 정을 찾고 예에 맞추어 그들의 마음을 거두어들이고자 한들 어찌 될 수 있겠습니까? 光武帝가 玉門을 닫고 서역의 폐백을 사양한 것도 안을 먼저하고 밖을 나중에 하는 뜻이기에 명성이 중국에 흘러 넘쳐 蠻貊에까지 퍼져 해와 달이 비추는 곳, 서리와 이슬이 내리는 곳 어디서든 높여 친히 여기지 않음이 없었으니 이게 바로 하늘에 짝할 만한 지극한 功業이고 제왕의 盛節입니다. 지금 우리 국가가 오면 위무하여 곡식 창고를 넉넉히 해주고 예의를 두텁게 하니 저들이 곧 늘 하는 것에 익숙해져 진위를 속이고 곳곳마다 지체하며 걸핏하면 계절과 달을 넘겨 온갖 변고를 부리고 속입니다. 큰 욕심이 끝없어 조금만 뜻에 거슬려도 곧 성낸 말을 내뱉는데 땅이 끊기고 바다로 막혀 그 단초를 파헤치고 진위를 살필 수 없으니 그들을 대우하매 마땅히 선왕의 舊例에 따라 진무하여야 하고 情勢에는 저마다 輕重이 있으니 또한 그에 따라 厚薄하게 하지 않을 수 없습니다(후략).[49]

---

49) 申叔舟, 「海東諸國記序」 『保閑齋集』(『韓國文集叢刊』 10, 민족문화추진회), 卷15, 124쪽. "(전략) 臣嘗聞待夷狄之道, 不在乎外樣, 而在乎內修, 不在乎邊禦, 而在乎朝廷, 不在乎兵革, 而在乎紀綱, 其於是乎驗矣. 益之戒舜曰, 儆戒無虞, 罔失法度, 罔遊于逸, 罔淫于樂, 任賢勿貳, 去邪勿疑, 罔違道以干百姓之譽, 罔咈百姓以從己之欲, 無怠無荒, 四夷來王, 以舜爲君, 而益之戒如是者, 蓋當國家無虞之時, 法度易以廢弛, 逸樂易至縱恣, 自修之道苟有所未至, 則行之朝廷, 施之天下, 推之四夷, 安得不失其理哉. 誠能修己而治人, 修內而治外, 亦必無怠於心, 無荒於事, 而後治化之隆, 遠達四夷矣, 益之深意, 其不在玆乎. 其或捨近而圖遠, 窮兵而黷武, 以事外夷, 則終於疲敝天下如漢武而已矣, 其或自恃殷富, 窮奢極侈, 誇耀外夷, 則終於身且不保如隋煬而已矣, 其或紀綱不立, 將士驕隳, 橫桃彊胡, 則終於身罹戮辱如石晉而已矣. 是皆棄本而逐末, 虛內而務外, 內旣不治, 寧能及外哉. 有非儆戒無虞, 無怠無荒之義矣, 雖欲探情酌禮, 以收其心, 其可得乎. 光武之閉玉門而謝西域之質, 亦爲先內後外之意矣. 故聲名洋溢乎中國, 施及蠻貊, 日月所照, 霜露所墜, 莫不尊親, 是乃配天之極功, 帝王之盛節也. 今我國家, 來則撫之, 優其餼廩, 厚其禮意, 彼乃狃於尋常, 欺誑眞僞, 處處稽留, 動經時月, 變詐百端. 溪壑之欲無窮, 小咈其意, 則便發忿言, 地絶海隔,

成宗의 명을 받아 海東諸國의 朝聘의 舊例, 地勢, 世系, 風土, 應接의 節目 등을 구체적으로 기술하고 있는 이 글에서 조선이 夷狄을 대하는 도가 무게 있게 읽힌다. 겉모습보다는 마음을, 외부보다는 내부를, 외치보다는 내치에, 武보다는 文에 중점을 둔 조선의 정책은 교린에 있어서도 예외 없이 적용되었다. 申叔舟도 益이 舜에게 경계한 내용을 예시하여 내치와 덕치에 힘쓴다면 치세의 이치를 잃지 않을 것이라고 하면서 조선의 대외 정책의 근간을 성리학의 '修己'와 '治人'이라는 공부론에서 찾고 있다. 또 修己와 治人에 실패한 漢武帝, 隋煬帝, 石晉 등 실존했던 인물들과, 修己治人을 통해 '本'과 '內'를 중시하는 정책을 펼쳐 천하로부터 칭송을 받은 光武帝를 열거하며 결국에는 '本'과 '內'를 우선시하는 성리학의 수양론으로 논의를 마무리하고 있다. 申叔舟가 펼친 이러한 논리는 당대 정책 입안자나 집행자들의 교린 외교의 방향을 대표하는 것이었을 터고, 그 이후 교린과 사신의 업무를 담당한 관원들에게 은연중에 전범으로 인식되었을 것임에 틀림없다. 이 글의 내용을 참고하면 조선이 그 말 많고 탈 많은 대마도를 점유하지 않은 원인을 짐작할 수 있으리라. 그 이유는 무엇보다도 조선이 성리학을 국시로 삼아 사대교린의 근간을 마련하여 외치보다는 내치에, 패도보다는 왕도에, 무력을 사용한 정벌보다는 덕치에 주안한 데에 있었던 것이다.

다음 글도 대마도를 대하는 조선전기의 대외 정책이 推己及物과 華夷之辨에 놓여져 있음을 환기시켜 준다.

「對馬島賦」

(전략)

聞昔人之禦戎	듣자니 옛 사람들이 융적을 막으매

不可究其端倪, 審其情僞, 其待之也宜按先王舊例以鎭之, 而其情勢各有重輕, 亦不得不爲之厚薄也(후략)."

或權制於不一	제어함이 한결같지 않았네.
有征討綏和之義	토벌한 후 화친하는 義가 있고
有修攘制禦之策	물리쳐 제어하는 策도 있으며
有列屯遣戍之制	진치고 戍人을 보내는 制도 있고
有守邊固禦之略	변방을 지켜 방어를 견고히 하는 略도 있네.
願明君與賢相	바라건대 영명하신 임금님과 현명하신 제상께서
宜於此而取則	여기에서 법을 취하시길.
噫地之所載	아! 땅이 싣고
天之所覆	하늘이 덮는 곳에
物生其間	외물이 그 사이에 생겨나니
有萬其類	무리가 만 가지나 되네.
木有荊棘	나무에는 가시나무도 있고
草有菫荼	풀에는 제비꽃과 차도 있네.
獸有豺狼	길짐승엔 승냥이와 이리도 있고
鳥有鷙梟	새에는 수리와 올빼미도 있네.
慳生嗇命	생명을 아껴
均涵并育	모두 품어 길러주네.
故王者之大道	그러므로 왕의 큰 도는
體天之至德	하늘의 지극한 덕을 본받는 것이네.
不以吾民而厚	내 백성이라고 후하게 하지 않고
不以異類而薄	다른 무리라고 박하게 하지 않네.
然則我國之於島夷	그러면 우리나라가 섬 오랑캐에 대해
不須區殫而域滅	땅을 다 없앨 필요가 없네.
但當嚴邊之守禦	변방 수비를 엄히 하고
謹春秋華夷之辨	春秋의 華夏와 四夷의 분변을 삼갈 뿐.
在此而無窮黷之失	여기에선 군사를 다해 무덕을 더럽히는 잘못이 없고
在彼而無宿世之怨	저기에선 여러 대의 묵은 원한이 없네.
爲君之道	임금이 되는 도는
不在此外[50]	이 밖에 있지 않네.
(후략)	

50) 沈彦光, 「對馬島賦」『漁村集』(『韓國文集叢刊』 24, 민족문화추진회), 卷9, 203쪽.

沈彦光이 대마도를 대상으로 하여 전반부에서는 위치와 습속을, 중반부에서는 李從茂의 대마도 정벌을 賦의 형식을 취하여 기술하고 있는 이 글은 전체를 놓고 볼 때에 후반부에 속한다. 관심을 가지고 읽어야 할 부분은 그가 중반부에서 李從茂의 대마도 정벌을 다소 과장되게 묘사하면서 약삭빠르게 행동하며 조선의 곡식을 넘보는 대마도에 군사를 일으켜 교활하게 구는 빌미를 막아야 한다[51]고 역설해 놓고 그 뒤에 바로 이어서 자신의 앞의 논지와 배치되는 듯 보이는 덕치를 강조한 데에 있다. 그의 논리를 선후가 상호 모순되는 것으로 이해하는 것은 글의 전체 맥락을 오독하는 것이다. 이것은 그가 대마도의 간사함을 응징하는 데에는 군대를 이용한 정벌이 효과적이기는 하나 그것이 상대에게 원한을 만들어 줄 뿐 아니라 무덕을 더럽히는 처사이기에 천지가 모든 생명을 골고루 품어서 화육하듯 덕치를 통한 해결책을 원론적으로 제기한 것으로써 이해하여야 한다. 결국 그는 戎狄을 막는 네 가지 權制 중에 마지막의 '守邊固禦之略'에 동의한 셈이다. 그가 推己及物하여 모든 나라를 골고루 품어 길러주어야 한다는 대응 논리로 직접적인 토벌 대신에 내세운 변방 수비를 굳건히 하는 것과 '華夷'의 구분을 명확히 하는 것이 대마도에 대한 궁극적인 해결책이라고 단언할 수는 없다. 다만 그의 논지를 통해 조선전기 문인들이 여전히 武를 멀리하고 文을 가까이 하며 패도보다는 왕도에 기반한 사고를 견지하고 있었음을 확인했을 뿐이다. 이러한 사실은 삼포왜란 후 대마도에게 復和를 허락하는 문제에 대하여 조정에서 可否의 논란이 팽팽하였을 때에 明宗이 "일본에서 여

---

51) 沈彦光, 「對馬島賦」『漁村集』(『韓國文集叢刊』 24, 민족문화추진회), 卷9, 203쪽. "漢文軫邊民之念, 李牧出雲中之師. 手高鋒兮揮雲, 肩長戈兮翳日. 虎賁星流而彗掃, 羽林風驅而電擊. 雨師洗其腥膻, 風伯靜其妖氛. 鯨潛翰海, 塵淸塞垣. 信乎人窮則反本, 反悔禍而請好. 然懲熱而吹冷, 豈敢許其內附. 彼黠奴之反側, 恒睥睨而覘覦. 盍擧防秋之役, 以杜猾夏之階."

러 번 청하였고 말도 간절하니 허락하지 않으면 交隣의 義에 어긋난다"고 하며 交隣의 義를 중시하여 허락[52)]한 데서도 충분히 읽혀진다.

세견선의 축소로 곤란을 겪고 있던 대마도가 세견선의 크기를 속여 작은 배를 큰 배라고 하며 타고 오는 사람의 수를 불리는 등 갖은 狡詐를 부릴 때에도 李珥는 성리학적 사유에 근거한 논지로 대마도를 회유하는 자세를 취한다.

「禮曹答對馬島主書」

(전략) 대체로 큰 나라를 섬기고 작은 나라를 기를 때에는 信義를 중시하고 利害는 걱정할 게 아닙니다. 족하께서 대대로 우리나라의 藩屛으로 끊임없이 정성을 보내온 것이 어찌 보잘 것 없는 얼마간의 양식 때문이겠습니까? 반드시 그 사이에는 신의가 있었습니다. 우리나라가 족하를 총애하여 대우해 연이어 물건을 하사한 것이 어찌 우리나라가 외롭고 약하여 반드시 족하의 보호를 기다렸기 때문이겠습니까? 또한 신의를 주로 해서입니다. 지금 만약 신의를 돌아보지 않고 利만을 구하신다면 孟子께서 이른바 '빼앗지 않으면 만족하지 않는다.'고 한 것에 가까울 것입니다. 곡식이 얼마고 손해가 얼마라고 해서 이것 때문에 천백년 동안 서로 두터웠던 신의를 어그러뜨리려 하십니까? 아! 사람이 요순이 아니고서야 누가 잘못이 없을 수 있겠습니까마는 잘못하였는데 고칠 수 있다면 잘못이 없는 데로 돌아갈 것입니다. 족하께서 전에 한 일은 잘못이 없다고 할 수는 없을 것입니다. 지금 만약 두려워하며 살펴 깨달아 예전의 잘못을 용감히 고쳐 배의 크기를 사실대로 따르기에 힘써 하나하나 등급을 나누어 호칭을 뒤섞이게 하지 않으면 피차간에 만족하고 誠信이 더욱 드러날 테니 좋지 않겠습니까? 그렇게 하지 않고 예전의 견해를 고집하여 잘못된

52) 尙震, 「經筵陳僧徒赴役事及許和日本啓」 『泛虛亭集』(『韓國文集叢刊』 26, 민족문화추진회), 卷3, 61쪽. "對馬島許和事, 朝廷會議, 可否相半, 其曰不可和者固當, 臣等更思, 日本之來請, 已至再矣, 使者之辭亦懇切, 今可以許和. 但前定約條, 可以更立者多, 今爲嚴峻改定, 若不欲遵行, 不許亦當. 答曰, 馬島之事, 其曰不許者是矣. 然日本旣爲累請, 而辭甚懇切, 今若不許, 則有乖於交隣之義, 嚴立條約, 許和爲便."

> 자취를 고치지 않으면 우리나라도 옛 척도에 따라 맞출 것이니 어찌 이유 없이 祖宗의 법을 스스로 없애어 족하를 잘못이 있는 곳에 처하게 하겠습니까? 좋은 방책을 힘써 생각하여 영구히 전해지기를 기약하십시오. 小利에 얽매어 大信을 해치지 말기를 깊이 바랍니다(후략).[53]

李珥가 대마도에 대하여 견지하고 있는 입장도 덕치에 의한 교화에서 크게 벗어나지 않는다. 그의 논점은 신의의 중시에 모아져 있다. 이러한 신의에 대한 요구는 대마도의 詐僞難信에 치를 떤 조선으로서는 당연한 것이기도 하다. 특히 대마도가 교역을 통한 이득의 추구와 세견선의 船夫에게 지급되는 식량의 획득을 위하여 간교를 부린 것이 거의 극에 달할 지경이었다. 세견선의 수는 스물다섯 척으로, 큰 배가 아홉 척인데 길이가 스물여덟 아홉 자에서 서른 자에 船夫가 마흔 명, 중간 배는 여덟 척인데 길이가 스물 예닐곱 자에 船夫가 서른 명, 작은 배는 여덟 척인데 길이가 스물다섯 자 이하에 船夫가 스무 명으로 정해져 있었거니와 대마도가 세견선으로 이익을 탐하는 것이 극성하자 조선에서는 자로 배의 길이를 측량하고 船夫의 수를 일일이 헤아려 정해진 수를 넘지 못하게 하였다.[54] 그러나 대마도는 이 규정을 교묘히 이용하여 길이가 스

53) 李珥, 「禮曹答對馬島主書」 『栗谷全書』(『韓國文集叢刊』 44, 민족문화추진회), 卷13, 262쪽. "(전략) 大抵事大字小, 信義爲重, 利害非所恤也. 足下世爲我國藩屛, 輸款不已者, 豈爲區區糧料之多少哉. 必有信義存乎其間也. 我國之寵待足下, 錫予連翩者, 豈爲我國孤弱, 必待足下之捍衛乎. 亦有信義爲之主也. 今若不顧信義, 惟利是求, 則孟子所謂不奪不厭者近之矣. 糧料多少, 損益幾何, 而乃欲以此虧千百年相孚之信義乎. 嗚呼, 人非堯舜, 孰能無過, 過而能改, 復於無過矣. 足下前日所爲, 不可謂無過矣. 今若惕然省悟, 勇改昨非, 大中小船, 務從其實, 一一分等, 不混其稱, 則彼此俱愜, 誠信益著, 不亦善乎. 不然而膠守前見, 不改謬迹, 則我國亦當照舊尺量, 使之相稱, 豈可無故而自廢祖宗之規, 以置足下於有過之地哉. 勉思良圖, 期垂永久. 毋拘小利, 以害大信, 深所望也(후략)."

54) 李滉, 「禮曹答對馬島主宗盛長」 『退溪集』(『韓國文集叢刊』 31, 민족문

물다섯 자인 작은 배에 船夫를 스무 명만 태워야 하는데 큰 배라고 하며 마흔 명의 선부를 태워 와서 스무 명 분의 차익을 챙기거나 船夫의 수를 허위로 부풀려 이득을 취하기도 하였기 때문에 조선에서 단속을 강화하겠다고 나선 것이다. 李珥는 대마도가 세견선의 수와 배의 크기, 船夫의 수를 속여 이익을 취하기에 신의를 강조하며 狡詐한 행위의 근절을 요구하였다. 李珥가 내세운 신의의 강조 역시 덕으로써 교린 우호 하라는 申叔舟의 논지와 별 차이가 없다.

다음 글에는 조선이 대마도의 詐術을 막기 위하여 대마도를 대하는 회유적 방책에 대하여 여러 모로 고심한 흔적이 역력히 드러난다.

「待對馬島議」

臣 아무개는 의론합니다. 대마도주가 특별히 平朝光을 보내어 首級을 베어와 바치는 것은 의도가 賞을 바라여 세견선을 회복하기를 꾀하는 것이고, 朝光의 바람 또한 반드시 얕지는 않을 것입니다. 지금 이에 쌀과 베를 줘 보내면 저들의 조급한 성격에 또한 실망하여 분노를 품어 표독한 짓을 방자히 하여 여러 섬의 도적들을 불러들여 변방 고을을 어지럽히고 해칠 것이니 비록 다시 군사를 일으켜 공격하여 없애더라도 그 수고로움이 어찌 세견선 두세 척보다 적겠습니까? 더구나 兵禍가 잇따르게 되면 그 해를 또한 이루 다 말하기 어려울 것입니다. 이것으로 보면 朝光에게 비록 당상관을 더하여 주고 도주에게 두세 척을 늘려달라는 청을 허락해 주더라도 利害輕重에 있어서 결코 같을 수 없을 것입니다. 삼포왜란으로 세견선의 수를 줄인 후에 저들이 예전 조약의 수로 회복되기를 바라여 하루도 마음에서 잊은 적이 없다가 지금에 이르러 굶주림이 심해지자 간교한 계책을 더욱 치밀히 하여 몰래 여러 섬을 끌어들여 호남에서 노략질을 하여 위협할 계책으로 삼으려다가 수포로 돌아갔습니다. 이미 그 간사함

화추진회), 文集攷證 卷3, 336쪽. "歲遣船二十五隻內, 大船九隻, 長二十八九尺三十尺, 每船船夫四十名, 中船八隻, 長二十六七尺, 每船三十名, 小船八隻, 長二十五尺以下, 每船二十名, 尺量船體, 點數船夫, 不得過之."

을 부릴 수 없게 되자 또한 목을 베어 수급을 바쳐 조정을 위하여 賊船의 귀로를 맞아 끊어준 것처럼 하였습니다. 전에 자주 적의 변고를 알려 준 것은 그 의도가 이미 겉으로는 충성을 다하는 정성을 보여주면서도 속으로는 협박하는 계책을 하려는 데 있으니 이기면 勢를 타 이익을 취하고 지면 죄를 돌려 賞을 구하니 간사한 꾀와 속이는 계책이 여기에 이르러 모두 드러났습니다. 비록 임금님의 혜안에서 달아나지 못했으나 帝王이 夷狄을 대하는 도는 회유하거나 편히 품어주며 다스리지 않는 것으로 다스리는 것이니 이것이 바로 옛날의 이적을 대하는 최선의 방책이었습니다. 저들이 좋은 뜻으로써 우리에게 귀의하면 우리는 받아들이는 해량을 품어 우선 지난 간사함을 용서해 주고 잠시 속일만한 방책을 허락해 주며 도주에겐 세견선을 늘려주고 조광에겐 당상관을 특별히 주면 사신을 대우하고 오랑캐의 마음을 기쁘게 하여 거의 둘 다에게 마땅함을 얻어 변방의 우환이 조금 누그러질 것입니다. 만약 조광에게 司猛의 職을 주면 개인에게 배를 주는 例가 있어 利가 조광에게 돌아가고 도주를 실망시켜 양쪽에 알맞게 하는 도에 어긋남이 있으니 좋은 계책이 아닌 듯합니다. 의론하는 자들이 "지금 만약 저들의 간사한 꾀에 빠져 갑자기 그들의 공에 상을 주면 저들의 교활함으로 다시 예전의 계책을 따라 우리 변방의 고을을 침략하여 저 누구인지 밝히기 어려운 수급을 베어 요구하는 것이 그치지 않으리니 그러면 어떻게 대우하시렵니까?"라고 말하니 이 말도 매우 이치가 있고 견해가 없지 않습니다. 그러나 한번 생각하면 가하다고 할 수 있을 뿐이지, 두세 번 생각하는 데에 이르면 어찌 그들을 대우할 방도가 없겠습니까? 애초에 저들의 변경을 막거나 끊을 수 없어서 갑자기 도적질을 한 후에 공을 구하려고 할 것이나 저들이 비록 狡猾하고 詭譎하더라도 이것이 어찌 항상 행할 방법이겠습니까? 의론하는 자들이 또한 "이와 같이 상을 준다면 처음 수급을 바친 왜인들은 가할 것입니다만 저들이 이미 격분하거나 노여움을 방자하게 하고서 이미 멀리 떠나갔는데도 지금에 와서 상을 소급하여 주면 조종함이 저들에게 있어 상을 주는 것이 그들의 마음을 감동시키지 못하고 도리어 모욕을 당할 실마리를 열어주게 될 것입니다"라고 생각하니 신의 뜻은 "지금 또한 그들에게 '수급을 바쳤던 처음에 聖上께서 본디 상주기를 대략 허락하시려고 하셨으나 담당관이 굳게 고집하여 시행할 수가 없었다. 너희들이 이미 떠나간 후에 성상께서 도주가 충성을 바친 것을 곱씹어 생각하고 너희들이 수급을 바친 공로를 가상히 여겨 특별히 여러 의론들을 물리치고 따로 남다른 상을 더할 뿐이다. 지금 이 일은 한 때의 특별한 은혜일뿐이니 다시 바라선 안

되는 것이 마땅하다'고 敎諭하신다면 저들의 조급하고 격노하는 바람을 위로할 만하고 핑계 댈 말이 없음을 걱정하지 않으셔도 되리라"고 생각합니다. 舊例에 따라 다시 허락하는 일에 이르러서는 신이 삼가 듣자온대 "삼포왜란 후에 中宗께서 그들의 여러 속이는 짓이 반복되는 것에 진노하시어 화친을 끊고 접대를 허락하지 않으려 하셨으나 저들이 여러 섬의 信使에게 청하여 여러 번에 걸쳐 왕복하였는데도 윤허를 받지 못하였습니다. 당시에 명망 있던 大臣으로 成希顔, 柳順汀 같은 분들과 한 때의 六卿으로 변방의 일을 맡은 신하들이 반복하여 힘써 청하여 한 달이라는 긴 시간이 지나서야 화친을 허락하시고 세견선의 절반을 줄이셨다"고 합니다. 선왕께서 정하신 약속은 견고하고 치밀하기가 이와 같아 아마도 가벼이 고치기 어려울 듯하니 진실로 舊例를 전적으로 따라야 할 것입니다. 다만 그 사이에 때에 따라 가감하지 않을 수 없으니 이 핑계할 만한 단서로 인하여 두세 척의 배를 허락하여 한 편으로는 舊例를 중히 여기고 어렵게 여기는 뜻을 보이면서 한 편으로는 功을 가상히 여기는 恩典을 보이시는 것이 선왕께서 만드신 법을 따르는 데에 큰 해가 되지는 않고 또한 명분 없이 가벼이 허락했다는 비난을 받을 일도 아닌 듯합니다. 미천한 신의 견해가 이러하니 엎드려 전하의 재가를 바라옵니다.[55)]

---

55) 李浚慶, 「待對馬島議」 『東皐遺稿』(『韓國文集叢刊』 28, 민족문화추진회), 卷4, 334쪽. "臣某議. 對馬島主特送平朝光, 斬馘來獻, 其意在於要賞, 謀復歲船, 朝光之望, 亦必不淺矣. 今迺只賜米布而遣之, 在彼狷躁, 亦將缺望, 懷憤肆毒, 誘引諸島之賊, 擾害邊邑, 則雖復興師剿滅, 然其勞費, 豈在歲遣二三船之下乎. 況或兵連禍結, 則其爲害, 又難勝言矣. 以此觀之則朝光雖給堂上之加, 島主增許二三船之請, 其於利害輕重, 萬不侔矣. 自庚午減船之後, 彼之欲復舊條之計, 未嘗一日忘于其心, 而到今飢餓轉極, 狡計益密, 陰引諸島, 竊發于湖南, 以爲威脅之謀, 而敗衄挫折. 旣不得售其姦, 則又爲之斬首獻馘, 似若爲朝廷邀截賊船之歸路者然. 前日屢報賊變者, 其意已在於陽示效忠之誠, 陰爲操切之計, 勝則乘勢取利, 敗則歸罪邀賞, 姦謀詭計, 至此畢露. 雖不逃於聖鑑之下, 然帝王待夷之道, 羈縻綏懷, 治以不治, 是乃古昔待夷之善策也. 彼以善意而歸我, 我恢斯受之量, 姑貰旣往之姦, 暫許可欺之方, 其島主增給歲船, 朝光特授堂上, 則待使价悅夷情, 庶幾兩得其宜, 而邊患少弭矣. 若授朝光司猛之職, 則又有私船之例, 利歸朝光而望缺島主, 有乖兩便之道, 似非良策也. 議者以爲今若陷彼姦謀, 驟賞其功, 則以彼之狡, 復踵前計, 侵擾我邊邑, 斬彼難明之首, 邀求不已, 則將何以待之

대마도주가 平朝光을 보내어 수급을 바쳐 오자, 조정에서 그 뒤처리에 대한 논의가 분분하였던 당시의 상황을 자세히 보여 주는 이 글은 李浚慶이 그 일의 원만한 해결을 위해 자신의 견해를 피력한 것이다. 이 일이 벌어지기 전에도 삼포왜란 후 세견선의 감소로 대마도가 경제적으로 곤경에 처하자, 고기를 잡고 땔감을 채취한다는 명목으로 바닷가에서 노략질을 하고 간사한 상인들과 결탁하여 밤에 민가에 들어가 賊殺하거나 물건을 빼앗으며 바람을 살핀다는 핑계로 바닷가 섬에서 훔치고 도적의 배를 빙례 오는 배에 섞어 와서 틈을 타 해를 끼치는 등 대마도의 조선에 대한 해악[56]이 도를 넘고 있었다. 이번에는 또 대마도가 갖가지 狡詐를 부리는 것이 여의치 않아 수급을 보내어 와 상을 요구하는 계략을 부린 것이다.

이 문제에 대하여 李浚慶은 朝光에게는 당상관을 주고 도주에게는

耶. 此言亦甚有理, 不無所見. 然一之謂可耳, 至於再三則豈無待之之道乎. 初不能遏絶於彼境, 遽乃欲爲邀功於作賊之後, 彼雖狡譎, 是豈常行之道哉. 議者又以爲如此行賞, 當初獻馘之倭可矣, 彼旣發憤肆怒, 其行已遠, 今始追賞, 則是操縱在彼, 賞不足以聳動其心, 而反開取侮之端. 臣意以爲今且諭之曰, 獻馘之初, 聖上固欲略許其賞, 而爲有司堅執, 不得施行矣. 爾輩旣行之後, 聖上追念島主效忠, 嘉爾獻馘之勞, 特排群議, 別加殊賞耳. 今此事體, 只是一時特恩, 不可更覬爲當也云, 則足以慰彼躁憤之望, 而不患無辭也. 至於依舊例還許之事, 則臣竊聞庚午年倭奴作變之後, 中廟怒其多詐反覆, 將欲絶和, 不許接待, 彼乃請諸島信使, 屢次往返, 猶未蒙允. 當時重望大臣如成希顔, 柳順汀暨一時六卿知邊事之臣, 反覆力請, 將至一朔之久, 然後始令許和, 而減其歲船之半云. 先王所定約束, 牢緻微密如此, 恐難輕改, 固當全依舊例也. 但於其間, 不能不隨時損益, 則因此可諉之端, 只許二三隻之船, 一以示重難之意, 一以示嘉功之典, 似不至太妨於遵先王成憲, 而亦非無名輕許之比. 微臣所見如此, 伏惟上裁."

56) 金安國, 「答對馬島主書」 『慕齋集』(『韓國文集叢刊』 20, 민족문화추진회), 卷10, 182쪽. "或憑依漁釣採薪, 劫掠於海浦, 或潛結奸商, 昏夜於閭閻, 以致毆鬩賊殺, 欺奪物貨, 或托稱俟風, 竊掠於海島, 或賊艘混於聘舡而來, 乘間作耗."

세견선 두세 척을 늘려주는 것이 변방의 우환을 더는 방도라는 의견을 개진하였다. 그러면서 그는 쌀과 베만을 주면 대마도를 실망시켜 우리 변방을 노략질할 경우 토벌하는 데에 드는 비용이 세견선 두세 척을 늘려 주는 것보다 더 많이 소요되고, 병화라도 일어나면 朝光에게 당상관을 주고 도주에게 세견선을 두세 척 늘려주는 것은 문제도 아니라는 논거를 들었다. 당시 朝光에게 司猛[57]의 職을 주자는 논의도 있었는데 그는 司猛의 職을 朝光에게 주면 배도 줘야 한다는 例가 있어서 이익이 朝光에게만 돌아가 도주를 실망시킬 것이므로 좋은 계책이 아니라며 반대의견을 분명히 하였다.

또 조정에서 수급을 바친 공에 상을 주면 저들이 우리 변방 백성의 목을 베어 끝없이 상을 요구할 경우의 대응책에 대하여서도 논란이 일었는데 그는 그 논란에 대하여 일리 있는 말이기는 하지만 저들이 아무리 교활하여도 그 계책을 상용하지는 않을 것이라고 하여 논란을 차단하였다. 수급을 바친 것에 대하여 소급하여 상을 주면 저들을 감동시키기는커녕 모욕을 받을 단서를 열어주는 것이라는 논란에 대해서도 상을 주는 것은 한 때의 특별한 恩賜고 다시 바라선 안 되는 것임을 教諭시킨다면 문제되지 않을 것이라고 하였다. 그리고 그는 舊例에 따라 다시 허락하는 일에 대해서도 의견을 제시하였는데 中宗이 삼십 일 동안의 장고 끝에 화친을 허락하고 세견선 수를 반으로 줄인 일을 언급하며 舊例를 전적으로 따르되 약간의 융통성을 발휘하여 두세 척의 세견선을 허락하는 것이 舊例를 중시하는 뜻과 수급을 바친 공에 대한 포상의 뜻을 모두 보일 수 있는 방책이라고 주장하였다.

李浚慶도 언급하고 있는 대마도주나 대마도인이 조선 조정으로부터

57) 조선시대 五衛의 正八品 軍職으로, 功臣과 그의 嫡長子孫을 후대하려고 봉록만을 급여하기 위해 임명한 직무 없는 관직이다. 따라서 현직이 없는 文武官과 蔭官 중에서 임명하였다.

受職한 것은 조선전기 문인들에게 대마도를 조선의 영토로, 受職한 대마도인들을 조선의 관리로 보게 하여 대마도를 점이지대로 인식하게 한 또 하나의 인자로 작용하고 있다.

대마도를 정벌하는 것보다 세견선 몇 척을 늘려주는 것이 비용 면에서 저렴하다는 李浚慶의 논리를 통하여 武를 중시하지 않는 당대의 사유를 짐작할 수 있고, 또 대마도를 다독여 회유해야 한다는 그의 견해를 통해 덕치를 우호교린의 덕목으로 삼은 조선전기의 대외정책, 특히 대대마도 정책의 편린과 만날 수 있다. 그의 이러한 논의는 대마도가 보여준 狡詐 중에서 수급을 바쳐 상을 요구하는 하나의 행위에 한하여 조선전기의 조선 조정이 대응하는 논리의 일면을 엿보게 한다는 측면에서 의미가 있다. 조선전기 문인들의 대마도에 대한 정책에 있어서 崇文의 사고는 그 연원이 깊다. 李從茂의 대마도 정벌[58]에 대하여 金宗直이 "魏相이 宣帝에게 '적이 자기에게 쳐들어와 부득이 대응하는 것을 應兵이라 하는데 군대가 응하는 것은 이기고, 작은 일을 다투고 한스러워 하여 분노를 참지 못하는 것을 忿兵이라 하는데 군대가 분노하는 것은 진다' 고 諫한 말을 들먹이며 조선의 허술한 대응을 염려하지 않고 작은 일을 다투거나 한하여 갑자기 농번기에 군사를 일으켜 멀리 바다를 건너 빈틈을 타 노약자를 사로잡으려 하였으니 忿兵 중에 심한 것이다"[59]고 논한

58) 魯成煥, 전게서, 113쪽에서 "조선의 대마도정벌은 왜구 소탕이 주목적이지 영토를 점유하려는 의도는 애당초 없었다"고 하였다. 조선이 대마도정벌을 사전에 일본본토에 통보한 것을 그 증거로 들고 있다.

59) 金宗直, 「外祖司宰監正朴公傳」『佔畢齋集』(『韓國文集叢刊』 12, 민족문화추진회), 彝尊錄 附錄, 479쪽. "宗直論曰, 昔魏相諫宣帝之言曰, 敵加於己, 不得已而應之, 謂之應兵, 兵應者, 勝, 爭恨小故, 不忍忿憤者, 謂之忿兵, 兵忿者, 敗. 今對馬之師, 將謂之應兵乎, 將謂之忿兵乎(중략). 彼成吉之因醉不能拒, 不足論也, 思儉叨濫椎轂, 爲方面之師, 而見圍於殘寇, 覬以犒遺而得脫, 此則邊將之不得其人也, 朝廷之恥大矣. 不此之患, 而爭恨小故, 猝興六月之師, 遠涉重溟之險, 伺其空虛, 欲俘

데서도 간취할 수 있기 때문이다.

지금까지 점이지대로서의 면모를 보이는 대마도를 정복하지 않고 회유하였던 조선의 대대마도 정책을 살펴보았다. 이를 통해 조선이 대마도를 덕으로 대하여 노략질의 원인을 조선의 內修 미비와 조정의 영도력 부재에서 찾는 유화론을 견지하고 있음을 확인할 수 있었다. 그러나 조선의 대마도에 대한 회유와 유화 정책이 바로 왜구를 교화시키기는 고사하고 도리어 그들의 狡詐와 頑惡을 길러주는 온상의 역할을 하여 조선 전기 이백 여 년 동안 줄곧 왜구에게 시달리는 빌미를 제공하였음을 지적하지 않을 수 없다.

5. 맺는말

본고는 한일 양국간에 최근 벌어지고 있는 영토문제로 대마도에 관심을 가지게 되었고 대마도가 한일 모두에 근접함으로써 점이지대로서의 면모를 보인다는 점에 주목하여 시대를 거슬러 조선전기 시문에 투영된 대마도의 형상을 중심으로 연구한 것이다. 이 연구를 통하여 조일 양국이 대마도를 사이에 두고 공간적인 근접성 외에 대마도가 조선의 영토지만 조선에 해악을 끼치고 일본 민족이지만 일본 본토의 명을 따르지 않는 점이지대로서의 면모를 가지게 된 배경과 접할 수 있었다. 그것은 대마도가 조선의 영토였고 주민이 일본 본토로부터 소외된 추방인이었다는 사실에 기인하였다. 대마도는 점이지대로서의 이점을 최대한 활용하여 조선과 일본 본토로부터 이득을 취하였고, 양쪽 어느 나라로부터도 구속받지 않고 방자한 행동을 서슴지 않았다. 또 대마도주가 조선으로부

其耄倪, 此忿兵之尤者也."

터 관직을 받기도 하였는데 이 점도 조선전기 문인들로 하여금 대마도를 조선의 영토로 보고, 또 그들을 조선의 관리로 보는 인식을 심어주어 조선의 관리가 대마도를 일본으로 인정하면서도 군신지간으로 대하는 모순된 결과를 낳는 데 일조하였다.[60] 영토는 조선에, 민족은 일본에 속하는 대마도였지만 대마도가 보여준 것은 실상 그와는 정반대인 두 나라 어디에도 속하지 않는 兩意的인 면모였다. 작금의 한일관계도 역사를 소급하여 조선전기 조일, 또는 조선과 대마도와의 관계와도 크게 다르지 않다는 사실을 확인할 수 있었다. 역사의 순환논리를 굳이 끌어들이지 않더라도 문학의 통시적 고찰을 통해 실증해 내었다는 점이 본고의 의의기도 하다.

연구를 마무리하면서도 뇌리에서 떠나지 않는 생각이 있는데 그것은 조선이 李從茂로 하여금 대마도를 정벌하게 하였으면서도 조선의 영토로 편입하지 않은 이유, 조선전기 문인들이 조선의 영토라는 인식을 가지고 있었으면서도 대마도에 왜구가 거주하는 것을 좌시한 원인, 대마도 정벌 때 일본에 사전 통보를 하기는 하였어도 대마도에 일본 본토로부터의 원병이 이르지 않은 점 등이다. 이런 것들이 모두 대마도가 지니는 점이지대로서의 면모의 핵심 인소들일 테지만 말이다.

영토의 소유권이 어느 나라에 있는지 여부에 상관없이 점유하는 민족에 의해 영유권이 재확정되는 경향이 있다. 조선전기의 시문을 보면 당시 문인들이 대마도의 소유권에 대한 인식이 과도기에 있었던 것 같다. 왜냐하면 조선전기의 문인들이 영토는 조선의 것이라는 확정된 문서가 있었지만 노략질을 일삼는 왜구가 그곳에 거주하는 것을 암묵적으로 인정하여 대마도가 일본 본토에서 추방된 일본인이기는 하나일본인이 사는 섬이라는 점을 더 이상 외면할 수 없었고, 또 거기서 그들을 내몰고

60) 魯成煥, 전게서, 117쪽.

점유를 유지할 만큼 대마도가 가지는 지정학적 요충지로서의 중요성도 확신하지 못했기 때문이다.

물론 거기에는 조선 건국 후 성리학을 사유 체계로 한 권력 담당층들의 대외 정책의 노선이 영향을 미치고 있었다. 그것은 '修己'와 '治人', '信義'와 '誠信'이라는 성리학의 修養論과 工夫論이었으며, 유학에서 강조하는 '왕도'에 의한 '덕치'가 그 중심에 있어서 '武'를 이용한 토벌보다는 '文'을 이용한 회유와 유화로 정책 방향이 설정되어 있었기 때문이다. 그러나 조선의 대마도에 대한 유화 정책이 바로 왜구의 교화는커녕 그들의 狡詐와 頑惡을 길러주는 온상이 되어 조선전기 이백여 년 동안 줄곧 왜구에게 시달리게 되는 빌미를 제공하였음을 지적해 둔다.

대마도가 일본과 대륙을 잇고, 동해와 서해를 제압할 수 있는 군사적 요충지임을 알고 1861년 3월 4일에 군함 포사드니크 호를 보내 해병을 상륙시켜 대마도를 전격 점령한[61] 러시아의 국제적인 시야를, 조선전기 조선이 취한 대마도 정책과 대비하면서 명분에만 치우쳐 대외정세에 어두웠던 조선전기의 정치 담당자의 안목 부재가 안타까울 따름이다.

參考文獻

卞季良, 『春亭集』(『韓國文集叢刊』 8, 민족문화추진회).
申叔舟, 『保閑齋集』(『韓國文集叢刊』 10, 민족문화추진회).
李承召, 『三灘先生集』(『韓國文集叢刊』 11, 민족문화추진회).
金宗直, 『佔畢齋集』(『韓國文集叢刊』 12, 민족문화추진회).
姜希孟, 『私淑齋集』(『韓國文集叢刊』 12, 민족문화추진회).

61) 京都大學文學部國史研究室 編, 전게서, 340쪽, '對馬事件' 참조.

洪貴達,『虛白亭文集』(『韓國文集叢刊』 14, 민족문화추진회).
金 訢,『安樂堂集』(『韓國文集叢刊』 15, 민족문화추진회).
曺 偉,『梅溪先生文集』(『韓國文集叢刊』 16, 민족문화추진회).
南孝溫,『秋江先生文集』(『韓國文集叢刊』 16, 민족문화추진회).
李 穆,『李評事集』(『韓國文集叢刊』 18, 민족문화추진회).
權 橃,『冲齋先生文集』(『韓國文集叢刊』 19, 민족문화추진회).
金安國,『慕齋集』(『韓國文集叢刊』 20, 민족문화추진회).
李 荇,『容齋先生集』(『韓國文集叢刊』 20, 민족문화추진회).
李 耔,『陰崖先生集』(『韓國文集叢刊』 21, 민족문화추진회).
金安老,『希樂堂文稿』(『韓國文集叢刊』 21, 민족문화추진회).
沈彦光,『漁村集』(『韓國文集叢刊』 24, 민족문화추진회).
尙 震,『泛虛亭集』(『韓國文集叢刊』 26, 민족문화추진회).
李浚慶,『東皐遺稿』(『韓國文集叢刊』 28, 민족문화추진회).
李 滉,『退溪集』(『韓國文集叢刊』 29, 민족문화추진회).
洪 暹,『忍齋集』(『韓國文集叢刊』 32, 민족문화추진회).
李 珥,『栗谷全書』(『韓國文集叢刊』 44, 민족문화추진회).
金誠一,『鶴峯先生文集』(『韓國文集叢刊』 48, 민족문화추진회).
金世濂,『東溟集』(『韓國文集叢刊』 95, 민족문화추진회).

京都大學文學部國史硏究室 編,『日本史辭典』, 東京創元社, 昭和56년.
김기선,「『몽골비사』의 알타이적 지명요소와 관련된 한국 및 대마도 지명 연구」『몽골학』 제14호, 한국몽골학회, 2003.
魯成煥,「對馬島의 領土意識을 통하여 본 韓日關係」『일본학보』 8호, 경상대 일본문화연구소, 2001.
박화진,「일본근세 어촌사회의 성립과 변모-대마도를 중심으로-」『역사와 경제』 52, 부산경남사학회, 2004.
申基碩, 「韓日通交와 對馬島」 『國際政治論叢』, 한국국제정치학회, 1986.
李敏弘,「敎書體에 形象된 當代 現實의 한 斷面-「對馬島敎書」와 「原陵君敎書」를 중심으로-」『漢文敎育硏究』 제19호, 한국한문교육학회, 2002.

李炳銑,「任那 十國名의 對馬島 比定」『韓國學報』62, 일지사, 1991.
李昌訓,「對馬島와 韓日外交關係」『정치외교사논총』 제14집, 한국정치외교사학회, 1996.
長節子,「對馬島宗氏領國支配の 發展と 朝鮮關係 諸權益」『朝鮮學報』30, 1966.
______,『中世日朝關係と 對馬』, 吉川弘文館, 1987.
田中健夫,「宗義智」『大名列傳』, 新人物往來社, 1966.
田中敏昭,「豊臣政權의 日本統合과 對馬島主 宗氏의 朝鮮交涉」『東西史學』 제5호, 한국동서사학회, 1999.

일본 역사군담에 나타난 공간관

장 영 철*

1. 머리말

21세기 들어 한국・중국・일본은 세계화라는 새로운 물결 속에 각자의 생존과 번영을 위해 치열한 각축양상을 보이고 있다. 그와 더불어 새로운 시대 변화에 대응하는 방편으로써 3국의 공존 가능성을 단속적으로 타진하고 있다. 이른바 동아시아론이다. 그러나 그 내막을 들여다보면 진정한 공존공영을 지향하기 보다는 자국의 이익을 최우선시하고 있다는 것이 삼국이 각자 벌이고 있는 현실적인 정치 지형이다. 반면 현실정치와 일정한 거리를 두고 벌어지는 학문상의 논의는 자국의 이익 추구와 함께 동아시아의 평화를 중요한 가치로 인정하고 있는 것으로도 보인다. 동아시아의 평화라는 바탕 위에 명실상부한 공존과 공영이 가능하기 때문이다.

한국에서의 논의는 동아시아에서의 균형자론이라는 정치적 의제가 제

* 군산대학교 교수.

시된 바 있으나 미국과의 관계 설정 자체가 일관성을 보이지 못하면서 논의의 중심에서 밀리는 양상을 띠고 있다. 반면 학계를 중심으로 한 논의는 이른바 한류라는 의제를 중심으로 생산성과는 별개로 비교적 활발한 양상을 보이고 있다. 또한 일본의 경우도 경제 침체의 회복, 정치의 현저한 우경화를 배경으로 적어도 학계 차원에서는 동아시아와의 관계 모색이 현실을 우려하는 관점에서 거듭 거론되고 있는 실정이다.[1)]

이와 같은 현실을 배경으로 본 논문에서는 현재의 동아시아 역사현실과 결코 무관하지 않을 뿐만 아니라 뿌리 깊은 인과관계를 가진 중세라는 제한된 시간 배경 속에서 일본이 당시 세계 및 자신을 어떻게 인식하고 있었는지를 고찰해보고자 한다. 역사는 기록되어진 것만이 전부는 아니다. 기억되어진 것 또한 역사의 일부를 이룬다. 본 논문에서는 중세 일본인들이 글로 기록하고 말로 전하면서 공동으로 기억하고 있던 세계 및 자기 인식을 역사군담을 중심으로 정리하고자 한다.

2. 일본 내부에서의 타자관

일본 역사군담은 고대 일본에서 중세 일본으로 넘어가는 과도기 그리고 진행기에 거듭해서 일어났던 내란의 과정을 여러 작품을 통하여 고스란히 담고 있다. 따라서 고대국가의 성립과 더불어 제도화 된 왕권적 질서를 위반하거나 이탈하거나 도전한 세력을 타도의 대상으로 설정하고 있다. 즉 고대 천황제의 틀을 위협하는 타자로서 내란의 가담자를 인식하고 있는 것이다.

---

1) 『日本文學』 2004. 4 심포지움 「東アジアという視座」 『國文學解釋と鑑賞』 2004. 11 특집 「古典文學に見る日本海」 『世界』 2006. 1 「東アジア共同體」－未來への構想 특집 등.

이와 관련하여 아카사카 노리오(赤坂憲雄)는 역사군담에서의 타자[2)] (본문에서는 외부)는 악의 개념을 가졌고 그 반면 외경과 상찬의 대상이 되기도 하였다고 언급하고 있다(『國文學』 1987. 6). 또한 효도 히로미(兵藤裕己)는 역사군담의 특질로서 동국(東國)・서해(西海)라는 변경의 정통성이 역설적으로 주장되었다고 말한다. 변경 = 이단을 말하는 중앙의 논리가 부단히 상대화되는 것이 역사군담(본문에서는 『平家物語』)의 구조적 본질이라는 것이다(『語り物序說』 1985. 10). 또한 다른 한편으로는 『헤이케 모노가타리』(平家物語)에 나타난 겐지(源氏)와 헤이케(平家)의 싸움이 내란 및 전쟁을 일본이라는 큰 틀 속으로 회수해가는 장치였다고 언급하고 있다(『文學』 2002. 7. 8).

일본 내부에서의 타자는 천황제라는 틀 밖에 있는 존재였다. 그 중에서도 가장 강력하게 위협적인 존재는 독자적인 통치기구를 설립하여 고대 왕조체제를 무력하게 만들고 중세라는 새로운 시대를 이끌어간 겐지(源氏), 호조(北條), 아시카가(足利) 막부 세력이었다. 그러나 중세 일본의 천황제는 이들의 실질적인 왕권 행사를 인정하는 모순을 내포하고 있

2) 『岩波 哲學・思想事典』에 의하면 '타자(他者)'는 나 또는 내 세계에 대하여 초월성, 외부성을 갖고 있는 상대이다. 나와는 다른 무엇이라는 이유를 댈 수 있는 사항들을 '타자성(他者性 otherness)'이라고 규정한다. 한편 내 안에 있으면서 나와는 이질적인 고유성을 가진 존재를 '타아(他我 alter ego)'라 한다. 본 논문에서 말하는 '내부 타자'가 곧 나 = 중세일본에 대입할 때 이에 해당한다. 반면에 우리라는 형태로 합일하기를 거부하는 절대적 개념의 타자가 따로 존재한다. 이는 본 논문에서 말하는 '외부 타자' 즉 외국에 해당한다. 이정우는 『교수신문』 2006년 6월 5일자 기고글에서 국가장치의 외부를 국소적인(로컬한) 무리들, 주변부 사람들, 소수자들로 규정하고 있는데 이는 곧 본 논문의 '타자' 개념과 관련하여 소외의 대상이라는 점에서 일치한다. 나아가서 이정우는 국가들에 대해 상당한 정도의 자율성을 가진 거대한 세계적 기계들의 예로서 초국적 기업, 산업 콤비나트, 기독교・이슬람교를 비롯한 거대 종교 및 종교단체를 들고 있다. 이는 오늘날 현전하는 '타자'들로서 과거 중세일본에 대한 당시 '외부 타자'들의 실존적 강력함이라는 점에서 유사성이 있다.

다. 즉 고대 천황제를 변형시킨 형태로서 중세 천황제는 왕권의 기능을 분화하여 그 실제 주체자를 기존의 천황과 막부의 쇼군(將軍)이라는 복수 개념으로 설정하고 있는 것이다.

위의 대전제 하에 일본 역사군담에 나타난 강력하고도 위협적인 타자는 고대 천황제 질서를 이탈하고 그 권위에 도전하였으나 결국 기존의 왕권세력에 의해 진압되거나 나중에 막부의 실권자가 된 무가 세력에게 패배를 당한 존재들이었다. 대표적인 인물이 『쇼몬키』(將門記)의 마사카도(將門), 『무쓰와키』(陸奥話記)의 요리토키(頼時), 『호겐 모노가타리』(保元物語)의 다메토모(爲朝), 『헤이케 모노가타리』(平家物語)의 기요모리(淸盛) 및 요시나카(義仲) 등이다. 마사카도는 "옛날에는 군사의 위력을 발휘하여 천하를 취하였으니 이는 모두 사서에 보이는 바이다."(「攝政忠平への書狀」) "지금 세상 사람은 반드시 쳐서 승리함으로써 주군이 된다."(「將平・貝經の諫言」)며 동쪽 지방에서 거병하여 스스로 천황의 자리에 올랐다. 다메토모는 부친이 가담한 모반에 참여하여 작전을 숙의하는 중에 천황이 탄 가마에도 활을 쏘아야 한다며 "이는 다메토모가 쏘는 화살이 아닙니다. 천조대신(天照大神)・정팔번궁(正八幡宮)이 쏘시는 화살입니다."(上「新院御所各門固めの事」)고 주장한다. 기요모리는 당시 집권자인 고시라카와(後白河) 상황(上皇)을 유폐하고 어린 외손자를 천황 자리에 앉힌 후에 천도를 감행하였다. 요시나카는 헤이케를 몰아낸다는 이유로 교토(京都)에 군대를 이끌고 들어와 상황과 대립하여 무력 충돌을 벌이기도 하였다. 이들 모두는 기존 천황의 권위를 순순히 인정하지 않는다는 공통점을 보이고 있다.

위 인물들은 또한 중앙의 기존질서를 위태롭게 할만한 무력을 갖춘 자들로 변경을 세력 근거지로 하는 존재라는 공통점을 갖고 있다. 즉 변경의 타자들인 것이다. 당시 중앙의 인식이라는 관점에서 변경은 「동국(東國)・서국(西國)・후슈(俘囚)・기카이가시마(鬼界ヶ島)」라는 이름으로 불리우는 곳이었다.

동국은 바로 중세 막부를 지배하는 무사 집단이 배출된 곳으로 겐지(源氏) 가문이 지배자의 위치로 자리잡아 간 곳이다. 반면에 서국은 겐지의 라이벌인 헤이케(平家) 가문이 많은 영지를 확보하고 있던 지역이었다. 따라서 중앙을 차지한 천황을 정점으로 한 왕조세력에게 있어 동국과 서국은 전통적 지배권을 침식당하는 동시에 잠재적인 반역의 무리들이 무력의 힘을 키우는 위험스러운 땅이었다.

동국은 그 범위가 고대와 중세에 있어 다소 차이가 나지만 일반적인 인식은 사가미(相模)국(지금의 가나가와 현)과 스루가(駿河)국(지금의 시즈오카 현)의 경계를 이루는 아시가라(足柄) 고개 동쪽에 있는 판동(坂東) 8개국을 가리키는 것이었다. 그 땅에서 동국의 무사단이 성장하였고 다이라노 마사카도(平將門), 미나모토 요리토모(源頼朝), 아시카가 다카우지(足利尊氏) 등이 이들을 이끌고 거병하였다. 서국은 주로 츄고쿠(中國)·시코쿠(四國)·큐슈(九州) 지방을 가리키는데 특히 가마쿠라(鎌倉) 막부가 동쪽에 위치한 이유로 중세에 들어 변방의 의미가 두드러지게 되었다. 이곳에서 후지와라 스미토모(藤原純友), 미나모토 다메토모(源爲朝) 등이 성장하여 교토(京都)조정을 위협하였고 그 뒤 막부에게는 줄곧 경계 및 포섭의 대상이 되었다. 따라서 중세 일본의 공간인식으로 볼 때 서국 또한 중앙을 위협하는 변방의 한 쪽을 의미하게 되었다.

이보다 더 멀고 낯선 땅, 그래서 더욱 미개한 사람들이 사는 땅의 이름이 후슈(俘囚)였다. 후슈는 본디 혼슈(本州)의 북동쪽 즉 당시 무쓰(陸奧)국과 데와(出羽)국에 살던 주민을 가리키는 말로 고대 정권에 투항하거나 포로가 된 사람들을 의미하였다. 아직 정권의 세력 범위에 포함되지 않은 무리는 따로 에조(蝦夷) 또는 에미시로 불렀다. 따라서 동쪽의 변경에 후슈가 있고 그보다 더 바깥에 에조가 있었다. 『무쓰와키』

의 아베 요리토키(安倍賴時)가 후슈의 우두머리였다. 그 요리토키가 조정의 명령을 거부함으로써 이른바 전(前) 9년의 역(役)이 일어난 것이다.

후슈의 정반대 편 끝에 위치한 지명으로 기카이가시마(鬼界ヶ島)가 있다. 『소가 모노가타리』(曾我物語)에는 '왼발로는 오슈(奧州)의 바깥 해변을 딛고 오른발로는 서국(西國) 기카이가시마를 딛고'라는 표현이 나온다. 이와 같은 변방의 이미지가 『헤이케 모노가타리』에 더욱 자세히 나타난다.[3] 그곳은 유황불이 뿜어나오는 무시무시한 곳으로 유배지 중 가장 먼 곳으로 설정되어 있다. 헤이케 일가를 타도하려는 계획이 발각되어 유배당한 나리쓰네(成經)·야스요리(康賴)·슌칸(俊寬) 3인이 고초를 견딘 이국(異國)의 땅이었다. 그곳 사람들은 일본인과 다른 언어와 풍습을 갖고 있었다. 특히 3인 중 한 사람인 슌칸이 돌아오지 못 하고 그곳에서 죽음으로써 불모의 땅, 이계(異界)의 이미지로 더욱 고착되었다고 한다.[4]

이와 같이 타자로 낙인 찍혀 비운의 운명을 맞이한 모반인 중에는 역사군담 내지 또 다른 전승을 통하여 나라 바깥으로 진출한 이색적인 존재가 있었다. 그 대표적인 이야기로 류큐(琉球)로 건너가 새로운 왕조를 열었다는 다메토모(爲朝)와 북쪽 바다를 건너 변방 너머의 땅 에조시마(蝦夷島)에서 활약하였다는 요시쓰네(義經)에 관한 전승이 있다.

『호겐 모노가타리』(保元物語)(그 중 古活字本)에서 다메토모(爲朝)

---

3) '기카이가시마'의 실제 위치는 불분명하다. 일찍이 富倉德次朗는 『헤이케 모노가타리』에 나타난 정경 묘사를 감안하여 가고시마(鹿兒島)현에 속한 이오지마(硫黃島)를 이에 비정하였다. 그곳은 큐슈 서남단 사쓰마(薩摩) 반도에서 남쪽 50km에 위치한 활화산이다. 그러나 『헤이케 모노가타리』의 여러 묘사를 종합하자면 불교의 지옥도에 그려진 무시무시한 이국의 분위기를 자아내기도 하고 그와는 반대로 신앙의 대상이 되어 온 구마노(熊野)의 나치(那智)산을 연상하게도 하여 복합적인 이미지를 갖고 있다.

4) 佐倉由泰 「きかいが島」のさまざまな見え方—「平家物語」の記述の多元性と偏向性『國文學 解釋と鑑賞』2006. 5 참조.

는 기카이가시마(鬼界ヶ島)로 건너간 것으로 되어 있다. 그런데 그 타메토모가 류큐 왕조의 기록인 『중산세감』(中山世鑑)에서 최초의 인간왕인 순천(舜天)의 아버지로 나오고 있다. 원래 『중산세감』의 편찬 의도는 자국의 역사를 중국의 역사에 비견하여 서술하는 입장을 취하였다고 하는데 당시 오산선문(五山禪門)을 배우러 온 류큐 출신 승려 또한 이 사실을 알고 있었다고 한다. 『중산세감』이전에 일찍이 『호겐 모노가타리』이야기가 류큐로 전승된 것으로 추측된다. 이를 다시 일본측에서 적극 받아들여 근세에 들어 사쓰마(薩摩)번의 류큐 침략을 정당화하기 위한 자료로 활용하고 있다. 이에 관한 출판물로 『류큐기담』(琉球奇譚) 등이 있다.[5)]

중세 일본의 민간전승을 전하고 있는 오토기조시(お伽草子) 중 하나인 『온조시 시마와타리』(御曹子島渡)는 요시쓰네(義經)가 병법서를 탈취하기 위하여 모험의 뱃길을 떠나 온갖 시련 끝에 에조시마(蝦夷島)에 도착하여 그 뜻을 이룬다는 내용으로 되어 있다. 이는 곧 왕조 및 막부의 지배가 미치지 않는 미지의 이계(異界)를 개척한 공로로써 실제 역사에서는 비운의 운명으로 생을 마감한 요시쓰네의 못 다한 야망을 허구적 완성으로 보상하는 의미를 갖는다. 변방 너머 미개의 땅에 대한 당시 일본인의 관심과 함께 정복 대상으로서의 구체적 지명을 전쟁 영웅의 이름을 빌어 환기하고 있는 것으로 보인다.

3. 내부 타자에 대한 외경 · 진압 · 진혼

강력하고 위협적인 일본 내부의 타자에 대하여 반대편에 위치해 있던

---

5) 渡辺匡一「爲朝渡琉譚のゆくえ－齟齬する歷史認識と國家、地域、そして人－」『日本文學』2001. 1 참조.

사람들은 누구일까? 그리고 그들은 타자에 대해 어떤 태도를 취하였을까? 이는 곧 중세 일본의 주체가 누구였고 어떤 행동을 했느냐는 질문에 다름 아니다. 이에 대한 해답의 실마리는 일본 역사군담에서 타자들의 행위의 대상이 되었던 주체, 타자들의 도발 행위를 제지하였던 주체, 사건 후 타자들의 행위를 평가하였던 주체를 확인하는 일에서 찾을 수 있다.

일본 역사군담에서 모반 행위의 궁극적인 대상은 천황이었다. 그것이 두드러져 보이는가 그렇지 않은가는 모반의 규모와 관련될 뿐이었다. 대표적인 예로서 일본 역사상 보기 드물게 스스로 천황임을 칭하며 마사카도(將門)가 동국에서 모반을 일으켰을 때 당시 천황은 궁중에서 불사를 일으켜 스스로 옥좌에서 내려와 정성껏 기도를 올렸다. 각 신사에서도 기도를 올리게 하였다. 위협적인 모반 앞에서 천황은 신의 자리를 포기하고 신(神)과 불(佛)에게 도움을 청하고 있는 것이다. 이후 천황의 권위는 점점 하락하여 『헤이케 모노가타리』에서 고시라카와(後白河) 상황(上皇)은 기요모리(淸盛)에게 유폐를 당하며 눈물을 흘리고, 수도 교토로 진격해 들어온 요시나카(義仲)와 무력충돌을 일으켜 적수가 되지 못하는 수모를 당하고, 가마쿠라(鎌倉)에 막부를 세운 요리토모(賴朝)의 무리한 요구에도 어쩔 수 없이 끌려가는 모습을 보이기에 이른다. 심지어 『죠큐키』(承久記)에서 고토바(後鳥羽) 상황은 동국의 무사 집단을 토벌하려다 도리어 참패한 후 자신을 포함한 세 명의 상황이 유배를 당하기까지 한다. 반면 『다이헤이키』(太平記)에서 고다이고(後醍醐) 천황은 가마쿠라 막부 타도에는 일단 성공하지만 신정(新政)은 얼마가지 못 하여 실패하고 결국 아시카가(足利) 세력에 의해 교토를 버리고 쫓겨나 요시노(吉野) 산중에 남조 왕조를 세울 수밖에 없었다.

이와 같은 천황의 권위 추락과 병행하여 오히려 천황의 왕권을 상징하는 왕법(王法)의 소중함을 강조하는 것이 일본 역사군담의 태도였다. 이는 또한 왕조세력의 몰락, 무가세력의 대두로 말미암아 더불어 위기를 맞이한 기득권 세력으로서의 불교측 입장이 적극적으로 반영된 때문이었다. 따라서 왕법의 위기는 불법(佛法)이 막아야 하고 불법의 위기 또한 왕법이 막아주어야 한다는 사상이 중세 일본의 정체성을 담보하는 역할로 기능하였다. 이른바 「불법왕법 상의론(相依論)」이다. 실제로 천황제를 위협한 모반인들의 무력 도발은 또 다른 무력의 힘으로 진압된 것이 사실이지만 일본 역사군담이 전하는 당시 인식은 불법과 왕법의 힘에 의한 것이었다. 다만 막부 정권을 각각 세운 요리토모(頼朝)와 다카우지(尊氏)의 무력을 앞세운 천황제 침탈행위는 타자화하여 문제삼지 않고 일정 부분 정당화하고 있는 것이 중세 일본 내부의 합의된 인식이었다. 요컨대 중세 일본의 천황제는 천황측과 막부측의 타협의 결과의 산물이었다. 이는 또한 불법왕법 상의론의 바탕 위에 천황제의 정통성을 표면적으로 주장하면서 다른 한편으로 막부에 대한 정당성 또한 인정하는 일본 역사군담의 논리적으로 모순되는 합리화 전략이기도 하였다.

이러한 인식의 바탕 위에 역사의 패배자가 되어 무대 저편으로 사라진 타자들의 존재는 그 도전 정신과 함께 그들을 받들었던 실제로 존재했던 변방의 여러 세력들이 중세 일본을 이끌어가는 주체세력에게 늘 잠재적인 위협의 대상이었다. 그래서 목숨을 잃은 타자들의 억울한 넋을 진혼한다는 새로운 절차가 마련되었다. 진혼의 의미는 내란을 일으켰다가 결국 진압을 당한 역사의 반역자인 타자들까지 중세 일본의 천황제에 포함시킴으로써 대승적으로 나라의 평온을 도모한다는 것이 표면상의 이유였다. 하지만 실제로는 중세 일본의 실권을 장악한 주체세력에 대한 도발을 사전에 예방하기 위한 장치로써 기능하였다. 일본 역사군담은 이러한 진혼의 장치를 모반자의 최후를 전하는 이야기와 후일담 등을 통하여 마련해 놓고 있다. 진혼이라는 의식을 통하여 그들의 죽음에 대하여 아낌없는 동정과 연민의 정을 드러내 보여주고 있다. 이 때의 진혼은 중세 일본의 천황제에 순기능으로 작용하는 한편으로 패배의 기억을 딛고 미래를 기약하는 변방의 숨겨진 목소리를 담고 있다고도 해석할 수 있다.

4. 중세 일본의 자기 인식

중세 일본은 자기 스스로를 어떻게 인식하고 있었을까? 다른 나라와 관계를 맺고 있는 조국 일본이라는 의미로써 「본조」(本朝)라는 용어가 역사군담에 자주 등장한다. 이는 또한 외국의 조정을 가리키는 「이조」(異朝)와 대비되어 나타나고 있는 것이 일반적이다. 이 때 「본조」는 「이조」에 비해 열등한 지위에 있다는 것이 기본 전제로 되어 있다. 불교로 말하자면 「천축」(天竺) 즉 인도에서 멀리 떨어져 있는 변방이요 역사현실로 보자면 「진단」(震旦) 즉 중국과 비교하여 한참 뒤쳐진 소국이라는 인식이 중세 일본의 자기인식의 출발점이라 할 수 있다.

『헤이케 모노가타리』에 나타난 예로 보자면 "일본 추진국(秋津國)은 겨우 66개 국으로 헤이케 지행(知行)국이 30여 개 국이니 이미 나라 절반을 넘었다"(卷1 「吾身榮花」) 는 등 자국의 영토가 결코 넓지 않다는 인식을 보이고 있다. 뿐만 아니라 "지금은 세상이 말세가 되어 나라의 힘도 쇠락하였으니 그 후로는 (대극전이라는 궁궐의 주요건물을) 다시 짓지 못 하였다"(卷1 「內裏炎上」)고 하여 당시가 말법(末法)시대에 해당한다는 역사인식이 대전제가 되어 있음을 역사군담 전체에 걸쳐 확인할 수 있다. 이 두 가지 인식을 합하여 「말법변토(末法邊土) 사상」이라고 부른다. 이것이 중세 일본의 본래 자기인식인 것이다.

그러나 이렇게 자기 비하를 주장하는 이유가 불교 사원세력이 자신들이 내세우는 신앙의 정당성을 보장받기 위하여 의도적으로 이를 고취시킴으로써 허물어져 가는 교세를 확장하기 위한 전략에 기인한 것이었다는 주장도 있다.[6] 이 세계를 천축・중국・일본 삼국으로 보고(「삼국 사상」 또는 「삼국 의식」이라 한다) 그 중 가장 열등한 나라로 자국을 인식하고 이를 주장함으로써 고대 왕권국가에서 중세 무가사회로 전환하는 혼돈된 현실을 신앙의 힘으로 해석하고 극복하자는 의도가 담겨 있다는 것이다. 뿐만 아니라 이와 같은 세계관은 819년 사이쵸(最澄)라는 당대 고승이 날조한 것으로 이것이 일본중세에 그대로 받아들여져 무로마치(室町) 시대에 이르러서는 일본에서 시작하여 삼국 = 세계가 창조되었다는 과대망상으로 확대되기도 하였다는 지적이 있다.[7]

천축과 중국에 비하여 열등하다는 자국의식이 정반대로 작용하여 자국이 그 어떤 나라보다 우월하다는 의식으로 변화한 것이 이른바 「신국사상」(神國思想)이다. 특히 몽골의 침입을 당하여 나라가 존망의 위기에 처했을 때 일본 고유의 신들이 자신들을 지켜줄 것을 기원하였고 몽골의 거듭된 정복 실패로 이는 사실로 받아들여졌다. 『다이헤이키』(太平記)는 이 사실을 말미(총 40권 중 39권 째)에 기록하여 남북조의 대치가 아직 끝나지 않은 시점에서 태평 시대의 도래를 예견하고 있다. 아울러 『일본서기』(日本書紀)에서 유래한 신공황후(神功皇后)의 신라 정벌을 특기함으로써 신국사상의 기원을 예시해 놓고 있다.

이에 앞서 고대에서 중세로 넘어가는 과정에서 거듭된 내란에 휩쓸려 왕조가 위기를 맞이하였을 때도 불법・왕법의 힘과 함께 신력(神力)의 영험에 의지한 것은 귀족이나 무가 세력이나 예외가 아니었다. 천황가는 특히 이세(伊勢) 신궁의 신력에 의지하였고 겐지(源氏) 무사들은 하치만(八幡) 대보살의 보살핌을 기원하였다. 헤이케(平家)는 구마노(熊野)의 영험으로 일가가 영화를 누렸다고 하고 이쓰쿠시마(嚴島) 신사는 일가의 영원한 번영을 희구하는 성지였다. 뿐만 아니라 왕조귀족의 대표격

6) 佐藤弘夫『神・佛・王權の中世』法藏館 1998. 2.
7) 前田雅之「三國思想の成立と日本海」『國文學 解釋と鑑賞』2004. 11.

인 후지와라(藤原) 가문은 가스가(春日) 대명신(大明神)에게 빌었다. 그 결과 이쓰쿠시마 대명신이 헤이케에게 하사한 대장군을 상징하는 절도(節刀)가 겐지를 거쳐 후지와라 가문에 이어졌다는 것이 『헤이케 모노가타리』에서 어떤 젊은 하급무사가 꾼 꿈에 대한 해석이고 동시에 당시의 역사를 읽는 독법이었다.

뿐만 아니라 중세 일본은 「말법사상」또한 자국의 우월의식을 고취하는 방향으로 변조하였다. 즉 천축이 불교의 발흥지이기는 하나 말법시대가 되어 이미 불교가 쇠락한 지 오래이고 중국 또한 이를 온전히 전하지 못 하고 일본만이 유일하게 불법을 힘들게나마 지켜나가고 있으니 일본이야말로 부처가 현현하는 곳이라는 것이다.[8] 이는 곧 여러 부처가 일본의 신들로 현현하였다는 「본지수적설」(本地垂迹說)로 전개되었다.

더욱 나아가면 불교 동점(東漸)이라는 불교사적 전제를 반전시켜 주장한 골자가 「대일본국설」로 진행하였다. 불법이 서방에서 일본에 전래된 것이 아니라 귀환한 것이라는 것이다.[9] 한편 『진노쇼토키』(神皇正統記)는 일본의 황실 계승이라는 사실이 중국보다 우수하다는 증거라고 주장하고 있다. 더욱 나아가 근세 국학자 모토오리 노리나가(本居宣長)는 유교・불교와의 절연을 통해 일본 신도(神道)가 우수성을 확보하였다고까지 주장하게 된다.[10] 서구화를 받아들여 근대국가를 연 일본이 국가신도를 국가이념으로 삼은 근거를 이와 같은 중세 일본의 자기인식에서 확인할 수 있는 것이다.

---

8) 『日本靈異記』에 이러한 인식이 있음은 鈴木貞美 『日本の文化ナショナリズム』 平凡社新書 2005. 12의 지적.

9) 伊藤聰 「「大日本國說」について」 『日本文學』 2001. 7 참조.

10) 鈴木貞美 『日本の文化ナショナリズム』 平凡社新書 2005. 12의 지적.

5. 세계관으로서의 삼국 의식

중세 일본의 공식적인 대외관계는 견당사, 견신라사를 폐지한 이래로 외국과의 교류를 경계하는 태도를 견지하였다. 그러나 귀족계층 사이에서는 송, 고려, 발해 등의 외국 문물에 대한 요구가 강하여 일부 장원과 사원들은 교류를 지속해 왔다. 당시 송과의 교역은 송의 해상 무역상들에 의해 적극적으로 진행되었고 일본은 이에 대해 수동적인 자세였다. 하지만 헤이케 가문을 이끌었던 기요모리(清盛)는 송나라 상인과의 교역을 주도적으로 추진하여 막대한 부를 축적하기도 하였다. 요컨대 송, 고려, 발해 등과는 선종(禪宗)의 교류, 무역의 진전과 더불어 기본적으로 우호선린의 관계를 유지하였다. 인도와의 직접교류는 거의 없었고 중국을 통하여 그 실상을 전해 듣는 정도였다.

이런 외교관계에 결정적인 변화를 초래한 것이 원이라는 국호를 사용한 몽골과 이에 동원된 고려의 연합 침공이었다. 특히 일본 침공에 소극적이었던 고려에 대한 일본의 인식이 극도로 악화되었다. 이후 일본은 명에 대해서는 선린관계를 추구한 반면 조선에 대해서는 무시하는 태도를 보였다. 이와 같은 외교관계를 주도한 것은 막부로 무로마치(室町)시대 아시카가 요시미쓰(足利義滿)는 명과 주고받은 국서를 통해 일본의 국왕으로 대접받았다. 한편 조선에 대한 배타의식은 결국 전국시대를 통일한 도요토미 히데요시(豊臣秀吉)에 의한 조선 침략으로 이어지게 된다.[11)]

역사의 실제 전개상황에 직접 간접으로 영향을 받으면서 일본 역사군담은 외국에 대하여 본격적으로 언급하고 있지는 않지만 당시의 보편적

---

11) 이상 三浦圭一『大系 日本國家史』2 中世 東京大學出版會 1975 참조.

인식을 상당 부분 반영하고 있다. 특히 불교와 관련된 사항은 인도 즉 천축(天竺)을, 역사적 사건의 선례와 관련된 사항은 중국 즉 진단(震旦)을 비교의 주된 대상으로 삼고 있다. 중세 일본에 있어 가장 우선적으로 거론되는 외부의 타자가 인도와 중국인 것이다. 이는 또한 당시의 세계관으로서 천축・진단・본조(本朝 즉 일본) 삼국이 곧 세계라는 인식을 반영한 결과이기도 하다.

본디 「삼국 의식」은 천축에서 생겨난 불법이 진단을 거쳐 본조에 전해졌다는 일본의 불교적 역사관에 기인한다. 이런 의식이 구현된 불교설화집이 일본 역사군담보다 앞서 편찬된 『곤쟈쿠 모노가타리슈』(今昔物語集)이다. 그러나 불교 전래와 관련하여 한반도의 역할 등을 이 작품이 배제하고 있다는 점에서 편향된 편집 의도를 짐작할 수 있다. 뿐만 아니라 헤이안(平安)시대 당시 일반적인 일본관에는 자신의 나라가 소국이라는 열등의식이 있었는데 이 작품에서는 이것이 중국 승려들의 일본 유학승에 대한 특별한 평가 등을 통해 뒤집혀 나타나기도 한다. 나아가서 천축, 진단, 본조의 동질성을 뛰어넘어 지금은 일본이야말로 불법의 성지임을 선언하고 있다는 지적도 있다.[12)]

일본 역사군담에 나타난 「천축」 역시 삼국 의식의 발로로서 「진단」과 더불어 일본과 대비되는 외부 타자이다. 『헤이케 모노가타리』에서는 중세적 세계관 및 시대인식으로서 말법시대에 들어 천축 또한 예외 없이 불법이 쇠퇴하였음을 거듭 강조하고 있다. 아울러 역사상 보기 드문 일이 있을 때 "우리 조정은 말할 것 없고 천축, 진단에도"(『헤이케 모노가타리』 卷5 「奈良炎上」 등) 이런 일은 없었다라는 식의 표현으로 그 의미를 강조하는 기준으로 삼고 있다. 또한 "귀계(鬼界)・고려・천축・진단"(『헤이케 모노가타리』 卷11 「逆櫓」등) 이라는 표현으로 단순히

---

12) 이상 森正人「天竺・震旦－『今昔物語集』の三國佛教史觀のなかで」『國文學 解釋と鑑賞』2006. 5 참조.

바다 건너 먼 나라 중 하나로도 예시되고 있다. 이 때의 천축은 불교세계에서의 중심이라는 의미를 이미 상실하고 있는 것으로 보인다. 한편『다이헤이키』(太平記)에는 천축을 배경으로 한 불교관련 설화가 4례 있다(卷2의 3단 사문의 죽음, 卷32의 6단 충효 관련 이야기, 卷35의 4단 부처의 우화, 卷37의 7단 불교설화담). 각각 별개의 이야기로 완성된 형태를 보이고 있을 정도로 발달된 형태를 보이고 있다. 그러나 중국 관련 고사담(故事譚) 만큼 비중있게 다루어지고 있지는 않다.

일본 역사군담에 나타난「진단」즉 중국 역시 천축과 마찬가지로 일본과 대비되는 외부 타자이다. 불법이 이미 쇠퇴의 단계로 들어간 나라로서 그리고 바다 건너 먼 나라라는 의미로 예시되고 있다. 그러나 진단은 천축과 다른 특별한 의미를 지닌 타자이다. 즉 일본이라는 나라에서 일어난 역사적 사건을 해석하는 강력한 준거틀로서의 의미를 지닌 것이 중국이라는 타자이다. 따라서 중국의 고사(故事)는 곧 일본 내부의 사건과 인물의 잘잘못을 가리는 잣대로 사용되고 있다. 일본 역사군담 중 특히『다이헤이키』는 총 4천 여 사람 이름 중 중국인 이름이 약 10%를 차지한다고 한다.[13] 뿐만 아니라 중국관련 고사담이 총 26례로 그 중 20례가 각 단 뒤에「부」(付) 제목으로 명기되어 더욱 발달된 형태를 보이고 있다. 그 내용은 주로 유교적 관점의 군신론이 주류를 이루고 있어 중국의 역사와 인물을 통하여 교훈을 얻고자 하는 자세를 취하고 있다.

히라노 사쓰키(平野さつき)에 의하면『헤이케 모노가타리』(延慶本)에서 중국을 가리키는 말로 사용되는「진단」은 천축에 대응하는 호칭이고「唐」(또는「唐土」)「漢」(또는「漢土」「漢家」「漢朝」)은 단순히 왕조를 가리키는 말로 평가의 의미를 갖지 않는다고 한다. 반면에「大

13) 大隅和雄『中世 歴史と文學のあいだ』吉川弘文館 1993 참조. 항우 145회, 한고조 117회, 구천(勾踐) 71회, 현종 53회, 부차(夫差) 51회, 양귀비 37회 등의 순.

唐」「大國」은 중국을 칭찬하고 숭상하는 의미로,「異國」「異朝」「異域」「他國」은 중국을 이화하고 일본을 강조하는 호칭으로 사용되고 있다고 한다.「大」를 포함하는 문맥 속에는 일본의 천황 비판 또는 천황제에 도발하는 의미가 있고 이에 이의를 제기하는 형태로써 결말의 문구에「異」를 포함한 호칭을 배치하는 경향이 보인다고 한다. 따라서 천황제 속에서 외국을 배척하는 사고방식과 권위로서 숭상하는 사고방식의 양면성을 갖고 있다고 설명하고 있다.[14)] 중세 일본에게 있어 중국이라는 타자는 열등감과 우월의식이 교차하는 자기인식의 거울 역할을 하고 있는 셈이다.

6. 신라 · 백제 · 고려에 대한 인식

일본의 중세는 가마쿠라 막부(1192～1333년)와 무로마치 막부(1338～1573년) 시대가 이에 해당한다. 이 시기 한반도에는 고려(918～1392년)와 이를 이은 조선 왕조가 들어서 있었다. 특이할 만한 일로 일본의 중세가 무가 정권의 성립으로 시작된 것과 거의 유사한 시기에 고려에서도 무신 정권이 탄생하였다(1170년 정중부의 무신정권, 1196년 이후 60여 년간 최씨 무신정권). 이 시기 중국에서도 몽골이 막강한 무력을 앞세워 아시아 거의 전 지역을 장악하여 원나라를 세운 후 고려 및 일본 정벌에 나서기도 하였다. 그 직접 영향으로 고려의 최씨 무신정권은 무너졌고 여몽 연합군의 침공을 당한 가마쿠라 막부도 많은 영향을 받을 수밖에 없었다. 특히 일본 역사상 유례를 찾기 힘든 외국 군대의 침입을 당한 일본의 충격은 대단한 것이었고 그것을 계기로 대외인식 또한 커다란

14) 平野さつき「延慶本『平家物語』の對中國意識について」『軍記と漢文學』汲古書院 1993.

변화를 겪게 되었다.

이 시기에 성립되어 당시 대중들에게 널리 읽히고 공연물로도 인기를 끈 일본 역사군담 또한 한반도에 존재하는 나라들에 대하여 인도・중국과 비교할 정도는 아니지만 더 많은 외부의 타자를 예시할 필요가 있을 때 그 이름을 거명하고 있다. 그 첫 예로 『쇼몬키』(將門記)에서 스스로 천황이 되겠다고 거병한 마사카도(將門)가 자신의 행위의 정당성을 주장하기 위하여 거란이 발해를 멸망시킨 사실을 언급하고 있다(「將平・貝經の諫言」). 이를 일본의 현실에 대입시키면 멸망한 발해가 기존 천황이 다스리는 일본에 해당하고 거란이 동국을 제패한 또 하나의 일본이 되는 셈이다. 마사카도의 언행은 중앙 통치세력에 대한 변방의 자기 선언이며 동시에 타자로서의 동질성을 나라 밖 신흥국가의 이름에서 찾고 있다는 점에서 각별한 의미를 갖는다. 일본 역사군담이 담지하고 있는 소외된 세력의 목소리가 나라의 경계를 넘나드는 시각을 통해 확립되고 있음을 알 수 있다.

「신라・백제・고려」는 일본 역사군담에서 한반도를 가리키는 정형화된 지명이다. 특히 일본이 말법변토의 소국이라는 열등의식의 반작용으로서 신국사상이 요청될 때 「삼한(三韓) = 고려(高麗)」가 「천축・진단」과 함께 부정적 매개체로서 호출된다.[15)]『헤이케 모노가타리』에서는 「鬼界・고려・천축・진단」 또는 「신라・백제・고려・荊旦(거란)」을 이국의 땅으로서 동시에 거명하고 있다(卷10「請文」, 卷11「逆櫓」 및 卷7「福原落」, 卷8「太宰府落」 등). 전자의 용례는 일본 내 서쪽 변방인 기가이가시마(鬼界ヶ島)와 함께 고려・천축・진단의 외국명이 거론되는 경우이다. 일본의 통치영역을 벗어난 곳이라는 의미로서 경계선의 안과 바깥 공간을 함께 포함하고 있다. 반면 후자의 경우는 일본의

15) 樋口大祐「神國の破碎－『太平記』における「神國 / 異國」－『日本文學』 2001. 7의 지적

변방과 천축·진단이 포함되지 않은 경우이다. 헤이케가 겐지 군대에 밀려 교토를 버리고 도망친 후 자신들의 근거지인 후쿠하라(福原)와 배후 지역인 큐슈 지방에서까지 거듭해서 쫓겨날 때 "일본의 바깥, 구름 끝 바다 너머"로 내몰리는 상황에서 사용되고 있다. 이는 곧 일본 국내에서는 더 이상 도망갈 곳이 없다는 위기의식을 강조하기 위한 것으로 일본·중국·천축도 아닌 바다 건너 머나먼 바깥세상이라는 의미를 갖고 있다. 중국·천축보다도 더 먼 곳이라는 심리적 인식이 작용하고 있는 것으로 보인다.

이와는 달리 신라·백제·고려가 개별로 거론되는 용례가 있다.「신라」에 대해서는 신공황후의 정벌과 관련되어 나타나는 경우가 다수 보인다.『헤이케 모노가타리』에서는 卷7「願書」와 卷11「志渡合戰」에 그 용례가 있다. 요시나카(義仲)가 교토에 있는 헤이케를 치기 위해 군대를 이끌고 출발할 때, 요시쓰네(義經)가 헤이케와의 마지막 일전을 앞두었을 때 각각 신사에 나아가 승리를 기원하는 장면에서 사용되는데 신라 정벌 시 신의 계시가 나타났음을 들어 다시 그 힘의 도움을 빌고 있다.[16] 일본 국내에서 명운을 건 싸움을 앞둔 동국 출신 겐지의 막강한 장수가 승리를 위해 신라 정벌을 도운 신의 힘을 빌고 있음은 역설적으로 일본역사상 신라가 그만큼 강력한 외부타자였다는 인식을 반영한 결과로 해석할 수도 있다. 이는 일찍이『일본서기』이래 신국일본에 대치되

16) 이 때의 신의 이름이 하치만(八幡) 대보살인데 일찍이 헤이안(平安)시대 초기 때 부터 오이타(大分)현의 우사(宇佐) 신궁을 본거지로 하는 하치만 신과 신공황후의 아들인 오진(應神) 천황을 동일시하게 되었다. 이는 불교와 도교의 전파 및 한반도와의 정치적 관계가 쉽게 받아들여질 수 있는 지리적 조건이 작용한 결과로 해석된다. 이후 헤이안 시대 말기 미나모토 요시이에(源義家)가 교토(京都)에 있는 이와시미즈(石清水) 하치만궁에서 성인식을 올린 것을 계기로 겐지의 씨신(氏神)이 되었다. 요리토모(頼朝)는 가마쿠라(鎌倉)에 쓰루오카(鶴岡) 하치만궁을 조영하였고 그때부터 하치만 신(神)은 무가 전체의 수호신으로 숭앙 받았다. 이상 鎌田東二『すぐわかる日本の神々』東京美術, 2006 참조.

는 존재가 신라였고 그 후 869년 신라 배가 쳐들어 와 당시 우다(宇多) 천황이 처음으로 신사에 나아가 제문을 올렸다는 일본측 기록(『貞觀儀式』)과도 관련이 있는 듯하다.[17] 신의 도움을 빌어야 할 만큼 절박하게 극복해야 할 상대국이 신라라는 이름의 외부타자였다는 것이다.

이와 같은 인식은 같은 작품 卷10「請文」에서 신라 사문(沙門) 도경(道慶)이 일본 왕실에 전해 내려오는 3종의 신기 중 하나인 보검을 훔쳐 고국으로 돌아가려다 신의 영험으로 실패하였다는 기록 등을 통하여 나타나기도 한다. 신라에 대한 인식이 희화화 또는 적개심 고취로 진행되었을 가능성을 보여주고 있다. 그 반면 같은 작품 卷4 (「山門牒狀」과 「南都牒狀」)에 나오는「신라 대명신(大明神)」은 그 실체가 일본 건국 신화에 나오는 스사노오(素盞烏)로 해석되어 중세 일본의 수도 교토에 위치한 미이데라(三井寺)를 지키는 신으로 받들어지고 있다. 신라와 관련된 드물게 보이는 긍정적 의미의 용례라 할 수 있다.

「백제」에 대한 개별적인 용례 또한 매우 드물다.『헤이케 모노가타리』卷2「善光寺炎上」에는 젠코지(善光寺)의 아미타 삼존불이 천축에서 제작되어 백제로 건너가 이를 백제왕이 일본에 전해준 것이라는 사실을 언급하고 있다. 천축에서 백제로 불상이 전달된 과정을 불법 동점의 원리로 설명하고 그런 영험한 불상이 안치된 유서 깊은 절이 화재로 불탄 사실을 왕법불법의 쇠미에 더하여 헤이케가 망할 징조로 해석하고 있다. 일본 국내 현실을 비판하기 위한 실례를 거론하는 대목에서 백제의 불교 문화 전래를 밝히고 있다는 점에서 일본 역사군담이 선택적으로 외부에 대한 타자인식을 활용하고 있는 것으로 보인다.

「고려」에 대한 개별적인 용례는 여몽 연합군의 일본 침공과 깊은 관계를 맺고 있다. 특히『다이헤이키』에서는 卷39에서 세 단에 걸쳐 집중

---

17) 佐藤弘夫『神國日本』法藏館 2006. 4 참조.

적으로 다루고 있다(「高麗人來朝事」 「自太元攻日本事」 「神功皇后攻新羅給事」). 그 내용의 골자는 원과 고려가 왜구의 침해가 심하여 고려 왕이 원 황제의 칙서를 보내왔으나 일본 측은 해적을 제어하기 힘들어 답서를 보내는 대신 다량의 선물을 고려에 보냈다. 그 후 원이 고려와 연합하여 대군을 이끌고 침공하였으나 각 신사에서 이적을 보이고 이세신궁(伊勢神宮)의 신풍이 불어 이를 거듭해서 물리치게 되었다. 이와 관련하여 옛날 신공황후가 「고려의 삼한(三韓)」을 치러갈 때 용궁의 보주를 얻어 삼한을 제압한 사실이 있다. 특히 신공황후가 "고려 왕은 우리 일본의 개다"라고 석벽에 써 넣고 귀국하였다고 언급하고 있다. 말미에는 다시 이런 사실은 상고(上古)의 일로 지금은 왜구의 침범으로 원과 고려가 해를 입는 바람에 도리어 일본이 이국(異國, 즉 원과 고려)에 의해 침탈을 당할 뻔 하였으니 불안한 상황이라고 덧붙이고 있다.

위 내용 중 여몽 침공 시 나타난 신사의 이적과 신공황후 설화는 신국사상이 확대 심화된 것으로 볼 수 있다. 뿐만 아니라 위 서술은 종국적으로 왜구가 준동하는 상황을 맞아 「신국(神國)/ 이국(異國)」의 세계관이 파경에 이르렀음을 환기시키고 있다.[18] 나아가서 세계 = 삼국 의식 또한 더 이상 현실을 이해하고 문제를 해결하는 기능에 있어 한계에 이르렀음을 드러내고 있다. 위 내용에서 신공황후 설화 중 고려 왕 운운은 단순히 신라를 고려로 착각하였다기 보다 여몽 연합 침공이라는 급박했던 현실을 반영한 의도적인 환치로 보인다. 그만큼 고려라는 이름은 중세 일본을 통치하는 내부세력으로 하여금 안위를 위태롭게 할 가능성을 지닌 역사적이며 동시에 현실적인 외부타자였다는 인식을 담고 있는 것으로 보인다.

18) 樋口大祐 「神國の破砕－『太平記』における「神國 / 異國」－『日本文學』 2001. 7의 지적.

7. 맺음말

국가의 경계개념이 명료해진 근대국가의 성립 이전 중세 일본의 막부에 의한 통치행위는 외국과의 관계보다 내부에서의 토지와 인민에 대한 확실한 통제가 주된 목표였다. 특히 일본은 사면을 바다로 하는 자연적인 경계선이 있었고 그 테두리 안에서 내부세력 간의 각축을 통하여 실질적 내용을 차차로 변화시키며 천황제라는 제도를 유지할 수 있었다.

중세 일본은 명분상으로 천황을 여전히 정점에 두고 있었다. 따라서 천황의 왕권을 실질적으로 행사하는 막부는 가장 위험한 내부 타자일 수 있었다. 그러나 양측간의 타협의 결과 권위와 무력의 기능으로 왕권을 이분화하여 막부에 정당성을 주었다. 반면 새로 성립된 왕권적 질서에 대하여 이탈하거나 도전한 세력은 모반인이라 하여 실질적인 내부 타자로 규정하고 이를 강력히 진압하였다. 이들 내부 타자들은 변방을 세력기반으로 하고 있다는 공통점이 있고 그 공간은 중앙에 대하여 동국·서국으로 불렸다. 후슈(俘囚)·기카이가시마(鬼界ヶ島)는 각각 동과 서의 변경이었다. 이들은 중세 일본의 내부세력에게는 외경의 대상이며 진압의 대상이며 또한 진혼의 대상이기도 하였다. 진압되어 불우한 운명을 마친 모반인 중에는 변경 너머 류큐(琉球)와 에조(蝦夷)까지 진출한 것으로 전승되는 존재도 있었다.

인도·중국·일본이 곧 세계라는 삼국의식은 불교 및 정치현실이 투영된 열등감에서 출발하였다. 인도는 불교세계의 중심이고 중국은 유교적 교훈을 구하는 대국이었다. 상대적으로 일본은 변두리 소국으로 게다가 당시에는 말법시대라는 혼란기에 들어와 있다는 인식을 갖고 있었다. 그러나 고대에서 중세로 전환하고 또 중세가 진행되면서 겪게 된 거듭되는 내란 속에 일본(정확히는 일본 왕실)은 신이 보살피는 나라라는 인식이 확립되어갔다. 더욱이 여몽 연합군의 침공은 막강한 그리고 사상 유례가 없는 외국의 침공이라는 점에서 위기의식을 고조시켜 신국사상을 더욱 확고히 뿌리내리게 하였다. 그리하여 일본이 삼국 중 유일하게 불법을 보존한 나라이고 또한 신의 가호를 받는 나라라는 전도된 우월의식으로 내부 및 외부 타자들에 의한 현실적 어려움을 타개하려 하였다.

신라・백제・고려에 대한 인식은 의도적 무시 내지 상대적 우월감 조장이 막부의 입장이었다. 일본 역사군담에 공통적으로 나타난 신라・백제・고려에 대한 인식은 변경의 외부에 존재하는 타자로서 인도・중국보다도 더 먼 심리적 공간에 위치해 있었다. 그 중 신라는 신공황후의 정벌 대상으로 거듭 등장한다. 하지만 역설적이게도 이 신화는 내란의 와중에 결정적 전투를 앞두고 간절히 승리를 기원하는 장수의 입을 통해 거듭 언급되고 있다. 그만큼 신라가 강력한 외부타자로서 중세까지 여전히 인식되고 있었다는 증거라 할 수 있다. 백제는 불교문화의 전달자라는 인식을 담은 용례가 드물게 보인다. 반면에 고려는 원과 연합하여 침공한 당시의 급박했던 중세 일본의 현실 인식이 뚜렷이 반영되어 있다. 그런 점에서 역사적이고 동시에 잠재적인 침략자로서의 고려에 대한 적대의식이 일반화된 정서로써 나타나고 있다. 이는 이후 조선 침략을 거듭 감행한 일본 내부 집권세력의 판단에 직간접적인 영향을 끼친 것으로 보인다.

參考文獻

赤坂憲雄, 「平家物語と王權－物語にとって外部とはなにか－」 『國文學』, 學燈社, 1987.

網野善彦, 『「日本」とはなにか』, 講談社, 2000.

市古貞次,『平家物語硏究事典』, 明治書院, 1978.
伊藤聰,「「大日本國說」について」『日本文學』, 日本文學協會, 2001.
梶原正昭 역주,『將門記』, 東洋文庫, 1976.
梶原正昭・山下宏明 교주,『平家物語記』, 岩波書店, 2002.
金村繁,「日本における二重王權制の系譜」『比較思想硏究』, 比較思想學會, 2002.
鎌田東二,『すぐわかる日本の神々』, 東京美術, 2006.
日下力,「『平治物語』における漢籍と中國故事の攝取」『軍記と漢文學』, 汲古書院, 1993.
後藤丹治 釜田喜三郎 교주,『太平記』, 岩波書店, 1968.
小峯和明 외, 特集「古典文學に見る日本海」『國文學 解釋と鑑賞』, 至文堂, 2004.
坂本太郎 외,『國史大辭典』, 吉川弘文館, 1995.
佐倉由泰, 「「きかいが島」のさまざまな見え方－「平家物語」の記述の多元性と偏向性」『國文學 解賞と鑑賞』, 至文堂, 2006.
佐藤晃,「蝦夷幻想－義經渡海傳承の變容から」『國文學』, 學燈社, 2001.
佐藤弘夫,『神・佛・王權の中世』, 法藏館, 1998.
________,『神國日本』, ちくま新書, 2006.
陳舜臣 외,「特集「東アジア共同體」－未來への構想」『世界』, 岩派書店, 2006.
鈴木貞美,『日本の文化ナショナリズム』, 平凡社新書, 2005.
德田和夫,『おとぎ草子事典』, 東京堂出版, 2003.
永積安明 교주,『保元物語 平治物語』, 岩波書店, 1967.
樋口大祐, 「神國の破碎－『太平記』における「神國/異國」－」『日本文學』, 日本文學協會, 1967.
兵藤裕己,『語り物序說』, 有精堂, 1985.
________,「歷史の語り方をめぐって」『文學』, 岩派書店, 2002.
平野さつき,「延慶本『平家物語』の對中國意識について」『軍記と漢文學』, 汲古書院, 1993.
廣松涉 외,『岩波 哲學・思想事典』, 岩波書店, 1998.
前田雅之,『記憶の帝國』, 右文書院, 2004.

________, 「三國思想の成立と日本海」『國文學　解釋と鑑賞』, 至文堂, 2004.

三浦圭一, 「中世の分業流通と都市」『大系 日本國家事』, 東京大學出版會, 1997.

村井障介, 『中世倭人傳』, 岩波新書, 2006.

森正人, 「天竺・震旦－『今昔物語集』の三國佛教史觀のなかで」『國文學　解釋と鑑賞』, 至文堂, 2006.

山下宏明, 『いくさ物語と源氏將軍』, 三彌井書店, 2003.

横井靖仁, 「中世成立期の神祇と王權」『日本史硏究』, 日本史硏究會, 2002.

渡辺匡一, 「爲朝渡琉譚のゆくえ－齟齬する歷史認識と國家、地域、そして人－」『日本文學』, 日本文學協會, 2001.

수직공간과 수평공간 그리고 영상공간*

선 미 라**

1. 서 언

이 논문의 주제는 수직공간과 수평공간 그리고 영상 공간에 대한 연구이다. 공간에 대한 인식은 인간의 인지능력의 발전 단계와 같은 순차적 과정을 통해 역사와 함께 꾸준하게 변화되어온 개념 중의 하나로 볼 수 있다. 상상을 바탕으로 하는 신화적 공간과 과학적 근거를 바탕으로 하는 물리적 공간 그리고 인식론적 과정을 바탕으로 하는 기호 공간은 통시적 관점과 동시적 관점의 공간론을 가능하게 한다. 이런 관점의 다양성은 수평공간과 수직공간의 개념을 가능하게 하고, 이러한 개념의 결실물들은 오늘날 영상공간의 가능성을 활발하게 하고 있다. 또한 갸스통 바슐라르(G. Bachelard)는 공간의 시학에서 인간 무의식에 잠재되어 있는 '빈곳'들을 시학적 흐름으로 정리하고 있음을 알 수 있는데, 이는 수평공

* 이 논문은 제28회 동아시아고대학회 대마도 국제학술발표대회(2006. 8. 2~7)에서 발표된 논문을 수정 보완한 것임.
** 전남대학교 전담강사.

간의 특징에서 나타나는 전형적인 생활공간의 이야기 연쇄라고 볼 수 있다. 무엇보다도 공시적 관점에서 살펴보는 수직공간과 통시적 관점에서 살펴보는 수평공간은 계열체적(paradigmatic) 관점의 공간과 통합체적(syntagmatic) 관점에서의 공간으로의 이동 확장이 가능하게 되는데, 이는 물론 시간성 문제와도 밀접한 관계가 있어 있지만, 본고에서는 공간 개념에 좀 더 그 비중을 둔다.

2. 수직공간

초기 수직공간의 개념양상은 시간의 문제에서 검토된다. 다시 말해 시간은 균질적(homogeneous)인가 비 균질적인가(heterogeneous) 혹은 원자적인가(atomistic) 흐름인가(a flux) 아니라면 가역적인가(reversible) 불가역적인가(irreversible)의 의문해결에서 전개됨을 알 수 있다. 이러한 관념을 중심으로 전개된 공시적 관점에서의 시간개념은 절대적이고 참되고 수학적인 시간[1]에서 그것은 자연스럽게 그리고 본성상 외부의 어떤 것과도 상관없이 동등하게 흐른 것으로 볼 수 있다. 그래서 공간범주는 사회적 관계[2]에서 파생된다고 볼 수 있다. 이러한 관계성은 공간개념의 역사적 과정에서 그 이해를 쉽게 해 볼 수 있다. 그래서 인식론적 의미에서의

1) 임마누엘 칸트는 「순수이성비판」에서(1781) 뉴튼의 절대적이고 객관적인 시간론을 부정하고, 시간은 모든 경험의 주관적 형식 혹은 기초라고 주장했다.

2) 에밀 뒤르하임은 공간이 사회마다 다르며 이질적이라고 주장하는데 이는 기본적인 경험범주들이 사회에 기원을 두고 있다는 그의 이론의 일부이다. 그는 원시적 분류형태(primitive classification)을 통해 제임스 프레이저에서 유래한 이론 즉, 사회적 관계는 인간의 오성이 본래 갖고 태어나는 논리적 관계를 바탕으로 이루어진다는 이론에 이의를 제기한다. 뒤르하임은 정반대의 이론을 펼쳤다. 논리적 범주들은 사회적 관계에서 파생되며 공간 범주도 그렇게 파생된 것 중의 하나로 볼 수 있다. S. Lukes, Emile Durkheim : His Life and work, New York, 1973.

공간 개념에 들어가기 앞서 먼저 공간개념이 어떤 역사적 과정을 거쳐 발전하였는지에 대한 몇 가지 사항에 대해 언급해 보고자 한다.

먼저 삶의 영역에서의 공간개념[3]을 살펴볼 수 있는데, 첫 번째로 삶의 공간개념은 사회적 공간[4]과 신화적 공간의 구분이 가능한 개념으로, 이 두 개념은 사회적 공간의 만화경적 역할을 담당하고 있다고 볼 수 있다. 다시 말해 삶의 공간과 믿음의 공간에서 출발하여 추상의 공간과 종교세계에서의 죽음의 공간까지를 들여다 볼 수 있게 하는 장치를 지니고 있다라는 뜻에서 위와 같은 공간의 만화경을 상정해 볼 수 있는데, 우선적으로 이 입장에서 보는 사회적 공간이라고 하는 것은 일종의 만화경이다라는 명제를 성립시키고 있음을 알 수 있다. 다시 말해 삶의 공간 조건의 불변성을 역사적으로 살펴 볼 때, 삶의 공간은 생태학적 조건[5]과 그 보

---

3) (…) il nous souffisait d'avoir un univers petit. Mais à partir du moment où nous savons qu'il nous engendre, c'est -à -dire qu'il crée toutes les structures et infrastructures de la conscience que sont les atomes, les molécules, ces cellules, (…) On aurait pu dire à Pascal : "Tu n'as pas vraiment de raison d'être effrayé de l'immensité de l'espace ; s'il n'était pas aussi immense, tu ne serais pas ici en train de t'enver". … Hubert Reeves, *L'origine de l'univers, horizon philosophiques*, 1992.

4) G. Canguihem dans ses *Études d'histoire et de philosophie des sciences, Le concept et la vie* J. Vrin, 1970, pp.362~363 : pour comprendre le vivant. il faut faire appel à une théorie non métrique de l'espace, c'est -à -dire à une science de l'ordre, à une topologie. (…). Par l'intermédiaire de ce que Claude Berdard appelait "le milieu intérieur", c'est le tout qui est à tout moment présent à chaque partie.

5) 예를 들면 삶이라고 하는 것은 매우 짧고 그리고 그 어떤 요소, 물이라고 하는 물질을 필요로 하게 되는데, 이때 물의 위치는 인간 사회의 지리형태를 처음으로 결정짓는 요소가 된다. 특징적으로 중동지역에서의 물의 위치는 수천 년 동안 그들의 삶의 가격 중 가장 비싼 댓가를 치르는 보물이 되기도 한다. 그래서 물이라고 하는 것은 근원, 원천에서 비롯되어 마을 논의 저수지이며 강 바다 호수의 근원이며 도시 마을의 근원으로 인식되게 된다. 특히나 산업시대에서는 도시의 발달로 인해 거주민의 분산을 유도했음을 알 수 있고, 생태학적 조건에서는 석탄산업과 광산업을 가능하게 했으며, 중세이후에는 종교, 행정, 정치, 경제

호가 가능한 개발영역에 의해서 특징지어 졌음을 알 수 있다. 또한 역사의 흐름에 따라 만들어진 공간 개념으로는 장 자끄 루쏘(J. J. Rousseau)의 문명의 기원을 돌이켜 보면 알 수 있는데, 루소에 의하면 역사와 인간의 비극성은 공간 소유에서 비롯됨을 알 수 있다. 예를 들면 소유권 등장의 문제가 그것으로, 이는 계약에 의한 소유로 시민권 부여를 결정짓는 것인데, 이는 오히려 박탈당한 공간, 점유된 공간으로, 공공의 공간으로서가 아닌 개인 소유의 공간으로 전락되어 버림을 알 수 있다.[6] 이렇게 공간 개념이 사회 외부 조건[7]과 연계되어 그 한계를 결정짓게 되는데, 이는 제도와 기술에 의해 만들어진 공간[8]을 의미하기도 한다. 이때 이

적 측면에서의 권력 형태를 특징짓는 양상을 띠기도 했다. 이러한 폐쇄적 조건의 공간개념에서 우리는 또 다른 공간개념의 탄생을 엿볼 수 있는데. 그것은 바로 통합적 관점에서 들어나는 역사적 공간의 탄생이다.

6) J. J. Rousseau의 박사 논문(1775년)인 *Discours sur l'origine de l'inégalité parmi les hommes*의 요약문 중에서.

7) "L'agressivité ne s'est teintée d'affectivité chez homme et n'a pris le sens commun qui lui est aujourd'hui attribué que du fait de l'Urbanisation, c'est-à-dire du confinement", Henrit Laborit, *L'homme et la* ville, Champs-Flammarion, 1971, p.64.

8) 예를 들어 보자면 로마의 문명은 길의 문명이다라는 정의에서 로마인의 3가지 이념은 길, 토지대장 그리고 법률임을 알 수 있다. 또한 신세계의 발견계기가 된 르네상스인에게 있어서의 해양과 나침반과 콤파스 그리고 배의 키는 인식의 전환을 가져오게 한다. X-ray, 전신 전환, cyber공간과 같은 새로운 기술의 발달은 삶과 문명의 사고로 인하여 공간개념을 변환시키는 요소가 되기도 한다. 다시 말해 이러한 물질의 발달은 폐쇄된 인간의 공간이 어떻게 무한정한 우주로 확장되어 가는가의 과정을 설명하며 우주의 연속성과 불연속성의 차이①까지도 구별할 수 있게 하는 요인이 된다.

① … "Très significatif à cet égard est le motif -qui revient sans cesses sous la plume des auteurs les plus divers alors qu'il ne repose sur aucun fondement scripturaire- de l'empilement or de l'entassement des damnés. (…) les réprouvés se voient dénier la possession et le contrôle de tout espace, même de celui dccupé par leur propre corps". … Le corps est, de plus, sans cesse disloqué par une multitude de supplices dont l'effet commun est de brouiller la ligne de

공간의 발상계기는 우주 내에서는 하나의 운동과정을 남긴다. 인간은 현실이나 혹은 개념의 사행에 의해 그 우주를 정복하려 한다. 그래서 기술들이나 방법들은 이러한 사행들의 불필요한 수단들을 재구성하는 역할을 한다. 여기에서 인간은 문명이라고 하는 공간을 측정[9]하고 기술들에 의해 한정 지을 수 있게 한다.

이렇게 물질과 기술의 발달로 인한 공간의 차이가 존재하는가 하면 문명공간의 사회적 절단 또한 공간 분리라고 하는 사회성[10]에서 발생하고 있음을 알 수 있다. 그 결과 공간의 형성은 관리와 확장의 개념을 생성한다. 그러므로 이런 의미에서 공간은 하나의 역사적 산물이라고도 볼 수 있다.[11] 이렇게 하여 제도와 기술의 발달은 공간 개념에 있어서 실질적인 형상과 역사적 개념을 제공하면서 사실주의와 형식주의적 사고[12]를

---

démarcation entre l'espace 어 dedans et l'espace du dehors. On rend compte ainsi de la fréquence insolite des fantasmes d'éventration, d'éviscération. … Michel Hulin, *La face cachée du temps*, Fayard, 1985, pp.318~319.

9) … "Pour les chrétiens, le Golgotha se trouvait au centre du monde, car il était le sommet de la montagne cosmique et tout à la fois le lieu où Adam avait été et enterré. C'est ainsi que le sang du Sauveur tombe sur le crâne d'Adam, inhumé au pied même de la Croix, et le rachète. La croyance suivant laquelle le Golgotha se trouve au centre du monde est conservée dans le folklore des chrétiens d'Orient", Mircea Éliade, *Le mythe de l'éternel retour*, Idées-gallimard, 1969, p.25.

10) 마치 공간과 사회적 법칙 같은 것으로 이는 사회 공간 내에서의 공간의 배치 문제로 19세기 유럽 사회 중에서 파리의 0층과 층의 개념을 통해 알 수 있다. 다시 말해 0층이라고 하는 곳은 부르주와의 거주지이며 층은 가구들과 함께 노동자의 생활공간임을 알 수 있다. 1800년대 Haussmann의 도시 공간 배치 논의를 보면 노동자 계층 공간은 노동 공간에 근접해 있음을 알 수 있고, 부르주아 계층공간은 도시 근교로 배치되었음을 알 수 있다. 그래서 공간이란 사회노동자나 상인 거주자의 공동 공간으로 이 공간은 자연적으로나 혹은 역사적 요인에 의해 만들어 지고 규정되기도 하였으나 특히나 정치에 의해 인위적인 성격을 띠고 있다. 그래서 공간은 하나의 정치가 되고 이념구역이 된다.

11) Henri Lefebvre, *l'espace et politique*, Point-Seuil, p.187.

낳고 더 나아가서는 형이상학적인 사고를 근거로 한 인식론적 사고[13)]의 발전 계기에 이르게 한다. 이에 대해 먼저 스피노자의 기본 개념을 살펴 본다.

스피노자는 공간 정의를 '무한정한 넓이'를 갖는 것으로 설정한다. 이는 데카르트의 공간정의[14)]에 비해 훨씬 주체본위의 해석을 가미한 것으로 볼 수 있다. 왜냐하면 데카르트에게 있어서 공간이라고 하는 것은 '무한정한 그 무엇'으로 특징되어 있어서, 넓이를 갖는 것과 공간이라고 하는 개념에 대해 의문을 제시하는 입장으로 곧 '신의 영원성'과 '넓이를 갖는 것'의 불확정성, 제한 없는, 한계 없는 특징[15)]으로 구별하기 때문이다. 이에 비해 스피노자에게 있어서 '공간을 갖는 것'이란 신에 예속·귀속되어 있고 신은 공간을 갖는 것에 하나의 산물[16)]로 등장한다. 이때 나타나는 이 산물은 일종의 실질 속에서 보여지는데 이때 실질이라고 하는 것은 단순하고도 나눌 수 없는 것이고 그 창조물들은 '나누기' '나눌 수 없는 대상'으로 처리되어 오히려 힘·저력의 표현으로 보여 진다. 그래서 실질은 그의 창조물들을 표현해 주고 있는데 이때 이 창조물들은 무한정하고 단순한 상태로 남아있는 실질의 무한정한 저력을 나타낸다. 이에 대해 이 논문에서는 다음 뉴튼과 라이프니츠의 논점을 중심으로 그

---

12). "(···) y compris sa structure interne caractéristique et ses fréquences hibratoires, se manifeste dans un système ultérieur doté d'une forme similaire ; le modèle spatio-temporel du premier se superpose au dernier", Rupert Shaldrake, *Une nouvelle science de la vie*, éd, du rocher, 1985, p.105.

13) "Plusieurs n'en sauraient soutenir la pensée sans pâlir et suer", Pascal, *Pensées*, n° 82, Brunschvicg.

14) "(···) nous ne remarquons point de limites, nous n'assurerons pas pour cela qu'elles soient infinies, mais nous les estimerons seulement indéfinies Ainsi (···) nous dirons que l'étendue des choses possibles est indéfinie (···).", Descartes, *Principes*, Pléiade, p.583.

15) Descartes, *principe 1*, pléiade, p.581.

16) Spinoza, *l'Ethique II*, prop 2.

구체적인 이론을 살펴본다.

뉴튼의 공간은 절대적이고 현실이며 비어있고 불확정적이다. 여기에서 절대적의 의미는 모든 대상은 한 장소를 점령하는 공간이다라고 하는 것에 연관되어 있으나 그러나 이때 공간이라고 하는 것은 존재 그 자체로서 '아무 곳' '아무 것'과도 연계되어 있지 않는다는 의미에서 절대적이다. 그래서 뉴튼은 거대한 우주의 또 다른 우주, 외부 우주의 공간이 존재함을 믿게 되는데, 이는 현대 예술에서 응용이론 특히나 설치예술 공간으로 착안, 그 이론적 근거로서 작용하고 있음을 알 수 있다.

이에 비해 Leibniz의 관점은 스토아 학자와 스피노자 학풍의 내면성을 착안한 공간 이론으로 "마침내 신은 도구가 필요하다(Comme si Dieu avait besoin d'organe!)"라는 정의를 우리는 라이프니치에게서 발견해 볼 수 있다. 그래서 그에게 있어서 공간은 하나의 이상이다. 왜냐하면 공간은 우리가 세상을 발견할 때 사물들 사이를 질서 있게 정리 연결시켜주는 방법을 재현하기 때문에 가공현실 즉 이데아라고 말한다. 그러므로 공간은 세상의 지적인 앎이라고 하는 일종의 기구 작동과 분리될 수가 없다. 결국 라이프니츠에게 있어서 공간이라고 하는 것은 '지적인 앎의 장소'로 실질을 생산해내는 현실적인 장소로 제공되며, 이는 논리적 관점[17]과 형이상학적 논점[18]으로 대변된다. 그래서 공간은 절대적이 아니

---

17) 논리적 논점으로 모든 대상 A는 반드시 앞/ 뒤, 왼쪽/ 오른쪽, 위/ 아래 혹은 다른 B, C, D를 필수적으로 발견하게 된다. 이때 A 대신 z를 A자리에 넣어도 B, C, D와의 관계는 변함이 없다. 다시 말해 '같은 장소'라고 하는 개념은 '같은 관계'와 동등한 입장을 형성하는데 이러한 현상은 단지 공간의 자연성, 사물들의 병렬적 관계의 집합에 불과한 것으로 나타난다.

18) 공간의 형이상학적 논점으로 이는 공간이 만약 불확정한 빈 공간 상태에서 신이 우주를 배열했다면 이는 어떤 이유에서일까라는 논점이 그것이다.
왜냐하면 신이 여기에/ 저기에 혹은 왼쪽/ 오른쪽, 가까이/ 멀리라는 개념으로 세상을 배치했는지 모른다. 이러한 이유로 상상의 세계에선 신의 공간 배치가 충분하게 이해되지 않는다. 그래서 신이 우주를 배치했다면 그것은 부조리한 것

고 질서나 혹은 사물들의 관계로 이루어진다. 그리고 이때 만약 육체가 존재하지 않는다면 그것은 하나의 이데아에 불과하고 두 번째 논점은 불확정 공간의 비어있음이라는 뉴튼의 논지에 반대되는 개념을 설명한다. 다시 말해 라이프니치의 공간에는 물질이 있으며, 창조자인 신의 저력·힘을 표현하는 기회들이 산재되어 있는 곳이다.

3. 수평공간

수평공간의 문제는 통합체적 관점의 발전된 인식론의 진전이라고 볼 수 있다. 물리적 세계의 수직적 공간론에 비해 이 수평적 공간개념은 역사성과 체제적 사고를 유연하게 탈바꿈시켜주는 요소를 제공한다는 잇점을 가진다. 그래서 이 수평공간은 공간의 여러 특성 중 공간의 균질성과 이질성이라는 특징을 가지고 있다. 여기에서 공간의 균질성은 연속적이며 통일적인 공간이라는 입장인데, 이는 절대공간 성격으로 언제나 동일하고 분별이 가능한 것으로 특징지을 수가 있으며, 이에 상반되는 입장은 공간의 이질성이다. 생물학자들은 동물마다 서로 다른 공간지각에 대해 연구를 하며, 사회학자들은 문화마다 서로 다른 공간 조직 방식으로 그 연구를 확장한다. 니체와 호세 오르테가 이 가세트(José ortega y Gasset)가 전개한 관점주의(perspectivism)철학에서는 관점들의 수만큼 서로 다른 공간들이 존재한다는 입장이 주장된다.

또한 기하학적 입장에서의 공간 개념을 주장하는 니콜라이 로바체프스키(N. Lobachevsky)의 2차원 기하학에서는 동일평면에서 주어진 직선 밖의 한 점을 지나고, 그 직선에 평행한 또 다른 직선을 무한히 그릴 수

이며 신은 우주의 창조자가 아니다. 그러므로 라이프니치에게는 불확정한 빈 공간의 현실이라고 하는 것은 존재치 않는다.

있는 것으로 나타난다. 베른하르트 리맘(B. Riemann)은 모든 삼각형의 내각의 합이 180° 보다 큰 새로운 2차원 기하학을 창안한다. 여기에서 리만의 공간은 타원형 적이고, 로마체프스키의 공간은 쌍곡선이다. 이러한 기하학적 공간들은 삼각형의 내각의 합이 정확히 180°인 유클리드의 2차원 기하학의 평평한 표면과는 확연한 대조를 이루고 있음을 알 수 있다. 이외에도 도넛, 터널내부, 심지어는 차양 블라인드 등에 관한 모든 종류의 공간 기하학[19]을 발전시킨 수학자들을 연상해 볼 수 있다.

앙리 푸엥카레(H. Poincaré)는 시각공간과 촉각 공간 그리고 운동공간을 구별하고, 이 각각은 그 감각장치가 어디냐에 따라 구별된 공간개념이다. 다시 말해 기하학 공간이 3차원적이고 균질적이며 무한하다면, 시각공간은 2차원적이고 이질적이며 시각영역에 한정되었다. 기하학 공간에서 물체는 이동해도 형체가 변화되지 않지만, 시각공간에서의 물체는 관찰자로부터의 거리가 변화함에 따라 커져 보이기도 하고 작아져 보이기도 한다. 운동 공간은 어떤 근육이 그것을 등기하느냐에 따라 달라지므로, 그것은 인간이 가진 근육의 수만큼의 차원이 존재[20]한다고 볼 수 있다.

마흐 또한 피부라는 공간은 2차원적이고 한정되어 있으며, 제약은 없지만 닫힌 리만 공간의 비유라고 주장한다. 이러한 유형을 토대로 살펴볼 때, 음식과 얼굴과 같은 측정의 기본 단위들은 해부학적 기원을 보여주며, 이런 방식으로 우리의 공간 개념들은 인간의 생리구조에 뿌리를 두고 있다[21]고 볼 수 있다.

---

19) M. Jammer, *Concepts of Space : The history of theories of space in physics*, Cambrige. Massachusetts, 1969, pp.144～1446.

20) H. Poincaré, *Science and Hypothesis*, New york, 1952, pp.50～58.
이와 유사한 입장으로는 마흐의 공간론이 있는데, 그는 시각공간과 청각공간 그리고 촉각공간을 구별하는데, 이는 감각기관마다 서로 다른 감수성 및 반응시간에 근거한 것임을 알 수 있다.

보그다노프(A. Bogdanov)는 공간처럼 시간도 다양한 사람들의 경험을 사회적으로 조정한 하나의 형식이라고 주장한 바 있다. 그의 이런 견해는 레닌의 유물론과 두 가지 측면에서 상충된다. 먼저 공간의 복수성은 단일한 공간의 보편성에 도전하는 것이며, 다음으로는 다양한 시공간 형태들이 인간의 경험에 따라 자신을 변형시킨다는 것을 시사한다는 점에서 보그다노프의 견해는 마흐와 푸엥카레의 발생적 인식론과 동일시된다. 이러한 견해를 바탕으로 H. Poincaré는 Newton의 절대공간론[22]을 부정함과 동시에 또한 칸트의 선험적 개념의 공간이론에서 멀어진다. 그러면서도 칸트의 감성적 공간 이해를 수용하는 입장에서 그 공간 이론을 이해 할 수 있다. 다시 말해 우리의 감성적 공간은 절대적으로 기하학적 공간을 전제로 하지 않는다. 오히려 공간의 형이상학적 지위를 칸트에게서 취하고 있는 입장인 것이다. 그래서 공간 내에 대상들이 없다고 생각한다면 그 공간 내에서는 그 어떤 것도 표현할 수가 없다. 단지 현상의 가능성이라는 점에서 표현될 뿐 확정지을 수는 더더욱 없다라는 입장[23]를 분명히 한다. 이에 대해 H. Poincaré는 우리가 지역화, 구분 화라는 말을 할 때 우리는 무엇을 말하려 하는가? 라는 화두로 공간의 운동성, 이동성을 말한다. 물론 이때 공간의 이동성이라 함은 공간 내에서 사물의 위치 변동을 말한다. 다시 말해 공간 내에서 사물들의 투사가 이루어짐을 말하며, 이때 공간개념은 원초적으로 선험적 존재[24]를 인정하고 있

21) E. Mach, *space and Geometry in light of physiological, psychological and physical inquiry*, Chicago, 1906, p.9, p.94.

22) "Le mouvement inertiel correspond, dans l'espace absolu, à l'absence de force imprimée, c'est -à-dire de force réelle due à l'interaction avec d'autres objets matériels. Mais alors, qu'elle en est la cause? Qu'est-ce qui le produit? A cela une seule réponse possible : l'espace absolu'", F. Balibar, *Galiée, Newton plus par Einstein*, PUF, 1984, p.100.

23) Kant, CRP, p.56.

24) H. Poincaré, *La science et l'hypothèse*, Champs-Flammarion, p.82, 1987.

다. 그렇기 때문에 기하학적 공간개념이란 하나의 과학적 발전 단계이며 역사성을 가지고 있을 뿐이다.

칸트의 공간론은 직관적 공간(l'espace intuitif) 이론으로 볼 수 있다. 뉴튼의 새로운 물리학을 위한 불확정한 빈 공간이 필요하다는 이론적 도그마와 이데아 공간을 제창하는 라이프니치의 공간 배치에 있어서 주체인 신에 대한 부조리 개념에 비해 칸트는 세계의 내재적 영혼으로서의 신의 개념을 공간 주체로 가정한다. 이때 이 내재적 영혼의 주체는 직관적 공간에서 생성되고, 이때 이 직관적 공간은 우리 경험세계의 외부의 직관 형태까지도 결정짓는다. 이러한 이론적 설명을 우리는 라이프니츠와 뉴튼의 공간론과의 관계에서 그 이해를 도모해 볼 수 있다. 다시 말해 칸트는 라이프니츠와 유사한 공간 개념[25]을 취하는데, 그것은 사물들 사이에서 발생하는 추상적 관계들을 재현시켜 준다는 이론이다. 대칭적 대상·사물들이 만약 공간에서 일종의 지적 질서로 구성되어 있다면 그것은 불 가식별한 상황이다. 왜냐하면 왼쪽이나 오른쪽이라고 하는 개념은 지적 판단개념으로 정의 할 수 없기 때문이다. 더더욱 그것은 감각·직관의 문제이고 그리고 감각이라고 하는 것은 개념화 될 수 없는 것이다. 이처럼 대상·사물들과 경험세계, 감각세계는 외부 내재성과 내부 내재성의 관계로서 표출되고 있음을 알 수 있다. 반면 뉴튼과의 관계개념에 있어서 칸트는 라이프니츠식의 공간의 지적인 이상성에 대해 그 개념을 달리한다. 또한 뉴튼의 사물들 사이의 독립된 고유의 현실성을 공간이 점유한다는 개념과도 의견을 달리한다. 물론 여기에는 사물들의 경험체계를 가능하게 하는 객관적 조건이 있다. 그러나 칸트는 뉴튼 식의 수학적 계산의 공간개념 보다는 판단의 확신이나 진실·진리 개념에 입각한 공간 개념을 상정한다. 그래서 진리는 증명의 대상이 될 수 없다는 명제

25) Kant, *Du premier fondement de la différence des régions dans l'éspace*, 1768.

가 탄생한다. 이러한 이론을 바탕으로 만약 공간 개념이 정신의 개념으로 자연적으로 부여되지 않는다면 기하학의 쓰임이라고 하는 것은 극히 일부에 지나지 않을 것이다.[26] 이러한 입장의 이론들이 현대 도시계획에 활용되어 기하학의 도시를 건축해내는 그 이론적 틀이 되고 있음을 알 수 있다. 역시나 순수이성 비판에서 뉴튼의 물리학적 공간개념 해석을 달리한다. 이처럼 공간과 시간이라는 개념은 하나의 형태로서 일종의 현상이기보다는 오히려 그 자체의 사물들로서, 그것은 존재 그 가치로서 있는 것이다. 마치 신의 존재처럼. 물론 이때 신의 개념은 판단 기준으로서의 신이며, 기준이 되는 조건인 신은 영구불변한 어떤 그것, 진리체를 말한다. 왜냐하면 인간은 생·사의 윤회를 하기 때문에 인간과 같이 변하는 속성의 대상들은 그 어떤 것도 기준이 될 수 없기 때문이다.

칸트의 공간개념은 인간의 정신과 독립적으로 존재하는 시공 속에서 물질은 움직이기 때문에 이 세계야말로 유일한 객관적 실제라고 보고 있는 유물론적 입장에서의 레닌 적 개념[27]과는 대비된다. 실제로 칸트의 공간과 시간에 대한 초월 이론이 18세기말에 완성이 되고 관점에 관한 개념을 발전시키는데, 이것은 15세기 피렌체 화가들의 그림에서 나타나기 시작한다. 원근법의 출현이 그것으로 이는 칸트의 수학공부에서도 나타나는 부분이다.[28] 여기에서 우리는 몇 가지 그 단점을 발견해 볼 수 있는데, 그것은 데카르트나 라이프니치의 공간개념으로는 '예민하게 넓이를 갖는 것'과 '기하학적으로 넓이를 갖는 것'을 동시에 설명하지를 못한다. 그래서 칸트에게 있어서 공간개념을 형태적 기하학에 기초한 이론으로 공간은 현상들의 공간으로 작용하는데, 이때 현상들은 '들어난 것'

---

26) Kant, *Critique de la raison pure*, (이하 CRP로 표기), PUF, p.75, 1782.

27) V. I. Lenin, *Materialism and Empirio-Critism : Critical comments on a reactionary Philosophy*, New York, 1927, pp.176~189.

28) Kant, *Géométrie descriptive de Monge*, PUF, 1799.

이지 '들어남' 그 자체는 아니다. 또한 칸트에게 있어서 현상이라고 하는 것은 '자연에 의해 속여지는 것'이라는 개념을 탄생시키고 있음을 알 수 있는데, 이때 이 현상은 '예민한 직관'에 의해 포착된다. 마치 후기 인상파나 점묘파들의 표현기법을 탄생시키는 그 이론적 근거를 우리는 칸트의 이와 같은 직관적 공간 이론에서 발견해 볼 수 있게 된다. 그런데 여기에서 우리는 이때 이 직관은 어디에서 오는가라는 회의에 접하게 되는데, 이 또한 곧바로 초월적 존재[29]에서 참이니 거짓이니 하는 선험적 판단에서 도래 · 유래되어 현실로 등장함을 알 수 있다.

이처럼 인식론적 성찰과정에서 들어나는 공간개념의 현실적 의미는 20세기에 이르러 메를로 뽕띠에게서 정리되어 나타난다. 현대 철학계에서는 끊임없이 공간 문제에 있어서 그 형이상학적인 연구를 거듭하는데 무엇보다도 인식론적인 관점을 중점에 두고 있음을 알 수 있다. 이를 위해 먼저 현상학적인 입장에서의 칸트의 공간이해가 필요하다. 칸트의 공간개념 이해는 현상의 이해로서 선험적 조건 내에서 성립된 이론이다. 그래서 모든 현상의 경험이라고 하는 것은 공간을 절대적으로 필요로 한다.

"감수성 · 감지력은 기하학이 점령하고 있는 외적 공간 직감력의 형태로 인하여 단순한 현상으로서의 대상들로 가능하게 한다."[30]

그렇다고 칸트 자신이 공간현상의 경험적 존재에 대해 인정을 절대적으로 하고 있는 것은 아니다. 단지 현상학자인 보는 자가 그것을 '재인식하는 것' '그것'이라고 말 할 뿐이다. 이래서 현상학자는 칸트의 재인식

29). "Un être organisé n'est donc pas une simple machine n'ayant que la force motrice ; il possède en lui une vertu formatrice et la communique aux matières qui l'ont pas (en les organisant), et cette vertu formatrice qui se propage ne peut être expliquée par la seule force motrice", in *Critique de la faculté de juger* de I. Kant, J. Vrin, trad. Philonenko, p.181.

30). Kant, *Prolégomènes*, PUF, 1987, p.49.

이라는 방법론에 대해 관심을 갖는다. 예를 들면 Poincaré나 Piaget같은 현상학자들의 입장이 그것으로 인식의 범주 내에서의 공간개념 이해를 설명해내려는 입장임을 알 수 있다. 다시 말해 "공간은 사물들을 진열하는 현실적 혹은 논리적 장소가 아니라 사물들의 위치를 있게 하는 방법이다. 다시 말해 사물들의 관계를 있게 하는 우주적 힘을 특징짓게 해주는 에테르의 출구를 상상하게 하는 곳으로 작용한다는 것이다."[31] 그래서 이러한 견해는 어떻게 개념적 경험을 시각적 공간으로 정의할 수 있는가라는 주요 관점이 될 수 있으며, 이는 거리와 시선・시각의 관계를 규명하는 요소로 작용한다. 이러한 거리와 시각의 문제를 규명함에 있어서 메를로 뽕띠는 '상황'의 설명을 끌어내는데 이는 크기와 깊이의 문제를 어떻게 인식론적인 관점에서 그 관찰이 가능하는가를 보여주는 그 단적인 예[32]라 할 수 있다. 그래서 크기는 거리로 결정지을 수 있는 사항이 아니다.'[33]

---

31) M. Ponty, *La phénomenologie de la perception*, Gallimard, p.281.

32) 먼저 그 상황 1를 보면 '어떤 사람이 멀리 있다.'라는 개념을 그 가정으로 놓았을 때 '멀리'라는 공간의 크기에 대한 인식절차로 이는 나와 어떤 사람이다. 라는 관계에서 구성되어 나타난다. 다시 말해 여기에는 거리가 있다. 그것도 충분한 거리유지를 확보하고 있어서 시각문제에 있어서 어떤 사람은 적게 보인다. 다시 말해 "200보 떨어진 사람이 5보 떨어진 사람보다 훨씬 더 적게 보인다. 그러나 그 사람은 같은 사람이다. 같은 크기의 모양 그대로 있다. 다음은 상황2로 회화작품에서의 깊이문제를 인식론적 과정으로 어떻게 풀어내는가 하는 문제를 다루고 있는 부분이다.

"사물이라 함은 타자 밖의 그 어떤 것을 의미한다. 그 이유는 우리가 회화작품을 깊이 들여다보았을 때 하나의 환상으로 다가오기 때문이다."① 이때 작품은 하나의 숨겨진 부분을 나타내 주는 깊이의 환상을 독자에게 제공한다. 그것은 하나의 숨겨진 부분, 마스크를 연상하게 하고 그것은 공간 내에서 이루어진다. 그래서 '건물 앞의 한사람인' 이 인물은 창문에 의해 그의 어깨가 가려지면서 건물과 창문 그리고 그의 어깨사이에서 일정한 공간을 형성한다.

① M. Ponty, *L'oeil et l'esprit*, Folio-Essais p.47.

33) M. Ponty, *ibid.*, p.302.

위와 같은 수평공간과 수직공간의 이론적 체계는 영상이라고 하는 현대매체에서 그 효용도를 찾아 볼 수 있는데, 우리는 그 실례를 영상 공간 기호학적 성격을 지닌 백남준의 예술 공간에서 찾아 볼 수 있다.

4. 영상공간

수평공간과 수직공간의 연속적인 개념에 비해 영상공간은 그 성격이 약간 다르다. 왜냐하면 영상공간은 퍼스의 이론에서도 나타나는 매개자의 기능을 필요로 하기 때문이다. 다시말해 수신자와 발신자간의 공간적 영역에서 이제는 이 두 공간을 중재하는 중간적 역할을 가능하게 한다. 그것이 곧 매체로서의 기능인데 바로 이 매체의 성격에서 우리는 영상의 특징을 찾아 볼 수 있는 것이다. 기존의 고전적 의미에서의 양자간의 공간소통이 이 영상공간에서는 상호매개자의 소통으로 다자간의 교류를 가능하게 한다. 이에 대한 그 구체적인 실례를 우리는 백남준의 예술 공간 세계에서 찾아 볼 수 있는데, 그 일부분의 공간 개념 부분을 소개해 봄으로서 그 구체성을 실감해 본다.

현실에 있어서 영상공간개념은 구체적인 예술세계에서 쉽게 이해할 수 있게 드러난다. 여기에서 아인슈타인의 공간 개념[34]과 백남준의 공간 해석이 어느 점에선가 만나고 있음을 알 수 있는데, 바로 그것은 유년기적 체험의 세계에서 가능함을 알 수 있다. 그것은 아인슈타인이 다섯 살 때, 아버지가 그에게 나침반을 보여주었던 일로, 그는 바늘이 항상 한 방향만을 가리킨다는 사실에 대해 자연의 그 어떤 곳에 뭔가 심오한 비밀이 숨겨져 있음을 암시받은 사건이고, 또 하나는 열두 살 때 그는 유클리

34) A. Einstein, *Relativity*, New York, 1961, p.9.

드 기하학에 관한 책에 실려 있는 명제들이 하나의 보편적이고 균질적인 공간을 전제로 하는 듯 한 느낌을 받은 점[35]이다. 백남준 역시 그의 모든 예술 공간은 영상형태로 처리되며, 이때의 주제는 유년시절의 달동네 풍경에서 연유함을 알 수 있다. 현실계의 모든 주제는 상상적 주제인 듯 싶으나 그의 현실계는 바로 이 유년기의 기억에서 연유함을 알 수 있다. 이것이 바로 과정과 지속성을 특징으로 하는 수평공간과 수직공간의 결과물이며 이를 바탕으로 그는 새로운 공간 개념, 즉 영상공간을 비디오라는 개념으로 현실화 시키는 계기를 마련한 것이다. 그래서 실제에 있어서 백남준 공간개념은 표층구조와 심층구조의 절묘한 조화를 이루는 예술영역으로 전통적인 공간개념을 배척하는 듯 보이나, 심층구조에서는 서로 만나는 점을 발견할 수 있다. 이는 스크린이나 영상의 구조적 양상을 벗어날 수 는 없는데서 오는 공통점일 수도 있다. 백남준은 「지구의 축」에서 축이란 음악의 지구적 언어로서, 그 어떤 절대적 힘을 표현하려 시도하는데, 이 작품을 통해 그는 음악과 무용의 비언어적인 의사소통에 중점을 두면서, 비디오 매체를 통한 전 지구촌의 문화교류 가능성을 꿈꾸는 기획으로 출품한다. 동시에 이 매체로서의 창조적 영상물을 통해 우리는 영상매체 안에 초월적 시제와 초월적 주체가 함께 공존함을 알 수 있다. 수평공간과 수직공간 안에서 고정된 시각으로 존재하는 사물들을 영상이라는 매체를 활용함으로서 그 동적인 가능성을 시사해 주고 있음을 알 수 있다. 1991년 8월 14～15일에는 실제로 「비디오 때 비디오 땅」이라는 제목으로 바젤의 콘스트할레와 취리히의 쿤스트 하우스에서 2개의 전시를 동시에 개최한다. '여기가 공간으로 가는 시간이다'라는 바그너의 극중 인물인 파르지발(Parzival)의 말이 인용된다. 이는 현대사회의 문제점 중에서 심각한 12가지 문제를 「나의 파우스트」(My Faust)

---

35) A. Einstein, 'Autobiographical Notes', in A. *Einstein : Philosopher-Scientist*, ed. P. A. Schilpp, 1949, pp.9～11.

에서 다루었는데, 이것은 작품의 연작 작품으로서 13점의 비디오 조각으로, 민족주의, 농업, 교통, 연구와 개발, 예술, 종교, 교육, 환경, 인구, 의학, 경제, 통신이라고 하는 문제영역을 영상을 통해 교류하고자 하였다. 그런데 여기에서 TV 스크린이나 영화영상에서는 쇼트나 몽타쥬 같은 합성물이 작용하여 그 효과를 높이려는 경향을 가지고 있다. 왜냐하면 현실의 모든 공간적 형식과 네 변으로 한정된 평면 스크린 공간과의 동형성(同形性) 위에 쇼트의 효과가 구축되기 때문이다. 때문에 스크린 경계의 안정성과 그 평면성이 갖는 물리적 현실성은 영화영상 공간 생성의 필수적인 조건을 만드는 것이다. 그렇지만 스크린 공간을 채우는 일과 스크린 경계와의 관계는 회화의 경우에서와는 완전히 다른 성격을 갖는다. 스크린은 네 변과 표면만으로 한정되어 있다. 이 한계 밖에서 영화세계는 존재하지 않는다. 그러나 영화는 경계 돌파의 가능성이 언제고 있을 수 있다는 가정 속에서 스크린 내의 표면을 채운다. 클로즈업은 네 변을 위협하는 기본적인 수단이다. 떨어져 나온 디테일은 전체를 대신하는 환유[36]가 된다. 그것은 세계의 동형체이다. 그렇지만 우리는 그것이 어떤 실제 사물의 디테일임을 잊을 수 없으며, 따라서 스크린 위에 존재하지 않는 이 사물의 전모는 스크린의 경계와 충돌하게 되는 것이다.[37]

---

36) 여기에서 현대 영화영상에서 가장 중요한 점은 이른바 쇼트의 심도 구축이다. 화면의 전경에 클로즈업을 배치하고, 그 후경에 홍 쇼트를 결합시키면, 이들은 스크린의 '본래적인' 평면성을 깨고 훨씬 더 엄격한 동형성의 체계를 구축하면서 영화영상세계를 만들어간다. 3차원이며 경계가 없는 다층적 현실 세계가 평면적이며 제한된 스크린의 세계와 동형으로 되는 것이다. 하지만 그것은 여전히 번역－매개자의 역할을 수행할 뿐이다. 또한 심도 쇼트는 어떤 의미에서 몽타주에 대립되는 것이다. 왜냐하면 몽타주는 선형성을 부각시키고 회화보다는 포스터, 즉 순수한 의미 체계에 다가서면서, 영화 세계의 평면적 본성과 화해하고 있기 때문이다. 그리고 우리가 보고 있는 것은 단순한 영화 언어가 아니라, 훨씬 더 완성도가 높으며 복잡하고, 세련된 영화 언어인 것이다. 영화 언어의 표현력과 교묘함이 있다. 영화언어는 기계적으로 포착된 삶이 아니다.

37) 우리 로트만, *op., cit.,* pp.149~150.

이에 비해, 백남준의 공간인식은 '종이는 죽었다'[38]라는 비유에서 잘 나타나 보인다. 종이는 한 장의 평면이다. 이것을 세우면 벽 같은 단면이 되고, 바닥에 깔면 지면이 된다. 단면은 인간의 의식을 가로막는 처음이자 끝이다. 이 경우 이러한 단면은 바위 같은 절벽이건 종이 한 장이건 그 부피는 헤아릴 수 없다. 그것을 객관적으로 가름하는 감각의 치수가 사람마다 다르기 때문이다. 여기서 문제되는 건 정보의 양이나 질이며, 그 모두가 단면의 패턴으로 인식되고 있다는 점[39]에선 다를 게 없다. 이처럼 인간이 평면을 단면으로 의식한다는 건 인간생명의 구조형식이 수직 존재라는 데서 찾아 볼 수 있다. 그리고 이러한 수직생명체가 한국에선 오천년간에 걸쳐 수립한 것이 단면의 문화유형인 것이다. 그러나 백남준은 이러한 역사의 절단면이 인식의 단층을 가리킨다고 할 때, 그는 그의 관념의 단층을 지면의 원근으로 넓힌바 있다.[40] 그에게 있어 중요한 공간인식은 음악을 '듣는'개념으로부터 '보는'개념으로 치환 시킨 점과 테크놀로지의 온갖 기교를 예술의 보자기에 담아 시각화 시킨 점, 그리고 과학적 비디오 테크놀로지[41]를 자연주의적 감수성으로 다듬어 동양적 사유의 공간으로 끌어들인 점 등이다. 부처시리즈에서 얻은 영감은 그로 하여금 '돌부처', 'TV 로댕'으로 변천시켜 동양적 사유의 공간으로

38) 백남준, *Videa 'n'Videology*, Syracuse : Everson Museum of Art, 1964~1973.

39) 이 경우 다빈치의 모나리자이건 또는 피카소의 게르니카이건 떠도는 무명의 아마추어 화가의 그림이건 간에 모두 같은 패턴이다. 우리의 속어인 '그림의 떡'은 이것을 가리킨다. 잘 그린 떡이건 못 그린 떡이건 2차원의 평면이라는 패턴에서 그림의 떡일 수밖에 없기 때문이다.

40) 국립현대미술관, 『백남준 · 비디오때 · 비디오땅』, 1992, 도서출판 에이피 인터내셔날, 15~16쪽.

41) 'TV부처'①에서 백남준과 부처는 매우 익숙한 관계이다. 여기서 부처는 사찰의 높은 단상이나 면벽하는 장소성과 상관없이 자기 자신의 모상과 대결하고 앉아 있다. 카메라의 기능은 부처에게 자신의 모습과 꼭 닮은 또 다른 육신을 되돌려 주고 있다.
① 백남준, 1975.

비디오 테크놀로지를 치환시킨 대표적인 예이다. 결국 수평공간과 수직공간은 그 물리적인 한계를 영상공간과 만남으로서 매체로서의 기능을 함께 수행할 수 있게 된다.

5. 결 언

이상에서 살펴본 수직공간과 수평공간의 인식체계는 영상이라고 하는 새로운 인식공간을 가능하게 하는데, 여기에는 상호 교환적인 소통을 전제로 하고 있다. 바로 이 소통의 공간에는 이미지 기호와 언어 기호[42]가 출현하는 문법의 요소가 발생되는데, 이름 하여 공간 문법이 그것이다.

무엇보다도 이 공간문법은 '나－지금－여기'라는 현시점을 중심으로 사고되는 발화기원(l'instance de l'énonciation)을 초점으로 발생함을 알 수 있으며, 여기에는 이접(débrayage)현상을 통하여 발화의 공간화가 시간 화와 연기자 화와 그 어떤 관계를 맺고 있음을 알 수 있다. 다시 말해 '나'는 '비－나'와의 관계에서 행동자의 이접이 발생하고, '여기'는 '비－여기'와의 이접관계에서 공간의 이접현상이 가능하게 된다. 또한 '지금'이라고 하는 것은 '비－지금'(그때)이라고 하는 관계에서 시간의 이접이 발생하게 된다. 그럼으로서 우리는 발화기원을 중심으로 발생되는 공간화의 개념에서 '인칭'과 '시간－공간' 범주의 설정을 가능하게 할 수 있는데, 이러한 조정을 우리는 발화기원과의 연접에서 찾아 볼 수 있다.

42) 영화언어 film language라는 개념은 초기 영화 영상 이론가들에게는 보편적인 개념이었다. 영화를 상형문자적 언어로 보았던 시인이자 비평가인 베이첼 린제이 Vachel Lindsay의 저작이나 1920년대에서 40년대 말까지의 저작들을 통해 영화의 언어적 특성을 줄기차게 주장한 벨라 발라Bela balazs의 저작에서도 이러한 은유를 발견할 수 있다.

이러한 공간화의 문법현상이 시간화와의 관계를 통해 그 모습은 더 선명하게 드러나는데, 그것은 발화문의 시간화(temporalisation énoncive)와 발화의 시간화(temporalisation énonciative)에서이다. 여기에서 발화의 공간화는 발화자가 피발화자로 하여금 발화자가 선택한 관점에서 공간을 보게끔 공간을 분절하는 것이고, 발화문의 공간화는 발화문내에서 사실과 인물들의 행동을 공간 속에 위치시키기 위해 공간을 분절하는 것을 말한다. 여기에서 이곳과 다른 곳이라고 하는 공간개념은 각각 발화의 공간과 발화문의 공간에서 기준이 되는 그 어떤 지점을 이루는데, 이 기준점에서 출발해서 3차원의 위상범주 즉, 가까운 것과 먼 것을 표시하는 수평성의 개념, 높고 낮음을 표시하는 수직성의 개념 그리고 전방과 후방이라고 하는 전망성의 개념을 가능하게 한다. 그래서 발화자의 공간위치에 따라서 시간의 문제는 과거 현재 미래로 연결이 가능하게 되며, 이때 이 공간위치 문제는 발화자의 허구적 위치와 발화자의 실제위치를 결정짓는 현재성을 가능하게 할 뿐만 아니라, 과거와 미래의 실제성 여부까지를 구별하는 기준으로서의 역할도 하고 있음을 알 수 있다. 이와 같이 공간의 통합체적 관점은 발화문내의 시간상의 이접(débrayage énonciatif temporel)을 가능하게 하여 시간의 주관성까지도 가능하게 하는 효과를 지니고 있다. 예를 들면 과거를 과거, 현재 미래로 그 분절이 가능하게 한다. 그래서 내적이접현상(débrayage interne)을 수용하기도 한다. 이러한 입장은 발화문의 공간화에서 그 구체적인 생활 공간의 개념형성을 가능하게 하는데, 이는 프로프에 의해 '친숙한 공간'(espace familier)과 '낯선 공간'(espace étranger)으로 그 분류가 가능하게 하며, 이때 이곳이라는 공간은 발화의 공간이 된다. 또한 그레마스는 그 기준점을 주 공간(espace topique)과 종속 공간(espace hétérotopique)으로 분류하고 주 공간은 이상공간(espace utopique)과 준-주공간(quasi-espace topique)으로 분류하고 있다.

결국 수평공간과 수직공간은 발화주체의 위치라고 하는 공간개념을 중심으로 이접과 확장의 과정을 거쳐 시간성을 아우르는 통합체적 과정에서 그 증명이 가능함을 엿볼 수 있겠다.

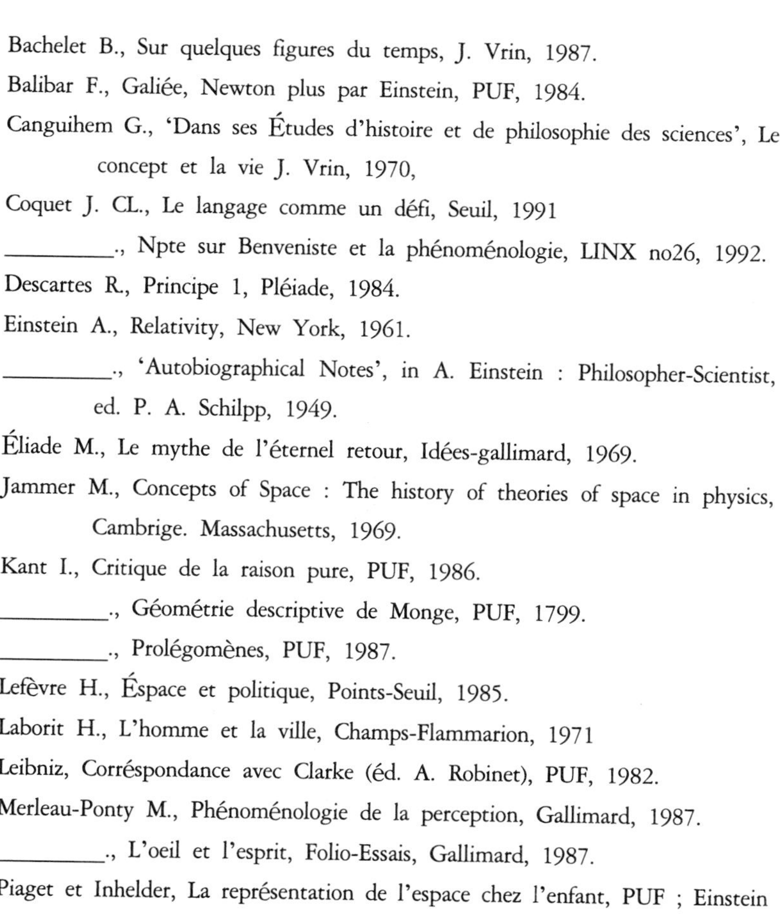

參考文獻

Bachelet B., Sur quelques figures du temps, J. Vrin, 1987.

Balibar F., Galiée, Newton plus par Einstein, PUF, 1984.

Canguihem G., 'Dans ses Études d'histoire et de philosophie des sciences', Le concept et la vie J. Vrin, 1970,

Coquet J. CL., Le langage comme un défi, Seuil, 1991

_________., Npte sur Benveniste et la phénoménologie, LINX no26, 1992.

Descartes R., Principe 1, Pléiade, 1984.

Einstein A., Relativity, New York, 1961.

_________., 'Autobiographical Notes', in A. Einstein : Philosopher-Scientist, ed. P. A. Schilpp, 1949.

Éliade M., Le mythe de l'éternel retour, Idées-gallimard, 1969.

Jammer M., Concepts of Space : The history of theories of space in physics, Cambrige. Massachusetts, 1969.

Kant I., Critique de la raison pure, PUF, 1986.

_________., Géométrie descriptive de Monge, PUF, 1799.

_________., Prolégomènes, PUF, 1987.

Lefèvre H., Éspace et politique, Points-Seuil, 1985.

Laborit H., L'homme et la ville, Champs-Flammarion, 1971

Leibniz, Corréspondance avec Clarke (éd. A. Robinet), PUF, 1982.

Merleau-Ponty M., Phénoménologie de la perception, Gallimard, 1987.

_________., L'oeil et l'esprit, Folio-Essais, Gallimard, 1987.

Piaget et Inhelder, La représentation de l'espace chez l'enfant, PUF ; Einstein

1905, Philosophies, PUF, 1989.

Poincaré H., La valeur de la science, Champs-Flammarion ; La science et l'hypothèse, Champs-Flammarion, 1987.

_________., Science and Hypothesis, New york, 1952,

Pottier P., Axes de Communication et Développement Économique, Revue Économique, vol. 1, 1963.

Reeves H., L'origine de l'univers, horizon philosophiques, Seuil, 1992.

Spinoza, l'Ethique II, prop. 2, 1987.

백남준, Videa 'n'Videology, Syracuse : Everson Museum of Art, 1964~1973.

국립현대미술관, 『백남준・비디오때・비디오땅』, 1992, 도서출판 에이피 인터내셔날.

■ 집필자 소개 (집필순)

김 상 홍 단국대학교 교수.
윤 명 철 동국대학교 조교수.
배 우 성 서울시립대 교수.
김 호 연 일본 동경대학 외국인연구원.
김 영 수 단국대학교 교수.
허 원 기 건국대학교 강의교수.
김 우 정 단국대학교 교수.
하 수 경 전주대학교 교수.
이 상 준 시립 인천전문대학 교수.
임 채 명 단국대학교 강사.
장 영 철 군산대학교 교수.
선 미 라 전남대학교 전담강사.

동아시아의 공간관

정가 : 16,000원

2007년 6월 21일 초판 인쇄
2007년 6월 30일 초판 발행

편 자 : 동아시아고대학회
회 장 : 한 상 하
발 행 인 : 한 정 희
발 행 처 : 경인문화사
서울특별시 마포구 마포동 324-3
전화 : 718-4831~2, 팩스 : 703-9711
www.kyunginp.co.kr 한국학서적.kr
E-mail : kyunginp@chol.com
등록번호 : 제10-18호(1973. 11. 8)

ⓒ 2007, Kyung-in Publishing Co, Printed in Korea

ISBN : 978-89-499-0489-4 93910

* 파본 및 훼손된 책은 교환해 드립니다.